竺乾威 著

公共行政的改革、创新与现代化

Reform, Innovation and Modernization of Public Administration

復旦大學 出版社

序 言

本书出版之际,正值改革开放四十周年。本书是对这场改变中国命运、推动中国社会全方位进步的、伟大的改革运动的致意和献礼。

中国大陆的公共行政学是改革开放的产儿,没有改革开放,也就没有中国大陆公共行政学的产生和发展。它的产生和发展顺应了一个崭新的时代的需求,另一方面,它也在自身的知识生产过程中不断地为改革开放和中国社会的治理提供智力和学术上的支持和贡献。

本人有幸完整地经历了这一过程,见证了公共行政学在改革开放后的成长和发展。本书收录的论文(除了极个别的几篇)差不多都是进入21世纪后的作品,围绕的主题是中国公共行政的改革、创新与发展。中国大陆公共行政的研究从20世纪80年代起步,经历了一个学科发展差不多都会经历的引进、模仿、鉴别、比较和创新的阶段。20世纪90年代中期尤其是进入21世纪后,中国大陆公共行政的研究将其重点逐步转向了对本土问题的研究。这是一个很自然的过程,本土问题应该是中国学者的终极关怀。引进、模仿、鉴别、比较和创新最终是要解释中国的公共行政现象,并为解决行政问题提供理论上的贡献。这一过程事实上也在为公共行政知识的生产以及公共行政学科的发展提供中国学者的贡献。

选择"公共行政的改革、创新与现代化"这一主题,首先是出于对这一主题的关心和兴趣。中国公共行政改革和创新带来的变化是巨大的,中国社会在改革开放后取得的全方位的进步和发展是与公共行政的改革和发展分不开的,因为这一改革使得中国社会治理的最重要的力量——政府得以以一种崭新的、与时俱进的方式承担起它的治理责任。因此,从大的方面讲,本书的研究具有两方面的意义。一是对中国公共行政的改革和创新以及现代化的实践进行探讨,以期对一些公共行政改革的问题和现象进行解释,并对解决这些问题尽可能提供学术上的贡献。二是这一研究同时也力图为推动中国公共行政研究的发展尽绵薄之力。斯蒂尔曼（Stillman）在讲到美国的公共行政研究的发展时指出，不事声张地适应公众当前的直接需要，这是美国公共行政理论具有的最伟大的力量。这种对现实的回应使得美国的公共行政研究通常"以高度创新性和创造性的方式每一代或每20年转换为一个新的知识结构"。实践使理论之树长青。中国的公共行政学研究在经历了若干年后将重心转向对中国问题的研究，这是中国改革开放后丰富多彩的治理实践引人注目所使然，也是这一学科发展的必然。

学术研究秉持的是对真理的追求，以客观的、批评的眼光审视研究对象，并从中得出具体的或一般性的结论，或建构理论。在现有的环境下，这需要有定力，既不受各种口号标语新名词新概念的蛊惑，不受各种眼花缭乱的名利的诱惑，也不为世俗偏见或意识形态的宣传所动；或同时也需要有耐力，耐得住寂寞，耐得住清苦。"板凳要坐十年冷，文章不写半句空"，这对于处在当今"板凳坐不住，文章对半空"的环境中的中国学人来说似乎是一个过高的要求，甚至可能被看成是一种迂腐，但无此产生不了优秀的研究成果。它展示的是一个学者应有的境界，笔者心向往之，尽管要完全做到很难。

本书的论文保持了原貌，只是在个别文字上稍作了订正。这首先是对历史的尊重，其次读者也可以从中看到笔者的研究经历。

本书出版之际，笔者要对家人长期来一如既往的支持表示感谢，对她们的奉献的感激之情难以言表。笔者也要对公共行政系的同仁以及我众多的学生表示感谢，同他们相处是一种愉快的经历，是一种心灵交流、脑力激荡的过程，有不少灵感是在同他们的交流中产生的。我也要对本书的责任编辑孙程姣表示感谢，她的专业与细心一起促成了本书的面世。

最后，欢迎读者对本书存有的瑕疵和不足提出批评。

竺乾威

于复旦大学国际关系与公共事务学院

2018年6月20日

目 录

| 第一编　体制改革与政府创新 |

政府管理创新若干问题的思考 …………………………………………… 003
行政体制改革的目标、指向与策略 ……………………………………… 018
经济新常态下的政府行为调整 …………………………………………… 030
试论经营公共服务：价值、战略与能力建设 …………………………… 043

| 第二编　官僚制度与政策过程 |

官僚化、去官僚化及其平衡：对西方公共行政改革的一种解读 ……… 057
地方政府的政策执行行为分析：以"拉闸限电"为例 …………………… 066
地方政府决策与公众参与：以怒江大坝建设为例 ……………………… 080

| 第三编　政府组织的变革与发展 |

地方政府的组织创新：形式、问题与前景 ……………………………… 095
地方政府大部制改革：组织结构角度的分析 …………………………… 113
大部制改革：问题与前景 ………………………………………………… 130
大部制改革与权力三分 …………………………………………………… 141
公共服务的流程再造：从"无缝隙政府"到"网格化管理" …………… 154

| 第四编　重塑国家—社会—市场关系 |

行政审批制度改革：回顾与展望 ………………………………………… 175
文化体制改革的新制度经济学分析：以国有文艺院团转企改制为例 … 187
政社分开的逻辑及其困境 ………………………………………………… 199

政社分开的基础:领导权与治理权分开 …………………………………… 211
政社分开:从资源依附走向共生性资源依赖 ………………………………… 222
政府职能的三次转变:以权力为中心的改革的回归 ………………………… 233

| 第五编　公共行政现代化的挑战 |

数目字管理与人本的回归 ……………………………………………………… 249
政治生态变化中官员的公民身份认知回归 …………………………………… 263
The Process of Professionalization and the Rebuilding of Administrative
　　Ethics after 1976 in China ……………………………………………… 270
Reorientation and Prospect of China's Combat against Corruption …… 291
国家治理现代化与机构改革 …………………………………………………… 318
国家治理现代化与领导能力提升 ……………………………………………… 332

| 第六编　西方国家的公共行政:制度与政策 |

北欧三国中央-地方政府关系比较 …………………………………………… 349
有限政府与分权管理:美国公共管理模式探析 ……………………………… 359
论布什政府的科技政策 ………………………………………………………… 372
西方国家社会保障制度比较 …………………………………………………… 383
供方战略和需方战略:西方国家住房政策的选择 …………………………… 396

第一编
体制改革与政府创新

政府管理创新若干问题的思考*

摘要：本文从整体创新与局部推进、制度约束与实践先行、顶层设计与地方首创、理论突破与摸石头过河、模式借鉴与变通改进、创新动力与特殊追求、革故鼎新与路径依赖七个方面探讨了中国政府管理改革和创新面临的一些主要问题，认为对这些问题的认识影响着中国政府管理改革和创新的未来走向和发展。

一、整体创新与局部突破

政府管理创新是指用新的思想理念和技术方法对管理系统(包括管理观念、组织战略、组织结构、管理技术、管理文化和管理流程等)进行改造与重构，促进管理系统的动态发展，达到不断提高组织管理效能的目标的活动。我们可以从两个方面理解政府管理创新。第一个层面是系统的层面，也就是整个政府管理模式的创新，产生一种在整体上有别于原有管理模式的新的模式，就像新公共管理模式不同于传统的官僚管理模式一样。这种管理创新，用加里·哈默的话来说，就是"对传统管理原则、流程和实践的明显背离，或者对惯常的组织形式的背离，这种背离极大地改变了管理工作的方法"①。而且，这种背离极大地改变了管理工作方法，因而意味着这种创新必须有积极的成果。第二个层面是对原有模式的一些组成部分(如管理理念、组织结构和功能、管理技术和方法等)进行变革，这些部分的创新或变革尽管没有引起整个管理模式的变化，但也在不同方面提高了管理的效果。当然，这两者也不是截然分开的。部分的创新改进积累也可能在一定阶段导致整个模式的转变，而模式的

---

* 本文原发表于《中国行政管理》2012年第2期，第27—32页。
① Gary Hamel, "The Why, What, and How of Management Innovation", *Harvard Business Review*, 2006, No. 3.

整体变化也不排除其某些部分仍然还保留着一些与原来相似的做法。

两种不同层面的政府管理创新来自对原有管理模式的不同理解,而不同的理解又源于对管理模式面临的挑战和所遇到问题的不同认识:是需要进行整体创新和变革还是局部的创新和变革?一种理解是原有模式出现了系统性的问题,即环境变化使原有模式难以应对目前的局面,因而需要对原有模式进行大幅度的创新才能解决面临的问题。正如新公共管理的改革一样,改革者对原有模式的一个认识是,传统的官僚行政模式已经过时,无法适用后工业社会的需要,因为官僚行政模式的两大支柱——官僚制组织和政治-行政两分作为工业时代的产物已经完成了其历史使命。另一种理解是当前模式面临的问题不是全局性的,可以通过局部的修正改革或创新来取得新的管理效果,正如中国的政府机构改革一样。尽管改革在一些具体的管理领域引进了新公共管理倡导的企业化和市场化的做法,比如绩效管理的推行,公私部门合作提供公共服务,减少成本、提高服务质量等,但在整体上还保留着传统行政模式的一些主要特征。

不同的理解产生了不同的创新和改革设计。系统性变革和创新的做法可以称为一种从整体到局部的做法,即先有明确的目标,然后围绕目标制定一系列实际措施。以新公共管理改革为例,其目标是改革的新取向——市场化和企业化,然后在这一主题下产生了一系列带有市场化和企业化特征的做法,最后形成一个具有自身鲜明特点、不同于传统官僚行政模式的新公共管理模式。整体性的变革和创新需要微观层面的响应和配合,仅仅停留在整体性层面而缺乏对局部的关注,那么整体性变革和创新的目标是无法实现的。另一种做法则是从局部或边缘做起,有什么问题就解决什么问题,这里也可以产生创新的做法,提高原有管理模式的效率和产出,通过一段时间的积累或许最终也会改变原有的管理模式。但局部突破常常产生的一个问题是,由于缺乏明确的整体取向和系统目标,创新和改革的手段与做法之间可能会产生矛盾,并出现头痛医头、脚痛医脚的做法,正如我们常常看到的城市地下管道由于缺乏系统考虑而反复维修一样,这种做法易造成时间的拖延和资源的浪费。

政府管理的整体性创新和局部的创新尽管有不一样的地方,但就创新本身来说,它们都具有哈默指出的三个特点[①]:第一,这一创新建立在挑战正统管

---

① Gary Hamel, "The Why, What, and How of Management Innovation", *Harvard Business Review*, 2006, No. 3.

理思想的崭新原则之上。作为一种整体性创新,新公共管理是建立在挑战传统的管理模式的市场化和企业化这一崭新的原则之上的。但局部性的创新也有这样的一个特点。比如,广东顺德的大部制改革就是建立在打破党政边界、党政联动改革这一新的原则之上的,正是这一做法使它具备了创新的特点,尽管它没有改变大部制改革整体上局限在政府部门内的做法。第二,这一创新具有系统性,包含了一系列流程和方法。以新公共管理而言,围绕市场化和企业化产生了一系列的流程和方法上的变革,如上面提到的绩效管理、公私部门共同提供公共服务、政府服务外包、物质激励等,但像顺德这样局部性的创新也包含了诸如组织结构、运作流程、职能重组等方面的变革。第三,这一创新是某项不断向前推进的发明计划的一部分,该计划会随着时间推移取得更大的进展。这表明这种创新具有持续性,并展示着良好的未来前景。尽管人们对新公共管理持有异议,改革本身也带来了不少问题,但它毕竟已成为人们公认(不管是否认可)的一种政府改革模式。

二、制度约束与实践先行

简言之,制度是一种对行为的约束性安排,通常有正式和非正式之分。制度在整个组织管理中的作用是不言而喻的。新制度经济学认为,像土地、劳动和资本这样的要素只有在制度确立后才能发挥作用。不同的制度安排甚至决定了大到一个国家小到一个组织的走向。制度一旦建立,就必须得到遵守。从这个意义上说,制度和规章规则具有天然压抑人的创造性和想象力的作用。制度从某种意义上说可能是创新的产物,但它的存在同时也压抑了新的创新。政府管理创新往往会碰到的一个困境是:若遵循制度、循规蹈矩,就无法有突破和创新,因为这些突破和创新为现有的制度或规章规则所不容,而无突破或创新则没有进展;若突破或创新,那么这些突破和创新的合法性就会受到质疑,以至于一些创新的举措还没有出生就已经死亡。

制度残缺、制度供给不足或制度空白尽管不利于国家或组织的发展,但它同时却在另一方面为创新或突破提供了方便。但是,目前我国的实际情况是制度和规章规则越来越多,这实际上意味着政府管理创新和突破的空间越来越小。因此,当现有管理者着手进行管理创新时面临的一个重大问题是:如何应对这些可能制约我们创新的制度约束?

首先必须破除对制度的迷信。事实上,制度是人为建构的产物,既然是人不是上帝构建了制度,那么制度显然不是完美的,即便是完美的,那也是在相对意义上而言的。因而,制度或规则可以分成优、劣和过时三种。劣的制度需要被废除,舍此不会有进步。过时的制度也需要被抛弃或变革,因为制度通常是特定时空条件下的产物,一旦这一时空条件发生变化,就需要用新的制度取代旧的制度。因此,在制度约束与管理创新的关系上,有必要对劣的、旧的和过时的制度进行变革,从而创造出创新空间。正如我国市场经济制度取代计划经济制度一样。如果说计划经济在中华人民共和国成立初期有助于资源短缺条件下的经济复苏进程,那么随着时间的推移,这一制度的负面作用就变得越来越明显。因此,如果不进行体制上的变革,打破原有的制度,建立新的制度,国家就不会有进步。虽然市场经济不是我们的首创,但是如何从计划经济平稳地转向市场经济则是一个需要通过创新才能解决的问题。对政府管理创新来说,这里可以得出的一个结论是,制度变革本身往往为管理的创新提供了条件。因此,我们可以看到,制度对创新尽管有约束性的一面,但同时也会为之提供巨大的机会。

除了在需要的情况下变革制度本身之外,就制度对管理创新的现行约束而言,还应该奉行实践先行的原则。这是因为我们处在一个改革的过程中,一些作为改革结果新建立起来的制度可能还只具过渡的性质。

制度的动态特征表明,一些现在行之有效的制度从长远看不一定具有生命力,或许过一段时间后也成为被改革的对象。因此,制度外的试验、创新和培育是推进政府管理创新的一个较好的途径。正如深圳特区的发展历程一样,首先让特区在体制外成长,实践先行,最后,用试验的成果来改变现行的体制。国家在"十一五"期间确立的10个综合配套改革试验区也属这种性质,通过先在这些地区进行城乡统筹、两型社会、老工业区改造、科技创新等影响国家未来发展的重大试验和创新,这些地区可以规避现行制度的负面约束,走出一条新的改革道路。

三、顶层设计与地方首创

自从顶层设计这一工程学术语被引入我国的政治和改革领域以来,人们就对它有不同的看法,不过,顶层设计一般是指从最高层次上寻求问题的解决之道。温家宝总理在政府工作报告和提交审查的《"十二五"规划纲要(草案)》中强调:"要更加重视改革的顶层设计和总体规划。"显然,这里的顶层设计与总体规划是在同一个意义上说的,总体规划当然是由顶层来做的。

从政府管理创新的角度来看,创新主体一般包括了上层和下层。事实上,政府管理创新本身就是一个上下互动、互为补充的过程。顶层设计的必要性在于,由于顶层站得高,因此对全局有比较好的把握和了解,这是下层所不及的。此外,当需要有一个整体性的、全局性的规范时,也只有上层能够承担这一使命。因此,从政府管理创新或改革的角度看,顶层设计的重要性是不言而喻的。但是顶层设计的重要性不能被夸大,其也是有局限性的。

首先,不能保证顶层设计一定是全面完整的。顶层设计也是由人来设计的,既然是人,那么其理性和知识总是有限的。这种有限性决定了顶层设计有时候也会出错。从历史上看,一些顶层设计不仅是错误的,而且其后果是灾难深重的。因此,我们不能迷信顶层设计。

其次,顶层设计从何而来?一般来说来自两个方面,一是来自理论、意识形态或想象力,二是来自实践。如果设计者对理论或意识形态抱有一种教条主义的看法而不正视理论需要对现实问题做出说明和回答,那么在这种思想指导下设计出来的东西并不能解决问题,这一点也被中华人民共和国成立后的历史所证明。而实践有时恰恰是顶层的短板,由于身处高层,缺乏对第一线的了解(尤其当这种对实际的了解仅仅来自下级领导人的汇报,而不自己去亲身体验一下的话),因而做出一些不切实际的决定是常有的事,这也是为什么组织结构会从纵向等级向扁平或网络发展的一个原因,它就是要缩短上层与第一线的距离,使上层能更迅速地、更全面地了解现实问题。

再者是顶层设计的动力问题。顶层出于什么原因进行设计,它的动力来自那里?尽管通常的理解是顶层设计是为了解决全局性的问题,但不能否认顶层设计或许也有自身利益的考虑。顶层是一个相对的概念,就全国范围来说,中央政府就是顶层。就一个省来说,省级政府就是顶层。无论是中央政府还是省级政府,政府又是由众多的部门构成的。因此,在不少情况下,部门往往充当了顶层,尤其是在它所涉的范围之内。事实告诉我们,政府和部门都有其自身利益,那么我们如何保证它们在进行顶层设计时不将自己的利益置于公共利益之上?

最后,顶层设计还有一个能否得到贯彻的问题。顶层设计最终的价值在于设计目标的实现,如无法实现,那么顶层设计本身的权威和声誉就会受到影响,以至于再出台的设计得不到信任。因此,从设计者的角度来说,要考虑如何使设计的目标得以实现。有时候顶层设计不错,但在现实中阻力太大,因而始终处在设计阶段,无法转化为现实。比如,国家层面的房地产政策在地方受阻就是一个很好的例子。

顶层设计当然重要,但就政府管理创新而言,地方的首创可能更为重要。事实上,许多创新都是先来自地方实践,古今中外莫不如此。约翰·奈斯比特在他的名著《大趋势》中指出:"不论纽约和华盛顿是如何自高自大,几乎没有什么新的东西是发源于这两个地方……新的思想和新的趋势都始于坦帕、哈特福特、圣迭戈、西雅图和丹佛等城市和地方,而不是始于纽约和华盛顿。"[1]比如要求公共机构举行公开会议的"阳光法"就是由佛罗里达带头制定,然后遍及各州。新公共管理中的很多创举也是来自地方,比如无缝隙的政府管理就来自明尼苏达州的实践。作为新公共管理代表作的《改革政府》一书中列举的许多政府管理创新的例子,也都来自美国的州和地方的实践。中国的情况也类似。比如,最终引发全国农村改革的就是来自安徽小岗村的实践;公务员管理中很多管理方式的改革和创新,如公推公选、票决制、政府雇员、绩效评估等,也都是先来自地方实践,然后被推向全国。

地方往往会在创新中先跨出一步,其首要原因在于地方有直接的问题意识,有直接的压力。这种压力往往成为通过创新来解决问题的推动力。比如,顺德进行党政联动的大部制改革,其原因在于改革者认为现有的党政部分功能重叠的状况阻碍了政府效率的提高,因而尝试用一种新的方式来解决如何进一步提高政府效率的问题。其次,相比上层,地方所受到的制约因素相对较少,考虑的问题也相对单一,不必左右环顾,加之新举措影响力相对较小,也容易促使改革者下定决心。

地方首创也有它的局限性。首先,如果地方的首创无法获得上层的认可,那么这种首创充其量只有微小的影响,无法产生全局性的影响,即使这一创新实际上具有非常高的价值。如果受到上层的打压,那么这种创新就无法摆脱昙花一现的命运。其次,围绕一些共性问题上的地方首创(如各地在公务员制度改革上一些各自的做法)如不能有效及时地被上层采纳,从而加以推广,转

---

[1] [美]约翰·奈斯比特:《大趋势》,梅艳等译,新华出版社1984年版,第2页。

变成一种共同的规范，那么从全局的角度看会产生成本过高的问题，尤其对一些不具可持续性的地方更是如此。

就政府管理创新而言，顶层设计和地方创新是相辅相成的。地方首创往往可以成为顶层设计的来源，反过来，顶层设计可以为地方创新提供方向和基础。两者的互补和相得益彰是促进政府管理创新的一个必要条件。

四、理论突破与摸石头过河

如同革命、变革一样，政府管理创新也会碰到理论和实践关系的问题。改革和创新需要理论，正如文森特·奥斯特罗姆指出："要了解一个体制如何运作，在体制中修正或者变革如何影响其绩效，一种适当的理论是必要的。"[1]但是，有时候在进行改革和创新时，适当的理论并不存在。因此，我们大体可以把政府管理创新分成有理论指导的创新和没有理论指导的创新两种，新公共管理改革是前者的典型，中国的"摸石头过河"是后者的典型。

新公共管理改革是有理论指导的，这一理论是哈耶克的新自由主义。作为这场改革发起者的英国前首相撒切尔明确申明哈耶克是她的精神导师。哈耶克主张低度的政府干预，主张让市场发挥作用。那么为什么撒切尔选择了哈耶克的理论？道理很简单，她认为她当时面对的英国社会的问题是政府过度干预造成的，哈耶克的理论提供了解决这一问题的良药。因此，撒切尔以"私有化"拉开了这场改革的序幕，而私有化的背后就是政府瘦身。我们可以看到，包括其他国家在内的围绕市场化、企业化所采取的种种改革措施都是来自哈耶克的这一基本理论。但是，我们同时也可以看到，新公共管理改革中产生的政府再造理论尽管其实质上体现了哈耶克的思想，但再造理论结合改革实践，是对哈耶克理论的进一步发展——一种可以对实践进行直接指导的理论。比如，奥斯本在其作为新公共管理代表作的《改革政府》一书中所描绘的改革后的新政府应该具有的十个方面就具有极强的操作性，以至于这本书被当时的美国总统克林顿称，"为改革提供了的蓝图"。这种从理论到实践再到理论再到实践的做法，使得新公共管理改革有非常明确的目标、行动手段和理

---

[1] [美]文森特·奥斯特罗姆：《美国公共行政的思想危机》，毛寿龙等译，上海三联书店1999年版，第135页。

论支撑。通过这一例子,我们也看到了理论对政府管理创新具有的重大意义和作用。

但是,并非任何改革或创新都有现成的理论指导。一些改革或创新是前所未有的,没有现成的理论可循,只能靠实践先行,边干边学边总结。中国的改革即属此例。因此,也就有了一种著名的说法:摸石头过河。

摸石头过河是一种比喻,可以从两个方面加以理解。一是指探索,没有桥,也没有路线图,只能靠摸石头的方式前行;二是指方法,由于不知道水深水浅,只能通过摸石头的方式前行,摸不到,停一下,以免掉到水里去。这种方式通常也被称为渐进方法。这两方面实际上是联系在一起的。摸石头过河的前提是没有桥和路线图,如果有的话,就没必要摸石头。这里可以把桥或路线图比作理论,摸石头比作实践。有理论的指导,实践不一定以摸石头的方式进行。但是在缺乏理论指导的情况下,要过河,摸石头不失为一种可以采取的方法。事实上,这里提出了理论与实践的关系问题。

创新往往是一种摆脱以往惯例的具有想象力的行为。有理论指导的创新固然不错,但如果对理论采取一种教条主义的态度的话,理论也有禁锢人的思想的作用。任何一种理论都是某一时空的产物,它会受到这一时空条件的限制。马克思指出了人类社会未来发展的方向,但是对于一个社会进入社会主义阶段后究竟如何具体运行,马克思没有提供现成的答案。事实上,我们在列宁的《国家与革命》一书中还可以看到列宁对管理未来的苏维埃国家的一些比较浪漫的看法。比如,列宁认为一个人只要粗通文墨、稍具计算知识就可以管理国家了(这显然同苏维埃是一个工人的国家的意识形态相关)。这是因为列宁没有这方面的实践,在苏维埃国家建立起来以后,列宁才知道事情并非如此,以至于他在后来提出了向资产阶级专家学习的口号,提出要悬赏两本行政管理的著作。因此,理论需要创新,需要与时俱进。

理论来自实践,但理论又是超前的,否则它无法具有指导的作用。这表明了两者相同的重要性和不可或缺性。中国的改革包括政府管理创新在相当程度上是一种前无古人的实践,没有现成的理论可以提供指导。当然,我们完全可以借鉴其他的相关理论,但必须结合自身的情况加以创建。奥斯特洛姆在谈到理论的必要性时同时指出,"用一种设计理论指导另一不同设计理论为基础的体制的特质,会导致深刻的误解。运用一种设计理论去改革以另一不同理论为基础的体制,会产生难以预料的、代价昂贵的结果"①。

这就需要在实践中进行摸索。因此,摸石头过河所体现的实践精神是值得肯定的。在未来,我们或许在某些方面还要摸石头过河。但是,我们不能总是靠摸石头过河,因为摸石头毕竟具有盲目性,摸不到了就得停下来,这里至少有巨大的时间成本问题。此外,再摸到的石头也有可能指引你不是往前走,而是往后走。因此,我们需要在实践中产生理论,产生过河的路线图,否则我们或许到不了彼岸,或许最后又会回到此岸,或许要付出极大的代价才能到达彼岸。在这里,理论的重要性是显而易见的,路线图的重要性也是显而易见的。我们需要的是像政府再造理论那样的建立在某一基本思想基础之上的、能对改革和政府创新起具体指导作用的理论和路线图。当然,与西方相比,我们还需要(这一点甚至更重要)一幅河对岸的全景图,这幅图决定了过河的路线图。

这就要求我们打破框框,在自身的实践中进行理论的提炼和突破。理论的突破也是一种创新,这一创新首先要打破自身思想的禁锢,同时社会要为这种创新提供自由思想的空间。不能把某种正统视作不能超越的神器。正统本身就是在同非正统的交锋中产生并展示了它更强大的生命力的。如果把马克思主义作为一种不能超越的正统,那么就不会有中国的市场经济创新之举,也不会有三十年的改革所带来的社会进步和经济发展。马克思主义理论的生命力在于它的与时俱进的品格。经济体制的改革是如此,政府管理创新更是如此。

五、模式借鉴与变通改进

拔地而起、一飞冲天的创新是很少的,创新多是在前人的基础上进行的改进或提高。从这一意义上说,前人的经验和做法(无论是成功的还是失败的)是一笔不容忽视的财富。马克思曾经指出,先进国家为后来者展示了它们未来的图景。中国尽管有五千年的文明,国人也常常为此而自豪,但我们应该知道,这种文明只是农业文明,我们的工业文明历史是非常短暂的,在这一点上,我们无疑是后来者。

---

① [美]文森特·奥斯特洛姆:《美国公共行政的思想危机》,毛寿龙等译,上海三联书店1999年版,第135页。

这就产生了如何对待前行者(这里当然主要指西方文明)的一个大问题。这事实上是个老问题。在这一问题上一直有两种极端的态度,这就是虚无主义的全盘否定和不加考虑的全盘照抄。清朝末年,面对西方的船坚炮利,当政者中弥散的还是一种"器不如人,但制还是我好"的天朝心理,殊不知器同制相关,天朝早已被远远地甩在世界的后面。甲午海战,我们曾自认为有世界上不是最强大也是次最强大的海军力量,对他人不屑一顾,但是一经格斗就全军覆灭。这种天朝心理至今还有市场。一旦有所进步,就夜郎自大,自以为了不起,仿佛已经成了天下第一,他人都不在话下。无视他人优点、自我拔高、自我沉醉,在前行的路上,这是一种要不得的态度。

另一种则是由自卑心理引发的全盘照抄的态度。历史上,曾出现过因欧美的领先而引发的恐外崇外,也出现过对苏联模式的盲目崇拜。这种崇拜的结果是矮化自己,凡是人家的东西都完美无缺,不能正视他人模式的不足与缺点,不能在学习的过程中进行有批判的借鉴、模仿、改进和创造,这种全盘照抄由于不适合自身的情况往往产生南橘北枳的结果。20 世纪 50 年代盲目学习苏联使我们付出了不菲的代价。改革开放过程中也有过对西方过度市场化的盲目模仿,以至于在一些政府本来应该发挥其作用的领域,如义务教育、基本的医疗保障等,由于政府不恰当的退出而产生仅凭市场的力量无法解决的问题。毫无疑问,在前行的路上,全盘照抄也是一种要不得的态度。

随着中国的崛起,我们在这两种态度中出现的一个变化是从自卑走向自大,似乎我们的模式成了全球最优的模式,现在不是我们向人家学,而是人家向我们学的时候了。因此,如何对待西方模式,仍然是我们的改革和政府管理创新需要面对和考虑的问题。

就政府管理创新而言,西方的模式(实际上它也是在变化的,从传统官僚行政到市场化企业化的政府就是一个很大的变化)是否还有可以借鉴的地方?答案是肯定的。一个很浅显的道理是,政府管理有其共性的一面,无论是西方还是中国,就政府管理职能来说都是一样的,政府管的都是社会公共事务,尽管在管的方式上有所不同。作为一种基于市场经济的管理模式,西方的政府管理已有数百年的历史,这一漫长的历史中所积累的经验教训、成功和失败对于只有几十年基于市场经济历史的中国政府的公共管理来说,是一笔巨大的财富,无视这一笔财富,不是无知,便是愚蠢,因为它可以使我们少走弯路。事实上,我们今天不少政府管理上的改革和创新,正是借鉴了西方的做法,比如,公共服务的多元提供、公共服务的市场运作机制、政府绩效预算、政府绩效评估等。

当然,我们的学习和借鉴必须结合自身的情况,原因在于我们与西方国家所处的发展阶段不一样,要解决的问题也不一样。比如,一些西方国家早已进入了福利国家阶段,而对于还处在温饱型的中国社会来说,面临的问题与这些西方国家所面临的是很不相同的。这在很大程度上解释了同样是基于市场经济的政府管理,其管理方式和公共政策都可能存在不一样的地方。比如与西方的一些以市场为主导的管理方式相比,中国更多的表现为一种政府主导的管理方式。但是,这一方式也不一定就成为一种固定的模式,随着时空条件的变化,这种管理方式或许也会发生变化,正如西方政府在管理的方式手段上随着 20 世纪 80 年代全球经济一体化的进程出现了向市场化、企业化和网络化方向的变化一样。

六、创新动力与利益追求

正如前面指出的,政府管理创新是一个上层和下层互动和互补的过程。创新在某种程度上也是一种改革,它可以由上层发动,也可以由下层引发。因此,在一般意义上,可以分成自上而下和自下而上两种。在我国,它表现为自上而下的政府机构改革和自下而上的地方政府改革。

制度经济学在涉及制度变革时,把自上而下的变革称为强制性制度变迁,把自下而上的变革称为诱致性制度变迁。这两种变革的主体是不一样的,前者为国家或政府,后者为一群人或一个团体。由于政府管理创新涉及的主体都是政府(包括上层和下层政府),因此在论及变革的动力来自何处时,制度经济学有关诱致性变革产生的原因的观点同样可以运用于政府管理创新。在制度经济学理论看来,诱致性制度变迁必须由某种在原有制度安排下无法得到的获利机会而引起,换言之,诱致性制度变迁的发生必须要有来自制度不均衡的获利机会。诱致性制度变迁是否会发生,主要取决于个别创新者的预期收益和预期成本的比较。因为对于创新者来说,"不同制度安排的预期收益和预期成本是不同的"[1]。简单地说,当在现有的制度下无法再获利、而变革现有制

---

[1] 卢现祥:《西方新制度经济学》,中国发展出版社 1996 年版,第 111 页。

度可以做到时,变革就产生了。

这一观点是有解释力的。新公共管理的产生,是因为在传统的行政模式中,政府的服务成本无法再降低,政府的服务质量无法再得到提高(这一点对于一个已经进入了以消费者为主的社会来说是至关重要的),因此政府管理改革应运而生。我国公务员制度的建立,是因为原有的干部制度已经无法承担新的经济和社会条件下的历史使命。但是,改革者在采取新制度新措施时必须考虑成本——效益问题,只有效益大于成本,才是可行的。因此,政府管理的创新会否发生,主要取决于两点:一是变革要有利可图,二是变革成本要低于收益。

但是,变革或创新通常首先是由改革者或用制度经济学的话来说"初始团体"进行的。因此,对利和成本效益的界定首先来自他们。这里的利可以有大利、小利和私利之分。所谓大利,就是公共利益,这是政府存在和政府活动的全部意义所在。小利指政府或政府部门的自身利益。私利则主要指的是改革者的利益。这三者的利益可以是统一的,但也可以是矛盾的。也就是说,符合大利的改革创新不一定符合小利和私利,倒过来也一样。用另外的话来说,改还是不改,怎么改和创新,改革者或改革创新的初始团体应该从符合公共利益这一最高的原则出发。

政府管理改革和创新会受制于一系列的因素,这些因素包括改革者或初始团体的"偏好和有限理性、官僚政治、集团利益冲突和社会科学知识的局限性、国家的生存危机等"①。可以把这些因素分成外部因素和内部因素两部分。外部因素的核心是利益,内部因素的核心是人的有限理性。对利益的考虑决定了改还是不改,以及如何改和如何创新。而人的有限理性和知识的相对不足则制约了人在改革和创新过程中的选择。这两者往往是联在一起的。有良好的以大局和公共利益为重的改革和创新的愿望但缺乏相应的改革创新的知识和能力,改革和创新的目标就无法实现。同样,具备了相应的知识和能力但追求的是小团体和个人的利益和目标,这种改革和创新也会误入歧途。

目前,我国政府管理改革创新的一个障碍是对部门和小团体利益的考虑和追求,而不是将公共利益置于顶端,这与国家利益部门化的倾向有关,这些部门往往打着国家的旗号,追求的是部门利益,而部门利益背后或许就是私人

---

① 卢现祥:《西方新制度经济学》,中国发展出版社1996年版,第115页。

利益,比如个人的晋升。对利益的考虑制约了在改革和创新中的选择,而这一选择与改革创新应该以公共利益为第一原则的做法是背道而驰的。

七、革故鼎新与路径依赖

除了一种基于想象力和前瞻性的改革和创新外,大多数的改革和创新都是在原有基础上进行的改进和突破。因此,原有的状况在相当程度上制约着我们的创新。

在这里,初始的路径选择是非常重要的。根据制度经济学的理论,初始的路径选择决定了未来的制度变迁。路径的选择无非是两种:渐进的和激进的。渐进的方式是在维护原有制度、政策、做法等基本不变的情况下所做的小步修正,通过这些小步修正的不断积累,或改良或最终改变原有的制度、政策等。这种路径的优点在于,由于没有政策上做法上大起大落的变化,它可以保持稳定。但前提是这些原有的制度、政策或做法基本上是好的和比较好的,或者在改变的时间段里可以存在。如果原有体制、政策、做法等整体上是过时的、不可持续的和难以容忍的,那么采取小修小补的方式就无法解决问题,因为渐进方式有时间成本和实施成本。在这种情况下,需要采用激进的方式解决问题。比如,对计划经济体制改革,我国采用的就是激进的方式,推倒重来,建立一种与原有计划体制完全不同的新的体制。如果还在原有计划体制的基础上小修小补,那么就不可能带来中国经济如此飞速的进步。这表明,渐进方式并不是一种在任何场合下都可以适用的方法,它有其局限性。相比之下,激进方式的优点在于手起刀落,在较短的时间里能够解决问题,时间成本和实施成本会下降。但它的问题在于,由于在变革中采用的是大起大落的方式,因而会提高摩擦成本,造成振荡和不稳定,如果无法承受这种不稳定,那么反过来或许会终止改革和创新,并引发重大振荡。

在我国的改革(包括政府管理的创新)中,通常采用的初始路径是渐进的路径。初始的路径选择很重要,因为它会形成路径依赖。根据制度经济学原理,人们过去做的选择决定了他们现在可能的选择。沿着既定的路径,可能进入良性循环,也可能进入锁定状态,一旦锁定,要脱身就比较困难。初始制度会强化现存制度的刺激和惯性,因为沿着老路走总比另辟蹊径要方便。由于渐进的改革和创新在增进获利的同时带来了社会的稳定,我们因而产生了一种对渐进改革的路径依赖,碰到任何事情,都采用渐进的路径。但是,这种路径依赖带来的负面问题却是时间成本和实施成本十分昂贵。比如,我们在20世纪80年代就提出了政企分开、政资分开、政事分开,但是三十年过去了,这些问题没有得到彻底解决。没有得到解决的一个原因是与我们的改革路径选择有关。我们在一定程度上产生了"渐进路径的崇拜",为了求得稳定而一味采取渐进的方式,而不明白在必要的时候采取激进的方法才能解决面临的问题。目前我们采用的改革策略是先边缘后中心、先易后难,但是正如我们知道的,改革已经进入深水区和攻坚阶段,正在涉及一些核心的东西。我们需要考虑的是,如果一味采用渐进的方式能否解决问题,更何况一些问题已经拖了几十年,积重难返。

根据制度经济学的理论,路径依赖形成的深层次原因是利益因素。一种制度形成以后,会形成某种在现存体制中有既得利益的压力集体,他们力求巩固现有制度,阻碍进一步的改革,哪怕新的体制较现存体制更有效率[①]。采用渐进方式的一个考虑是保持稳定,但从另一个意义上说,这种考虑也是对某种利益的迁就和容忍,以至于渐进的方式到时候无法再进,因为这里涉及了利益的因素。这也形成了一种改革变得越来越难的状况。由于没有勇气以坚决的方式打破这一利益格局,故无法革,新无法鼎。原有体制的痛还是在痛,而且是长痛。

因此,在改革和创新的路径选择上有时需要另辟蹊径,采用激进的方式和路径。另辟蹊径尽管比较难,因为开辟新路总要比沿着老路走难得多。但问题在于,沿着老路走达不到目的地,而新路尽管难走,却有达到目的地的希望。以西方的新公共管理改革为例,改革初始的路径选择一开始就是另辟蹊径,选择了与传统的官僚模式背离的社会化和企业化的取向,而不是在原有模式内进行一些小修小补的改革,这种大刀阔斧的改革最后成就了公共管理的一种新模式,并得到广泛应用。

另辟蹊径必须培养新的改革和创新力量,从中获取新的改革和创新动力。根据列温的力场理论,动力大于阻力,改革会往前走;动力与阻力相等,改革就会停滞;阻力大于动力,改革就会往后退。动力来自一些改革和创新的潜在得利者,要让动力大于阻力,必须让这些潜在的得利者看到改革和创新给他们带

---

① 参见卢现祥:《西方新制度经济学》,中国发展出版社1996年版,第81—85页。

来的希望,而这种希望的表现之一就是现有的不合理利益格局被打破。

Thoughts on Several Issues of Innovation of Governmental Management

Abstract: The paper discusses following issues which are considered important for promoting innovation and reform of Chinese governmental management: systematic innovation and partial improvement, institutional restriction and putting practice first, top level design and local initiative, theoretical breakthrough and practical exploration, model copy and improvement tactically, driving force of innovation and interest seeking, and finally reform and path dependence. The paper regards that perception on the above-mentioned issues affects the future development of innovation and reform of the Chinese governmental management.

行政体制改革的目标、指向与策略

摘要：行政体制改革必须有明确的目标、指向与策略，并应厘清这三者之间的逻辑关系。行政体制改革作为一个政治、组织和心理的过程，是围绕改革的目标进行的，这一目标具体表现在制度、运作和理念三个层面上。目标决定了改革的指向，指向影响策略的运用，而策略的运用（在顶层设计与地方创新、利益补偿与社会效益增进、摸石过河与路径依赖、系统思考与整体推进等诸多方面）又会最终影响目标的达成。行政体制改革需要处理好这三者之间的关系，使这三个方面形成一种良性互动。此外，作为"全面深化改革"的一部分，行政体制改革只是整个改革系统的一部分，因此，行政体制改革还必须处理好与其他改革尤其是政治体制改革的关系，从而使改革取得预期的效果。

一、行政体制改革的目标

中国共产党十八届三中全会提出了"全面深化改革"的总目标，这就是完善和发展中国特色社会主义制度，推进国家治理体系和治理能力现代化。而行政体制的现代化无疑构成了国家治理体系和治理能力现代化的一个重要组成部分。其所以如此，是因为行政体制与政治体制、经济体制、文化体制、社会体制和生态文明体制一起支撑了国家的治理体系。从这一意义上讲，行政体制的优劣影响着国家的治理体系，行政体制改革具有空前的重要性。

行政体制改革是一个涉及政治、组织和心理的过程。作为政治过程，行政体制改革集中表现在对社会政治资源的组织和动员上，也就是不断地激发改革的动力。其所以如此，在于改革是一个利益重新调整和分配的过程，它势必

---

* 本文原发表于《江苏行政学院学报》2014年第3期，第98—104页。人大复印《体制改革》2014年第9期全文转载；《新华文摘》2014年第20期全文转载。

会因触犯某些既得利益而受到阻力和反抗,而这种阻力和反抗也会因既得利益与权力的结合而增强。由于以往几位一体的改革没有同步进行,我们今天碰到的一个现实是既得利益已经变得非常强大,我国推进政企分开、政资分开、政事分开、政府与中介组织分开的改革差不多已经有三十年的历史,因此而成效甚微。所以,改革如果不能有效地动员和组织社会的政治资源为自身的前进扫除障碍,就有半途而废的危险。恰恰是基于这一点,中共十八届三中全会提出了"全面深化改革"的号召。行政体制改革既是一个政治过程,也是一个组织过程,行政体制改革不仅改变着政府的外观,而且改变着政府内在的运作机制,更改变着政府与社会和公众的一种传统关系,也就是从以往的政府对社会的单独治理走向与公众一起来治理社会。就政府本身而言,基于共同价值基础的与公众一起治理是组织公众参与管理的过程,也是政府治理能力的一个重要表现。此外,行政体制改革也是一个心理的过程。行政体制改革不仅要打破人们在原有体制下形成的一种心理稳态,而且还要培育人们对改革、对新的行政体制和新的行政文化的认同,这种认同对于巩固改革成果并推进进一步的改革非常重要。

  作为过程的行政体制改革通常是围绕目标进行的。这一目标有两个层次。首先是国家的治理目标体系,其次是行政系统的目标体系。由于行政系统是国家治理体系的次级体系,因此,它的目标需要与国家的治理目标相一致。国家治理想达到的目标是什么?简而言之,就是建立一个现代国家。这一现代国家的最基本的特征,也就是中共十七届二中全会指出的"市场经济、民主政治和法治国家"[①]。那么围绕着这一国家治理目标的行政体制改革想达到的目标是什么?简单地说,就是建立一个高效的治理型政府,也就是十八大提出的"建设职能科学、结构优化、廉洁高效、人民满意的服务型政府"。这样一个政府对于推进市场经济、民主政治和法治国家是必不可少的。那么,行政体制改革如何围绕这一目标进行?它的目标取向具体来说又表现在哪些方面?

  首先是制度层面。行政体制改革的制度层面的目标取向是提高行政体制的民主程度,走向民主治理。这主要表现在公众对国家事务的参与和管理上,

---

① 中共中央十七届二中全会文件:《关于深化行政管理体制改革意见》(2008年2月28日),中国政府网,http://www.gov.cn/jrzg/2008-03/04/content_909225.htm。

它构成了国家治理的一个重要组成部分。随着社会利益的日益多元,政府事实上也形成了社会诸多利益中的一种,公共利益究竟如何表达?如何更好地处理日益纷繁的社会矛盾?利益相关者要求介入政府政策过程的呼声变得日益强烈,所有这些使得原有的政府作为单一管理主体的管理模式捉襟见肘。治理的提出以及建立"人民满意的政府"正是顺应了这样的一种变化。

其次是运作层面。行政体制改革运作层面的目标取向毫无疑问是效率,效率是政府永恒的追求。职能科学、结构优化、运作规范是取得高效的组织方面的保证。我们以往的历次改革所涉及的机构和人员的精简、组织的重组、职能的转变、体制的创新等无一不是为了使政府取得高效率。效率体现了政府作为一个办事机构的最重要特征之一。与效率相联的是效益(两者有时候也在同一意义上使用),效益体现了行政活动的价值和意义所在。今天,政府几乎比以往任何时候都更积极(相对早期的守夜人政府而言)地在向社会提供公共产品和社会服务,输出公共政策,如果政府的这些活动产生不了任何效益,对社会的利益没有任何增进,那么政府本身的存在就没有意义。如果这些活动产生的效益低于对它的投入,那么这个政府就是不经济的。政府的效益包含着社会效益和经济效益,政府的行政活动无疑要产生它的社会效益,因为这符合"为民造福"这一政府行政活动的宗旨。但同时,政府在追求社会效益时必须考虑成本-效益问题。不惜代价地去追求社会效益不仅是不可取的,而且是有害的。

再者是理念层面。行政体制改革理念层面的目标是建立新的行政文化。文化的重要性在于,它影响着组织中的每一个人。正如阿尔蒙德指出的,"政治文化影响着政治体系中每一个政治角色的行动"①。行政文化也如此。崇尚"有限政府"和"政府管得少就管得好"的行政价值会产生一个结构和功能都受到严格制约的政府;对社会平等的偏重可能使政府产生福利色彩较浓的行为;主张集权可能产生一个等级森严、权力高度集中的政府体制;具有服务理念的公务员会视自己为人民的仆人;等等。从西方国家的角度来看,其行政文化经历了传统公共行政模式和新公共管理模式的交融,这一行政文化的要点表现为公正、无偏私、奉献、忠诚、服务、效率、经济、理性、负责。我们看到,这一文

---

① [美]加布里埃尔·阿尔蒙德、[美]小 G. 宾厄姆·鲍威尔:《比较政治学:体系、过程和政策》,曹沛霖等译,上海译文出版社 1987 年版,第 29 页。

化包含了宪政主义和管理主义两个方面的内容。我国行政体制改革要建立的新的行政文化,从大的方面讲,也无外乎宪政主义和管理主义两个方面。在这里,与西方的一个可能的区别在于,中国传统文化中的一些精华部分可能会被吸纳到新的行政文化中。

无论国家治理的目标是建立一个现代国家,还是行政体制改革的目标是建立一个高效政府,事实上,在这些目标后面有一个终极的目标,这就是人的全面发展和人的幸福。人的发展和幸福离不开人活动于其间的社会环境和社会条件,而这一环境和条件的创造在相当程度上有赖于行政体系的作用。

二、行政体制改革的指向

行政改革的指向从大的角度讲就是结构的改革和流程的改革。前者更多涉及政治层面的内容,后者则更多涉及技术方法的内容。从前文述及的改革目标的三个层面来看,行政体制改革包含了这两个方面内容。这两个方面是相辅相成的,结构影响着功能或流程的运作,同样,功能或流程也影响着结构,在中国政治和行政几乎不分的背景下,更是如此。

回顾我国从改革开放至今经历的七次改革(1982年、1988年、1993年、1998年、2003年、2008年、2013年),最初涉及结构和流程两个方面(也可以说制度层面和运作层面),但后来发生了一个向流程技术改革的转变。改革涉及的内容,按照邓小平的说法,"首先是党政分开,解决党如何善于领导的问题。这是关键,要放在第一位。第二个内容是权力要下放,解决中央和地方的关系,同时地方各级也都有一个权力下放的问题。第三个问题是精简机构,这和权力下放有关"[①]。邓小平讲的这三个方面的改革可以理解为前两项改革更多涉及的是结构也就是制度层面的改革,而第三项更多涉及的是流程和运作方面的改革。此外,邓小平的这段话也涉及了改革的次序,即先是党政分开,其次是权力下放,再者是精简机构。这个次序有很强的逻辑性,因为只有先党政分开,解决党政权力边界不确定和不清晰的问题,政府才能去厘定它与社会和企业的边界问题,并将不属于政府的权力归还给企业和社会。最后才是政府自身的改革,解决政府自身的问题。

---

① 《邓小平文选》第3卷,人民出版社1993年版,第177页。

从结构和流程的改革转向流程的改革的转折点发生在1988年的第二次机构改革。这次改革围绕中共十三大提出的"党政分开",采取了三个方面的改革措施。一是建立国家公务员制度,1993年颁布的《国家公务员条例》标志着公务员制度在我国的确立。二是党的属地化管理。三是在党的系统中撤销与政府相重叠的部门和机构。但进入20世纪90年代后,改革的三大内容则聚焦到了最后一个内容,也就是精简机构,即政府改革自身。改革的逻辑也发生了变化,也就是在没有完成党政分开和权力下放的情况下着重进行了机构改革。改革涉及的基本上是流程、技术方面的内容。

这一转变发生的原因是什么?首先是结构改革的难度。结构改革涉及的是政治体制问题。从当时的背景来看,这一体制涉及的主要问题包括:(1)政府和党的权力的边界问题。这是针对"党政不分、以党代政"的现象提出的。(2)党的权力和国家法律制度关系的问题。十三大明确提出党的活动不能超越法律的范围,也就是把权力关进制度的笼子。(3)政府与社会各方的关系问题,也就是理顺政府同企事业单位和人民团体的关系、政府各部门之间的关系,以及中央政府同地方政府的关系。简言之,这里的核心问题是权力问题,涉及权力的配置和权力的运作。但是,当改革有可能涉及权力本身时,改革就很难再进一步了,这在相当程度上也是政企关系、政事关系、政资关系等多年来迟迟得不到有效解决的原因之一。

其次是市场经济体制建立对政府的要求。与西方自然演进的方式不同,中国的市场经济体制是建构起来的,是从原有的计划经济体制转型过来的。这种转型已经进入攻坚阶段,其核心问题是如何围绕正确处理好政府与市场的关系作出深化经济体制改革的新举措[1]。政府作为主要的建构者,这一角色至少在一段时间里决定了政府的主导作用,通过政府的推动来形成市场和社会,然后通过市场和社会的成熟倒过来让政府减少其管理社会的成本。市场经济的建立要求政府有一种有别于以往的组织结构与行为模式,因而转变政府职能被提到了机构改革的核心位置。20世纪90年代后的每一次机构改革几乎都围绕着这一核心在做。

再者是西方国家新公共管理改革运动的影响。我国政府的机构改革在时

---

[1] 张书林:《全面深化改革的历史逻辑——十八届三中全会深化改革之际的改革史效能分析》,《党政研究》2014年第1期。

间点上与西方国家一场以"新公共管理"为旗号的声势浩大的政府改革运动是同步的。新公共管理改革的基本取向就是市场化和企业化,它的改革举措涉及的都是政府流程和技术性方面的改革。其主旨是减少政府支出,提高政府效率和服务质量。这一改革的取向是由两个方面变化产生的压力形成的。一方面,从国际背景上看,经济全球化把国家竞争力提上了议程。国家竞争力在相当程度上是与政府的能力相连的。传统的行政模式缺乏竞争力。另一方面,从国内背景来看,出现了从生产者社会向消费者社会的转变。这一转变要求政府改变以往的管理模式,也就是从官僚式的、以作为公共产品生产者的政府为主的管理模式转向以服务于作为消费者的公众的管理模式。① 与西方国家政府相比,中国政府事实上也受到了这两个方面的影响。中国政府面临的国际背景与西方国家的政府是一样的,而中国政府的国内背景也出现了一个类似的变化,也就是转向如何为公众提供高质量的服务。正是在这样的转变中,"服务型政府"应运而生。如果前期中国政府是以 GDP 为主旨的建设型政府,这一政府要求具有很高的生产力,因而需要对政府的流程、技术、方法进行改革的话,那么,服务型政府所要求的对公众提供高质量的服务也要求在提供的技术、方法和流程上进行改革,改革中出现的一站式服务、电子行政、竞争性手段和方法以及市场化和企业化方法的运用等便成了应有之义。

　　问题在于,在改革经历了多年之后,这种主要指向流程的改革越来越多地受到结构问题的制约和困扰。在政治上,一些基本的权力关系还没有理清,比如党和法律的关系问题。温家宝曾经在谈论政治体制改革时,指出的第一点就是坚持依法治国:"一个执政党最重要的任务就是要依照宪法和法律办事,并且严格在宪法和法律范围内活动,这就需要改变以党代政,把权力绝对化和权力过分集中的现象。为此,必须改革党和国家的领导制度。这个任务是小平先生在 30 年以前就提出来的。"②笔者认为这一点在今天尤为紧迫。尤为紧迫,是因为这些状况并未得到很好的改进,是因为如再不改进,将进一步制约未来的发展。

　　由于结构问题没有受到太大触动,现行行政管理体制的一些问题依然没

---

① 竺乾威:《新公共管理与文官制度改革》,《江苏行政学院学报》2013 年第 4 期。
② 温家宝:《中国未来政治体制改革有 5 大重点和难点》(2011 年 9 月 14 日),财经网,http://politics.caijing.com.cn/2011-09-14/110859487.html。

有得到有效解决。"政府职能转变还不到位,对微观经济运行干预过多,社会管理和公共服务仍比较薄弱;部门职责交叉、权责脱节和效率不高的问题仍比较突出;政府机构设置不尽合理,行政运行和管理制度不够健全;对行政权力的监督制约机制还不完善,滥用职权、以权谋私、贪污腐败等现象仍然存在。这些问题直接影响政府全面正确履行职能,在一定程度上制约经济社会发展。"①习近平同志在《切实把思想统一到党的十八届三中全会精神上来》一文中指出:"虽然我国社会主义市场经济体制已经初步建立,但市场体系还不健全,市场发育还不充分,特别是政府和市场关系还没有理顺,市场在资源配置中的作用有效发挥受到诸多制约。"②总而言之,政府权力过大的状况并没有得到有效改善。单靠政府流程和技术的改革也解决不了这一问题。任何组织都有自我扩张的倾向,这是组织的天性,政府组织也不例外。流程和技术的改革解决的是政府效率问题,它无法解决政府与社会之间的权力关系和权力配置问题,解决这一问题需要结构改革,也就是政治体制改革。

三、行政体制改革的策略

改革目标的达成与改革路径的选择和改革所采取的策略有关。从宏观上讲,这一选择需要考虑的问题有以下几个方面。

(一)顶层设计与地方创新

行政体制改革是一个上下互动、互为补充的过程,这一过程的完成需要上下两个方面的努力。毫无疑问,改革需要顶层设计。顶层设计的必要性在于,由于顶层站得高,因此它对全局有一个比较好的把握和了解。当需要有一个整体性的、全局性的改革计划并协调改革的具体进展时,只有顶层能够承担这样的使命。因此,从行政体制改革角度来说,顶层设计的重要性自不待言,在今天一些部门利益甚至超越公共利益的情况下,其重要性尤其凸显。但是顶层设计的重要性不能被夸大。顶层设计也有其局限性。首先,不能保证顶层

---

① 中共中央十七届二中全会文件:《关于深化行政管理体制改革意见》(2008年2月28日),中国政府网,http://www.gov.cn/jrzg/2008-03/04/content_909225.htm。
② 习近平:《切实把思想统一到党的十八届三中全会精神上来》(2013年12月31日),新华网,http://www.xinhuanet.com/politics/2013-12/31/c_118787463.htm。

设计一定是完美无缺的。顶层设计也是由人来设计的,既然是人,那么其理性和知识总是有限的。这种有限性决定了顶层设计有时也会出错。其次,顶层设计一般来自两个方面:一是来自理论、意识形态或想象力;二是来自实践,而实践有时恰恰是顶层的短板。最后,顶层设计还有能否得到贯彻的问题。顶层设计最终的价值在于设计目标的实现,如无法实现,顶层设计得再好也是没有意义的。

顶层设计固然重要,但改革不能忽略地方的首创。其所以如此,首先是因为地方有直接的问题意识,有直接的压力。这种压力往往成为一种通过改革来解决问题的推动力。其次,相比上层,地方所受到的制约因素相对较少,考虑的问题也相对单一,不必左右环顾。当然,地方首创也有它的局限性。如果地方的首创无法获得上层的认可,那么这种首创充其量只具微小的影响,无法产生全局性的影响,哪怕这一改革举措实际上具有非常高的价值。如果受到上层的打压,那么这种创新就无法摆脱昙花一现的命运。再者,围绕一些共性问题上的地方首创(如各地在公务员制度改革上一些各自的做法)如不能有效及时地被上层采纳,从而加以推广,转变成一种共同的规范,那么从全局角度来讲,会产生成本较高的问题,尤其当对一些不具可持续性的改革之举不适时加以制止时,情况更是如此。最后,中国实行的是单一的行政管理体制,地方的首创往往会受制于这一体制的约束,从而降低了成功的几率。

(二) 利益补偿与社会效益增进

行政体制改革是一个利益重新调整和配置的过程。在这一过程中,一些人的利益会受到损害。由于我国的行政体制改革基本上是以一种自上而下的方式推进的,改革的动力首先来自上层。新制度经济学在涉及制度变革时,把自上而下的变革称为强制性制度变迁。上层推进改革的动力来自它想降低管理社会的交易成本。但是,强制性变革的问题在于它可能违背一致同意原则,以至于一些在改革中利益受到伤害的人可能不按照这些制度来规范自己的行为。这里就提出了一个对利益受到伤害的人进行补偿的问题,因为若不如此,他们会反对改革,使改革的有效性受到伤害。改革能够出现的一种最好的状况是帕累托最优,也就是在不伤害一个人的情况下使所有的人都得益,但这仅仅是存在于理论上的,现实中很少出现这种状况,因而也就有了帕累托改进。根据帕累托改进,在改革必须伤害一些人的情况下,要对这些受到伤害的人进行补偿,补偿以后,社会的效益还是得到了增进。这里必须考虑的一个问题是,不能为补偿而补偿,如果补偿后社会效益没得到增进或反而减少,那么这种改革是没有意义的。我们在以往的机构改革中看到的精简—膨胀—再精简—再膨胀以及机构合并—分开—再合并的反复状况,往往是为了迁就利益而使改革的成效大打折扣。比如,大部制改革后,当看到一个部有十多个部级领导,甚至县的一个局竟然有二十多个局级领导时,我们当然知道这是出于对利益受到伤害者的补偿,但问题在于,这一臃肿的领导机构会是有效率的吗?改革后的社会效益是否得到了增进?

又要补偿,又要增进社会效益,那么如何来平衡这两者?这里一个可行的原则是,由受到伤害而形成的改革阻力必须小于改革的动力。根据列温的力场理论,动力大于阻力,改革就会往前走,阻力大于动力,改革就会往后退,动力与阻力不相上下,改革就会停滞。补偿不一定会令人满意,也不可能让所有人都满意,因此,除了尽可能对利益进行补偿外(当然以补偿后社会效益有增进为原则),改革还必须去发掘动力,使改革往前走。当然,改革能否往前走还取决于整个国家的进步。比如,机构改革中有过的一大难题是精简下来的人往哪里去。事实上,当社会发展到公务员职业不再是一个最好的职业,而只是众多职业中的一种,当一些怀着私利而非出于服务公众愿望加入公务员队伍的人无法再从公务员这一职业中谋取个人好处时,这个问题也就解决了。

(三) 摸石过河与路径依赖

摸石过河是一种比喻,它既可以指一种在没有桥,也没有路线图的情况下,也就是在没有现行理论情况下实践先行的做法,也可以指一种做事的渐进方法,石头摸到了,向前走一步。现在有一种说法,说摸石过河已经过时了,因为改革进入了深水区,石头已经摸不到了。事实上,作为一种实践先行的做法,摸石过河永远是需要的,因为不可能做任何事情都有现成理论的指导,况且理论本身也是来自实践的。中国的改革包括行政体制改革在相当程度上是一种前无古人的实践,没有现成的理论可以提供指导,这就需要在实践中进行摸索。我们不能因为没有桥和路线图就不过河。因此,从这一意义上说,摸石过河所体现的一种实践精神是值得肯定的,未来的改革还需要摸石过河。另一方面,我们也不能总是靠摸石过河,因为摸石头毕竟有种盲目性,摸不到了就得停下来,这里至少就有巨大的时间成本问题。此外,再摸到的石头也有可能指引你不是往前走,而是往后走。因此,我们需要在实践中产生理论,产生过河的路线图,否则我们或许到不了彼岸,或许最后又会回到此岸,或许要付出极大的代价才能到达彼岸。在这里,理论的重要性显而易见,路线图的重要性显而易见。理论的创建要求我们打破框框,在自身的实践上进行理论的提炼和突破。

摸石过河作为一种渐进的方法,几乎成了我国行政体制改革唯一的路径选择。这是由这一路径的优点导致的。这一优点在于,由于渐进的方式是在维护原有制度、政策、做法等基本不变的情况下所做的小步修正(通过这些小步修正的不断积累,或改良或最终改变原有的制度、政策等),没有政策上大起大落的变化,因而可以保持稳定。但这一方式的缺点是会增大实施成本和时间成本。根据制度经济学的理论,初始的路径选择是非常重要的,因为它决定了未来的制度变迁。渐进方式是我们的初始路径选择,问题在于,随着改革带来的成功,我们在一定程度上产生了一种"渐进路径的崇拜",为了求得稳定而一味采取渐进的方式而不考虑其他的方法,以至于忽略了这一方法的缺陷,造成一些改革进展缓慢,并形成了越来越强大的阻力。采用渐进方式的一个考虑是保持稳定,但从另一个意义上说,这种考虑也是对某种利益的迁就和容忍,以至于渐进的方式到时候无法再进,因为这里涉及了利益的因素。这也形成了改革变得越来越难的这样一种状况。今天,行政体制改革已经进入了攻坚阶段,改革正在涉及一些与利益密切相关的核心的东西。我们需要考虑的是,一味地采用渐进的方式是否能打破这一利益格局?我们是否应该在必要的时候采取一些激进变革的方法,就像经济体制的改革坚决抛弃旧的计划经济而采用全新的市场经济那样?如果对原有计划经济体制做小修小补渐进式的改革,中国社会不会取得像今天这样巨大的进步。

(四)系统思考与整体推进

正如前面指出的,行政体制是国家治理体系的一个部分,它与政治体制、经济体制、文化体制、社会体制和生态文明体制一起支撑了国家的治理体系。因此,需要把行政体制的改革放到一个更大的系统中去加以思考。系统理论指出,任何系统都是一个由各个部分组成的有机整体,每一部分在系统中都处于一定的位置,起着特定的作用。部分之间相互关联,彼此影响,构成了一个不可分割的整体。要使系统产生贝塔朗菲指出的整体效应,也就是"整体应当大于部分的简单相加",就必须处理好整体和部分之间的关系。十八届三中全会提出的"全面深化改革"显然体现了一种系统的思考。正如习近平同志指出的,"我们之所以决定这次三中全会研究全面深化改革问题,不是推进一个领域改革,也不是推进几个领域改革,而是推进所有领域改革,就是从国家治理体系和治理能力的总体角度考虑的"①。行政体制改革与其他方面(政治体制、经济体制、文化体制、社会体制以及生态文明体制)改革的互动想获得的一个整体效应就是完善国家治理体系并使国家的治理能力得到提升。我们可以从两个层面来考虑行政体制改革的整体和部分的关系。

一是国家治理体系是整体,行政体制是其中的一个部分。从这个角度出发,行政体制改革必须考虑如何与经济体制改革、政治体制改革、文化体制改革和社会体制改革进行良性互动和优势互补。行政体制改革如果单兵突进而没有其他几个方面尤其是政治体制改革的呼应和配合,正如改革的历史告诉我们的,这一改革涉及的一些重大问题无法得到有效解决。倒过来,从顶层设计角度来说,就必须从如何推进国家治理体系现代化的角度来设计行政体制改革,并使这一改革与其他改革互动。中共十八届三中全会成立中央全面深化改革领导小组显然体现了这一思路。"中央全面深化改革领导小组负责改革的总体设计、统筹协调、整体推进、督促落实,主要职责是研究确定经济体制、政治体制、文化体制、社会体制、生态文明体制和党的建设制度等方面改革的重大原则、方针政策、总体方案;统一部署全国性重大改革;统筹协调处理全局性、长远性、跨地区跨部门的重大改革问题;指导、推动、督促中央有关重大改革政策措施的组织落实。"②

二是行政体制改革是整体,改革涉及的结构和流程是其中的两大部分。结构更多地是指关系层面,如党政关系、政企关系、政事关系、政府与市场的关系、政府与社会的关系、政府与立法机构的关系等,这一关系涉及政府权力的配置和权力边界,以及对权力的制约。这一方面的改革仅凭政府自身的改革是难以实现的,它更多涉及了政治体制方面的改革,这也就是为什么要把行政体制改革置于整体改革中去的一个道理。流程更多地指的是运作层面,如职

---

① 习近平:《切实把思想统一到党的十八届三中全会精神上来》(2013 年 12 月 31 日),新华网,http://www.xinhuanet.com/politics/2013-12/31/c_118787463.htm。
② 《习近平任全面深化改革领导小组组长》(2013 年 12 月 30 日),新浪网,http://news.sina.com.cn/c/2013-12-30/201729121817.shtml。

能的履行、行政产出、绩效管理、市场化、企业化运作方式,等等,流程更多涉及的是政府的工作效率。正如前面指出的,在我国,以机构改革名义出现的行政体制改革曾经历了一个从结构流程同步改革到流程改革的转变,以至于流程的改革由于缺乏结构改革的支持而使得一些改革力不从心或进展缓慢。因此,行政体制改革在考虑与其他方面改革互动的同时,必须考虑自身结构与流程的互动,这一互动影响着行政体制改革的整体成效。

Target, Orientation, and Stragety for Reform in Administrative System

Abstract: Reform in administrative system must have clearly defined target, orientation and strategy. The logical relationship between these elements shall be thoroughly analyzed. As a political, organizational, and psychological process, reform of administrative system is performed around the target of reform, which is represented on three levels: institution, operation, and concept. The target determines the orientation of reform, which in turn effects the application of strategy. Then, the application of strategy will finally effect the attainment of the target (such as top-level design and local innovation, compensation of interests and increased social benefits, exploration and path-dependence, systematic thinking and overall progress). Reform in administrative system is required to address the relationship between these elements, so that they can function with positive interaction. In addition, as part of the policy of "comprehensively deepening reform", reform in administrative system is only a component of the entire reform drive, so it must address relations with other components of reform, especially political reform, to achieve the desired results through reform.

经济新常态下的政府行为调整*

摘要：中国的市场经济是一种政府主导型的经济。随着经济进入新常态,市场将成为经济的主导力量。这一发展变化要求政府的行为也发生相应的变化:从重经济到重保障、从重权力到重责任、从重审批到重监管、从重管理到重服务、从重领导到重协商、从重数量到重质量。政府行为变化的成效在很大程度上与政府的本质特征相关,因此,政府的改革要回到它的原点——建立一个有限政府、责任政府、法治政府和透明政府。

一、经济发展与政府行为

经济发展是与一个社会选择的经济制度相关的。如果从现代社会以来算起,那么人类历史上曾产生过两种不同的经济制度,这就是市场经济与计划经济。从起源上讲,计划经济的特点在于它是一种建构的、中央集权和控制的经济体制,而市场经济则是一种自然演进的、以市场来配置资源的一种经济体制。这两种不同的经济体制在相当程度上决定了政府与经济的关系。在计划经济体制中,政府扮演着计划者、执行者的角色,呈现的是一种自上而下的运作;而在市场经济中,政府只是起一种守夜人的作用,主要是规范市场运行规则。计划经济在后来走向了没落,中国改革开放的一个巨大的体制变革就是用市场经济体制取代了计划经济,建立了社会主义的市场经济。

在市场经济的发展过程中,政府的角色也经历了一个变化的过程。三位经济学家在这里起了重要的作用。首先是亚当·斯密,斯密认为政府在经济活动中不应该扮演积极的角色,而应该让市场这只"看不见的手"发挥作用。这样他就基本上奠定了政府在经济活动中的守夜人的角色。政府从消极角色

---

* 本文原发表于《中国行政管理》2015 年第 3 期,第 32—37 页。《新华文摘》2015 年第 10 期全文转载。

向积极角色的转变是与凯恩斯的学说联系在一起的。凯恩斯认为政府可以通过投资来促进需求，从而解决就业问题。凯恩斯理论的产生正值世界经济大危机时期，它的理论帮助美国罗斯福总统在新政中采用各种措施解决了问题。由于罗斯福新政的成功，自此后，政府对经济的积极干预被认为是一种经济问题的解决之道。但这一情况在20世纪70年代遭到了逆转。当时由石油引发的全球经济危机使得凯恩斯的理论失灵，因为这一理论无法解决当时出现的滞胀问题。于是，哈耶克的新自由主义便应运而生。新自由主义在某种程度上回到了亚当·斯密，再次强调政府的消极作用，强调让市场发挥作用。事实上，哈耶克在几十年前的一本著名的著作《通往奴役之路》中就阐发了他的观点，只是在当时被凯恩斯的光芒遮蔽了。但在20世纪80年代，它最终"最强有力地启发了英国的政策重返市场经济原则"[1]，引发了一场后来波及整个西方世界的声势浩大的、以"新公共管理"为名号的政府改革运动。哈耶克的新自由主义到20世纪90年代的《华盛顿共识》达到顶点。自20世纪80年代起，这一思想差不多统治了西方世界30年，直到2008年经济危机的爆发。这一危机在一些人看来意味着新自由主义的破产，理由是政府的无所作为导致了危机的爆发，其结果使得新凯恩斯主义再次大行其道，政府的积极干预再次被认为是解决问题之道。

这里背后的实质是市场失灵和政府失灵问题。市场失灵提供了政府介入的理由，但政府的介入又会导致政府失灵，问题的核心在于怎样的政府干预才是恰当的。事实上，新自由主义也并没有完全否认政府的作用，现代国家的经济不可能在一个没有政府的体制下运行，因为在道格拉斯·诺思看来，如宪法秩序以及基本规章制度都是由国家供给的[2]。问题是这里的一个度怎么来把握，这是一个困难的地方。

比较之下，中国的市场经济首先是建构的，而不是演进的；其次，中国的市场经济是从计划经济转轨过来的。这两点产生了中国市场经济与政府之间的独特关系，形成了中国特色的政府主导的市场经济模式，它也决定了中国政府的经济管理行为。

---

[1] [德]德特马·多林：《世纪之作》，载[英]弗雷德里希·奥古斯特·哈耶克：《通往奴役之路》，王明毅等译，中国社会科学出版社1997年版，导言。
[2] 竺乾威：《公共行政理论》，复旦大学出版社2008年版。

传统的中国是只有国家,没有社会,没有市场,国家涵盖了一切。首先,中国的市场经济体制是政府在否定了计划经济体制后建构起来的。作为建构者,政府自然担负了市场的发育和成长的责任,这使得政府即便在市场体制建立起来后仍然必须在一段时间里发挥重要的作用。其次,中国的计划经济体制产生的政府的控制模式显然带有它的惯性。再者,更重要的是,中国在改革之初选择了东亚而不是南美的经济发展模式。前者是政府主导型的,后者是自然演进型的。选择前者的理由在于,这一模式比起自然演进的模式,能以更快的速度推进经济的发展。而中国当时面临的一个最重要的任务就是以最快的速度推进经济发展,以最快的速度改变国家贫困落后的状况。后来的历史表明,这种政府主导下的经济发展模式带来了中国经济的快速增长,以平均9.8%的GDP增长率在世界经济史上写下了令人骄傲的一笔。

这一快速的增长显然是同政府的作用分不开的,而政府推动的成功得益于一些条件。首先是政府将职能重心放到了经济发展上。改革开放之初,中国社会贫困到了极点,因此发展经济成了政府工作的重中之重,我们在公平和效率中毫不犹豫地选择了效率,这是因为当务之急是改变国家的贫困面貌,是使国家和整个社会富裕起来。这是促成政府全力搞经济的一个重要的动力来源,事实上也得到了整个社会的认可。在经济高速发展时期,政府最重要的目标就是以最快的速度发展经济,对GDP的追求成了政府工作的中心。其次是尽管政府在改革开放中一改以往国家一统天下的管理模式,推动了市场和社会的形成,但是在这三者之间并没有确立明确的权力边界,这为政府在经济领域里大展拳脚提供了可能,也为政府主导或者政府的深度干预提供了合法性基础。再者,地方政府围绕GDP指标的竞争性运作进一步推进了经济的快速增长,各地层出不穷的经济开发区、各种诱人的优惠条件、五花八门的扶持政策、源源不断的资源供给,等等,所有这些使得地方政府一度表现出了企业化的行为特征。最后,绩效评估制度和官员晋升条件增强了政府官员对经济发展的重视。在相当长的时间里,对政府和官员的考核唯GDP是举,GDP成绩亮丽往往是得到晋升的一个重要条件,这是官员对经济增长全力以赴的又一个重要的推动力。另外,GDP的高低、财政收入的多少又影响了政府官员的收入水平和福利水平(因为政府公务员收入中最有意义的一块是来自地方财政的收入)。

政府的推动带来了经济近两位数的高速增长,但也带来了不少问题。对政府本身而言,这些问题表现在如下方面。

1. 政府经济职能的强化导致政府其他职能的弱化

事实上,经济职能只是政府的一种职能,政府要履行很多的职能,其中重要的是监管职能和公共服务职能。由于监管职能的缺失,高速经济发展时期出现了安全事故频发、食品药品安全性差、环境遭到污染、资源被破坏等一系列问题,一些问题甚至引发了群体性事件。专注于经济发展也导致了公共服务职能遭到忽略。2003 年的 SARS 集中反映了中国政府在公共卫生服务方面一种相当窘困的状况,医疗资源、教育资源等一系列民生方面资源的短缺已经跟不上民众的需求。也正是在这样的背景下,中国政府在 2004 年提出服务型政府的建设,把政府的主要职能转向社会管理和公共服务。尽管如此,对 GDP 的追求依然是不少政府的重中之重。

2. 对数量的追求导致对质量的忽略

中国高速发展的经济事实上是一种低效率、高成本和高消耗的经济,尽管 GDP 获得了差不多两位数的增长,但是经济运行的质量是不高的,经济的结构是不合理的,是一种粗放型的发展。尽管这样的发展在一定时期有它的合理性,但这种发展缺乏可持续性。低效、高能耗成了增长时期中国经济发展的一个重要特征,"中国单位 GDP 的能耗是日本的 7 倍,美国的 6 倍,印度的 2.8 倍,中国在人均 GDP 400～1 000 美元时,出现了发达国家人均 GDP 3 000～10 000 美元期间出现的严重污染"①。但这一问题在高速经济增长的光环下被掩盖了,因为 GDP 成了评价政府绩效的最重要指标。事实上,政府在好多年前就发现了这样的问题,提出了实现产业结构转型、提高经济运行质量、淘汰落后产能等。但是,对高速发展和高指标的追崇妨碍了这样的转型。GDP 的数量成了一个敏感的指标,一旦下跌,政府就会不遗余力把它地搞上去。因此,一些本该淘汰的落后产能被保留下来了,一些本该被淘汰的制造了大量污染的企业也被保留下来了,原因是它们可以创造 GDP。

3. 对经济的深度干预导致寻租空间的扩大

权力运行的不透明和对权力缺乏制约致使官商勾结、以权谋私和贪污腐败的现象难以得到有效的遏制。中共十八大以来所有遭到查处的政府官员几乎都摆脱不了与金钱的关系。山西省因与煤老板勾结而落马的大量官员可以说是这方面的一个典型。这从另一方面也反映了政府在关注经济发展的同

---

① 宋鸣:《对我国经济可持续性发展问题的思考》,《特区经济》2008 年第 1 期。

时,忽略了法制的建设,忽略了现代市场经济本质上是一种法制经济,法制是市场经济得以健康运行的保证,是市场得以排除权力干预的保证。法制的缺失使中国的经济在某种程度上变成了一种掠夺性的经济。此外,政府在GDP一路高歌猛进的情况下也忽略了自身的建设。在对权力制约薄弱的情况下,在权钱紧密交织、存在大量寻租空间的情况下,忽略政府官员的行政道德伦理建设也是贪污腐败得以盛行的一个原因。

4. 权力的无节制使用导致政府公信力的下降

政府权力对市场的高度干预导致的市场扭曲,监管缺失导致的食品安全危机和生态环境的恶化,有限的优质教育、卫生、社保等公共产品的供给导致的资源紧张,寻租导致的官员大面积的贪污腐败,由权力使用不当引发的群体性事件和社会风险,所有这些导致了政府公信力的下降,政府声誉的跌落和政府权威的受损。

二、经济新常态下政府行为的调整

中国的经济发展速度从2012年开始放缓,由此中国经济进入了一种发展的新常态。习近平主席在最近召开的APEC会议上指出了经济新常态的三个特征:从高速增长转为中高速增长;经济结构不断优化升级,第三产业、消费需求逐步成为主体,城乡区域差距逐步缩小,居民收入占比上升,发展成果惠及更广大民众;从要素驱动、投资驱动转向创新驱动①。这三个特征有些指的是事实,比如经济从两位数的增长已经转向一位数的增长;有些指的是变化,如城乡差距缩小;有些指的是前景,如转向创新驱动,也就是指出了已经发生的,正在发生的和将要发生的。这三个方面事实上也意味着如何从已经发生的那里寻找经验教训,如何掌控正在发生的,以及如何布局将要发生的。总而言之,进入一个人们所期望的高效率、低成本、可持续的中高速长阶段,也就是所说的新常态,是需要付出努力的。

正如前面所言,中国经济的发展同政府是息息相关的。那么,进入新常态对政府来说意味着什么?经济发展形态的调整是否意味着政府的行为方式也

---

① 《习近平在APEC工商领导人峰会演讲全文》(2014年11月9日),新浪网,http://news.sina.com.cn/c/2014-11-09/102431117499.shtml。

要做相应的调整？答案是肯定的，因为中国的经济一直以来是政府主导的经济，高速的经济增长在相当程度上可以说是政府推动的，而进入新常态后，政府要做的不再是设法推动经济重回两位数的高速通道，因为这已经不现实，也有违经济发展的一般规律。政府要做的是如何在新常态中维持经济中高速的可持续的增长。从推动到维持，表明了政府行为方式的一个大的转变。如果说在经济发展的前期阶段，如何推动经济的高速增长是对政府的一大考验，而中国政府成功地经受了这一考验的话，那么，维持可持续的经济发展可以说是对中国政府一个更大的考验，因为经济发展史表明，高速的经济增长只是整个经济发展过程中的一个短暂的阶段而已。新常态预示着一个更为长远的阶段的到来，从这个意义上讲，维持的难度要高于推动的难度，它要求政府行为发生以下几个方面的变化。

（一）从重经济到重保障

中国政府一度是生产型的，推动经济的增长曾是政府的重中之重。改革之初我们在效率和公平之间首先选择了效率，因为效率与生产相关，公平与分配相关，当初首要任务就是搞生产和进行积累，因为几乎没有东西可以分配。随着社会财富和资源的增加，政府的重点事实上也开始转向了分配和提供保障，服务型政府的提出本身就表明了这一点。但政府在高速经济增长时期形成的 GDP 情结老是挥之不去，以经济增长论英雄还是大有市场。新常态的到来在某种程度上为政府从重经济转向重保障提供了契机。如果说新常态的特征是告别高速的经济增长，那么从政府的角度来说，也就意味着政府告别以往自身作为市场经济主角这一定位。新常态要求政府转向重社会保障，是因为随着经济的下滑，一些潜在的不确定性风险（如楼市风险、地方债风险、金融风险等）会浮现，甚至不排斥会出现一些大的经济风险、社会风险和群体性事件，这从群体性事件逐年增多中可以看出来。中国社科院法学研究所发布的《2014 年中国法治发展报告》指出："近 13 年间，百人以上群体性事件有 817 起，其中，2010 年、2011 年和 2012 年是群体性事件的高发期。2010 年、2011 年的群体性事件都在 170 件左右，2012 年则飙升至 200 件。"[①]抵御这些风险

---

① 赵力等：《社科院统计 14 年间群体性事件》（2014 年 2 月 26 日），红歌会网，http://www.szhgh.com/Article/news/society/2014-02-26/45472.html。

的有力武器则是一套良好的社会保障制度。因此,进入新常态,政府必须花大力气去解决民生问题,去提高社会保障的水平。同时,要"逐步建立以权利公平、机会公平、规则公平为主要内容的社会公平保障体系"①。这一保障体系是防范风险和危机的安全阀,是社会即便在发生风险和危机的情况下仍然得以平稳运行的保证。

(二)从重权力到重责任

政府是权力的行使者。传统的管理模式是政府运用权力,但权力的边界不清楚,缺乏对权力合法性来源的认识,缺乏对行使权力必须承担责任的承诺,也缺乏对权力的制约。这造成现实中政府权力的越界、傲慢和滥用。由权力推动的经济发展在一定程度上造成了对权力的迷信和崇拜,认为有了权力,就可以解决一切问题。而只要经济绩效亮丽,权力甚至可以不顾法律法规的制约;权力导致的失误、过错或损失甚至可以不追究权力行使者的责任。从重权力到重责任的转变,不仅要依靠官员的自觉,更重要的是要有一套体制和机制来保证权力的正当行使和对责任的承诺。这里首先要确立政府权力的边界。浙江省的政府权力清单在这里跨出了第一步,在确定政府权力边界的同时,规定"法无授权不可为"。其次是权力下放,尤其是审批权力的下放。浙江省在建立政府权力清单时也建立了"负面清单",规定市场主体"法不禁止即可为",赋以市场自由权。再者是强调责任意识,改变以往重权轻责的现象,把重心转移到承担责任上来,转移到问责上来。

(三)从重审批到重监管

中国经济通常被人批评是一种审批经济,一个项目要盖上百个章并非绝无仅有。政府注重事先审批,而往往忽略了事中和事后的监管,这是传统行政管理模式的一大特色。这一做法不仅产生了大量的权力寻租空间,也束缚了社会的活力。新常态要求市场在资源的配置中起决定性的作用,这也意味着必须改变传统的审批模式,从重审批走向重监管,把重心放在事中和事后的监管上。事实上,审批项目的减少和取消本身就意味着政府监管职能的增强,因为在减少和取消后可能会出现一些管理真空。在这里,我们看到中央政府和

---

① 胡锦涛:《十八大报告》,新华网,www.x.j.xinhuanet.com/2012-11/19c113722546.htm。

一些地方政府已经开始采取对策来预防和解决这样的问题,比如国务院2014年8月份取消下放的行政审批一共87项,每一项后面都附有事中事后的监管措施,并要求部门和地方加强事中事后的监管责任,对每一项事中事后监管措施,都要在实施运行中及时跟踪了解、检查落实。一些地方政府也采取了相应的行动。比如山东荣成市政府也出台了相关的文件,要求把该管的事情管好,不该管的放开,并在监管原则、监管内容、监管措施等方面做了具体的规定,总的原则是不越位、不错位、不缺位。监管长期来一直是中国政府运作的一个弱项,由于监管不到位所产生的食品安全、生产、环境等问题时有所闻。新常态更加强调社会和经济的平稳运行,因而也把政府的监管职能提升到了更高的高度,因为任何因监管不力导致的问题都会对社会和经济造成很大的伤害。

(四)从重管理到重服务

政府角色从管理者转向服务者,其原因在于社会发生了一个从注重生产者转向注重消费者的变化。如果说传统的管理模式是民众围绕政府转,现在则变成了政府围绕民众转。在进入新常态后,政府需要越来越多地扮演服务者的角色,而不是在经济高速增长期那种带领、指挥企业冲锋陷阵的角色。因为在新常态中,市场将在资源的配置中起决定性的作用,这就要求政府考虑如何更好地为市场服务,比如为市场竞争建立一个公平公正的环境,建立完善的法律和规章制度体系,保证市场主体在这样的环境中自由竞争,从而推进经济和社会的进步。它也要求政府更好地为市场的主体——企业和企业家——服务,比如让所有企业享受平等的市场主体地位,向企业家提供发挥其才干的机会,提供让他们公平竞争和自由成长的良好环境。简而言之,从经济的角度讲,政府的重心要转向建立现代经济体系并服务于这一体系。这一体系的特点就是市场经济主导,企业家是经济活动的主角。从社会的角度讲,也就是如何更好地向公众提供公共服务和公共产品,这甚至是新常态中政府更为重要的职能,因为公众对公共服务的需要的无限性和政府提供公共服务的资源的有限性将是中国社会未来的一个基本矛盾,也是政府面临的一个最大的挑战。

(五)从重领导到重协商

新常态意味着政府不再担任市场领导者的角色,它更多担任的是一个监管者和服务者的角色。监管者的功能在于为市场和企业行为设定不能跨越的红线,服务者的功能顾名思义就是为市场和企业提供服务。这样就把以往政府和企业的上下关系改变成了平行的关系。作为行为主体,两者都在法律的框架内行动。因此,政府必须一改以往对企业发号施令的做法,以平等的身份提供企业所需要的服务。这样一种关系的改变对于建立现代市场体系是非常重要的,否则企业在市场中的主体地位是建立不起来的。从重领导到重协商还表现在政府本身运作的变化上,这一变化就是政府将其越来越多的职能或项目通过外包的方式让社会组织或企业来承担。这里就更有了委托人和代理人两者平行的关系。在新常态时期,政府和社会以及市场之间要形成一种新的关系,这一关系的基本特点就是法律之下三者各行其事,市场的事情市场管,社会的事情社会管,政府的事情政府管,三者互为依赖、互为补充,而不再是政府独大、独揽权力。

(六) 从重数量到重质量

政府的运作从重过程到重结果是政府行为的一大变化。传统的管理模式重过程而不问后果,新的管理模式强调结果,因为这是管理的意义所在。中国政府事实上已经完成了从重过程到重结果的转变。但是,结果通常还可以有数量和质量之分,同样达到一个 GDP 指标,这里面的内涵是不一样的。从这个意义上说,中国政府还面临一个从重数量到重质量的转变。新常态更需要的是经济发展的质量而不是数量。但是,以往政府运作的一个惯性是注重数量,比如两位数的 GDP 增长,只要达到这一数量就行,而对在获得这一数量过程中付出的代价却很少加以考虑。这就出现了一系列这样的状况:我们获得经济增长的成本要高于西方国家,资源遭到破坏,经济结构产业结构不良,浪费和无效屡屡发生,等等。总而言之,我们的经济发展事实上是一种质量还有待进一步提高的发展。我们可能没去计算过,这样的代价和消耗会使 GDP 下降多少个百分点? 单以环境为例,中国社科院的一项研究结果表明,"从 20 世纪 80 年代末至 90 年代初,环境污染造成的经济损失占 GDP 的 3%~4%"[1]。反过来,提高经济运行的质量,又可以增长多少百分点? 是否可以说,新常态中有质量的 2% 或 8% 的增长,其实质性结果或许不低于高速时期的两位数的增长? 从这意义上讲,重质量也意味着经济的数量的增长。在新常态下,重质

---

[1] 宋鸣:《对我国经济可持续性发展问题的思考》,《特区经济》2008 年第 1 期。

量意味着政府不要去干预市场和企业的行为,因为市场和企业具有足够的理性,以往一些问题的产生往往是市场扭曲或权力寻租的结果。政府要做的就是规范市场和企业行为,提供良好的环境条件。

三、回归本源:重启改革之路

新常态为政府的改革提供了一个契机,因为政府必须适应新的形势来转变职能,建立新的规范和行为准则。由于新常态是常态,从时间跨度讲,将是一个很长的阶段。这个阶段不仅仅是经济的,它还是政治的、社会的,它还要伴随着国家的成长。从这个意义上讲,政府的改革要围绕建立现代国家来进行。这个现代国家的特征是什么?十七届二中全会以精炼的语言作了概括,那就是市场经济、民主政治和法治国家。政府担负着建立现代国家的重任,经济建设只是国家建设的一部分。在一个特定的历史阶段,中国政府几乎将自身所有的精力投入到了经济建设之中,扮演了主导的角色,并取得了傲人的成果,尽管也带来了问题。新常态表明了政府的职能必须转变,政府的行为也必须转变,而这些转变本身是同政府的最基本的定位联系在一起的。尽管在不同的历史时期政府会做不同的改变,但这些改变以及改变的成效事实上是受政府的本质特征影响的。理想的政府的本质特征,应该是一个有限政府,责任政府,法制政府和透明政府。未来政府的改革简单来说就是回归它的这一本源。

(一) 有限政府

有限政府表明政府的权力是有限的,权力的运行是有限度的,而且这一权力是受到制约的。在计划时代,中国政府是一个全能型的政府,政府权力垄断了整个社会事务,甚至是私人事务,没有权力不涉及的空间,政府管了一切,管了它本来不该管、管不好和管不了的事。此外,这一权力几乎不受到制约,也没有人想到要去制约,因为政府被认为是为人民谋利益的政府,政府不会犯错,不会侵害民众的利益,政府没有自身的利益,政府的利益就是民众的利益,政府的利益不会与民众的利益产生冲突。所有这些造成的一个结果就是政府权力膨胀和无节制地运用,以及民众对权力的顺从。改革开放打破了政府权力一统天下的局面,社会逐渐形成了国家(以政府为代表)、社会和市场三分的局面。但是由于历史的惯性,加之特定历史阶段的需要,政府在这三者中还是占据了独大的地位,越位、错位、缺位的情况时有发生。"政企分开、政资分开、政府与社会中介组织分开"迟迟得不到有效的解决,以至于中共十八大还在呼吁这方面的改革。权力的独大是同权力不清和权力不受制约联系在一起的。因此,有限政府的建立首先需要确定政府的权力边界,以法律或规章制度的方式确立哪些是政府可以做的,哪些是不可以做的,哪些是禁止政府做的。此外,必须对权力加以制约。权力导致腐败,绝对权力导致绝对腐败。对权力加以制约是防止权力腐败的一条有效途径。这一制约不仅仅应该是法律的,也应该是社会的,动员社会力量监督权力的运行是确保权力行善而不作恶的一个有效手段。

(二) 责任政府

权力和责任是一体的两面,行使权力就要承担责任,这是天经地义的事。传统的管理往往强调前者而忽略后者。责任政府首先要求政府在任何场合下把公众利益放在第一位,这是政府的职责所在。政府权力的合法性来自民众,为民众提供服务是政府存在的意义所在,因此,在政府自身利益与民众利益发生矛盾和冲突的情况下,公共利益应该是政府的首要选择。其次,责任政府要求政府的工作是可以问责的。这一问责就把政府与民众联系了起来,民众是政府的服务对象,政府工作好坏的最后评价者应该是民众,而不是政府自己。问责通过将政府机构及其工作人员直面公众而提升了他们的责任感,另一方面也提升了民众的主体意识和参与热情。再者,责任政府要求勇于对权力行使的后果承担责任。在这里,建立一套有效的责任追究制度是必要的。对责任不加追究,一方面会导致权力行使中的机会主义和权力滥用,因为滥用也不会受到惩罚,另一方面也导致政府形象受损,一个做事没有担当的政府肯定不会是一个人民满意的政府。正是出于对责任的强调,四中全会加强了这方面的建设,首次提出了全面落实行政执法责任制以及强化对行政权力的制约和监督,完善纠错问责机制,这对于政府责任制的建设具有重要的意义。

(三) 法治政府

法治是现代国家和现代政府的一个基本特征,在现代国家,法律是至上的,没有一个人或一个组织可以凌驾于法律之上。法律也是社会得以良好运转的一个基本条件,因为社会秩序就是由法律来保障的。法治政府的精髓在于,首先,政府的权力是由法律规定并受到法律制约的,政府的任何行政行为都不能超越法律和制度的框架。其次,政府依法行政,这就需要有法可依,执法必严。再者,政府行政违法必究,政府的行政行为不仅受到司法的监督,也受到整个社会的监督。中国的法治政府建设随着改革的进程在进步,但行政过程中的人治现象依然随处可见。这主要表现在:第一,人格化的行为表现。法治化的政府行为要求具备非人格化的特征,也就是要求政府官员照章办事,就事论事,排斥人情因素。但在中国这个人情化的社会里坚守这一点很难,因此我们常常可以看到在处理问题时"关系"的作用,它导致政府做事因人而异,破坏了政府运作的无偏私和公平原则。第二,潜规则盛行。规则是一种对人们行为的约束,可以有正式和非正式之分。在通过正式规则无法达到目标的情况下,人们往往会通过一种非正式的渠道来做,西方把这种做法叫作政治行为,在中国可以叫作潜规则。不按正式规则办而是按潜规则办在中国的环境中并不鲜见。潜规则会产生道德风险,它会藐视正式规则的权威,甚至会被用来取代正式规则而使规章制度变成一种装饰。第三,以权代法,官员个人的重要性超越了制度规则的重要性,对个人的遵从超越了对法律的遵从。中国社会正在从一个传统社会向现代社会转型,转型时期事实上是一个正式制度、潜规则和人治此消彼长的过程,三者的共存构成了这一时期的特点。但此消彼长的最后结果应该是不断地向制度化和法治方向前进,以最终达到法治。政府在这个转型过程中有着双重的使命:一是政府必须依宪治国,依法行政;二是依法管自己,把自身的权力放进制度的笼子里,以法治政府的形象来推进社会的法治进步。

(四) 透明政府

现代政府应该是一个透明政府,因为政府是人民建立的,政府有责任告诉人民他们做了什么,正在做什么和将要做什么,人民对政府的活动有知情权和参与权。透明政府首先要求政府信息公开,凡是应该让社会知道的,就应该公开。在这里,我们至今还存在的一大问题是,信息公开的主动权完全掌握在政府手里。要不要公开,公开什么,怎么公开,何时公开,对谁公开都由政府决定。这导致在涉及政府和政府官员的负面信息时,政府往往以"国家机密"或以"维稳需要"来加以拒绝。在这里,作为例外原则的保密成了通行的原则,这就从根本上颠倒了政府信息公开的本意。其次,透明政府要求政府行为公开,让权力在阳光下运行。这里存在的一大问题是政府决策的"暗箱操作",在事关公众重大利益的决策上往往排斥公众的参与,由政府一家说了算,以至于最终导致利益的冲突,带来社会的不稳定。比如,近几年时有发生的"邻避运动"就是一个典型的例子,每一次这样的运动最后都导致了政府的被动和公信力的丧失。

回归有限政府、责任政府、法治政府和透明政府这一本源,要求我们重启政府改革之路。这一改革之路的指向是在解决政府运作流程和技术问题的同时,更多地去解决政府的结构问题,经济新常态为我们进行这样的改革提供了机遇。

Adjustment of Government Behaviors under the New Normal of Economy

Abstract: Market economy in China is dominated by the government. Market will become the driving force for economic development under the New Normal of Economy. The transformation requires the changes of government behaviors accordingly, including transforming from economic-oriented to well being-oriented, from authority-oriented to accountability-oriented, from approval to regulation, from management to service provision, from governing to consultation, and from quantitative-oriented to qualitative-oriented. Effects of changing government behaviors are related to essential characteristics of governments. Therefore, government reforms should return to its original point, namely building a limited, accountable, law-based, and transparent government.

试论经营公共服务：
价值、战略与能力建设*

摘要： 公共服务的市场化运作要求政府在提供公共服务的过程中取得社会效益和经济效益的最大化，这就使公共性与市场性的融合产生了内在的张力。公共利益是这一融合的首要原则，市场机制是这一融合的必需因素，而政府工作人员的经营能力则是取得公共服务效益最大化的保证。

一、市场化运作：政府经营公共服务的提出

20世纪80年代开始的公共服务市场化提供是政府运作最引人注目的变化之一，它改变了长期以来官僚制占主导的组织结构形式，改变了公共服务都由政府提供的传统理念，改变了公共服务长期以来由政府垄断的运作形式，改变了对政府公务人员的能力要求。这一变化的背景是公众日益增长的公共服务需求与有限的政府资源供给之间的矛盾以及政府如何以较低的成本获得较高的公共服务效益，它主要涉及两个问题：一是公共服务提供主体的多元化，二是利用市场手段和机制，从成本-效益的角度来获得公共服务效益的最大化。中共十八大提出要加强和创新社会管理，改进政府提供公共服务方式，这就把公共服务市场化推到了新的高度。新一届政府明确要求在公共服务领域更多利用社会力量，加大政府购买服务力度。在公共服务市场化语境下，如何为公众做一笔好交易，用最少的钱为公众办最多的事，成为公共服务提供中的一个核心问题。于是，经营公共服务被提出来，因为政府的经营能力在很大程度上决定了公共服务的数量和质量。

这里的政府经营简单来说指的是政府运用市场机制来管理和运作公共服

---

* 本文原发表于《江苏行政学院学报》2015年第1期，第107—113页。

务。经营与管理有相近的意思,都有谋划和运作的内涵。但在实际使用中,两者还是有区别的。管理显得更加中性,可以讲企业管理,也可以讲政府管理。而"经营"一词传统上是与企业联系在一起的,人们经常讲企业经营,但很少讲政府经营,因为与管理相比,经营一词被赋予了更多的经济色彩,通常与精打细算、成本-效益考虑、追求结果等联系在一起。有时候中文将英语中的"marketing"也译成"经营"(当然更多译成营销或行销),这就使得这一词具备了更浓厚的经济和市场色彩,被理解为一种市场行为,与赢利相连,因而与政府无涉。长期以来,学界将政府或公共部门与经营联系起来的研究不多。有数据显示,过去十多年时间里,在西方顶级的公共管理杂志中刊登的与经营(更多是营销意义上的)相关的文章只有9篇。其原因在于,在一些学者看来,经营根源于"商业"和"利润",而这是同政府的目标和行为迥然相异的[1]。

这在国内学界也是如此。21世纪前,国内讨论政府经营的文章寥若晨星。但是,中国地方政府可称为"经营"的活动在20世纪90年代中期以后的一段时间里却表现得有声有色。在市场化进程中,"经营"一词也开始与政府的活动联系起来。政府经营城市、土地、教育、医疗卫生,也就是政府运用市场机制来进行管理和提供服务,一时间充斥报纸和媒体,引发了有关政府经营的讨论,但不久有关政府经营的说法便趋于沉寂,甚至受到指责(比如教育、医疗市场化的做法被批评为是政府"甩包袱"),因为经营带来了为社会诟病的"教育费用高,看病难,看病贵以及公共资源流失"的现象。也许正是出于这一原因,"政府经营"被描述成政府逃避责任甚至谋利的市场行为,遭到摒弃。

然而,有关经营的定义却表明,经营不仅仅可以与企业有关,也可以与政府有关,因为在市场条件下,政府同样存在着经营活动。比如,营销通常构成了经营的一个重要组成部分,而政府也存在营销活动。布恩和科兹认为:"营销是一个计划和执行理念,以及价格和促销的过程,一个兜售想法、产品、服务、组织和活动的过程,以创造和维持一种满足个人目标和组织目标的关系。"[2]《大不列颠百科全书》指出:"营销最一般的定义是指物品和服务从生产

---

[1] Adreas M. Kaplan and Micheal Haenle, "The Increasing Importance of Public Marketing: Explanations, Applications and Limits of Marketing Within Public Administration", *European Management Journal*, 2009(27), p.198.

[2] L. E. Boone and D. L. Kurtz, *Contemporary Marketing*, Cincinnati: Southwestern/Thomson Learning, 1998.

者到消费者或使用者的流向。它并不局限于某一特定的经济,因为物品(除了最原始的)必须在所有经济和社会中进行销售。营销也不是赢利取向的部门所独有的功能,像医院、学校、博物馆之类的服务性机构也在进行着一些形式的营销。"①这两个定义表明:第一,营销作为一个过程,是与物品和服务的流动及交往联系在一起的;第二,物品与服务的提供以及交往并非由经济组织所垄断;第三,营销的目的在于创造和维持一个满足个人目标和组织目标的关系。由此可见,由于政府也是一个提供产品(公共产品)和服务的组织,它无疑也具备营销的功能,只不过它要满足的对象是集体的消费者,而不是个体的消费者。正如奥利佛·舍拉特所言:"营销在今天当然可以被看作是公共部门的一个重要部分。私人部门的一些工具方法和途径早已被公共部门所采用。"②

本文提出政府经营公共服务,主要基于以下考虑。首先,政府的经营活动在市场条件下一直存在(在公共服务市场化的状况下更是如此),因为政府本身就是市场的一个参与者,除了要对市场的一些行为主体进行监管之外,还要纠正"市场失败",向公众提供公共产品和服务。在这里,即便是上面提到的营销活动,它所涉及的典型的4P(即计划、定价、渠道和促销)在政府提供公共产品和服务中也可以看到。比如,政府要进行有关服务提供的计划活动,要定价(如公共交通收费问题),要寻找提供产品和服务的合作伙伴,要促销(如一些旅游城市在电视上打广告)。只是政府进行这些活动的理念与企业有所不同,企业为赢利而经营,政府经营的目标是服务,企业要满足的对象是个体的消费者,政府要满足的则是社会大众。其次,从表达上讲,"经营公共服务"也较为贴切。带有一定商业和经济色彩的"经营"一词与公共服务市场化机制的运用更相适应,比如,如何精明地为公众省钱,为他们提供物有所值的产品和服务,就是政府在经营公共服务中必须考虑的问题。而我们通常所说的提供公共服务或搞好公共服务,无法确切地表达这些内在的意思。就提供公共服务而言,即便在计划经济条件下,政府也在提供公共服务,而彼时的提供与市场条件下的提供,无论就理念还是就运行方式而言,都不可同日而语。搞好公共服务的表述显得内涵过于宽泛,无法确切反映市场条件下政府提供公共服务的实质。

---

① *Encyclopedia Britannica*, Vol. 11, Encyclopedia Britannica. Inc, 1980, p.505.
② Oliver Serrat, "Marketing in the Public Sector", Cornell University ILR School, https://digitalcommons.ilr.cornell.edu/intl/144/.

然而,政府"经营"一说以往并不凸显,即便在实行市场经济的西方国家亦是如此。这是由政府管理模式造成的。首先,传统的公共管理模式在公共产品和服务的提供中强调政府的作用,很少考虑市场的作用,这表现在政府几乎垄断了公共产品和服务的提供,由于垄断排斥了竞争,这使得政府的公共服务提供往往不计成本,不看结果,也无需经济计算,导致服务质量低下,满足不了公众的要求。其次,传统模式下的公共服务提供是生产者导向的,产品和服务的提供不是围绕消费者的需求而是根据政府的意愿进行的,因而很少考虑消费对象的满意度。

政府经营公共服务的凸显是与20世纪80年代的新公共管理运动联系在一起的。这场政府改革运动的取向之一就是政府公共服务的企业化和市场化运作。新公共管理理论主张在政府的公共产品和服务的提供中引入市场机制,运用非政府组织和民营部门提供混合公共产品。美国克林顿政府在改革中提出"用更少的钱办更多的事"。奥斯本在讲到改革后的新政府的十个方面时,其中有一个就是竞争性的政府,即将竞争注入服务的提供中去。所有这些背后的理念在于政府并非是资源的唯一的、最好的配置者,即便在公共服务领域,市场也一直可以被用来进行服务和产品的提供。

强调政府经营公共服务,更是与我国政府目前的公共服务状况联系在一起的。我国自2004年提出服务型政府建设后,公共服务被提到了前所未有的高度。公共服务成了政府五大职能之一(经济调节、公共服务、市场监管、社会管理和环境保护),但是,实际的公共服务提供的状况却并不理想。武汉大学质量发展战略研究院发布的2013年度《中国质量发展观测报告》从质量安全、质量满意、质量公共服务和公民质量素质四个维度进行调查,发现政府质量公共服务是唯一未达到及格线的维度,其得分为57.82分,其中政府质量公共服务的总体投入、总体形象以及为消费者提供良好的消费环境三个方面尤其突出,得分分别为56.83分、56.83分和57分。消费者对政府质量公共服务总体上的信任度和满意度还较低。① 这表明,政府在公共服务提供的理念、方式、能力和结果上还存在一些问题,简而言之,还不善于经营公共服务。因此,在全

---

① 俞俭:《调查报告显示:政府质量公共服务能力仍然滞后》(2014年4月19日),人民网,http://politics.people.com.cn/n/2014/0419/c1001-24917448.html。

面履行政府职能的基础上,更加重视公共服务供给①,着力改进政府公共服务职能履行方式,十分必要。

二、价值基础与战略定位

政府经营公共服务是由其价值引导的,这一价值的核心就是公共性,它是政府经营的价值基础。这一价值涉及的基本问题是:公共服务市场化意味着市场性的介入,公共性如何与市场性融合?当服务经营的成本-效益考虑和经济核算与公众需求和利益出现冲突时,政府站在哪一边?这也意味着在提供公共产品和服务的现实中,政府要处理好以下几个方面的关系。

一是政府与服务对象的关系。在这里政府必须面对两个问题,即政府的责任和政府的自利性。现代政府存在的一个重要理由就是为社会公众提供公共服务。但是在公共服务市场化的背景下,政府往往把自身应该承担的提供公共产品的责任不恰当地推给了市场。这样的做法,讲得好听一点是政府没有正确地理解纯公共产品、准公共产品和私人产品之间的关系问题,不清楚提供公共产品是政府的职责所在,但这些是政府必须做的事情,不能推给市场。讲得难听一点,这样的做法就是出于自利的考虑,也就是当时社会批评的一种"甩包袱"的行为,甚至是一种谋利行为(比如对土地的经营)。这背后涉及的是一个为谁经营公共服务的问题。

二是服务对象之间的关系。政府与企业不同,企业提供的是私人产品,经营对象很明确,也就是个体的消费者,消费者也有选择权,他可以买或不买企业的产品和服务。而政府提供的是公共产品和服务,它的经营对象是公众,是群体的消费者。这就会产生以下问题:政府提供的产品和服务不一定为所有公众接受或喜欢。公众在许多利益上是不一致的,即利益相关者是从自身的利益来考虑政府的产品和服务的,但是他们没有选择权。以政府限制购房这一政策产出而言,认为这一政策有助于房价稳定或下降的人当然喜欢这一政策,而有房但还想买房的人当然不喜欢这一政策,但他只能接受这一政策。因此,政府在经营公共服务时必须考虑在提供的产品和服务可能引发不同的利益相关者的冲突时作何选择,因为两边都是公众,都是政府要服务的对象。

---

① 薄贵利:《准确理解和深刻认识服务型政府建设》,《行政论坛》2012年第1期,第9页。

三是成本-效益与公共需求的关系。公共产品和服务的投入有一个成本问题(更不要说公共产品的非排他性和非竞争性会导致"搭便车"的现象)。因此,当公共产品和服务经营的成本效益考虑和经济核算与公众需求和利益出现冲突时,政府要做何选择,也就是如何去平衡两者之间的关系问题。比如,政府不能因为公共交通亏本就停止公共交通的运行,但老是亏损也不是一个办法,如何平衡?

四是短期利益与长远利益的关系。政府经营公共服务是一味去迎合公众的需求,还是必须从社会发展和公众长远利益的角度出发?比如,福利总是一件令人高兴的事,公众都希望有更好的社会福利。但现实是现有的政府资源是无法满足这一福利要求的。那么,是为了赢得民众的满意而不顾现有条件的限制过分地提供社会福利,还是宁可受到民众的指责而实事求是将社会福利控制在可行的水平?

五是面对公共服务提供主体多元这一客观变化,政府如何处理与其他主体之间的关系,从而使公共服务达到公众满意的状况?

这些问题都涉及政府经营公共服务的价值问题。毫无疑问,公共性是政府经营公共服务的至高考虑。公共性一般被认为是一种关系和领域。"在社会科学中公私的边界是国家与社会的关系,政府与市场的关系,个人与集体的关系以及经济与社会的关系的基础。"[1]政府在处理这样的关系时,公众利益无疑是最高追求。但是,在公共服务中,随着市场性的介入,这一关系开始变得复杂。如何平衡公共性和市场性的关系构成了政府的一个重要考虑。在这里,公平和公正应该是政府处理公共事务的最重要原则。经营公共服务要讲究经济、成本-效益和结果,但所有这些都不能违背公平和公正的原则。从领域的角度来讲,社会一直存在着公私两大领域,20世纪后半叶发生的一个最大变化是公私领域的边界变得模糊。以公共服务而言,不仅公共部门,而且私人部门也越来越多地介入公共服务。公私合作越来越普遍,这是公共服务出现的一种新的状况。因此,在公共服务的提供中如何利用社会力量,在争取最大公众利益的同时满足合作方的利益,构成了政府的又一考虑。

公共服务的核心价值和基本原则决定了政府经营公共服务的基本战略定位:公共性和市场性的融合,也就是价值和技术的统一,在公平公正的原则下,

---

[1] 高鹏程:《公共性:概念、模式与特征》,《中国行政管理》2009年第3期,第65页。

运用包括市场机制在内的各种方法和手段取得公共服务社会效益和经济效益的最大化。毫无疑问,在公共性和市场性两者之间存在着内在的张力和矛盾,但在今天,由于在经营公共服务中市场性的介入是不可避免的,因此,两者的融合构成了公共服务战略的出发点。这一融合在实际的运作中涉及两个问题,一是组织问题,二是技术手段问题。

从获得组织效率的角度来讲,传统上的一个战略定位点是官僚组织,也就是通过等级制的结构、分工、专业化和单一指挥这些马克斯·韦伯指出的特征来取得效率。但在公共服务市场化的今天,仅仅定位于官僚组织显然不够。组织问题的一个核心就是公共服务提供主体的多元化。对政府来说,就是如何处理与其他公共服务提供主体之间的关系问题。这一问题长期以来一直是阻碍我国公共服务发展的瓶颈。就政府与社会组织的关系而言,我国的基本格局是政府独大、社会组织薄弱和行政化倾向严重。政府独大表现在它与其他社会组织不是平等合作的关系,社会组织大部分是政府的附庸,奉命办事,缺乏独立性,很大一部分社会组织必须要依靠政府部门(或是民政部门或是业务主管部门)的支持和帮助才能开展活动甚至是生存下去。由于对行政机构过分依赖,其结果,"一方面使得相当数量的社会组织失去了民间性特征,其产生、目标、经费来源等依赖于行政体系,这既增加了政府的财政,又束缚了社会组织的活力,妨碍了社会组织独立性的发挥。另一方面,也造成了社会组织与社会的疏离,无论是公共产品的提供,还是公共服务范围的选择,社会组织对社会实际需求知之甚少,往往不能真正切合实际需要,结果不仅造成资源的重复配置、浪费,而且使得社会组织动员资源能力低下、缺少自主发展的社会根基"[①]。毫无疑问,两者关系的主导方在政府。比如,现有的双重管理体制(即社会组织目前实行的"归口登记,分级管理,双重负责"体制,该制度导致登记注册部门和业务主管部门双重管理)严重制约了社会组织的发展壮大。因此,对政府来说,要取得公共服务效益的最大化,组织问题的一个原则应该是多元提供,合作共赢。多元提供的原因在于仅靠政府无法提供令社会满意的公共服务,但多元提供的前提是其他公共服务提供主体的独立,只有独立,才能真正形成各个组织之间的良性互动,并减少在附庸状况下的政府寻租现象和自

---

① 谢松保:《湖北省社会组织公共服务能力建设研究》(2013年6月18日),中国政府网,http://zyzx.mca.gov.cn/article/jpdd/201306/20130600474394.shtml。

身的行政化现象。在这里,政府、法律和规章制度在推动和支持社会组织的成长中还有很多事情要做。合作共赢的基础则是委托和代理的关系,这一关系不仅使双方权责清晰,而且也使政府得以将掌舵和划桨区分开来,在整体上保证政府的效率。

技术手段问题涉及更多的是如何利用市场机制来提供公共服务的问题。从经营的角度来讲,政府经营与企业经营有相似的地方。公共服务的市场化为政府利用市场机制来经营公共服务提供了可能。在这里,有三个机制是政府可以采用的。一是价格机制,二是竞争机制,三是市场细分机制。

价格机制是一种重要的机制,价格机制的作用有两点是很明显的。首先,如同一些经济组织一样,政府服务的价格常常可以影响需求。比如,公共运输的票价一作调整,需求就发生变化。这里比较典型的事例是几年前发生在广州的地铁免票,免票导致人潮如涌,以致最终再次恢复收票。其次,政府可以通过价格机制来实现某些政策目标。例如,政府出于保护环境,防止污染的目的,通常会对排污量做规定。凡是超过规定的,实行高额征税。

引入竞争机制。20 世纪 80 年代后期出现的政府购买公共服务(其三种主要形式是合同承包、凭单制和政府补助),就是力图通过竞争机制提高公共服务质量和减少成本的典型做法。"政府引入购买服务的机制,使得公共服务从行政性生产,转变为市场性生产,这意味着在传统上具有自然垄断性的公共服务领域引入竞争机制。承接者通过竞争获取公共服务的生产权,市场机制的竞争性、激励性和刚性约束,使得公共服务的承接者和提供者具有内生的较强的创新动力,由此能够最大限度发掘其经营管理的潜能,公共资源得到优化配置,公共服务的质量、效率和水平得到大幅度提高。"[①]

市场细分也是一种重要的市场机制。所谓市场细分,指的是一个组织认识到它提供的产品和服务并不是所有人都对此感兴趣或都能得到的。政府的一些政策目标和服务、产品等有时针对的是社会中某一特定的对象,如一些服务针对的是老年人,平价房针对的是住房困难且收入低下的家庭,等等。当政府不能完全满足某一特定对象(如住房困难者)的要求时,政府只能将其有限的财力投到一些最需要的对象上,从而提高财力运用的有效性。市场分割在一定程度上可以提高政府的工作效率。此外,它可以减缓对政府服务和产品

---

① 王浦劬等:《政府向社会组织购买公共服务研究》,北京大学出版社 2010 年版,第 24 页。

的压力,同时以相对经济的方式实现政府的政策目标①。

三、经营能力建设

经营公共服务需要具备与之相适应的经营能力,而这一能力在公共服务市场化的今天恰恰是政府部门及其公务员所缺乏的。

例如,在英国,公务员经营能力的缺乏具有普遍性。之所以如此,是因为今天的政府及公务人员面临了新的情况。一是政府在与提供公共服务的外部其他市场主体打交道的过程中,以及在自身的运作中越来越多地需要考虑服务对象的要求,考虑成本-效益核算,考虑提升自身形象。这种新的运作方式是以前不曾有过的。二是这一运作方式的变化致使公务员的身份发生了一个从纯粹的、以政治原则、公务执行作为安身立命基础的政府官僚向讲求经济、理性,追求实际效果和价值的半商人角色的变化。这两种变化需要政府官员适应一种新的运作方式和文化,掌握一种新的知识和具备一种新的能力。如果不具备这样一种新的知识和能力,那么政府在新的历史条件下以较少的代价对民众提供物有所值的服务只能流于空谈。②

经营公共服务的能力在中国的背景下应该包含以下诸多方面的内容。首先是制度创新能力。制度一般被认为在社会和技术的发展中起着至关重要的作用。公共服务的提供首先是一种制度安排,传统的安排和新公共管理的安排导致了公共服务的两种不同运作。公共服务向市场化运作方式的转变给制度创新提供了广阔的空间。制度创新一般指一种创新者通过制度的调整与变革来取得潜在收益的活动。

取得潜在收益显然构成了制度创新的动力。在这里,政府和企业的动力是不同的。在诺思看来,企业创新的动力来源于创新利润,而创新利润就是预期收益和预期成本之差。那么政府部门制度创新的动力来自哪里?从市场性的角度讲,成本-效益考虑无疑是政府进行制度创新的一个动力。比如,新公共管理开启的公共服务市场化从某种程度上说就是由于政府拮据的财政状况引发的。但是,政府还有公共性的考虑,因此,政府的动力还应该来自它政治

---

① 竺乾威:《市场经济条件下的政府经营职能》,《编制管理研究》1996年第2期,第14页。
② 竺乾威:《文官公共服务能力建设》,《南京社会科学》2013年第10期,第69页。

上的责任感。从根本上说,政府的成本-效益考虑来自它的责任感,正如企业的考虑来自它的盈利一样。在这里,公务人员对公共服务的热忱、激情和勇气是重要的,这是他们进行制度创新、调整和改革的真正动力来源。除了这样的一种责任感,创新能力还包括一种对制度的敏锐的认识、判断和改进的能力。这样的一种能力有助于发现和填补制度空白,坚持正确的制度安排和改革不合时宜的规章制度。公共服务市场化在我国还在经历着一个逐步完善的过程,其中有很多制度创新和改革的空间。

其次是工具的选择和使用能力。公共服务的经营需要借助一定的工具或方法来进行,工具和方法的好坏会影响公共服务的结果,因此,对工具和方法的选择和使用很重要。比如,奥斯本认为可供选择的提供服务的方式有36种①。从微观上讲,不同的服务需要运用不同的方法。比如,在交通、医疗卫生等经营领域扩大竞争,可能更多考虑的是放宽准入标准,在一些缺乏实际竞争者的公共服务项目发展上,可能考虑更多的是运用公私合营的方式。在一些社会保障领域如最低生活水平等项目上,可能考虑更多的是运用用户凭单制度,等等。方法工具正确,则事半功倍。

再者是营销能力。营销能力首先是一个来自企业的概念,它一般包括市场预测、经营分析、品牌管理、客户细分、客户服务、客户关系管理、价格管理、促销管理、广告及公关宣传等多种能力。这一能力是随着对营销的理解而发生变化的。企业营销经历了从产品导向到顾客导向再到顾客关系导向的变化,也就是从4P产品导向,到4C顾客导向,再到4R顾客关系导向。相应地,这一能力也经历了一个从注重利润到注重顾客满意度的变化。事实上,政府的公共服务也经历了一个从产品导向(传统模式)到顾客导向(新公共管理模式)再到顾客关系(也就是登哈特讲的一种"信任"关系)的变化。从政府的角度来说,营销不仅包括诸如预测精算、价格管理等技术能力,更包含着一种与服务对象彼此建立信任关系的能力。因为商业营销针对的是消费者个体,而政府营销的对象则是社会大众,政府与社会大众之间的信任维系着社会的稳定。

公共服务经营能力的重要性凸显了能力建设的急迫性。从政府角度来

---

① [美]戴维·奥斯本:《改革政府》,上海市政协编译组、东方编译所编译,上海译文出版社1996年版,第315页。

说,经营能力的建设需要从三个方面努力。

一是提升对经营能力重要性的认识。能力通常被理解为一种产出结果的结构、技能和过程的集合。公共服务的过程至少也涉及了这三个方面,公共服务提供的好坏或成功与失败是这三者互动的结果。对能力的要求是随着环境的变化而变化的。传统模式对能力的要求在今天可能需要做一些改变,因为技术条件、运作方式、思想观念都发生了极大的变化。以往对公务员的一些能力要求的规定必须加入新的因素,这一新的因素的背景就是市场化的机制和市场化的运作。与市场化相关的能力要求我们是缺乏的,如不加强这方面的建设,我们就无法完成为公众提供令他们满意的公共服务的使命。

二是运用各种可能的方法来提升公务员经营公共服务的能力。通常的方法有如下四种。(1)培训。在培训的内容中,除了涉及价值的内容外,还要增加商业、财政、经营等方面的知识和技能。培训的形式可以在职,也可以脱产,可以在课堂上进行,也可以在线培训。(2)外部调入。一些急需的、政府内部缺乏的人才可以通过外部招聘的方式进行吸纳。(3)与企业部门交流。可以派有关人员去企业挂职,或者将企业人士引入政府。(4)领导人的培养。领导人对于整个组织的运作来说至关重要。可以提高领导人的进入门槛,也就是在一些公共服务部门,其领导人必须有过相关的商业或运作经验。

三要加强对能力建设的评估,以确保能力建设取得成效。在这里,英国的做法可供我们借鉴。英国2012年的文官制度改革计划建立了一个"绩效评估框架",其中有对能力建设的结果进行评估的内容。对能力建设的成功与否从以下几个方面来衡量:是否按照计划采取了行动?能力增长的证据和表现在哪里?这种能力增长在改进了的组织表现中是如何得到反映的?评估不仅仅局限于搜集相关的数据,更重要的是通过评估来理解这一进步的意义何在,对于启示未来的行动有何作用。另外,在评估方法上,通常采用以下的做法来进行衡量:(1)员工调查,检查人事方面的措施,以及具体的指标,包括技能、学习与培训、领导与变革管理;(2)管理信息搜集,从管理信息中加以了解,因为能力强意味着做同样的事更有效率,这些可以在管理信息中找到;(3)与学习和培训的数量和质量数据相关的措施,如统计完成培训的次数,以及评估培训的质量;(4)从人力资源部门获取信息,包括人力规划、招募、留人等方面的信息;(5)通过各专业收集信息,这些信息可以表明专业技能的水平,包括具有相当资格或经历的人员的数量①。

A Tentative Study Operating Public Services:
Value, Strategy and Competence Building

Abstract: The market-oriented operation of public services requires the government to maximize social and economic benefits in providing public services, which creates internal tension in integrating public and market attributes of these services. Public interest is the fundamental principle for such integration, while market mechanism is the essential factor for the integration. Operational competence of governmental staff is the guarantee for the maximum benefits of public services.

---

① 竺乾威:《文官公共服务能力建设》,《南京社会科学》2013 年第 10 期,第 72 页。

第二编
官僚制度与政策过程

官僚化、去官僚化及其平衡：
对西方公共行政改革的一种解读

摘要： 可以把新公共管理和新公共服务的改革理解为从两个不同方面对传统公共行政官僚化的一种纠正，但这一纠正都产生了一种去官僚化的结果和倾向。这导致整体性治理对去官僚化的再纠正。西方的公共行政改革似乎以一种"之"字形的方式前行。官僚制的内在张力决定了在官僚化和去官僚化两者之间取得平衡的难度，但它不妨碍每次改革后所取得的进步。

一、官僚制可以被替代吗？

官僚制始终是公共管理绕不开的一个话题。自工业社会以来，官僚制以马克斯·韦伯所揭示的优点，如分工、准确、效率、非人格化的管理等，成为了一种达成社会与经济目标的最优组织形式，并在与其他的组织类型比较中占据了主导的位置。这种官僚制在相当长的时间里也构成了通常谓之传统公共行政的一个组织基础。

但是，自西方社会进入后工业社会以来，对官僚制的批评日渐增多，官僚制的权威地位开始受到挑战。新公共管理更是以磅礴的气势，声称要建立一种有别于传统公共行政（官僚制和政治-行政两分通常被认为是传统公共行政的两大支柱）的新的管理模式，而对新公共管理持批评态度的新公共服务在批评新公共管理的同时，也批评了传统的公共行政模式。概括来说，今天在对待官僚制问题上，有三种典型的观点：一是与官僚制彻底决裂，戴维·奥斯本的《摒弃官僚制》以及罗伯特·登哈特的《新公共服务》可在此列；二是对官僚制进行修正和改造，如麦克尔·巴泽雷的《突破官僚制》；三

---

* 本文原发表于《中国行政管理》2010 年第 4 期，第 47—50 页。

是对官僚制持肯定的态度，查尔斯·葛德塞尔的《为官僚制正名》是这一观点的代表作。

在登哈特看来，随着今天政府角色的变化，可以对政府的作用作三种不同的理解：一是政府的角色与法律、政治标准相关，它表现为一种传统的、正统的公共政策和公共管理的观点，政府责任问题是由对民选官员负责的行政官员来回答的。二是政府的角色与经济和市场的考虑相关，认为政府官员通过确立一些影响私人和非营利组织以及其他组织的机制和激励结构来取得政策目标。新公共管理是这一考虑的典型产物。在这一观点看来，政府责任最终是作为公民或顾客一个部分的个人利益的一种功能。三是政府的角色与民主和社会标准的考虑相关，即强调公共利益是至高的。政府的作用是在公民和其他组织中产生一种共享的价值。这意味着建立一个包括公共的、私人的和非营利机构的联盟来满足共同认可的目标。公务员不仅要关注法律，还要关注社区价值、政治规范、专业标准和公民利益。①

可以将政府的三种角色归纳为：(1) 政府依据法律和政治标准进行治理，这是传统的官僚行政的特征；(2) 政府依据经济和市场的原则进行治理，这是以新公共管理为旗号的经济理性模式的特征；(3) 政府和其他社会组织依据民主和社会标准共同治理，这是新公共服务的主张。

问题在于，无论根据哪条标准和原则进行治理，政府治理都需要借助一个组织形态和基础。我们至今可以看到的是，无论是来自新公共管理的治理，还是来自新公共服务主张的治理，都没有改变官僚制仍然作为一种主要的组织形态和基础的事实。至少还没有看到西方的公共行政改革产生了一种在整体上能取代官僚制、并具备像官僚制那样完备的鲜明特征的占主流的组织形式，尽管新公共管理的改革者声称要取代作为传统公共行政基础的官僚制。有意思的是，奥斯本和登哈特都对传统的公共行政模式进行了猛烈的批评，但他们建构的一些新的运作方式和理念的一个组织上的承担者却依然是官僚制组织。即便在今天已经普遍采用合同制方式治理的美国，我们仍然可以看到垂直模式的官僚结构的作用。网络治理或许被认为是未来最有希望来取代传统官僚制政府管理的一种形式，但至少到目前为止，网络治理并"没有改变政府

---

① Robert Danhart and Janet Danhart, "The New Public Service: Putting Democracy First", *National Journal Review*(Winter), 2001, Vol. 90, Iss. 4.

的组织结构"①。按照菲利普·库珀的说法,美国今天的"公共管理者是在垂直的权威模式和平行的协商模式互相交叉的情况下运作的。垂直模式的权威、资源和影响力来自治理核心的宪政过程。平行关系建立在合同概念之上"②。更不用说《为官僚制正名》的作者至今还在对官僚制大唱赞歌,在查尔斯·葛德塞尔看来,"官僚的声誉与其实际作为之间有很大的落差……我们的政府部门确实在起作用——事实上,他们做得相当好"③。

这显然显示了作为一种组织形态的官僚制所具有的生命力,尽管官僚制有许多的问题和不足。按照葛德塞尔的说法,"美国政府官僚部门就像一辆你已经用了10年的老爷车,它是一个非常复杂的装置,由成千上万个部件拼装在一起,要是你想让它极其完美而且毫不出错地在路上飞驰,那简直是做梦。但大多数时间它都能开动,只有在少数情况下才会发生故障,你绝大多数的旅程都是它替你跑完的"④。即便在信息社会和网络社会的今天,官僚制仍然在发挥着无可替代的作用。按照帕却克·登力维的观点,今天政府治理的信息网络就是根据官僚结构建立起来的。从这个意义上说,无论是新公共管理的改革还是新公共服务的主张,我们都可以把它理解为是对官僚制运作方式和流程的改变,而不是或主要不是一种结构改革,即在官僚制之外另起炉灶,并取而代之。尽管这样的改变会对官僚制产生影响,也确实产生了影响,但这一改变就像更换车子的零件、改变外形等一样,并没有改变车子最实质性的东西。

二、改革官僚制:官僚化还是去官僚化?

塞缪尔·艾森斯达德认为,作为组织形式的官僚制在其运行过程中,通常会出现三种情况:(1)较完整地保持了它不同于其他社会组织的特点,即分工、

---

① [美]斯蒂芬·戈德史密斯、威廉·埃格斯:《网络化治理:公共部门的新形态》,孙迎春译,北京大学出版社2008年版,第22页。
② [美]菲利普·库珀:《合同制治理——公共管理者面临的挑战与机遇》,竺乾威等译,复旦大学出版社2007年版,第2页。
③ [美]查尔斯·葛德塞尔:《为官僚制正名——一场公共行政的辩论》,张怡译,复旦大学出版社2007年版,第5页。
④ 同上。

准确、效率、非人格化的规章等。简言之,官僚制表现出一种高度理性的状况。(2)官僚化,即组织的活动超越了自身的领域,并将官僚标准强加于其他组织或集团之上,缩小这些组织的作用,扩大自己对他们的权力,同时在某种程度上追求自身的利益和其他个别的利益,例如军事组织将其规章制度强加于市民的生活。(3)去官僚化,即官僚在同其他社会组织的互动中丧失了自己的特点,这些社会组织或集团为了自身的利益或价值试图取代官僚的职能与活动,使官僚去干不属于其职责范围的事。① 显然,前一种情况是人们愿意看到的,而后两种情况则是人们想加以避免的。

第一种状况是理想的,但它是动态的。官僚制内在的张力使得它会不断地突破这种理性的状态,从而产生官僚化的倾向,如繁文缛节、官样文章、效率低下、政府包揽一切,凌驾于社会各类组织之上甚至侵犯它们的合法权益等我们熟悉的现象。因此,在相当程度上我们或许可以说,新公共管理是对官僚化的一个方面的纠正,而新公共服务则是对官僚化另一个方面的纠正。这两个纠正隐含的一个共同点就是产生了去官僚化的倾向。

新公共管理对官僚化的纠正是从经济市场的角度进行的。它的一个基本观点就是政府不是在任何场合下都是最好的资源配置者。社会、市场和企业比较政府来说有其资源配置上的优势。传统的公共管理模式之所以被称为官僚行政模式,一个主要的方面在于官僚垄断了社会的公共资源,成了公共领域服务的唯一提供者,从而导致效率低下、不经济、缺乏竞争力、服务质量下降以及资源得不到最佳配置。因此,市场化和企业化构成了对官僚化进行改革的合理入口。戴维·奥斯本和特德·盖布勒在《改革政府》一书中勾勒的新政府的十个方面是典型的市场化和企业化的特征:起催化作用的政府,掌舵而不是划桨;社区拥有的政府,授权而不是服务,服务由社区提供;竞争性的政府,把竞争机制注入提供服务;有使命感的政府,改变照章办事的组织;讲求效果的政府,满足顾客的需要,而不是官僚政府的需要;有事业心的政府,有收益而不浪费;有预见的政府,预防而不是治疗;分权的政府,从等级制到参与和协作;以市场为导向的政府,通过市场力量进行变革。

---

① S. N. Eisenstadt, "Bureaucracy Bureaucratization and De-bureaucratization", in A. Etzionieds, ed., *A Sociological Reader on Complex Organizations*, New York: Holtand Winston, Inc., 1961, pp. 304-307.

改革的一个主要举措是政府职能的外包,外包促使社会服务和公共产品的多元提供。这一改革在解决资源如何得以更好地配置的同时,也在一定程度上导致了政府权力的空心化和边缘化,导致了去官僚化的产生。它在追求经济的同时,导致了政治标准的下降,传统官僚制的优点比如较高的道德水准、专业精神、对社会价值较高的关注等被忽略。这也就是为什么在20世纪90年代中期以后新公共管理改革的某些举措或被修正或被终止的道理所在。比如,"9·11"事件后,美国28 000名机场保安再次回归国家系统。此外,改革中分散化和破碎化的某些做法因导致协调困难、效率下降、无政府主义的出现等而开始被整体性治理所取代。这从一个角度表明,去官僚化改革也带来了治理的另一方面的缺陷。

如果说,新公共管理主要是从资源配置的官僚化导致的不经济和低效率来纠正官僚化的话,那么,新公共服务则是从民主与社会的角度来纠正官僚化的,尽管它的锋芒更多对准的是新公共管理。在新公共服务的观点看来,传统公共行政的官僚化表现在:传统公共行政的公共利益观有问题,公共服务被认为是一种价值中立的技术过程;从某种意义上说,传统公共行政没有一个关于保护公共利益的行政责任的理论,公共利益取决于选举产生的官员。传统公共行政的执行表现在政策执行的过程是自上而下的、层级的和单向度的,行政过程和政策制定是完全分离的,也就是说,行政执行缺乏民主性。传统行政的责任观是一种正式的、层级制的法律责任观。在传统行政中,责任的焦点在于确保行政官员在履行其职责时坚持和遵守为他们确定的标准和规则、程序,因而对公众的直接回应或者负责至少含蓄地被视为是不必要的和不恰当的。公民的作用在传统的行政中是有限的,他们主要是定期选举官员,然后站在场外"观看"他们的表演,公民参与充其量只不过是保证服从的一种手段[①]。传统行政还利用对人的控制来实现效率。此外,新公共管理对传统公共行政的某些纠正也是新公共服务要纠正的,比如要服务于公民,而不是顾客,重视公民权而不是企业家精神等。新公共服务对此的纠正主张的是公众的参与,强调社区和公民社会,强调民主和社会资本。在这一点上,新公共服务与治理理论主张的多元治理是一致的,而这背后,也隐含了去官僚化的倾向。

---

① [美]珍妮特·登哈特、罗伯特·登哈特:《新公共服务:服务,而不是掌舵》,丁煌译,中国人民大学出版社2004年版,第58页。

问题在于,改革产生的这样一种去官僚化的治理是不是改革者所期望的?它能不能最后固定化为一种有别于以官僚制为核心的公共管理的模式?去官僚化的一个结果是,随着政府职能的外包、权力的分散和多元格局的形成以及民众参与度的提高而来的是政府权威的低落,公共组织边界的不清,政府在管理公共事务中的中心地位的下降,传统官僚制所具有的一些优秀品格如理性、准确、非人格以及公务员的敬业、忠诚和相对清廉的消退。也就是说,改革并没有回归到艾森斯达德所向往的一种高度理性的官僚制,而是过了头。简言之,作为管理的核心的高度理性的官僚制发生了异化。

三、官僚制的平衡发展

改革者(尤其是新公共管理的改革者)显然有用新公共管理模式取代传统官僚模式的企图。一个通行的说法是新公共管理构成了运作有别于传统公共行政的新的模式,但正如前面指出的,这一改革最终还是无法创造一种作为代替传统公共行政的核心构成部分的官僚制的组织形态,新模式的主要载体还是官僚制,不同的是这一官僚制的运作方式发生了变化,并且,随着改革的进展,去官僚化的一些改革措施在得到纠正,并在某种程度上出现了再次向传统的官僚制回归的迹象,当然这一回归不是水平意义上的回归,其中包含了某种程度的改进和创新。20世纪90年代中期后出现的一些理论如整体性治理、数字时代的治理展示了这一变化。

帕却克·登力维指出的20世纪90年代后的治理(也称为数字时代的治理,因为真正意义上的信息技术在公共治理中的运用是在这个时候开始的)出现的一种重新整合,在相当程度上可被理解为对去官僚化的纠正。这可以从重新整合包含的以下内容中反映出来:逆部门化和碎片化,大部门式治理,以改变新公共管理改革产生的极度分散化导致的无效和低效;重新政府化,比如英国在2004年使一个非营利的基本建设公司——网络铁路明确成为一个公共机构,受运输部的直接控制;恢复和重新加强中央过程,以解决改革导致的分散的竞争产生的无政府主义,极大地压缩过程成本,重塑一些公务支撑功能的服务提供链,集中的采购和专业化;以"混合经济模式"为基础的共享服务,即鼓励较小的部门和机构共同使用一些服务支撑功能或一些与政策相关的服务,改变以前旧式的集中提供模式产生的反应迟钝和僵化;网络简化,即将新公共管理改革产生的分散的功能和聚集的专长分散到单一功能的机构,并使跨越复杂的组织的网络重新回到它们原来的位置。①

登力维的数字时代的治理理论想展示的是"一个政府巨大的信息功能及其与全球服务提供商和其他的信息技术公司的关系的新世界,想表明韦伯式的理性官僚组织模式是如何在现代日益增长地发展,以至国家最根本的信息处理和决策能力现在取决于公共官员管理复杂的产业合同以及先进的'知识密集型'专业和职业的能力"②。尽管作者认为当今一些组织上的构建早已超越了机械性的或专业性的官僚制,但是,官僚制的精髓——专业人员及其作用和功能并没有弱化,更没有消失,只是这一功能在信息时代更多地转向了与信息相关的管理。韦伯一直把官僚组织看成是一个社会-技术系统,但人们往往忽略了后者。正如作者指出的,这表现在当代公共行政和公共管理的理论对信息技术保持的沉默,以及一个"移位"的过程倾向于强调政府决策者关注社会-技术系统的人的方面和组织的方面,而不是技术方面③。

那么,引发对以官僚制为核心的传统公共行政进行改革的动力何在?问题的根本在于官僚制内在的张力,它本身就是不完美的。官僚制具有高度理性的一面,如准确、迅速、效率、人员的专业化、非人格的管理方式等,但与此同时,官僚制也有它僵化、因循守旧、保守、对人性的伤害的另一面,这是一体的两面,而负面的东西时不时会以官僚化的形式出现,这就引发了改革的要求。即便在工业社会,西方社会的行政改革也从未停止过,只是规模有所不同罢了。官僚制在后工业社会引发了人们对它更强烈的反弹,一个重要的原因在于后工业社会发生的两个变化。一是社会进入了以消费者为中心,而不再以生产者为中心的阶段。以往政府是生产者,服务产品由其提供,任何事情由政府说了算。政府是中心,人民围绕政府转。而现在的情况则倒了过来,是政府围绕作为消费者的公众转。公众对政府的要求更高,公众的参与度更高,因而也更难以容忍官僚制的负面状况。二是全球经济一体化带来的压力,这迫使政府要像企业那样提升其竞争力,要少花钱、多办事,要讲求经济和效率,看结果。

问题在于,在否定官僚制缺点的同时,可能也在不经意中把它的优点同时

---

① Patrick Dunleavy, et al., "New Public Management is Dead——Long Live Digital-Era Governance", *Journal of Public Administration Research and Theory*, 2005, Iss. 16.
② 竺乾威:《公共行政理论》,复旦大学出版社 2008 年版,第 492 页。
③ 同上书,第 495—496 页。

给否定了,而这些优点不仅是工业社会所需要的,事实上也是后工业社会所需要的。官僚制与生俱来的这一体两面在运作中也会产生两个方面的表现,而负面的表现(用艾森斯达德的话来说,就是官僚化和去官僚化)在一个讲究竞争的全球一体化的时代以及西方社会内部发生的一个从生产者中心向消费者中心的变化来看,变得尤其令人难以容忍,这恰恰构成了新公共管理和新公共服务改革的一个理由。

因此,回归到艾森斯达德所说的第一种形态,确切地讲,应该是回归到展现理性一面的官僚制。可以把新公共管理和新公共服务的改革举措看作是进行这一回归的努力。但是,在克服某一倾向的同时可能会产生另一种倾向,比如克服官僚化可能会产生去官僚化,那么,如何使官僚呈现出第一种形态,即正面官僚意义上的形态?

艾森斯达德认为,要使官僚呈现出第一种形态,关键在于维持官僚的自主与社会、政治对其控制之间的平衡。一旦平衡被打破,就会出现官僚化或非官僚化。这里提出的一个问题是官僚制如何在与社会的互动中既保持自身的理性一面,同时也不因为自身权力的扩张或弱化导致出现官僚化和去官僚化的状况。如何维持这一平衡? 在他看来,这种平衡的维持基于官僚发展的条件,以及它作为一个社会系统的本质,基于其基本组成部分与外部环境之间的互相联系。他认为,影响这种平衡的主要变量有:(1)官僚政治的主要目标,目标的重要性在于它将官僚组织与它所处的社会结构联系起来;(2)这些目标在社会中的位置,目标的内容并不是影响组织与环境关系的唯一因素,目标在社会中的位置也会产生影响(例如,目标或处于社会价值和权力系统的中心位置,或处于边缘位置);(3)官僚对外界力量依赖的形式,对外界的依赖主要根据组织的主要功能,服务对象依赖其服务的程度;(4)内部外部控制的实质;(5)衡量组织成功的标准。[①]

事实上,这种平衡是很难维持的,即使平衡,也是暂时的,因为官僚制有先天的缺陷,因为情况在发生变化。正因为如此,类似新公共管理和新公共服务之类的改革,以及对这些改革的改革如整体性治理也成了应有之义。西方历

---

① S. N. Eisenstadt, "Bureaucracy Bureaucratization and De-bureaucratization", in A. Etzionieds, ed., *A Sociological Reader on Complex Organizations*, New York: Holtand Winston, Inc., 1961, pp. 304-307.

史上这种改革几乎一直没有断过，其原因也在于此。西方的行政改革似乎是以"之"字型方式前行的，只是改革规模、范围和方式有所不同罢了。

尽管从西方的角度讲，他们的社会早已进入了后工业社会。但是，作为一种组织形态，官僚制的一些基本特征还会存在，因为它代表着高度的理性，而理性在任何社会都是需要的。因此，至少在可预见的将来，作为官僚制核心的等级会存在，只是多少而已，因为等级意味着中心，无论在一个怎样多元化的社会里，一个社会没有一个中心是无法想象的，而在现代社会，这一中心只能是作为公共权威的政府，尽管这一中心发挥其作用的方式可能会改变。此外，作为官僚制核心的专业运作也会存在，社会发展带来的是更多的专业化，因而专业人员的作用不是在削弱，而是在得到强化。对新公共管理和传统公共行政持强烈批评态度的登哈特，在其《公共组织理论》最新中文版序言中的一个重要修正是承认主流的公共行政理论还处于优势地位。主流的理论就是建立在官僚制和政治行政两分的基础之上的。这在相当程度上表明了登哈特对传统行政及其理论的一种新看法，也表明了官僚制所具有的活力。或许可以认为，正是官僚制内在的张力在一定意义上给了官僚制生命力，从另一种意义上或许也可以认为，官僚制在运行过程中不时出现的官僚化或去官僚化以及回归平衡，然后又一轮的开始恰恰是官僚制得以存在、行政公共改革之所以持续不停(尽管的改革的方式会发生变化)的一个原因。

Bureaucratization, De-Bureaucratization and the Balance between the Two: An Understanding of the Public Administration Reform in Western Countries

Abstract: The administrative reforms named as New Public Management and New Public Service can be understood as an adjustment of bureaucratization caused by traditional public administration. Both reforms have led to the tendency of de-bureaucracy and followed up the readjustment of the holistic governance. The public administration reform in the West seems always making the balance between the two different directions. The inner-confrontation of the bureaucracy makes it hard to approach such balance, but it does not prevent the progress made by each reform.

地方政府的政策执行行为分析：
以"拉闸限电"为例*

摘要：运用"政治性执行"的分析框架，以"拉闸限电"为案例，探讨了中国地方政府在政策执行过程中的行为逻辑；通过分析表明，在"政治性执行"中，权力关系是解释地方政府政策执行行为的一条主线，地方政府官员某种程度的自利考虑是执行行为背后的动力，地方政府相对于其他利益相关方具有的明显优势是政策执行过程得以顺利进行的条件。

一、理论分析框架

政策执行是整个决策过程不可或缺的一部分，因为政策的执行涉及决策目标的最终实现。对政策执行的研究肇始于20世纪70年代，普瑞斯曼和威尔达夫斯基（Pressman and Wildavsky）的《执行》一书是政策执行研究的滥觞。当时的研究主要聚焦于一些执行的问题、障碍以及执行的失败、执行的冲突等，力图通过对一些案例的探讨来建构一种理论。

20世纪80年代后，政策执行研究首先产生了政策研究中的自上而下和自下而上两种模型或分析框架。前者的出发点是权威的决定，认为执行就是关注政策执行官员和目标群体的行为在多大程度上与体现在一个权威决定中的政策目标相一致。曼兹曼尼和萨巴蒂尔（Mazmanian and Sabatier）认为问题的可控性、构建执行的法律框架能力和影响执行的非法律性的变量这三个因素决定了成功执行的可能性[①]。批评自上而下模式

---

* 本文原发表于《西安交通大学学报》（社会科学版）2012年第2期，第40—46页。人大复印《公共行政》2012年第7期全文转载。

① ［美］理查德·斯蒂尔曼：《公共行政学：概念与案例》，竺乾威、扶松茂等译，中国人民大学出版社2004年版，第609页。

的观点认为这一模式不现实,因过分强调了政策制定者设计酝酿执行的能力,就忽略了政策反对者干预这一结构过程的能力。政策反对者通常能使政策目标变得模糊并在执行过程中增加自己的长久影响,以避开政策制定者的一些作用。简单来说,这一模式忽略了政策制定和设计中的政治。自下而上的观点则强调一线官员在执行政策和提供公共服务过程中的作用,他们甚至在某种情况下是决策者,强调上层官员在控制一线官员中的局限性。正如中国古谚所说,"将在外,君命有所不受"。利普斯基(Lipsky)曾确立了一个至今非常著名的概念——街头官僚(中文最好的译法应该是"基层官员"),强调基层官员在执行政策或提供服务过程中的自由裁量权,这种自由裁量权使得基层官员成了公共政策执行过程中的关键行动者。一些比较极端的自下而上的观点甚至认为,不能把上面确定的政策目标作为评价的标准。批评自下而上的模式的观点则认为,不能过分强调一线的一些因素,因为制度化的结构、可得到的资源以及通向执行区域的途径等也许都是中央决定的,并因此可以实质性地影响政策的结果①。

学界对两种模式的批评产生了一些将两者综合起来的模式。

一个综合的模式是温特(Winter)提出的"整合的执行模式"。这一模式解释执行结果和执行输出的主要因素是政策形成、政策设计、组织间关系、基层官员的行为、社会-经济条件等。萨巴蒂尔后来也提出了一个被称为"倡导者联盟框架"的模式,该框架采用了自下而上的分析单位——参与政策问题的各种不同的公共部门和私人部门的参与者,也采纳了自上而下的观点考虑社会-经济条件和法律工具对这些行动者的限制。

理查德·马特兰德(Richard Matland)的整合的分析框架则从政策的冲突性和政策的模糊性着手区分了四种不同的政策执行。即政策的冲突性和模糊性都低的称之为行政执行;两者都高的称之为象征性执行;冲突性高、模糊性低的是政治性执行;反之是试验性执行(见图1)②。

---

① [美]理查德·斯蒂尔曼:《公共行政学:概念与案例》,竺乾威、扶松茂等译,中国人民大学出版社2004年版,第613页。
② 同上。

图 1　模糊-冲突模型：四种不同的政策执行行为

在马特兰德看来，行政性执行的目标是给定的，用以解决现有问题的技术是已知的，信息从上到下流动。执行以垂直的方式得到指令，每一基本环节都接受来自上一层的指示，因而具备了一些理性决策过程所具有的先决条件，如果在执行中能够得到充分的资源，那么想要的结果事实上是可以保证的。这是一种比较典型的马克斯·韦伯的官僚制式的执行范式，下级忠诚地执行其被委托的责任。

政治性执行的特点在于政策参与者有明确的目标，但由于这些明确界定的目标互不相容，因而引发冲突。同样，冲突性的竞争可以通过政策手段发生。政治执行的主要原理是执行结果是由权力决定的。就这类政策而言，顺从不是自发的。尽管有一项明确的政策，但是主要的资源掌握在那些在执行政治之外的、心存怀疑的参与者手上，或者掌握在那些积极反对所提议政策的参与者手上。执行计划包括确保那些参与者（他们的资源对政策的成功是极为重要的）的顺从，确保执行过程不受到那些反对政策的人的阻挠。成功的执行要么取决于拥有足够的权力将自己的意志强加于其他参与者，要么取决于拥有足够的资源，要么取决于通过讨价还价达成手段的一致。

试验性执行的结果在很大程度上取决于哪些参与者是积极的并牵涉最深。指导这一执行的主要原理是情境状况支配着执行过程，结果主要取决于地方微观执行环境中的资源与参与者。

象征性执行由于高度的模糊性导致结果因地而异，其主要原理就是地方层面的联盟力量决定了结果。这种政策过程是由地方层面掌握着可用资源的解决问题联盟参与者决定的。

爱佐尼（Etzioni）曾指出三种获得参与者顺从的机制：规范性的，强制性的以及有酬性的。规范性机制通过一个共同拥有的目标或者一个要求行动的人的合法性（比如科层制中的上级）来使参与者顺从。强制机制威胁制裁不遵从要求的行为。有酬机制则包含了充分的动机(通常是额外资源),使得所期望的行动对代理人有吸引力。马特兰德认为,就行政性执行而言,规范性的顺从机制通常已足够了。但对政治性执行而言,强制性机制和有酬性机制将会占据优势。当想要的结果比较容易监督,而且强制性的委托人控制了对代理人来说非常必要的资源时,强制性机制是最有效的。

  本文采用理查德·马特兰德的政策执行的模糊—冲突模型中的政治性执行模式,以"拉闸限电"为案例分析我国地方政府的政策执行行为。首先,这是因为政策的冲突性和模糊性两个方面构成了政策执行中的两个重要维度,并对政策的执行产生了相当大的影响。其次,从理论上讲,中国地方政府的政策执行是马氏指出的行政性执行,因为从中央政府到地方政府这样一个系统就是马克斯·韦伯所说的一个等级官僚制结构,地方逐级地执行上级政府的命令指示是这一官僚组织的必备特征。但是,现实的情况是,这一执行随着地方利益的形成、地方状况的差异、地方政府的自利追求等而变得不是在任何场合下都是一种忠诚的执行,而更多带有一种博弈的特点。正如本文案例所表明的,使得地方政府的执行带有了政治性执行的特征。再者,本文对马特兰德的政策的冲突部分做了部分的改进。马特兰德认为,政策的冲突是就某一特定的政策而言的。这种情况当然是存在的,比如在某一政策上有分歧等。但在中国的环境下,我们面临的一种情况是,某一单项政策是很明确的,甚至也没有冲突(比如节能减排在一定时间里要达到的指标),但这一政策往往只是整个政策体系中的一部分,而这一政策往往会与其他政策发生矛盾和产生冲突。比如,节能减排与地方经济发展就有冲突,而这种冲突往往也就改变了地方政府的政策执行行为。

二、地方政府"拉闸限电"案例

  2006年,国家发布的"十一五"规划纲要提出了节能减排的明确目标。即到2010年,我国国内生产总值能耗要降低20%左右,主要环境污染物排放总量要减少10%。在"十一五"规划纲要中,节能减排被描述为"推进经济结构调整,转变增长方式的必要之路"。

  在2009年的联合国大会上,中国政府向世界作出承诺:到2020年,能源消耗的强度要下降40%~45%,或者说温室气体的排放强度要下降40%~

45%。可再生能源比重要提高到15%左右。在2009年年底的哥本哈根气候变化大会上,中国政府进一步承诺,到2015年中国能源消耗的强度比2010年下降16%,温室气体的排放强度下降17%,主要污染物的排放总量要下降8%~10%。其中"十一五"已经列入指标里面的化学需氧量(即COD)以及二氧化硫的排放量要下降8%,指标在主要污染物的种类方面又增加了两项,一个是氨氮总量要下降10%,另一个是氮氧化物总量也要下降10%。

根据节能减排目标,中国到2010年国内生产总值能耗要降低20%,而"十一五"前四年全国单位国内生产总值能耗累计下降了14.38%。这意味着留给2010年的任务达到了6%左右。然而,2010年特别是一季度,国内高耗能行业加快增长,全国单位国内生产总值能耗不降反升,上升了3.2%。虽然地方政府的压力陡然增大,但是作为约束性的指标,为了兑现承诺,这是必须完成的目标。地方政府完成目标的方式是分解责任,即把节能减排的责任分解到各个地区,分解到有关的企业。

在"十一五"结束时期,我国被列入国家发改委确定的一级预警①的有13个省市,占了全国省市的四成多。因此,自2010年7月底以来,随着"十一五"所剩时间只有几个月,浙江、江苏、河北、山西等省此起彼伏地掀起了节能减排大冲刺,并开始大范围限电甚至断电,以完成减排指标。河北A县②因与"十一五"的节能目标任务相差太大,自2010年8月底以来,不得不"加大力度",在全县实施拉闸限电。A县一些企事业单位、公共设施乃至普通百姓,每过3天不得不面对一次长达22小时的停电煎熬,而停电更导致一些医院的CT、彩超、心电图等一些必须依靠电力才能工作的医疗设备无法正常运转,不得不依靠发电机自行发电维持。在A县这次大范围的限电中,A县一些中小学校也成了"受害者",隔三差五被迫"停电"。在停电期间,电教设备成了摆设,正常教学受到很大影响。停电也给不少城镇居民的生产生活带来了极大的不便。在位于县城西南几公里处的一个村庄,停电不但使得村里没法正常抽水浇地,就连日常的洗衣做饭都成了大问题。无奈之下,村民们只好在家里备好大水缸,趁着有水的时候装得满满的,应对缺水难题。在限电的大环境下,

---

① 根据发改委定义,一级预警为节能形势严峻,须及时、有序、有力启动预警调控方案;二级预警为节能形势比较严峻,须适时启动预警调控方案;三级预警为节能进展基本顺利,须密切关注能耗强度变化趋势。
② 本文所指的某地、某电厂,具体资料详见相应的注释来源。

小发电机成了宠儿,当地的发电机一度热卖,商家看到商机购进大量发电机准备"大赚一把"。而买发电机的,不只是医院、学校等大单位,相当比例的小门市、小作坊也购置了小功率的发电机。只要 A 县一停电,柴油机就开始冒烟。①

浙江由于受到拉闸限电的影响,很多企业为了确保订单的完成,纷纷转用大功率柴油发电机发电生产。尽管这样做的发电成本和能耗都是电网供电的好几倍,但柴油机发出的电不入电网,能耗不会被纳入官方统计范畴。一个极为幽默的个案是,某地一家企业刚拿到了早前关停小火电的补贴款,转头又把这钱拿去买了发电机。

针对这种情况,国家发展和改革委员会网站在 2010 年 9 月 6 日发表文章指出,为确保实现"十一五"节能减排目标,国务院要求各地区进一步加大工作力度,主要是要求各地对落后产能坚决依法关停淘汰,严格限制高耗能、高排放行业过快增长,目的是提高经济发展的质量和效益。发改委的意见显然没有制止一些地方愈演愈烈的拉闸限电,2010 年 9 月 17 日,发改委发布了《关于进一步做好当前节能减排工作的紧急通知》。发改委此《通知》除了提出确保在 9 月底前完成淘汰落后产能等五项任务外,对于一些地方为了完成目标而采取拉闸限电的做法提出了批评。还指出,实现节能减排目标关键是长效机制,不能靠短期的"突击行动"。要求各地区、部门要正确处理长远利益与当前利益、全局利益与局部利益的关系,实施节能减排预警调控要科学、合理、有序,不能简单拉闸限电,更不能停限居民生活用电、采暖和公共设施用电。

一些地方在发改委发出紧急通知后依然我行我素,各地拉闸限电现象依然严重。就在发改委紧急通知发出的两个月后,2010 年 11 月 23 日,国务院办公厅针对"拉闸限电"发出《国务院办公厅关于确保居民生活用电和正常发用电秩序的紧急通知》(以下简称《通知》)。国务院此《通知》明确指出:"随着年底临近,还有少数地区为突击完成节能减排目标,干扰了正常的生产生活秩序和电网安全稳定运行,在社会上造成了严重的不良影响,必须立即纠正。"但是,既便是国务院办公厅的指示,也照样有地方政府对此置若罔闻。河南 L 市在 2011 年 1 月 5 日,在当地零下 10 度的情况下停止集体供暖时间达近 10 天

---

① 程双庆、范世辉、齐雷杰:《河北安平全县拉闸限电节能减排引发争议》(2010 年 9 月 6 日),网易网,http://money.163.com/10/0906/23/6FUG545U002524SO.html。

之久,停暖面积达 20 万平方米,被殃及的居民达 5 000 多户,致使部分医院、学校不得不启动自备锅炉,普通市民则只能"各显神通"。该市停暖的原因是负责供应蒸汽的某电厂为实现减排目标在 1 月 5 日关闭并拆除了冷却塔。而某电厂之所以这样做,是因为市主要领导日前有指示,电厂的关停是"死任务",关系到能否实现减排指标,"不能因保供暖而耽误完成节能减排任务"①。浙江 B 市由于该年的剩余用电量指标已经无法满足当前的用电需求,为确保"十一五"节能降耗目标任务,即便在国务院发出紧急通知后,还具体规定"将实行用电时间和用电总量双重控制。从 11 月 25 日开始,新增有序用电企业采取'用一停一',B 市西片单号用电(双号停电);B 市东片双号用电(单号停电)。当企业达到用电量限额指标时,对该企业实行停止用电"②。

三、地方政府"拉闸限电"政策执行的行为逻辑

本文以拉闸限电为案例,通过以下三个问题对地方政府的政策执行行为进行分析,以期寻找地方政府政策执行的行为逻辑。第一,地方政府为何在冲突的政策(比如节能减排和经济发展)中最终会执行某一项政策,而不顾及另一政策会因此受害。第二,执行为什么会以某种方式,比如拉闸限电,执行者又是怎么考虑的,其他问题的相关者的作用是怎么样的,一些反对拉闸限电的相关者为什么没能加以制止。第三,为什么在中央政府发出制止拉闸限电的文件后一些地方政府依然故我。这三个问题构成了地方政府在政策执行过程中经常会出现的行为方式。

第一,拉闸限电是一个比较典型的政策冲突下的执行方式。电力是我国工业生产中主要使用的能源之一,节能减排与经济发展都是地方政府要执行的目标。这两者互相联系,但也互相矛盾。从理论上讲,节能减排通过对落后产能依法关停淘汰,严格限制高耗能、高排放行业过快增长,其目的是提高经济发展的质量和效益。但在这样一个较长的过程中,如没有相应的增量逐步来补充和替代这样的关停淘汰,比如为了达到减排目标而限电,那么肯定会对经济的发展产生负面影响。"限电的代价是工业生产的停顿——那意味着

---

① 陈在田:《为"减排"停暖是考虑谁的利益》,《新京报》,2011 年 1 月 12 日。
② 陈中小路:《节能减排倒计时,节能减排却成拉闸限电》,《南方周末》,2010 年 9 月 24 日。

GDP 的停顿。在 C 县，政府内部的测算是，当地今年 GDP 的增幅，将可能因此削减 0.5%。"① 那么，为什么很多地方政府在明知节能减排有可能妨碍经济发展的情况下，最终还是选择了前者？事实上，在节能减排和经济发展两者的孰重孰轻上，地方政府的行为是有变化的。长期以来，经济发展一直是政府目标的重中之重，那么为什么要到"十一五"结束时才大张旗鼓地进行节能减排，以至于到最后采用拉闸限电的方式，并不顾经济的发展受到影响，GDP 下降？显然，官僚制等级结构中的下级服从上级的指挥链是最重要的解释。当金融危机暴发的时候，地方领导人可能没有考虑到节能减排会变成约束性指标。那时约束性指标是经济发展，节能减排被当成了预期性指标。金融危机期间中国政府推行了四万亿政策。"四万亿政策的出台使得部分节能政策如取消优惠措施、关闭落后差能、差别电价等措施出现扭曲。例如对钢铁行业，2009 年 6 月 8 日财政部和国家税务总局发出通知，将部分钢材出口退税率提高到 9%（这些涉及的钢种原出口退税率绝大部分为 5%），而危机前 2007 年财政部国家税务总局《关于调低部分商品出口退税率的通知》（财税〔2007〕90 号），其宗旨是下调。又如 2009 年冬天，国家发改委紧急下发一份'关于做好煤炭、电力供应保障工作的紧急通知'的文件，要求并鼓励小煤窑尽可能保持正常生产和缩短放假时间。"② 地方政府当初把经济发展、把 GDP 当作约束性目标来加以追求的做法在相当程度上导致了后来在节能减排上的尴尬。这再次表明了地方政府在政策执行过程中首先服从上级的这一官僚制的基本特点，地方的执行随着上级的政策目标的转移而行动。因此，当"十一五"终结期临近，节能减排再次成为中央政府确定的约束性指标时，地方的执行目标也随之转移。既然是约束性指标，那么就带有了强制性的特点，下级必须服从，没有讨价还价的余地。与行政性的执行不同（在行政性执行中，只需规范性的顺从机制就足够了，规范机制通过一个共同拥有的目标或者一个要求行动的人的合法性来使参与者顺从），这种执行方式更多表现了等级结构中的上下级之间的一种权力关系。正如政治性执行模式指出的，"政治执行的主要原理是执行结果是

---

① 陈中小路：《节能减排倒计时，节能减排却成拉闸限电》，《南方周末》，2010 年 9 月 24 日。
② 齐栋梁：《安平节能减排的苦衷在哪里》（2010 年 9 月 10 日），网易网，http://money.163.com/10/0920/10/6H12E7LV00252G50.html。

由权力决定的"①,权力决定意味着上级控制了对下级来说非常必要的资源,这一资源就是对节能减排指标考核的"一票否决",而一票否决又影响到官员的升迁。这种等级制的强制性机制构成了地方政府最终选择节能减排的最重要的推动力,为了执行上级的政策甚至不惜断电而使经济发展和民众生活受到影响,因为节能减排成了约束性指标,相对而言,其他都是次要的。

但在政策有冲突的情况下,这种执行并不完全是顺从的,这表现在采用拉闸限电的执行方式是有违上级的意图的(上级的意图正如发改委指出的,节能减排是一种长效机制,而不是一种短期突击,拉闸限电不能影响市场和居民生活),此外,在上级三令五申加以制止的情况下依然我行我素,由此引发出第二个问题,为什么地方政府在执行过程中会采用这一种方式(比如拉闸限电)而不是另一种方式进行,执行者又是怎么考虑的？为什么一些反对拉闸限电的相关者没能制止这一做法？

在"十一五"限期快到之前,绝大多数的地方政府都采用了拉闸限电的做法。这是因为电力是目前我国工业生产中主要使用的能源之一。更重要的是,在节能减排涉及的各种指标里,电力堪称目前唯一无法作假的指标——国内主要的电厂均已安装联网的发电、用电数据监测系统,中央部门可直接调阅;而其他指标大都来自地方上报,易于操纵,各地完成难度都不大。因此,从考核绩效来看,这是最货真价实的指标,只要拉闸限电,节能减排马上就可以见效。

第二,选择拉闸限电有时间上的紧迫性。在应对金融危机中,中央政府运用四万亿拉动经济在一定程度上影响了节能减排的进展。但是,中央政府并没有因为这一拉动经济的举措而改变在节能减排上的目标。因为中央政府对世界有承诺。而在"十一五"到期的时间里,对地方政府来说,要迅速见效的一个可行选择就是拉闸限电。这也反映了地方政府的一种无奈之举。这种不得已的举动事实上反映了地方政府内心深处的真正想法还是经济发展。这种短平快的做法并不能解决根本的问题,也不符合中央调整产业结构的初衷。"限电后,A县卖得最火的商品就是发电机,一些服务性企业根本不可能因为停电而歇业,只能在限电时靠发电机撑着,烧柴油时冒着黑烟,既没有节能,还加重

---

① [美]理查德·斯蒂尔曼:《公共行政学:概念与案例》,竺乾威、扶松茂等译,中国人民大学出版社2004年版,第624页。

了空气污染。"①其他地方也一样,限电后转而采用柴油机发电,以致一度导致"柴油荒"。

地方政府执行节能减排主要有两种方式:选择性拉闸限电和非选择性拉闸限电。选择性拉闸限电明显反映了地方政府的矛盾心理。某地的一个做法是"居民区可以停电,政府部门不停;民企可以停,利税大户不停"。比如,有官员直言不讳地称:"烟草企业不限电是因为它是利税大户;上市公司不限电是因为它是公众公司,涉及股民利益;而外资企业不限电是考虑到国际影响。"②这样的举措不仅于事无补,而且还引发了公正性问题。而非选择性拉闸限电就是"一刀切",它更多反映了地方政府在大限来临之前尽快满足节能减排目标的急切心理。比如河北 A 县的"无差别拉闸限电"。县里所有的企事业单位、公共设施以及普通百姓,每 3 天都将面对一次长达 22 小时的停电煎熬。

地方政府做出这样的决定,难道就没有考虑过利益相关者的利益吗,就没有考虑有人会反对这样的做法吗?公共政策的理论告诉我们,执行计划的成功的一个条件是确保那些参与者或相关者(因为他们的资源对政策的成功是极为重要的)的顺从和支持,确保执行过程不受到那些反对政策的人的阻挠。我们从拉闸限电的案例中可以看到,整个过程除了政府外,还涉及了两个主要的利益相关方:企业和民众。企业尤其是中小企业无疑是这一政策的受害者。以 A 县为例,因为限电,一些业主好不容易争取到的订单因为电荒而无法生产,不得不承担延期交货的违约责任③。据武安市一个钢厂内部人士介绍,按照目前的钢厂产能规模,一关一停,每天消耗的钱大概应该在 200 万元左右,一个月下来,亏损就是 6 000 万元。到头来,政府部门完成了节能减排任务,企业却不得不面临资金链断裂、产能受损甚至关停转产的风险④。

一方面,电力企业也深受其害。"电力企业本身是一个经济活动的单位,

---

① 程双庆、范世辉、齐雷杰:《河北安平全县拉闸限电节能减排引发争议》(2010 年 9 月 6 日),网易网,http://money.163.com/10/0906/23/6FUG545U002524SO.html。
② 同上。
③ 同上。
④ 易艳刚:《节能减排靠胡乱拉闸限电,其实是骗》(2010 年 9 月 10 日),大众网,http://www.dzwww.com/dzwpl/mspl/201009/t20100910_5816662.htm。

它本来可以正常地发电供电,但这样'一刀切'以后,电力企业自身的生产秩序被打乱了。同时,一些地区,特别是中西部的燃煤火电厂,如果利用小时数很低的话,亏损就会更为严重,所以对电力企业来说,产生的影响也是比较大的。"①在节能减排中,火电行业一直走在了全国前列。截至 2010 年 10 月份,全国电力供电煤耗已经降低到 334 克/千瓦时。电力企业提前而且超额完成了节能减排目标。不仅如此,由于"拉闸限电",用电企业被迫自主发电,导致了市场上柴油需求大幅增加,一定程度上带动了国内市场上柴油价格的上涨,国内出现"柴油荒"。显然,企业是不赞同拉闸限电的举措的。另一方面,民众的正常生活因拉闸限电被打乱。河北 A 县老百姓生活受到了严重影响,河南 L 市更是在零下 10 度的情况下断电,殃及居民达 5 000 多户。毫无疑问,民众显然是不会赞同拉闸限电的。在整个过程中,我们没有看到政府在出台这样的执行措施之前同相关方进行磋商和征求意见。我们也没有看到企业和民众的有组织的表达。他们最多只是私下发表不满而已。那么,政府为什么就很顺利地制定并实施了一个会对相关方造成伤害的拉闸限电的政策?

马特兰德指出:"成功的执行要么取决于拥有足够的权力将自己的意志强加于其他参与者,要么取决于拥有足够的资源,要么取决于通过讨价还价达成手段的一致。"②显然,在拉闸限电的案例中,地方政府的成功在于前者,而不在于后者。地方政府的强势使得它在做决定时,不一定要获得足够的资源,通常仅凭自身的权力就可以将自己的意志强加于其他的利益相关者。只有在自己的意志无法强加于他人的时候,它才可能采用讨价还价的方式来取得执行的成功。这再次印证了政治执行的主要原理是执行结果是由权力决定的。

第三,由此引发的问题是,当一些地方政府在得知拉闸限电的方式受到中央政府的批评后,为什么仍然坚持这一做法,其背后的动力是什么?政府官员的自利考虑显然是这一行为的出发点,而真正的动力在于隐藏在节能减排后面的"一票否决"制度。早在 2008 年,河南省就下发了《关于实行节能减排目

---

① 《火电:拉闸限电我也很无奈》(2010 年 12 月 2 日),北极星电力网,http://news.bjx.com.cn/html/20101202/262674.shtml。
② [美]理查德·斯蒂尔曼:《公共行政学:概念与案例》,竺乾威、扶松茂等译,中国人民大学出版社 2004 年版,第 624 页。

标问责制和"一票否决"制的规定》的通知,针对全省 18 个省辖市、6 个扩权县(市)、重点耗能企业和污染物排放企业实行严格的节能减排目标问责制和"一票否决"制①。

其一,节能减排是中央政府确定的目标。在等级官僚体制下,这一目标是逐级往下延伸的。但是,同样是上级政府,对地方政府来说,更有意义的是作为其顶头上司的省级政府,而不是中央政府(上面的例子也同样说明了问题)。中央政府离他们太远,通常不与县级地方执行者具有"直接的直线关系,因而强制机制就无法形成顺从"②。这些地方政府执行者通常处在直接上级的控制之下,官员的管理实行的又是"下管一级"的政策,官员的升迁或受处分通常也由直接上级来决定。因此,在中央政府和直接的上级政府面前,地方政府会更多地考虑直接上级的想法,执行直接上级的指示和命令。

其二,由于地方离中央较远,一些政策执行中的做法,中央不一定了解,这就为一些机会主义的做法和心存侥幸的做法打开了大门。2007 年 1 月 20 日,国家发改委下发了《关于加快关停小火电机组的若干意见》(以下简称"《意见》")。《意见》规定,实施"上大压小"的新建机组,原则上应在所替代的关停机组拆除后实施建设。L 市为了上火电站 2×30 万千瓦机组项目,主动提出"上大压小",关停刚建成 3 年的 L 市 Y 火电厂。2009 年 5 月,国家发展改革委核准 L 市热电厂"上大压小"新建工程,L 市由此获得 2 300 万补贴款。但是,L 市并没有关闭 Y 电厂。2010 年年底,Y 电厂的违规行为被国家发改委查出,这就导致在没有通知的情况下,L 市匆忙炸掉了电厂三座冷水塔和一座烟囱,造成全市停暖,其理由是要完成减排任务③。

四、结　　论

在政策有冲突但政策明确的政治性执行中,权力关系是解释我国地方政

---

① 胡印斌:《顺官心寒民心 河南林州为什么敢全城停暖》(2011 年 1 月 13 日),长城网,http://www.hebei.com.cn/zygl/system/2011/01/13/010253436.shtml。
② [美]理查德·斯蒂尔曼:《公共行政学:概念与案例》,竺乾威、扶松茂等译,中国人民大学出版社 2004 年版,第 625 页。
③ 涂重航:《河南林州停暖理由闪烁其词 幕后涉嫌套取补贴》(2011 年 1 月 17 日),搜狐网,http://news.sohu.com/20110117/n278903656.shtml。

府政策执行的一条主线。这与政府的等级官僚制的组织形式相关的下级的执行通常是随着上级的政策目标转移而转移的,尽管这一转移不一定是一种发自内心的顺从。政策执行结果主要是由权力关系决定的,在权力足以影响他人意志的情况下,政策的执行基本上可以按照执行者的想法推行。尽管过程中可能有不满,如下级对上级,民众对地方政府的不满,但这种不满不足以构成对执行的威胁。

在权力体系中,最有意义的是直接的上下级关系。下级通常执行的是其直接上级的命令和指示。当上级的命令和指示与上上级的命令和指示有不合的时候,地方通常选择的是听从前者。因为前者与自身的利益构成了直接的关系,直接上级掌握着足以影响下级官员仕途的政治资源。正如前面指出的,一些地方政府敢于在中央政府提出批评后依然进行拉闸限电,其原因在于要完成省级政府确定的指标,而对他来说省级政府掌握着最重要的资源。

现行的权力结构也使得地方政府在决策和执行中可以基本上无视社会的影响力。拉闸限电也可以说是一个决定,而政府在做这个影响面很大的决定时,并没有遵循决策的一些基本规则,比如召开听证会、专家意见咨询等,整个过程没有作为重要相关者的民众和企业的参与,没有一个意见交换和讨价还价的过程。这一做法尽管使得整个执行迅速有力,但隐含了很多不确定的因素,以致在事情结束后还提出这事该不该做这样一个最基本的问题。如果政府在与社会的互动中依然保持着这种强势,那么地方政府的决策和执行模式基本上还是一种唯我独尊的模式。

当政策涉及的地方政府利益(在某种情况下,涉及的也就是政府主要官员的利益)与社会利益发生冲突的时候,案例向我们展示的是地方政府首先考虑的是自身的利益。尽管这一利益可以以国家或集体的名义出现,比如拉闸限电是为了执行国家确定的"十一五"的节能减排目标,但这背后依然摆脱不了对政绩以及和政绩相连的官员仕途问题的质疑。事实上,地方政府官员不会不知道拉闸限电会给相关者带来巨大的消极影响,也不会不知道这样的负面效应会在多大程度上伤害政府的信誉度,但是,所有这些比起政绩和官位来说都是次要的,百姓的不满不会动摇他的官位,除非他拥有的政治权力资源无法使他独断专行,从而转向通过谈判和讨价还价的办法来做决定或执行。

决策理论告诉我们,政策的影响在不同的阶段应当得到评估,这种评估可以对决策目标的达成还是修正做较早的判断,并由此做出及时的调整。案例向我们展示的是地方政府在政策的执行过程中缺乏及时的评估,中国为应对金融危机四万亿拉动经济的政策从另一角度给节能减排带来了消极的影响;但是地方政府从执行政策的角度并没有考虑到,如果中央政府坚持原有的节能减排目标,他们该如何完成目标。

就政治性执行而言,尽管强制性执行的方式在上级掌握了对下级来说非常重要的资源的情况下可以获得顺从(这一顺从并不一定心甘情愿),但有酬性也是一个可以考虑达到决策目标的手段。执行是一种双向的过程,执行的情况往往会作为输入再度进入决策层。因此,从上级的角度来讲,如果在节能减排过程中对地方因节能减排而造成的损失有所补偿(无论是政策上的还是物质利益上的),或在某些方面实现一些奖励性的政策,那么地方政府的执行行为就可能发生变化,至少不会出现拉闸限电这种对相关各方都不利的结局。

An Analysis on the Policy Implementation Behavior of Local Governments: With "Switching out to Limit Power Consumption" as an Example

Abstract: Using the analysis framework of "political implementation", and taking "switching out to limit power consumption" as a case, we analyze the behavior logic of the Chinese local governments in the course of policy implementation. From the analysis, it is indicated that during the "political implementation", the power relation is a main line to explain the implementation behavior of the local governments. The self interest consideration of a certain degree of the local government officials is the driving force behind the implementation behavior. The obvious advantage of local governments relative to other parts at stake is the condition in the successful implementation course.

地方政府决策与公众参与：
以怒江大坝建设为例*

摘要：市场经济导致的利益分化，使得地方政府越来越多地在利益冲突的背景下进行决策，也使得越来越多的利益相关者在不同层面上介入决策。有鉴于此，本文以怒江大坝决策为例，描述地方政府决策过程中公众参与的一般特征，并分析这一过程涉及的利益冲突与表达、抑制决策者的自利偏好、决策程序以及潜规则等问题。

一、怒江大坝决策案例简述

怒江是我国西南的一条河流，怒江干流中下游河段——色邑达至中缅边界全长742千米，天然落差1 578米，可开发装机容量达2 132万千瓦，是我国重要的水电资源之一。在怒江上建造电站的开发规划花了3年时间，到2003年8月13日，《怒江干流水电资源开发规划报告》由国家发展与改革委员会组织专家通过审查。根据最后确定的方案，装机容量为2 132万千瓦。据专家预测，怒江中下游河段规划梯级电站全部建成后，每年直接带来的经济效益在300亿以上，而带动相关产业的经济效益更为可观。2003年10月19日的《云南日报》乐观地估计，工程将于2003年内开工，力争在2006年年底开始发电，2007年投入运行。

在有关建设水坝的讨论中，出现过两种不同的专家意见。一种意见是赞成，另一种是反对。反对的主要理由是怒江水电站建设可能对环境造成伤害，同时也质疑水电站建成后会给当地老百姓带来多大好处。

这一争论见诸报端后，引发了广泛的反响。两种意见各执一词，一些环保

---

* 本文原发表于《江苏行政学院学报》2007年第4期，第86—92页。人大复印《公共行政》2007年第10期全文转载。

组织纷纷行动,以抵制在怒江建造水坝。国家发改委 2003 年 8 月 13 日的决定似乎做了一个结论,但事情并未了结。在后来的发展中,出现了如下几个事件。(1)在国家发改委做出决定仅仅 10 天后,从 2003 年 8 月 24 日至 10 月 5 日,陕西渭河流域发生了 50 多年来最为严重的洪灾。数十人死亡,515 万人口受灾,直接经济损失达 23 亿元。陕西省认为是"小水酿大灾",矛头直指三门峡,认为这场水灾是 20 世纪 50 年代建造的三门峡水电站带来的直接后果。(2)四川都江堰紫坪铺水利工程在 2001 年投入 78 亿匆匆上马,这令杨柳湖大坝骑虎难下。据称,如不修杨柳湖大坝,缺少反调节功能的紫坪铺每年将亏损 5 000 万元。当四川省为杨柳湖大坝四处游说时,感到自己旅游城市的切身利益被损害的都江堰市奋起反击,决定采取措施阻止杨柳湖大坝上马。都江堰市人大常委会专门就此事向四川省人大递交了《关于都管局拟建杨柳湖水库存在严重问题的报告》。也就在国家发改委通过怒江建大坝的当月,杨柳湖大坝工程被紧急叫停。(3)一批环保人士在积极活动,其中有人将此事告诉了美国《纽约时报》的记者。该报在 2004 年 3 月 10 日就有关怒江造大坝做了报道,国内中文媒体的转载使这件事引发了国际反响。一些环保组织通过开设网站、举办展览会等方式,以反对建造大坝。

  由于事态的发展,温家宝总理就怒江建造水坝的报告做了如下批示:"对这类引起社会高度关注,且有环保方面的不同意见的大型水电工程,应慎重研究、科学决策。"[1]温家宝批示后,怒江总体规划和环境评估均未获国家认可。在叫停怒江开发后,温家宝总理在第十届全国人民代表大会第二次会议上所作的《政府工作报告》中说,"要进一步完善公众参与、专家论证和政府决策相结合的决策机制"[2]。2005 年 6 月 9 日,《中国社会转型论坛》在 2004 年影响中国社会转型的 20 件大事中,将环保组织阻止怒江水电建坝事件列为第九位,指出非政府组织开始对公共政策产生重大影响,它们的努力最终改变了政府的决策。"这是一大飞跃,在中国的社会发展进程中具有里程碑式的意义。"

  2006 年 2 月 23 日,我国环保领域第一部有关公众参与的规范性文件——《环境影响评价公众参与暂行办法》由国家环保总局正式发布。

---

[1] 《环保新力量登场的台前幕后》(2015 年 1 月 28 日),人民网,http://www.people.com.cn/GB/huanbao/1072/3152478.html。
[2] 温家宝:《政府工作报告》,《新华月报》2004 年第 4 期,第 45 页。

二、怒江大坝建设折射的地方政府决策中的公众参与特征

怒江大坝建设的决策过程在一定程度上反映了我国地方政府决策过程中公众参与的一些实际情况。缺位、越位和错位状况在这里也得以充分显现。

（一）弱势的利益相关者在决策过程中的缺位

任何一项决策都会对利益相关者产生影响。决策理论指出了让利益相关者参与决策的必要性和重要性。在利益冲突或不相等的背景下，在一项决定可能使部分人受益部分人受损，或有人受益多有人受益少，或有人受损多有人受损少的情况下，让利益相关者参与决策过程、表达其利益诉求，这会对决策的最终结果产生积极影响，并减少决策结果可能引发的后遗症。

怒江水电站涉及的直接利益相关者有三方。一是国家水电公司，水电公司要通过建坝营利，因而是得利最大的一方。二是政府，政府要通过建造水坝来脱贫（当然还有一些隐性的诸如官员功绩之类的涉及自身利益之理由）。三是住民，住民能否通过建造大坝得益，是一个悬而未决的问题。怒江水电站还涉及非直接利益相关者一方（这里定义的非直接利益相关者指的是物质和经济上不直接受到决策结果的影响），这些人主要由主张环保而反对建造大坝的专家和一些民间环保组织组成。前者参与了决策过程，后者尤其在国家发改委通过规划报告后进行了积极的活动。

在直接利益相关之间，水电公司和地方政府是强者。由于怒江全部梯级开发后，电力公司每年可创造产值 340 多亿元，而政府每年因此可得到的财政收入超过 10 亿元，这是怒江目前财政的 10 倍，另外还可以带动州内其他产业的发展[①]，但问题在于，政府的这一想法是否也是当地百姓的想法（比如要移民，以往有先例表明一些移民最终不适应新的居住地而返回原地）？政府能否作为住民利益的代表？

在整个决策过程中，住民作为利益直接相关的一方却始终没有出现，没有进入决策过程，因而它们就成为事件的推动者。政府以为民脱贫的名义自认

---

① 郑国华、时捷、高桐：《怒江大坝呼唤决策民主》，《国际先驱导报》，2004 年 4 月 16 日。

为代表了人民的利益。正如怒江州的一位主要领导人所言:"在争取项目时,我们政府和投资商连在一起。但一旦项目拿到了,我们就要代表老百姓的利益与投资商谈判了。"①但问题在于,决策过程中政府的利益与民众的利益一直是一致的么?政府的自利冲动和偏好在决策过程中难道会被压抑么?事实可能并非如此。

(二) 政府在选择参与者时的越位及潜规则在决策过程中的强势作用

在我国政府决策过程中,确立专家咨询制度是降低决策风险的一种正式的规则性安排。但是,这种正式的规则性制度约束反过来也会对一些决策者产生约束。当决策者感到这一约束有违自身的价值取向或偏好时,他会对这一制度安排产生不满。这种不满在于,对他而言,现行的专家决策咨询制度结构(至少在某一次决策中)的净收益小于另一种可供选择的制度安排和制度结构。按照制度经济学的观点,这是制度变迁的前兆。但在今天,以某种形式的制度来取代决策过程中(尤其是一些重要决策)的专家咨询制度显然是不可行的。因此,在这里出现的并非是一种制度变迁,而是在维护这一正式制度安排的情况下,以潜规则的形式来修正这一制度。这一点充分地表现在怒江大坝决策过程中对专家的选择上。

2003 年 8 月,云南怒江州完成的《怒江中下游区域水电站规划报告》刚刚出来就引起了一片反对声。同年 9 月和 10 月,国家环保总局就怒江水电站开发问题召开两次专家座谈会。期间,云南省环保局也相应召开了两次专家座谈会。后来,在昆明的座谈会被形容为"按户口本划分的",专家们"南北分明"。来自北京的专家都反对修建怒江水电大坝,而来自云南的专家则大部分支持工程上马。为了使工程顺利上马,会议结束第二天,怒江州领导人率队进京,在一周时间里就怒江水电开发与环境保护问题再次向多个国家部委汇报。一个月后,国家环保总局再次组织工作组深入怒江调研,但这次一个专家也没有。此后,国家环保局一些原先反对建坝的人也开始保持沉默②。参加怒江之争的一位专家已经不是第一次扮演这种"突然被踢出局的专家"之角色了。他在参与都江堰紫坪铺水利工程的第一次论证中发现有虚假材料,方案因此被

---

① 唐建光:《怒江命运 在此拐弯》,《中国新闻周刊》2004 年第 18 期(2004 年 5 月 24 日)。
② 郑国华、时捷、高桐:《怒江大坝呼唤决策民主》,《国际先驱导报》,2004 年 4 月 16 日。

否决。第二次评估专家认为还是有问题。到第三次论证时已轮不到他的份，干脆换了一批专家。2004年4月16日的《国际先驱导报》把怒江工程决策说成是"一场挑选专家的游戏"①。

在怒江开发问题上也一样。尽管有关怒江环境评估结果都是专家做的，数据也都出自专业部门，但问题在于，这些结果和数据都一边倒地来自支持怒江建大坝的专家。在这里，专家咨询制度形式上没有变，但实质已经发生了变化，即从咨询走向了支持，不同意见受到压抑，专家变成了点缀，需要时招之即来，不需要时挥之即去。这样，专家咨询制度成了一种形式上的东西而失去了其真正的意义。

（三）专家在参与决策过程中的角色错位

专家从专业角度对决策所能做出的贡献导致决策过程中专家的参与在某种程度上已成为决策过程中的制度性构成之一。但是，专家的角色决定了他的贡献只是专业上的贡献，他是从自身的专业角度考虑问题的，他的价值也就在这里。然而，决策问题不仅仅涉及技术层面，它还会涉及政治、经济、社会等层面，这些方面可能不是一些专家之所长。此外，对同一问题，专家也会有不同意见，正如在怒江水坝问题上反映的那样。因此，最后的决定显然是决策者的责任。在怒江水坝决策过程中，一些专家的角色错位表现在以下两方面。其一，他们所论证的问题从能不能变成了要不要，从论证者变成了决策者。这一点尤其表现在技术专家上，比如水电专家、河流专家、生态方面的专家等。主张建坝是为了当地民众的脱贫，不主张建坝是为了保护生态。而要不要建坝实际上是一个超越许多专业问题的综合性问题，是决策者要考虑的问题。其二，一些并非同水坝以及生态、移民等相关的其他领域的专家或者有名气的人则以专家身份公开对要不要建坝发表看法。这当然并非不可以，但这些专家在发表看法时或在被介绍时并未说明自己并非这一方面的专家，因而往往容易引起误导。

（四）非直接利益相关者的介入

非直接利益相关者的介入是怒江水电站决策比较特殊的一面，因为怒江

---

① 郑国华、时捷、高桐：《怒江大坝呼唤决策民主》，《国际先驱导报》，2004年4月16日。

水电站涉及环保问题。在决策过程中,主张保护环境而反对建造大坝的专家势单力孤,只是代表着个人的一种意见,因而这一反对意见很容易地被否决掉。但是,以环保组织形式出现的怒江水电站的非直接利益相关者却加入了进来,并最终在决定做出后成为一支与怒江州政府甚至是中央国家机关(发改委)进行博弈的重要力量,最后成功地推翻了在怒江上造坝的决定(至少到目前为止)。民间环保组织的成功在于两方面。(1)它是一支有组织的力量。反对建造怒江水坝的环保组织有好几个,但目标是一个——保护自然环境。这使得它们在一个共同的目标下展示了各自的能力。它们借助媒体、网络、展览会进行大规模的宣传,并引发国际舆论的关注。它们在云南、北京召开研讨会和论证会,指出怒江项目的种种弊端。这样,反对怒江建坝的声音从各种渠道传出来。它们首先赢得了国家环保部门的支持,并最终影响了政府最高领导人。这样一种有组织的力量是几个反对怒江建坝的专家所不具备的。(2)非直接的利益相关使得这些民间环保组织更容易受到支持。休·赫克罗在论及美国的决策问题时曾指出,问题网络是一个分散性的集团,无数个博弈者都在这个短暂的网络中出入,"相对于卷入问题网络之中的知识和情感因素而言,直接的物质利益都常常是第二位的"[①]。激情、观念、道德奉献在很大程度上替代了从卷入政策之中所得到的物质和经济收获。这里把利益相关者分成直接的和非直接的,意指前者主要是与物质和经济利益相关,从决策结果中可以直接得到或得不到这种利益,而非直接的利益相关者则与决策结果没有直接的自身物质利益关系。怒江大坝决策过程中出现的环保组织就属此类。它们进入博弈是出于一种激情,一种理念,一种道德奉献,而不是为了从中获得一份自身的物质利益。因此,以这样一种形象出现较之电力公司和地方政府处于更有利的地位,也是受到社会舆论支持的一个原因。

三、公众参与地方政府决策过程的若干问题之思考

怒江建坝决策过程反映了我国地方政府决策过程中几个普遍的问题。

[①] [美]理查德·斯蒂尔曼:《公共行政学:概念与案例》,竺乾威等译,中国人民大学出版社2004年版,第668页。

（一）利益的冲突与表达：公众参与在何种程度上是有效的？

怒江建坝决策的一个引人注目之处在于民间的反对力量最终推翻了政府的一项决定，这也是有些人对公众参与怒江决策大书特书的地方。这里权且不去讨论推翻政府决定的意见是对是错的问题，就政府决策最终因民间的反对力量而被改变这一点而言，这在中国地方政府决策中是有意义的。这一意义在于公众参与产生了真正的作用而不再流于形式。正如前面指出的，公众参与决策在今天的社会受到了空前的关注，因为这是一个民主国家应该具备的特征之一。美国在半世纪前制定的《行政程序法》就明确规定了政府的有关决定要事先征求相关者的意见，否则政府的决定不具合法性。在中国，长期以来政府的决策通常由政府说了算，公众基本上被排斥在外，他们是政府决策的局外人。这一点如果在计划经济时代还可以理解的话①，那么在今天，这种状况很难再继续下去了，因为市场经济确立了个人利益和团体利益，政府无法在所有问题上再以人民的名义来做决定，因为人民已经被利益所分割。尽管他们有共同的利益，但在一些利益上他们是互相冲突的。

这也从技术性角度论证了为什么公众要参与政府决策的一个理由，因为这种参与有利于政府做出相对来说能为社会所接受的决定。因此，改革开放后，把公众参与列入政府决策过程是完全可以理解的。但参与也是一把双刃剑，它增加了政府决策的难度，政府无法在决策过程中一手包办和说了算。因此，也就产生了形式上的参与和实质上的参与。形式上的参与和实质上的参与是不一样的。形式上的参与只是一种点缀，最终满足的是政府的自负。而实质上的参与可能会改变政府的决定或原有想法。由于地方政府比较通行的是形式上的参与，因而这也是怒江建坝决策招民间力量反对而被搁浅之所以会如此引人注目的一个原因所在，它在某种程度上开启了一种实质性的公众参与（当然，并非一定要政府失败才算是实质性的）。

由此引发的问题是，我国公众的参与在何种程度上是有效的？显然受到怒江大坝决策事件影响的、2006年2月通过的《环境评价公众参与暂行办法》

---

① 在计划经济时代并不存在严格意义上的个人利益和团体利益，所有利益都被统一到国家这一最高利益之下。政府作为国家利益的天然代表，可以以人民的名义或国家的名义来替人民做决定，而人民也接受了人民政府为人民作主的这一实际做法。

就公众对有关影响环境问题的项目的参与从形式到程序都做了不少具有操作性的规定,这对于提高公众参与的有效度显然是重要的。从怒江的案例来看,除了民主制度(比如对官员的任免或控制)的缺失之外,参与的有效性显然与两个方面是相关的。一是参与的形式,二是决策者的气度。利益相关方有组织的参与和个人的参与决策对决策结果产生的影响是不一样的。正如前面写到的,一些专家在地方政府的决策过程中提出过反对意见,但他们的意见被轻易地否决,并不再被邀请参加下一轮的论证,原因之一在于势单力孤,而民间环保团体的成功在于它是一支有组织的力量,它所产生的压力是几个专家产生的压力所无法比拟的。问题在于,有组织的力量在我国毕竟还是少的,环保团体的成功可以说是个例外。政府的自利在某种程度上导致了利益无法形成有组织的力量,因为这会增强其决策难度。这就涉及决策者的气度。从政府角度来讲,出于对社会的负责,政府理当积极地培育一些有组织的、以利益为基础的力量,因为这有利于政府在利益冲突的状况下做出大多数人能接受的决定,也有利于以平和的方式来解决问题。缺乏有组织的表达,出现的情况往往是一大群利益相关者一哄而上,以致最终场面无法收拾,这种情况在我国地方政府决策过程中屡见不鲜,并最终导致政府的被动,甚至付出高昂的代价。

决策者的气度首先表现在谦逊谨慎,不唯我独尊。中国的官本位文化使得官员尤其是作为决策者的领导人往往自视甚高,而民间也往往更加认同权力的权威,而非知识和真理的权威。在缺乏制度硬约束的情况下,决策者的个人因素就显示了它的重要性。决策者个人状况的不同,会导致决策过程以至结果的不同。决策者的气度还表现在容忍不同的意见。在怒江大坝案例中,在专家的挑选上只挑意见相同者而排斥意见不同者,显然是一种没有气度的表现,也失去了专家参与决策过程的意义。

(二)政府如何在利益冲突的情况下作决定?如何抑止决策者的自利偏好?

如何在利益冲突的情况下做决定已经成为地方政府决策面临的一个复杂而又现实的问题。正如前面指出的,市场经济带来了利益分化,导致利益团体或组织的产生。利益的冲突增加了政府决策的难度。此外,政府实际上也成了一个利益集团,决策者的偏见无疑会进入决策过程,这又增加了决策的难度。在中国,社会上的各种利益与政府利益在力量上是不相称的。如果说社会的各利益团体之间在一些问题上是一种博弈关系的话,那么它们同政府之间的关系则不是一种博弈关系,这种关系更多地表现为政府的容忍度。在怒江大坝案例中,如果最高行政领导人不介入,是不会有这种结果的。由此也可以看出公众参与决策过程和抑制决策者偏好的重要性。政府可以掌控整个过程的发展。这给政府决策带来的一个好处是基本上可以按自己的意愿行事,问题是决定的结果可能得罪某方利益而引起反弹,并最终导致自己不想看到的结局。怒江大坝案例就是一个明证。计划时代完全由政府说了算的景况毕竟不存在了。为捍卫自身利益最终与政府发生冲突在今天已经是见怪不怪了。那么,从政府角度来说,如何在各种冲突的利益之间做出选择?

从规范的角度讲,政府在利益上应该保持中立,但正如林德布洛姆所言,政府在利益上的中立实际上是不存在的。影响决策的利益团体可以有强势团体和弱势团体之分。在一般情况下,强势团体常常凭借其拥有的各种优势更容易赢得政府的支持,更不用说两者在利益上有共通之处。而弱势团体则往往在决策过程中被忽略。以怒江大坝为例,政府认为建坝可以帮助居住民脱贫,但并没有在决定建坝前去询问一下,比如以移民而言,居住民愿不愿意移居,移居到哪里,移民费用是多少等。此类现象在地方政府的拆迁决策中更是普遍,政府常常以改造城市为名,在没有事先征求居民意见的情况下就做了拆迁决定。要求保持中立并不表明政府不必考虑自身的利益倾向。问题在于偏向某一利益,尤其是与自身相符的利益(尽管这种利益有时也是对的)有时会伤害公共利益,或很难达到与利益的另一方双赢的结果,而公共利益或双赢结果(或者一方赢,另一方至少不输)往往是利益冲突的情况下决策所追求的一种境界。

由此引发在利益冲突下的选择问题。作为福利经济学基础的帕累托最优,即在不使一个人的利益受到伤害的情况下让所有的人都得到利益,在实际中显然是不现实的。而帕累托改进则为这种选择提供了一种指导,也就是说,在一方受损一方得利的情况下,让受损的一方获得补偿,并在补偿后还有剩余,即在补偿后社会的利益还是得到了增进。当然,理论上指出这一点并不难,实际的决策也在这样做。问题在于,在没有能力补偿或者补偿不足、但决定的结果从长远来看有利于相关者或有利于社会时如何做选择,能否以公大于私或国家利益高于一切的思考方式①行事还是放弃决定?

决策过程中的选择不仅仅表现为在利益相关者冲突的利益之间进行选择,有时还表现为在决策者的自我利益与利益相关者之间的冲突。

由于决策者的自利偏好在地方政府决策过程中的作用,如何抑止这种偏好成了一个很现实的问题,尤其是在一个官本位意识强烈、对权力缺少制约的社会里。正因为如此,公众参与政府决策、提高决策的民主化程度成了一个重要途径。这一途径需要从两个方面体现出来,一是法律规章,二是决策者的自律。已获通过的《监督法》规定县级以上人大常委会有权撤销本级政府发布的不适当的决定和命令。这当然是对地方政府决策的一种制约,但这是事后的。如何尽可能防止政府做出不适当的决定,尤其是出于自利而做出的不适当决定,这才是更有意义的。在这里,程序方面的规章制度显然是更重要的,而这也是政府所缺乏的,比如,到目前为止,政府管理还没有一部《行政程序法》。

强调决策者的自律在中国的行政环境里是有意义的,规章制度的执行在于人。形式上的规章制度在实际中可能会被潜规则所取代,正如怒江大坝案例表现出来的那样。这一点在下面还会有所涉及。

(三) 如何看待专家在决策过程中的作用?

专家介入地方政府的决策过程在今天已经很普遍,甚至已经成为一种制度性安排。在地方政府决策过程中,在如何对待专家问题上存在着两者对立的现象,即专家崇拜和专家点缀。

对专家的崇拜表现在对专家,尤其是有名气的专家顶礼膜拜。这一崇拜忽略了专家固有的局限性。这一局限性表现在专家是专门家,专家离开了他的专业就不再是专家,他一般不具备对某一决策问题的宏观视野,这是专业局限使然。专家的价值在于他的专业价值,决策过程要获取的正是这一价值。比如,怒江大坝的生态问题,决策者要从生态专家那里了解的情况是,如果建大坝会对怒江生态造成什么样的影响,这种影响的代价将会是什么,这种影响是不是不可逆的,等等,而不是要听取他对大坝要不要建的看法,因为这超越了专家的知识范围。生态只涉及大坝一个方面的问题,其他问题如移民并不

---

① 这是中国社会长期以来宣传的一种价值观念,也是许多地方决策者的思考方式,他们在决策过程中常常以国家利益的名义牺牲了利益相关者的个人利益。

是生态专家的专长。其次,同是专家,对同一个专业问题的看法以及所做的判断有时也不是一致的。专家对专业问题的判断也有优劣高下之分。

在对待专家问题上的另一种现象是把专家作为一种点缀。由于决策制度上的安排,在今天至少要请一些专家装装门面,就像一个花瓶,放哪里,怎么放,要不要换,最终还是由我决定。专家意见符合我的意思就用,不符合的就弃。对建造怒江大坝持不同看法的专家在下一次的讨论中被排斥在外是非常典型的。把专家作为点缀,是一种非常实用主义的做法。专家成了一种被利用的对象。在这里,要求专家参与决策更多的是为了使决定具有表面的合法性和权威性。此外,从专家角度来说,专家也有自身的问题。这表现在专家也乐于角色身份的转移。在怒江大坝案例中,一些专家要么成了决策者,要么成了为民造福或替天行道的勇士。专业用语变成了大众用语。

(四) 决策程序与潜规则问题

著名决策理论家雅合泽尔·德罗尔认为逆境中的决策的核心是决策过程和程序,需要给予高度的考虑和准备[①]。事实上,一般决策也表明了过程和程序的重要性。地方政府在不同程度上都有相关的决策规则和程序,这是保证决策得以做出的不可缺少的条件,是降低决策成本的一种制度性安排。

中国改革的历史进程正迅速地形成一种政府决策的较好的外部环境(尽管还有待进一步完善),也就是前面提到的法律环境,一些相关的规章制度纷纷出台,如《行政许可法》《全面推进依法行政实施纲要》《环境影响评价规则参与暂行办法》《环境保护行政许可听证暂行办法》,以及刚刚通过的《监督法》,等等。但另一方面,由于缺少真正的监督力量,政府管理中长期形成的"长官意志"在不断地同法律意志进行着博弈。地方政府决策过程中潜规则的盛行就是一个明证。正如上面谈到的,在邀请专家过程中只邀请具有相同意见的专家,这符合形式上的规定,但对实质进行了偷换。潜规则是地方政府决策过程中一种比较流行的现象。

潜规则的出现通常有几个方面原因。一是正式规则方面的问题,表现在:

---

① Yehezkel Dror, "Decisionmaking under Disaster Conditions", in Louise K. Comfort, ed., *Managing Disaster*: *Strategies and Policy Perspectives*, Durham and London: Duke University Press, 1988, p.269.

(1)规则本身有漏洞,不健全,这一漏洞提供了潜规则活动的余地;(2)规则过时,无法适应现有的状况,无法规范现有的问题;(3)规则本身具有僵硬性,无法按规则变通处理;(4)正式规则不合我意;(5)正式规则对自己不利的约束。所有这些,使潜规则的运行成为可能。随着法制化的进展以及法律权威的不断提高,潜规则一般不会与正式规则相冲突,它通常会在遵循法律规则的形式下偷偷运转自己的东西,达到自己的目的。潜规则就其功能来说,有时也许会达成一种较好的结果。但作为一种流行的决策手段并不可取,因为决策程序以及相应的规则会变得毫无意义。比如在怒江大坝决定停止后出台的《环境影响评价规则参与暂行办法》有详细的听证方面之规定,但这些规定完全可能遭到像北京听证会或怒江大坝决策专家被撤换之类的潜规则的歪曲。二是行政文化方面的问题。长期来的官本位文化使得政府管理和决策缺乏法制意识,人格化的管理还没有完全让位于非人格化的管理。三是缺乏一种强有力的监督和制约力量来维持法律的权威和控制官员的行为,这一点事实上是同现行的行政文化相连的。

Decision-Making of the Local Government and Public Participation: Taking Nujiang Dam as an Example

Abstract: Due to the polarization of interest resulted from market economy, the local government makes decisions more and more in the background of the conflict of interest and more and more people relevant to interest are involved in the decision-making. Taking the decision of Nujiang Dam as an example, this article describes general characters of public participation in the decision-making process of the local government and analyzes interest conflicts and expressions, self-interest fondness which restrains policy-makers, decision-making procedures and unspoken rules, etc.

第三编
政府组织的变革与发展

地方政府的组织创新：
形式、问题与前景*

摘要：本文总结了地方政府在组织结构改革和创新中的六种主要做法，主要是：网格化结构、扁平结构、矩阵结构、党政一体结构、大部制结构和网络状结构，并分析了这六种创新结构存在的问题。在此基础上，对改革的前景进行了展望。组织结构的优化对于组织功能的发挥具有重要意义，但这一优化在地方政府的改革中受到了各种因素的制约，其中体制上的制约是最重要的因素。行政体制、效率与利益平衡、信息技术和公务员能力是未来地方政府组织创新的重要变量。

一、结构优化：地方政府组织创新的背景

中国在2004年开始了服务型政府建设，并确立了服务型政府的四项职能，即经济调节、市场监管、社会管理和公共服务。这是中国政府职能的一次重大转变，也就是从以往的注重经济建设转向社会管理和公共服务。现代组织理论告诉我们，政府职能是需要借助组织结构来履行的。尽管组织的结构是由功能决定的，但组织结构对于组织功能的履行具有重要的影响，结构合理与否会影响到组织的运作。这或许也可以解释中共十八大报告在指出深化行政体制改革的基本目标与任务(建设职能科学、结构优化、廉洁高效、人民满意的服务型政府)时，提出了"结构优化"。

几乎所有的现代政府都是建立在马克斯·韦伯式的官僚制组织基础之上的。这一组织的结构特征简单来说，是由纵向的、以等级形式出现的命令指挥及执行系统和由横向的、以职能部门形式出现的分工协作系统两大部分组成

---

* 本文原发表于《复旦学报》(社会科学版)2015年第4期，第139—148页。人大复印《管理科学》2015年第10期全文转载。

的。纵向的命令系统保证了指挥统一,使命令指示从上到下得到迅速的执行;而横向的部门分工则体现了现代社会的专业化的要求,使工作有效率。这样的组织结构在相当程度上产生了组织理性,这也是长期以来官僚制组织一直被认为是达到社会经济和技术目标的最理想的结构形式的原因。但另一方面,官僚制这一结构的优点往往也成了它的缺点。纵向的等级结构在保证指挥统一的同时,也往往会造成下级缺乏主动性、创造性和想象力;它的命令服从系统在保证上级的命令指示得到贯彻的同时,也带来了下级的自我丧失,造成人的异化以及行政伦理道德问题。横向的部门结构在适应专业化的同时,也会因部门林立、职能交叉重复带来部门之间协调的困难和运作不畅,从而影响效率的发挥。因此,这一最有效率的组织往往也会变成效率低下的组织,官僚主义的种种弊端就是明证。也正因为这个原因,官僚制一直在受到不断的抨击,以至于有人提出要摒弃它。

中国政府的组织结构形式也是一种马克斯·韦伯式的官僚制结构形式,因此,这一结构的优点和缺点也同样会在中国政府身上反映出来。此外,中国特有的党政结构和单一行政体制形成的条块关系,使得中国政府的组织结构改革不仅要针对官僚制结构存在的一般问题,而且要解决中国特色的结构所存在的问题。

韦伯式的组织结构是同传统的政府运作联系在一起的。传统的行政运作是以政府为中心的运作,具体来说,它表现为以下几个方面。(1)政府是公共利益的唯一界定者。实现公共利益是政府的最高追求,是政府全部活动的意义所在。但什么是公共利益,谁来界定公共利益?在传统行政中,政府是公共利益的唯一界定者,政府所做的必定是代表公共利益的。这给了政府在行政运作中的至高地位,政府界定的公共利益总是正确的,是不能改变的,更是不能被推翻的。(2)政府是公共政策的唯一决定者。在传统行政中,政府制定公共政策通常不存在同公共问题相关的利益相关者的参与,也不存在诸如专家咨询、听证、事先公示决定以征求相关者意见等制度性规定。这与政府自认为是民众的代言人、公共利益的代表者相关。它导致的问题在于,由于缺乏同利益相关者的事先沟通,以至于出台的政策往往得不到支持,甚至遭到反对,比如在一些环境问题上的决定,由于缺乏利益相关者的参与,政府的决定常常导致官民对立,甚至引发社会冲突。(3)政府是公共服务的唯一提供者。唯一提供者表明了政府在公共服务提供中的垄断地位。政府包揽了公共服务,它既是公共服务和公共产品的生产者,也是公共服务和公共产品的提供者,它是从生产方出发,而不是从需求方出发的。首先,提供什么样的服务和产品,什么时候提供和如何提供都是由政府决定的,这导致政府提供的产品和服务不一定符合公众的需求。其次,由于缺乏竞争,它会增加提供产品和服务的成本。再者,政府生产者和提供者两种职能的合一也影响政府工作的效率。

传统的行政模式在政府改革时期发生了改变。最重要的改变之一在于"服务型政府"的提出。服务型政府要求政府的管理模式从原来的管制走向治理。作为一个标志,治理意味着管理主体的多样性,从原来政府的单独治理走向政府与民众一起治理。这一转变导致了传统的以政府为中心的运作模式的变化,具体表现在如下三个方面。首先,政府不再是公共利益的唯一的界定者,公众和利益相关者也成了界定者。这种互相的沟通对于公共利益的确立以及公共利益的可接受性起了重要作用。其次,政府不再是公共政策的唯一决定者。尽管政府作为公共权威还是一个最后的决策者,但决策过程中的民众参与已经改变了政府单独做决定的做法。再者,政府项目的外包改变了政府一手包办公共服务的做法,使政府公共服务和公共产品的生产者与提供者两种角色得以分离。带有竞争性的外包方式不仅简化了政府的职能,同时也减少了提供的成本,提高了提供的质量。

政府这种新的运作模式对组织结构提出了新的要求。比如,政府项目的外包或公共服务购买就提出了政府运作如何从纵向的结构扩展到网络状结构的问题;公共服务和公共产品提供的扩大提出了如何进行整体性提供,以解决提供过程中的碎片化问题;中国特色的条块关系提出了下级部门改革如何与上级部门对应的问题;等等。

如果说服务型政府建设是推动地方政府组织结构创新和优化的一个主要推动力,那么,政府的再造理论对于推进地方政府组织创新和优化也起了重要的作用。政府再造指的是"对公共体制和公共组织进行根本性的转型,以大幅度提高组织效能、效率适应性以及创新能力。并通过变革组织目标、组织激励、责任机制、权利结构以及组织文化等来完成这种转型过程"[①]。政府再造的基本取向是市场化和企业化,它涉及政府的组织结构和功能两个方面。功能

---

① [美]戴维·奥斯本、彼得·普拉斯特里克:《摒弃官僚制:政府再造的五项原则》,谭功荣译,中国人民大学出版社2002年版,第14页。

的改进涉及权力下放、外包、绩效评估、竞争性选择、授权、质量保证等诸多方面。这种运作改变在组织结构上的反映主要有三个方面：一是无缝隙结构，即政府围绕顾客展开的以过程和结果为取向的无缝隙的流程再造，它改变了政府以往按职能和部门进行的运作；二是网络状结构的扩张，这是外包运作带来的一个结构形式；三是建立在委托人-代理人之上的划桨组织与掌舵组织分离，其典型就是英国的执行局。

此外，中国政府组织结构改革也借鉴了新公共管理改革的实践。比如，奥斯本总结的西方国家服务提供的方式就有 36 种之多[①]，这其中有不少方式也被中国所采纳。比如，英国在 20 世纪 50 年代就建立过大部制结构，中国的大部制改革在基本原则和方法上遵循的是同一原则，尽管在实际的操作中有自己的做法。比如，西方新公共管理改革中因政府项目外包而开始流行的网络状结构对中国来说也展示了它的发展前景，以致今天网络状结构也成为中国政府运作的一种重要的组织结构形式。再比如，政府组织的无缝隙对接就是打破组织之间的藩篱，提供一种全方位和高质量的服务，这一思想和做法对中国政府组织结构的创新具有相当的影响，产生了中国特色的网格化的组织结构和运作，并以"横向到边，纵向到底"的表述方式推进了这一思想和做法。除了这些，中国独特的行政管理体制和运作及其存在的问题使得中国的改革者不仅借鉴了外来的做法，还根据自身的特点进行了组织结构上的创新和优化，以解决面临的一些实际问题，更好地推进服务型政府的建设。

二、地方政府的组织结构创新及其问题

地方政府的组织结构创新是一个自下而上的过程。按照制度变迁理论的说法，自下而上的改革是出于一种"在原有制度安排下无法得到的获利机会"。这

---

① 这 36 种服务包括：制定法律条文和制裁；管理或撤销管理；监督和调查；发许可证；拨款；补助；贷款；借贷担保；订立合同；经营特许权；公私合伙；公公合伙；准公营或私营公司；公营企业；采购；保险；奖赏、奖励和赠与；改变公共投资政策；技术援助；信息；介绍推荐；志愿人员；有价证券；影响费；促成非政府的努力；同非政府机构的领导人开会协商；施加压力；种子基金；股份投资；志愿者协会；合作生产或自助；交换；需求管理；房地产的出售、交换和使用；规范市场。参见[美]戴维·奥斯本、特德·盖布勒：《改革政府》，上海市政协编译组、东方编译所编译，上海译文出版社 1996 年版，第 315—325 页。

构成了地方政府进行改革的动力,不同之处在于地方政府因面临的问题不同,因而采取的改革方式也有不同。归纳起来,有以下几种组织结构上的创新。

(一) 网格化结构

这是在无缝隙结构基础上发展出来的一种具有中国特色的、并得到日益推广的组织结构形式。无缝隙组织是指"可以用流动的、灵活的、弹性的、完整的、透明的、连贯的等词语来形容的组织形态。无缝隙组织是行动快速并能够提供品种繁多的、用户化和个性化产品和服务的组织,并以一种整体的而不是各自为政的方式提供服务"①。在林登看来,这一结构与官僚制结构的最大区别,在于它是围绕过程和结果运作,而官僚制是围绕职能和部门运作的。此外,这一运作是顾客取向、结果取向、竞争取向的。网格化结构的基本思想与无缝隙结构是一致的,它借助信息技术和社会力量在政府层级、职能和部门之间进行全方位的打通,以一种整体性的方式进行运作和提供服务,这一整体性用另外的话来说,就是"横向到边,纵向到底"。网格化管理经历了一个从对事的管理到对人的服务的变化。

网格化管理起先是一种新的数字化城市管理模式,它运用网格地图技术将某一地理管辖区域划成若干网格单元,把这些单元作为最小的管理和服务单位,每个网格配备相应的管理监督员,其职能是对其管辖的网格内的城市部件或设施进行监控,如发现问题,将信息通过通信技术传输到相关中心,中心以最快的速度找到相关的职能部门,然后由职能部门将问题解决掉。由于中心这一平台能够触及所有的职能部门,职能之间、部门之间的协调可以在这个平台上得以完成。这里可以看到层级、职能和部门的全打通。

这是一种对事的管理。浙江舟山市在此基础进行了进一步的创新,即在网格管理中加入了提供服务的内容。这一网格管理遵循"以公众为中心"的理念,将全市划成2 428个网格,在每个网格内建立一个由6~8个人组成的服务小组,称之为"网格化管理,组团式服务"。同时为网格的运作开发了一个综合性、集成式、共享性的信息管理系统。从结构上说,网格的触角延伸到了最底层,做到了"纵向到底",从而在组织体系上解决了基层管理与服务中"主体缺位"和"管理真空"问题。此外,它也改变了传统的官僚机构自上而下的运作方

---

① [美]拉塞尔·M.林登:《无缝隙政府》,汪大海等译,中国人民大学出版社2002年版,第3页。

式,因为最底层的网格团队担负着向网格内公众提供服务,并在无法解决网格内问题的情况下向上反映情况的使命。这样就在管理中实现了双向互动,弥补原有自上而下的结构上的不足。同时,网格在横向上也把职能和部门打通,做到了"横向到边"。服务团队如有问题不能解决,就通过上一层级来解决,每一层级都有这样类似的平台,使得问题和需要可以很快地到达相关的职能部门。"各级政府及部门将开展的各类管理服务活动与网格化治理工作有机结合起来,强化条块协同,通过一网式服务实现了条条与块块之间的有效对接。以避免不同管理部门(条条)之间的沟通协作缺乏、各自为政或政出多门,有效整合和充分利用处于零散状态的社会管理资源。从而形成全市对社区群众管理服务的信息化、精细化和快速回应群众意见的长效机制。"①

基于网格结构的网格化管理在运作中呈现了一种不同于官僚制的做法,其特点在于:(1)在层级、职能和部门之间进行了上下左右全方位的打通;(2)流程的再造跨越了政府机构本身,通过社会组织和力量将政府机构的触角延伸到了最基层的服务对象;(3)网格的结构形式为一种精细化的管理提供了基础,也为全方位的服务提供了平台;(4)信息通信技术的开发和运用为网格的运作提供了有效而坚实的支撑。

网格化管理也存在着一些问题。首先,最基层网格的服务团队的属性是什么?如果它是政府力量的延伸,就像居委会(最终都变成了政府的执行机构,或者准行政机构)一样,那么它同基层民众的自治是相悖的。其次,服务团队的激励来自何方?团队成员的行动是出于奉献或实现自我价值,还是出于物质激励?如果是后者(比如像居委会工作人员那样有津贴),那么财政是否能承担?再者,网格化管理在传统的官僚组织从上到下的运作同时多了一种自下而上的运作,这种双向的运作在满足民众需求的同时也产生了以下几个问题。第一,自下而上的运作需要一个专门的平台将问题分门别类并尽快传递到相关职能部门,这样,从机构设置的角度来讲就多了一个机构,多了相应的人员和经费。第二,如果自下而上的问题能够在下一层得到解决,就会导致上一层的闲置;如果上一层是常设机构,那么就会导致浪费。第三,平台工作人员必须非常专业,要能很快地判断来自下面的问题需要进入哪个职能部门,或者

---

① 参见夏仁康:《以人为本、创新基层社会管理——舟山市"网格化管理、组团式服务"调查》,浙江省委党校 2011 年第二期领导干部进修二班第二组课题,www.zjdx.gov.cn/1304/30953.htm。

涉及哪些职能部门,以便迅速地将问题提交到这些部门进行处理。此外,平台是否有足够的权威在职能部门之间进行协调?

(二) 扁平结构

扁平结构意味着组织内部等级的减少。结构扁平化的优点在于:首先,由于等级减少,领导层与第一线的距离也因此缩短,这使得领导层得以迅速地了解第一线的情况,并对第一线的情况做出迅速反应;其次,上下距离的缩短,使得上下的沟通得以迅速和准确地进行,并有助于领导层正确决策。省管县改革可以说是结构扁平的一个例子,但扁平的起因则是出于管理权限的考虑。

在现实中,我国的行政系统从上到下由五个等级构成(中央政府、省政府、市政府、县政府和乡镇政府)。地方政府行政管理体制的变革始于 20 世纪 80 年代的市(地级)管县,以期通过城市的辐射和带领作用来推动县的经济发展。但是在后来的发展中,一些地方(尤其是发达地区)的县的发展实际上超过了市的发展,由于我国的行政资源和经济资源是按照行政级别来配置的,这导致县处在一个相对不利的地位,加之市管县的体制对县的资源的剥夺,使得县的进一步发展受到制约。在这种背景下,省管县的改革应运而生,最初的口号是"强县扩权"。从结构上讲,在组织纵向的等级上减少一个层次,也就是将"省—市—县"三级行政管理体制转变为"省—市、县"二级体制。浙江省是最早推行省管县的省份。早在 1992 年,浙江就对 13 个经济发展较快的县市进行扩权。到 2002 年,有 313 项本来属于地级市经济管理的权限被下放到至少 20 个县级政区,内容涉及人事、财政、计划、项目审批等所有方面。继浙江省后,有多个省份(如安徽、湖北、河南、山东、江苏、福建、湖南、河北等)加入了省管县的行列。

除了将省市县三级结构扁平至省县两级结构之外,结构的优化还表现在撤乡并镇上。以江苏省为例,"从 1999 年至 2003 年,共撤并乡镇 731 个,撤并村 15 362 个,撤并率分别达到 37% 和 43.6%。目前全省乡镇平均面积由 49.14 平方公里增加到 78.04 平方公里,平均人口规模由 3.13 万人增加到 4.97 万人,'十五'期末,全省计划将乡镇总数调减到 1 000 个左右,镇面积扩大到 80 万平方公里以上,人口规模在 5 万以上"[①]。农村人口的减少、交通的

---

① 《江苏省一共有多少个城市?》(2014 年 1 月 28 日),中国城市网,http://www.aicheer-hk-com/chengshiwenhua/20140128/9910.html。

便利、资源的聚集为撤乡并镇提供了可能,使得乡镇的管理空间得以集中,导致镇的数目减少,因而也使县的管理幅度缩小,有利于县对镇的管理。

从组织结构的角度来讲,扁平结构在管理、决策和沟通等方面更能适应一个变化的外部环境。但以省管县这一扁平结构的改革来看,有以下三个问题。第一,管辖权的分离导致县级运作不畅。不少地方的省管县只是在财政方面,而人事任命等仍然在地市一级。省、地市在一些利益上的不一致会使县级处在一个尴尬的境地,因为县有两个直接的顶头上司,两边的意见都要考虑。第二,这一扁平化的一个直接的结果就是削弱了地级市,导致地级市的经济社会发展速度缓慢,区域中心城市难以形成,加剧"弱市强县"现象。第三,省管县两级结构的形成还有一个现实利益上的问题,其阻力主要是来自地级市。在原有三级体制下,地级市的很多资源包括财政来源是来自县。省管县的一个很大的改变是地级市将丧失这些资源。因此,为了保住这一来源,地级市通常的一个应对省管县的方法就是撤县建区,让原来的县依然处于自己的管辖之下。这种博弈行为增加了向省县两级的扁平结构发展的难度,并引发混乱。浙江长兴县政府反对湖州市地级政府撤县建区并最终导致地级政府罢手就是一个很好的例子。

(三) 矩阵结构

矩阵结构的特点在于在职能结构中增加一个横向的打破职能边界的项目结构,这样,项目结构就把与完成项目相关的一些职能部门连接在了一起,并利用这些部门的资源来完成项目。这一结构后来被运用到地方政府机构自下而上的改革上。

地方政府发动改革通常采取的方式是在横向上将一些职能部门合并,并在此基础上减少人员,但这一合并往往因打破我国行政体制的上下职能对应关系而陷入困境。我国单一的行政体制具有纵向结构上的一致性,比如中央一级有文化部,省一级就有对应的文化厅,县一级就有文化局,乡镇一级就有文化站。地方的改革往往会打破这种条上的一致性,由于改革后的部门没有上面对应的部门,因而无法得到上面的支持。因此,这一改革最后的结果往往是向原有体制回归,再次上下对齐,左右摆正。

浙江富阳市富有创意的以"专委会"形式出现的矩阵结构在一定程度上缓解了这一瓶颈问题。富阳市建立了15个专委会,每一个专委会都包含若干个职能部门。富阳改革的特点是"对上依旧,对下从新",改革在体制内进行,也就是在组织结构上保持原来部门的上下应对,但对下却是以专委会一块牌子来运作的,也就是专委会对下有实权,可以把所辖各个职能部门的权力收上来进行重新整合。这叫对下从新,解决部门之间的协调问题。举例来说,城乡统筹委员会涉及的几个部门在专委会没有建立起来之前是各自为政,导致惠农资金重复发放和浪费。在专委会建立起来之后,涉农资金就从各个部门全部整合上收到该委员会,由委员会统一管理,原来互不通气和互不协调的相关部门在这里被打通。这一改革,用当地领导人的话来说,是"神变形不变"①。神变在于通过相近职能的整合在横向上使政府运转顺畅,提高工作效率;形不变,也就是保持上下机构对应。专委会以一虚一实来解决上下左右的问题:对上是虚的,保持部门形式上的不变;对下是实的,在部门的职能上进行整合运作。

富阳矩阵结构的优点在于既可以利用职能部门的资源,解决原有的政出多门并促成协同运作,也可以使职能部门依然获取来自上面的资源。但这一结构也是有缺陷的。第一,矩阵结构有职能式矩阵和项目式矩阵之分。前者是以职能主管为主要决策人,后者(也就是富阳的模式)是以项目负责人(在富阳的结构中表现为牵头部门)为主。这个结构本身会导致职能与项目的协调成本增加和可能的冲突,并使矩阵结构中的员工同时拥有两个上级,受双重领导。第二,尽管职能部门依然与上对应,但由于专委会对职能部门可以行使权力,这导致专委会有时会与上面发生冲突。一旦冲突发生,它是否具有权威性则是个问题。比如,虽然富阳变革了财政运行体制,但由于上面没改,因而口径无法对接。每次向市、省财政部门汇报时,要按传统的预算编制将全市的报表再做一遍,这样产生的"工作量很大"②,而且重复率很高。第三,把职能部门的权力上收到专委会也会导致部门权责的不对称,会使职能部门弱化甚至丧失处理内部事务和与上协调的能力。第四,专委会是一个采用集体负责制(职能部门的领导人是专委会成员)而非主任负责制的结构,因而在集体作决定时有可能因部门利益冲突而导致效率下降。第五,市级领导人一个人往往要在

---

① 黄志杰:《浙江富阳大部制改革:重整政府架构 打破部门利益》(2008年4月7日),新浪网,http://news.sina.com.cn/c/2008-04-07/164515306276.shtml。
② 钱昊平:《浙江富阳大部制调查:专委会探索未获上级认可》,《新京报》,2011年1月19日。

好几个专委会任主任或副主任,而有的专委会的组成部门就有 20 个(比如城乡统筹委员会)之多,少的也有十几个。这样一来,一个领导人或许就跨了政府的大多数部门,由此产生的一个问题是领导人的专业化问题,因为尽管是协调,但这里面也涉及了不同职能部门的专业性的知识和工作内容。

(四) 党政合一结构

中国行政体制的特点是有党政两条线,在结构上表现为党和政府两大部门,在职能上两大部门有相同和重叠的地方,比如党和政府都有它的监督部门。在新中国成立后的一段时间里,这一体制的特点是党政不分,以党代政。这一体制在改革开放的 20 世纪 80 年代受到了批评。邓小平认为党管了不该管、管不了和管不好的事,提出党政要分开,"真正建立从国务院到地方各级政府从上到下的强有力的工作系统。今后凡属政府职权范围内的工作,都由国务院和地方各级政府讨论、决定和发布文件,不再由党中央和地方党委发指示、做决定"[1]。1988 年的第二次机构改革就是围绕"党政分开"进行的。按照邓小平的说法,"改革首先是党政分开,解决党如何善于领导的问题,这是关键,要放在第一位。第二个内容是权力要下放,解决中央和地方的关系,同时地方也有一个权力下放的问题。第三个问题是精简机构,这和权力下放有关"[2]。但党政分开的改革后来没有继续下去,但没有继续下去并不表明问题不存在。在提出围绕党政分开改革的 20 多年后,广东顺德再次开启了党政联动的改革。

与 20 世纪 80 年代用党政分开的方法来解决党政问题不同,顺德采用的是党政合一的方法。党政合一结构的特点在于:(1)精简机构,将原来 41 个党政机构减为 16 个;(2)将职能相近的党政部门合并,党委部门全部与政府机构合署办公,区委办与区政府办合署办公;(3)党政部门的合并在于政府部门以及其他社会部门向党的部门靠拢;(4)两官合一,领导人党政兼顾。新成立的"部局"一把手大多由区委副书记、区委常委和副区长兼任。简而言之,这一结构的特点在于党政一体,党管行政,以党代政。

顺德的"党政联动"的大部制改革产生的第一个问题是结构上的。打破党

---

[1] 《邓小平文选》第 2 卷,第 2 版,人民出版社 1994 年版,第 339 页。
[2] 《邓小平文选》第 3 卷,人民出版社 1993 年版,第 177 页。

和政府的边界导致了新建部门与上级的不对应,因而地方政府自下而上的改革所表现出来的困境同样也反映了出来。比如,顺德的社会工作部对应省市部门竟达 35 个,其中省是 19 个,市是 16 个,存在"一个儿子"对应"几个老子"的尴尬问题,单是开会就疲于奔命,而且省、市会议基本上都要求部门副职以上领导参加,部门领导成了"会议专业户"。即使上下对口比较少的部门也有三四个,年终汇报总结就做了好多版本。这样一来,即便下面的内部设置如何合理,运作如何高效顺畅,还是要应对上面的一大堆部门,效率很难提高①。第二个问题是上下关系不仅涉及互相协调问题,还涉及行政主体的合法性问题。比如,顺德在改革中将地税局由垂直管理调整为区政府管理,将区财政局、地税局的职责整合,组建了区财税局。但由于财税局不具备地方税收执法主体资格,最后只好保留地税局,与财税局合署办公②。第三个问题是党政合一结构改革的取向问题。顺德改革的特点是党政合一,党政不分,行政权力向党靠拢。它的合一的程度甚至超过了改革开放前的党政不分的状况。问题在于,走向更高程度的党政合一,如何避免出现以往党政不分的弊端?众所周知,当年邓小平正是在历数了党政不分的种种弊端后,才提出党政分开,而且把党政分开作为改革第一步要解决的问题。因此,党政一体的结构必须考虑如何防止重现党政不分的种种弊端。

(五)大部制结构

官僚制组织的一个特征在于通过横向的职能分工来取得管理的效率。但这一分工有时也会导致政府职能破碎化以及职能重复交叉问题。比如,政府部门中就有过管人口的不管健康,管医的不管药,管西医的不管中医,管城市医保的不管农村医疗这样的状况;也有好多部门在同一个职能上交叉的情况,比如,2008 年大部制改革前,建设部与发改委、交通部、铁道部、国土资源部等 24 个部门存在着职能交叉。这种状况容易造成推诿扯皮和政出多门,导致行政效率下降。从组织结构上解决这一问题的一个做法是采用大部制结构,将工作性质相近、职能相近的部门进行合并,组成大部。大部制结构在"合并同类项"的基础上把本来是部门和部门之间的关系变为部门内部之间的关系,从

---

① 黄冬娅、陈川:《地方大部制改革运动成效跟踪调查》,《公共行政评论》2012 年第 6 期。
② 同上。

而有助于协调和提高效率。此外,由于大部制结构缩小了管理幅度,这也为上下管理层次的减少以及扁平化的运作提供了可能。

大部制就结构本身来说,有它便于协调和相对集中管理的优点,但也存在着一些问题。首先,大部制边界的确定是一个问题,不可能将很多部门都归入一个大部,如果选择被合并的部门不恰当,大部就很难体现它的优势。其次,部门的整合问题。如何使进入大部的部门互相融合,产生一种组织的凝聚力,这是大部面临的一个挑战。再者,大部制结构还有一个运作上的问题。中共十七届二中全会通过的《关于深化行政管理体制改革的意见》提出了大部制运作的决策权、行政权和监督权互相制约和互相协调的问题。从部门的角度来讲,决策、执行、监督既相互制约又相互协调,意味着部门内部运作方式和机制的改变,这一改变的基本取向是决策与执行的分离,也就是掌舵和划桨的分离,但这一分离还必须做结构上的改革。最后,从地方主动发起的大部制改革来说,这一改革面临的最大问题就是改革后上下部门之间的不对应。这种不对应的结果要么是向原有体制的回归(20世纪90年代陕西省黄龙县的改革是这方面的一个典型,改革者后来讲了一句经典的话:"下改上不改,改了也白改"),要么一直停留在"试验"之中,顺德的改革可归属于这一类,它在这方面的问题同样也显露了出来,正如上面提到的。

(六) 网络状结构

网络状结构的出现是与政府运作的变革,即网络化治理联系在一起的。"政府和机构之间的合同、商业化、公私伙伴关系、外包、特许协议和私有化等形式,都应该算作步入网络化治理的核心内容。"[①]网络状结构形成的原理是对资源的充分利用,在维持原有成本不变甚至在减少成本的情况下,政府向社会提供更加优质的服务。戈德史密斯谈到了网络结构的几个优点:(1)专门化,网络可以聚集最优秀的专业技术人才和管理人才;(2)创新性,比如,曼哈顿工程的网络状组织结构把创新的潜能发挥到了极致,网络还可以及时了解公众的需求从而提供更高质量的公民服务,这是等级制的结构做不到的;(3)速度和灵活性,用整齐划一的方式去解决各种不同的复杂的问题,在今天已经做不

---

① [美]史蒂芬·戈德史密斯、威廉·埃格斯:《网络化治理:公共部门的新形态》,孙迎春译,北京大学出版社2008年版,第9页。

到了,而网络结构则提供了根据不同对象进行解决的灵活方法,灵活性也提高了政府反应的速度;(4)扩大的影响力,网络可以帮助政府服务于更广泛的顾客,此外,网络也可以通过借用非盈利组织的创新精神和创造力,帮助政府在解决主要社会问题时扩大自己的影响力①。

自改革开放以来,我国地方政府以购买公共服务(目前主要集中在三大类:社区服务与管理类服务、行业性服务与管理类服务和行政事务与管理类)为主要内容的网络运作也日益普遍。这种购买服务在购买方式上,主要有合同制、直接资助制和项目申请制。王浦劬等人认为,这种网络化的运作方式产生的积极成果表现在:(1)推动了政府职能转变,有利于实现政府角色转型;(2)提高了公共服务质量,并对政府部门构成了示范效应;(3)提供了事业单位改革的新途径,降低了财政成本;(4)促进了社会组织发展,拓展了社会组织成长的社会空间;(5)培养了社会志愿者,积累了志愿资源;(6)促进了城乡均衡化发展,为城乡基本公共服务均等化提供了新思路②。

网络结构在今天甚至被一些人认为可以用来挑战官僚制结构,但是,基于网络结构的网络化治理也存在着一些问题。首先,官僚制组织依然是几乎所有其他组织结构形式的一个基础。"网络的大部分节点依然在等级系统内发挥作用。"③这导致管理问题的出现,正如戈德史密斯所说,网络化治理的"一个巨大的障碍是政府的组织、管理和人事制度是为等级制政府模式而不是为网络化政府模式设计的,因此,两种管理模式在实际运行中经常会发生冲突。应该说,管理一大堆供应商网络与管理政府雇员的方式肯定不一样,它要求一种完全不同于政府及其公民已经习惯了上百年的公共管理模式"④。其次,政府现在越来越以信息为依托,技术分析师的作用在增强。"官僚行为的外延性可能被系统分析师的外延性所取代。"⑤再次,是政府部门和公务员的能力问题。网络状的外包运作是一种完全不同于纵向等级运作的新的运作方式,这对习

---

① [美]史蒂芬·戈德史密斯、威廉·埃格斯:《网络化治理:公共部门的新形态》,孙迎春译,北京大学出版社 2008 年版,第 26—32 页。
② 王浦劬、[美]莱斯特·M.萨拉蒙等:《政府向社会组织购买公共服务研究:中国与全球经验分析》,北京大学出版社 2010 年版,第 23—26 页。
③ [美]简·E.芳汀:《构建虚拟政府》,邵国松译,中国人民大学出版社 2010 年版,第 54 页。
④ [美]史蒂芬·戈德史密斯、威廉·埃格斯:《网络化治理:公共部门的新形态》,孙迎春译,北京大学出版社 2008 年版,第 19—20 页。
⑤ [美]简·E.芳汀:《构建虚拟政府》,邵国松译,中国人民大学出版社 2010 年版,第 54 页。

惯了纵向运作的公务员的能力是一大挑战。尤其是在公共服务市场化的今天,政府的公共服务需要具备与之相适应的经营能力,比如类似的商业谈判、政府采购、服务购买等,而这恰恰是政府部门及其公务员所缺乏的。

三、未来的改革

未来的地方政府组织结构改革取决于公共管理的未来会呈现一种什么样的形态。在这里,公共管理未来的发展有几个趋势是可以看到的。

1. 公共管理的民主化程度会得到提高

这主要表现在管理向治理的转变上,也就是公共管理从原来的政府单一管理主体向多元管理主体的转变。具体来说,表现在公共产品和公共服务的多元提供上,表现在公众对社会事务的参与上。但是公共管理的主体呈现多元化并没有改变政府依然是最重要的主体的这一状况(官僚制)。到目前为止,公共管理学一般认为,公共管理已经发展出了三种模式:一是传统的公共管理模式,即政府依据法律和政治标准进行管理;二是新公共管理模式,即政府依据经济和市场的原则进行治理;三是新公共服务模式(尽管对这一模式还有不少存疑,认为其主要是理念上的),即政府和其他社会组织依据民主和社会标准共同治理。无论哪种模式(包括治理),都需要借助一种组织形式来进行运作。传统模式的组织形式无疑是官僚制,新公共管理的改革想摒弃官僚制,但至少在改变官僚制的组织体制上没有成功,它只是改变了官僚制的一些运作方式,比如市场化和企业化的运作方式,而以官僚制为基础的政府组织架构基本上还是保留了原来的状况。新公共服务批评的锋芒更多针对的是公共官员的行为,而不是官僚制组织本身,这表明官僚制组织形式至少在现阶段具有生命力。比如,上面指出的委托人-代理人模式、矩阵结构、扁平结构等都可以看作是对这一组织结构的改进,而现有的网络结构也不是游离于官僚制这一结构建立起来的,它并没有替代官僚制组织。

2. 效率依然是政府运作追求的目标

新公共管理改革的一大贡献,在于其运用市场化和企业化的方式,从成本与效益的角度来考虑提高公共服务的质量。事实上,效率从一开始就是政府运作要追求的目标,而官僚制组织在马克斯·韦伯看来就是达成这一效率的最好的组织形式。随着时代的发展和科技的进步,新的组织形式在不断出现,而这些新结构的出现无疑是为了更好地履行政府功能,提高政府的工作效率。比如,网络结构的出现更多是为了迎合公共产品和公共服务提供多元化的新的运作方式,大部制结构是为了解决因部门林立、职能重复交叉等导致的运作不畅的现象;矩阵结构的出现是为了在解决现有行政体制下横向部门协调的同时,保持这些部门与上级部门的对应问题。在政府未来的运作中,组织形式还可能发生新的变化,尤其是信息技术的发展对组织结构的影响不可低估,官僚制组织甚至在未来也可能遭到颠覆性的改变。无论如何,这样的变化所追求的目标是统一的,这就是效率。

3. 信息技术在对民主和效率的追求中将发挥更大的作用

信息技术对组织结构形式改进的作用是毫无疑问的。电子政务已经成为政府运作的一个趋势,它的一个表现形式就是虚拟政府。在芳汀看来,虚拟政府指的是信息流动和传播流动越来越依靠网络而不是官僚渠道或其他正式渠道,它的政府组织日益存在于组织间网络以及网络化的计算系统内,而不是各自独立的官僚机构内。一个虚拟政府由许多覆盖在正式官僚结构之上的虚拟机构组成①。这些虚拟机构小到机构网站,大到机构间网络,"虚拟机构以多种形式反映了美国政府兴起的结构变革"②。芳汀指出了四种这样的虚拟机构:一是机构网站,这使得政府的信息可被世界上任何能接触因特网的人所提取;二是机构间网站,这些虚拟机把数个机构的信息及交易共置在一个网站上,提供一个网站可以找到多个机构的信息;三是机构内部网;四是跨机构整合系统,即虚拟机构包括一群组织在机构内和跨机构地整合他们的一些活动。"由于机构间网络能有效利用时间、资源和信息等因素,网络化的计算系统将迫使政治家寻求因特网在结构间网络中的用途,这将最终导致机构间的网络化。当网络化的计算系统变成政府基础设施的一个更大的组成部分的时候,越来越多的政治家将把它的逐渐被接受看作增长机构资源、能力以及反映度的信号。当制度的、技术的、社会的和政治的逻辑相碰撞、相协商的时候,虚拟政府将得以建立。"③这样的虚拟政府在提高行政民主性方面的作用是毫无疑问的。比如,它为民众的参政、议政,对政府的监督和问责提供了一个很好的平台,同

---

① [美]简·E. 芳汀:《构建虚拟政府》,邵国松译,中国人民大学出版社2010年版,第54页。
② 同上书,第86页。
③ 同上书,第89页。

时也为政府更有效地提供公共服务提供了一个很好的平台,因为资源、时间、技术和能力可以在这里得到比较好的配置。

地方政府组织结构的创新和改革的历程以及未来公共管理发展的趋势表明,官僚制和信息技术是未来组织结构创新和改革的两个最基本的因素。简单来说,未来组织的改革就是对官僚制组织结构的改进和信息技术的进一步运用。在对官僚制结构的改进方面,可以从以下几个方面作进一步努力。

1. 要从系统的角度去考虑地方政府组织结构的改革

正如上面指出的,地方政府发动的自下而上的改革(通常在结构上以打破上下对应的方式出现)受到了现有行政体制的制约。如果这一行政体制的基本格局不变,那么地方政府的主动改革最后难免回归原有的状况。尽管富阳的矩阵结构在一定程度上缓解了这一矛盾,但这只是在现有格局下的一种不得已而为之的做法,根本的问题还是没有解决。地方改革动辄受到体制制约的状况会影响地方改革的积极性,而实际上地方的改革者是改革的一支主要力量,因为他们在第一线,面临着最直接的问题,有改革的压力和改革的动力。如果给以他们改革的空间,他们会在更大程度上发挥他们的创造力和想象力。因此,从系统的角度出发,一个可行的考虑是将中央政府和地方政府的事权进行划分,提高地方的自主性程度。一般来说,政策性、管制性的功能更多地由中央政府来行使,而事务性和服务性的功能则更多地由地方来行使。这样每个地方都可以根据自己的情况来设置部门和机构,不求统一和对应,国家可以在机构的编制数和人员的数量以及财政上进行控制。

2. 新的组织结构的复制问题

地方政府进行的组织结构上的改革都带有试验的性质,尽管改革通常针对的是当地的情况,但由于中国行政体制上的一贯性,一个地方的问题往往也在相当程度上反映了其他地方的状况。因此,中央和省级层面对改革的进程和改革的结果必须加以留意。如果改革取得的效果是好的或比较好的,那么可以适时将它(或再经过完善)提升为国家或省级规范,将这些做法加以复制;如果效果不好,那么也应适时中断这样的试验或改革,不能让这样的改革或新的做法总是处在试验阶段,因为付不起时间成本。

3. 管理和利益的平衡问题

组织结构的改革一般是为了获取管理上的效率,但这一改革也会受到利益上的牵扯,以至于影响管理效率的实现。比如大部制改革,大部的建立使原有部门的一些人失去领导职位。为了补偿,改革就扩大大部领导的编制数,以致造成臃肿,进而影响管理的效率。再以省管县为例,正如前面指出的,省管县使相关的县因管理权的扩大而受益,但却使地级市的利益受到影响,因而引发了地级市与省级政府的博弈行为。这样,对利益的追求往往使新的结构难以凸显管理上的优势,结构的改革必须考虑在管理效率的最大化和利益的最大化之间取得平衡。

4. 与结构改革相连的公务员的能力问题

结构最终还是要借助人的能力发挥作用的。从公共管理发展的方向来说,电子政务、网络行政或虚拟政府以及在此基础上的网络治理展示着未来的前景。"当政府更少依赖公共雇员而更多依赖合作网络和承包商从事公共事务的时候,政府机构管理网络的能力就会与其管理自身公共雇员的能力一样,左右着机构的成败。"[①]而能力优秀的政府工作人员应该是那样一些人,"他们管理机构而不是过程,利用技术和网络解决问题,将自己的机构看成是完成任务的手段而不是任务本身的终结"[②]。因此,对公务员进行相关知识和能力的培养是重要的,也是迫切的。技术的发展一日千里,网络行政也在迅速发展之中,它需要公务员具备的一些能力都是新的、在官僚制组织结构里曾涉及不多的能力,比如谈判能力、商业能力(包括采购能力)、网络技术能力、新的思想能力,等等。

5. 信息技术的进一步运用问题

信息技术的运用涉及两个问题。一是虚拟结构的发展,美国商务咨询网提供了一个例子。由于企业抱怨很难找到管理它们的法律法规,加之美国州和地方的法律法规使情况变得更加复杂,一个虚拟机构(也就是虚拟商务部)可以在一个网站下把联邦机构的规章、计划、服务和管理信息组织起来。通过这样的网站,企业可以进入管理它们的主要的联邦部门(即能源部、小企业管理局、职业安全和健康管理局、国内税务局、环境保护署和交通部),找到需要的信息。二是通过网络结构的方式利用大数据为民众提供更好的服务。比如,谷歌公司通过海量数据的分析,将得到的预测与 2007 年和 2008 年美国疾

---

① [美]史蒂芬·戈德史密斯、威廉·埃格斯:《网络化治理:公共部门的新形态》,孙迎春译,北京大学出版社 2008 年版,第 121 页。

② 同上书,第 145 页。

控中心记录的实际流感病例进行对比,其相关度高达 97%。因此,在 2009 年的甲型 H1N1 流感爆发时,"与习惯性滞后的官方数据相比,谷歌成了一个更有效、更及时的指示标"①。这表明,信息技术在地方政府的管理中有着无可限量的未来,地方政府可以运用它来向民众提供有价值的产品和服务。

The Organizational Innovation of Local Government: Patterns, Problems and Prospects

Abstract: The article summarizes six patterns of innovation of organizational structure in the reform of local government, e. g. the structures of grid, flat, matrix, super-ministry and net, and analyses the problems of the innovation. Also the article, based on the analysis, points out the future development of the reform. It holds that the optimization of organizational structure is of great importance for functioning of organization, but has been limited by various factors, among that the institutional factor is most obvious. It also holds that the administrative institution, the balance between efficiency and interests, information technology, and the capability of civil servants are important variables in the future reform of local government.

---

① [英]维克托·迈尔-舍恩伯格等:《大数据时代》,周涛等译,浙江人民出版社 2013 年版,第 21 页。

地方政府大部制改革：
组织结构角度的分析*

摘要：地方政府自下而上的大部制改革遇到的一个瓶颈问题是改革后产生的上下部门不对应，这种不对应产生了纵向的不协调问题，以至于不少改革最终回归原有体制。富阳在大部制改革中产生的"专委会"在结构上较好地解决了这一难题，尽管还存在一些可以改进之处，但仍然值得研究和鼓励。未来的政府机构改革还需要发挥地方的积极性和首创性，而组织结构的改革和创新则是地方改革可以考虑的一个重要方面。

一、部门制：官僚制组织结构及其局限

大部制是我国政府机构改革的一个重要内容。尽管"大部制"在2008年我国第六次机构改革中才开始成为一个家喻户晓的词汇，但大部制改革事实上早在1982年的第一次机构改革中已经出现，只是当时没用"大部制"这一说法而已。比如，人事部与劳动部在那次改革中就合并为劳动人事部。此外，在2008年的大部制改革之前，一些地方政府已经开始了类似大部制式的改革，尽管其影响是局部的。无论是中央层面还是地方层面的大部制改革，都旨在解决政府长久以来存在的机构重叠、职能不清、部门林立、职责交叉、权责脱节、政出多门的问题，以使政府运转顺畅，提高政府的工作效率和服务质量。这一点在21世纪初我国提出建设服务型政府以来尤其如此。

政府的使命就是向社会提供公共产品和公共服务，以及对社会进行管制，这一使命的履行需要借助一个组织形式来完成。自工业社会以来，这一组织形式的基本形态是官僚制。随着20世纪80年代政府公共服务和公共产品提

---

* 本文原发表于《中国行政管理》2014年第4期，第17—23页。

供的市场化和社会化的出现,尤其是随着政府公共服务外包的出现,网络型的服务提供的组织形式也开始出现。尽管如此,以官僚制为基本形态的现代政府组织并没有失去它的意义。即便在网络组织形式已经很普遍的美国,以官僚制作为基本组织形式的政府依然存在,并依然在发挥作用。正如菲利普·库伯在《合同制治理》一书中指出的,在美国,今天的"公共管理者是在垂直的权威模式和平行的协商模式相互交叉的情况下运作的。垂直模式的权威、资源和影响力来自治理核心的宪政过程。平行关系建立在合同概念之上"①。这里的垂直的权威模式就是以等级形式出现的官僚制结构。尽管网络的形式在发展,但是官僚制的组织形式依然不可低估。斯蒂芬·戈德史密斯在《网络化治理》一书中指出:"政府的组织、管理和人事制度是为等级制政府模式而不是为网络化政府模式设计的。"②这表明:今天,官僚制政府仍在其社会治理和公共服务的提供中起着关键作用,这一点在中国尤其如此。

这是由官僚制组织结构本身具有的优点所决定的。韦伯曾对官僚制有过最好的描述,说这一组织形式是工业社会中能够达到社会和经济目标的最好的组织形式。它的精密性、速度、明确性、对公文档案的了解、连续性、自由裁量权、统一性、严格的隶属关系、摩擦和人力物力开支的减少是其他组织所不能比拟的,其决定性原因,正如韦伯指出的,"在于它纯粹的技术上的优越性"③。作为一个理性的和有效率的组织形式,官僚制的基本特点在于它的分工、自上而下的权威等级,法制和非人格的运作。官僚制的优越性在相当程度上是由它的组织结构决定的,众所周知,这一结构是由纵向的、以等级形式出现的命令指挥和执行系统以及横向的以职能部门形式出现的分工协作系统构成的。纵向的命令系统保证了指挥统一,使命令指示从上到下得到迅速的执行;而横向的部门分工则体现了专业化的要求,比如教育部管教育,卫生部管卫生,以获得做事的效率。

但是,官僚制的优点在某些方面却往往成了它的缺点。就官僚制组织的

---

① [美]菲利普·库伯:《合同制治理》,竺乾威等译,复旦大学出版社 2007 第版,第 12 页。
② [美]史蒂芬·戈德史密斯、威廉·埃格斯:《网络化治理:公共部门的新形态》,孙迎春译,北京大学出版社 2008 年版,第 19 页。
③ [美]理查德·斯蒂尔曼二世:《公共行政学:概念与案例》,竺乾威等译,中国人民大学出版社 2004 年版,第 86 页。

结构而言,纵向的等级结构在保证指挥统一的同时,也往往会造成下级缺乏主动性、创造性和想象力。横向的部门结构在适应专业化的同时,也会因部门林立、部门职能交叉带来部门之间协调的困难和运作不畅,从而影响效率的发挥。当然,这一结构在不同的行政体系中其作用是有区别的。在联邦制的行政体系(比如在美国)中,在纵向结构中,作为国家一级的联邦政府和作为次级的州政府不是上下级关系,州具有很高的自主权。在美国,地方政府及其部门的设立是州的权力,这导致州的政府部门无需和联邦的政府部门对应,也使得各州之间的政府部门的设置也不尽相同,不存在一个单一的模式。但在单一制国家,比如在中国,地方政府都是中央政府的下级机构,都服从国务院。这使得在政府机构的设置上,地方政府的部门都是和中央政府的部门对应的,比如中央有文化部,省就有文化厅,县有文化局,乡有文化站(见图1)。从权力配置的角度讲,地方政府中有些对应中央政府的部门属地方政府序列,比如地方层面的文化厅,它是地方政府的一个组成部分,而有些则直属中央政府领导(比如海关),这些部门尽管在地方,但与地方政府没有隶属关系,这就产生了地方政府管理中通常所说的条块关系问题。这种对应关系成了后面讨论的我国地方政府自下而上的大部制改革的一个组织结构上的瓶颈。

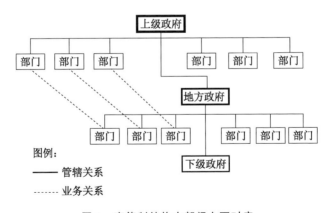

图 1 官僚制结构中部门上下对应

从横向上讲,为了应对分工而设立的专门化的部门会因部门林立、部门之间职能交叉等产生彼此之间协调困难和运作不畅的问题。分工越细,部门就越多;部门越多,彼此间的协调的难度就越大。由于部门的职能不可能完全由某一个部门来承担,很多事情不仅仅只涉及一个部门,需要相关的部门一起来做。比如教育是教育部门的事,但是在学校进行公共安全教育,就会涉及公安部门。因此,专业化在某种程度上导致了管理上的碎片化。一个完整的流程也可能被分割成好几段,每一段都有不同的部门介入,形成人们所说的"五龙治水"的现象。比如,在我国,就猪的养殖、屠宰、猪肉的运输、销售以及最后到餐桌这样一个过程来说,其监管就涉及畜牧、商务、质监、工商、食药和公安等多个部门。畜牧部门负责生猪饲料管理和疫病防治,工商部门负责核发猪肉批发商向养殖户收购生猪的营业执照,并管理交易过程中的合同纠纷,质监部门监管肉类生产加工企业,工商部门监管农贸市场的猪肉摊贩,食药部门监管餐饮服务单位,公安部门则负责依法打击相关犯罪行为,如非法添加"瘦肉精"、私屠滥宰以及生产、销售有毒有害猪肉等。通过这些部门的合作来确保猪肉的品质安全。① 这种部门之间职能交叉的情况是很普遍的。再以城市水资源管理来说,建设局负责污水处理厂、城市污水管网的建设和管理,水利局负责城区内河的配水和水利建设,农业局负责家禽畜牧业污染的监督管理,环保局负责工业污染源的监督管理,城管执法局负责城区三产服务业的管理。在 2008 年进行大部制改革时,在国务院当时的 66 个部门中,职责多达 80 多项。根据一些学者的不完全统计,"仅建设部门就与发改委、交通部门、水利部门、铁道部门、国土部门等 24 个部门存在职责交叉。另外,农业的产前、产中、产后管理涉及 14 个部委"②。

尽管部门的设立反映了专业化的要求,但部门林立、职能交叉的状况也使得部门往往根据自己的利益考虑问题,因而导致彼此间的扯皮现象和协调困难,造成行政效能低下。比如在我国猪的监管上,曾经有过"八个大盖帽管不了一头猪"的说法。如何解决这种部门之间协调困难、政出多门和互相扯皮的问题,使政府运转顺畅、效率提高? 改革的一个选项就是采用大部体制。所谓大部制改革,指的是根据"合并同类项"原则,将工作性质和职能相近的部门合并成大部(比如把以前分散的、各自为政的海陆空运输部门合并为交通运输部),也就是将职能相近的部门横向打通,减少部门数量,改善部门之间的沟通

---

① 胡颖廉:《"问题猪肉"的监管困局》(2013 年 5 月 22 日),东方早报网,http://www.dfdaily.com/html/63/2013/5/22/1001622.html。
② 邓聿文:《大部制改革的核心是转变政府职能》(2008 年 1 月 16 日),人民网,http://politics.people.com.cn/GB/1026/6780372.html。

和协调,提高工作效率。在我国,这种大部制改革有两种形式,一种是由中央政府引发的自上而下的改革,这是最主要的形式。另一种是由地方政府引发的自下而上的改革,这种改革尽管不多,但也构成了整个改革的一部分。本文主要分析后一种改革。

二、上下不对应:地方政府大部制改革的困境

地方政府自下而上的大部制改革在中央政府2008年进行的大部制改革前后都发生过。几个比较典型的例子有20世纪90年代初陕西黄龙县进行的改革,湖北随州2000年进行的改革,2007年浙江富阳进行的改革,以及2009年广东顺德进行的改革(这一改革尽管是省级在地方进行的一个大部制改革试点,但它有自己的首创性和主动性,并产生了自下而上的改革同样具有的组织结构问题)。尽管这些地方政府引发大部制改革的初衷不一,但改革采取的方式是一样的(富阳除外),简单来说就是合并同类项,把性质相近的职能合并到一起组成大部,以此来减少机构和人员,解决部门横向之间的协调问题。黄龙县、随州以及顺德的大部制改革的一个基本特点是"动职能,动结构,职能结构联动"。它在力图减少部门间横向协调成本的同时,因新建的大部结构与上级部门不对应而增加了上下的协调成本,用另外的话来说,横向的打通带来了纵向的不畅通,从而使得地方政府自下而上的大部制改革陷入困境(见图2)。

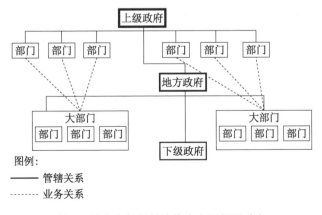

图2 地方大部门制结构中上下级不对应

黄龙县的改革因财政问题引起,由于机构臃肿,人员膨胀,政府入不敷出,赤字累累,人多钱少的压力迫使政府痛下决心进行机构改革,精简人员,其做法就是通过部门合并来精简机构精简人,撤并党政事业单位58个,将一些职能相近的局委合并,比如将科委、教委、体委与文化局合并为科教文体局。但这一做法并未成功,其中一个很重要的原因是来自"条"的压力。由于地方改革后的大部制与上级政府的部门不对应,上级政府部门在黄龙县找不到对口的单位。黄龙县把卫生和计生部门合并在一起,上级计生部门屡次点名进行批评,强调计划生育是国策,黄龙县没有相应的独立机构便是不重视国策。统计局被合并到计划部门,上级统计部门对此十分不满,认为这样会影响统计数字的真实性。这导致改革后的黄龙县处境极为尴尬,对绝大部分被撤并的部门,上级主管部门是开会不通知,文件不下发,该给的资金也不再下发。最后,改革回到原点。为了上下对应,黄龙县出现了"下级模仿上级,级级模仿中央"的局面,上级有什么机构,下级不管是否需要,无论条件是否具备,毫无例外地建立相应的组织机构,以至于基层单位设置了诸多门类齐全、重叠不堪的行政机构和部门,甚至在一些乡村和街道也设立了体改办、文明办、政策研究办等机构和部门。由于"上下没对齐,左右没摆正",导致"下改上不改,改了也白改"的结局[①]。

随州大部制改革的起因与黄龙县差不多,经济差,底子薄,只是它借助了随州在2000年升格为地级市的机会,力图通过精简机构和精简人员来减少政府在这方面承受的压力。随州的改革奉行三大原则:职能基本相近的单位能合并的尽量合并设置,职能衔接较紧的单位采取挂牌设置,职能交叉的单位,能不单设的尽可能不单设。不搞上下对口,不搞横向看齐。改革采取的做法与黄龙县一样,合并同类项,把职能相近的部门合并在一起,动职能,动结构。所不同的是,在形式上,有原有部门挂牌和不挂牌之分。职能基本相近的合并后原有部门不挂牌,比如,文化局、文物局、体育局、新闻出版局几个职能相近的局被合为"文体局"。职能衔接较紧的在合并后原有部门挂牌设置,比如市档案局与市档案馆、市党史办、市地方志编纂办公室合并后仍然挂四块牌子、但班子变成了一套。再如,市农业局下设的农技推广中心,同时加挂了市农药监督管理站、市土壤肥料工作站、市植物检疫站、市植物保护站、市农业生态环

---

① 刘健、姚晓娜、宋振远:《黄龙县的机构改革为何受挫》,《半月谈》2001年第12期。

境保护站、市种子管理站、市农业科学研究所这七块牌子,但改革后班子也只留一套。挂牌的理由是为了与省上对应。但事实上,这里挂牌和不挂牌的意义是一样的,关键是改革后从原来的几套班子变成了一套班子,这就导致这一套班子要对应原来对应的好几个部门,而这些班子里的人在与上面接触时,要不断地更换其身份。这种"另类"使得随州编办主任感到不爽。用他的话说:"每次到省里开会,我们总会觉得别扭。""别扭"最主要是因为随州政府机构设置与其他地方不一样。为了与上沟通,"有时候还会采取一些灵活的策略,譬如玩一些文字游戏,改合并为合署办公等"。这位主任说:"像残联划分在民政部门完全合适。由于是同一套班子,每次去开会的都是同一班人。很多上面的领导都觉得奇怪。"①

与黄龙县一样,这种结构上的不对应导致上下协调成本增加。比如,省里要求把市农村能源推广中心作为一个副处级机构设置,而随州则把该机构作为农业局的一个科级内设机构。这样,省在安排新农村沼气改造计划时就以"机构未按他们的要求设立"为由,将原拟下达给该市的 10 000 口沼气改造目标削减为 5 500 口。相应减少经费投入 450 万元。再比如,省里要求把移民工作作为单独设立的副处级机构,但随州仍然将移民工作职责赋予民政局,以至于民政局每次到省里参加会议,都会遭到批评②。与黄龙县一样,这种上下不对应的状况最后也是向原有体制回归,尽管它的回归幅度不像黄龙县那么大。比如,科协曾一度被并到科技局,但由于随州科协不是个独立单位,最后只好将科协与科技局重新单独设置。像市残联、规划局、宗教局、法制办等机构也因类似原因而单设出来。机构由最初的 55 个退回到 64 个,7 年时间不减反增 9 个部门。尽管随州的改革解决了一些部门横向协调的问题,但作为这次改革的一位主要设计者的编办主任认为,随州的机构架构还没有达到理想效果,他用了一句与黄龙县改革者差不多的话来形容:"下改上不改,改了又回来。"③

顺德的大部制改革以"党政联动"闻名,尽管它是在国家大部制改革后省里进行的一个试点,但因它带有创新性的举措,尤其是它采取了上下不对应的

---

① 郑津:《随州大部制改革 7 年之困:下改上不改改了又回来》(2008 年 2 月 20 日),北方网,http://news.enorth.com.cn/system/2008/02/20/002835998.shtml。
② 同上。
③ 同上。

做法,所以它也陷入了同样的困境。在改革的路径上,顺德与黄龙县和随州差不多,也是"动职能,动结构,职能结构联动",导致改革后的部门与上面不对应,只不过它的改革幅度要大于前两者,它的合并同类项超越了政府边界,把党的部门合并了进来,同时把"条"上的部门也合并了进来。它的具体做法是将党政边界打通,将职能相近的党政部门合并组成大部,机构从原来的41个减到16个,比如把区统战部、农村工作委员会、工会、共青团区委、妇联、工商联、残联组成党的"社会工作部"。再比如,把原来属垂直管理的工商、质检、药检等部门合并到新的市场安全监督局,而这个市场安全局又将文化执法、旅游市场监管、食品安全、安全生产等职能囊括了进来,形成一个"大监管"的格局。

  由于上下不对应,上下协调的问题同样在顺德表现了出来。就像黄龙县和随州一样,大部的建立势必导致一个大部要对应上面好多个部门。比如,顺德的社会工作部对应省市部门竟达35个,其中省是19个,市是16个,存在"一个儿子"对应"几个老子"的尴尬问题,单是开会就疲于奔命,而且省、市会议基本上都要求部门副职以上领导参加,部门领导成了"会议专业户"。即使上下对口比较少的部门也有三四个,年终光汇报总结就搞了好多版本。这样一来,即便下面内部的设置如何合理,运作如何高效顺畅,还是要对应上面的一大堆部门,效率很难提高。①

  上下关系不仅涉及互相协调问题,还涉及行政主体的合法性问题。比如,顺德在改革中将地税局由垂直管理调整为区政府管理,将区财政局、地税局的职责整合组建了区财税局。但由于财税局不具备地方税收执法主体资格,最后只好保留地税局,与财税局合署办公。② 这种在上下结构方面最后向上对应的部门不是个别的。比如,前面讲到的社会工作部最后还是加挂了统战部的牌子。顺德大部门制改革时将药品监管职能放在人口和卫生药品监督局,食品管理职能则归口到市场安全监管局;2013年年初,国家食品药品监督管理总局成立,顺德的部门设置又面临调整③。科技局撤销后,其职能被并入经济促进局,但没了科技局,科技奖便无从颁发,因此,经济促进局最后又改名为"经

---

① 黄冬娅、陈川慜:《地方大部制改革运动成效跟踪调查》,《公共行政评论》2012年第6期。
② 同上。
③ 凌广志、黄玫、叶前:《顺德:改革向纵深推进》,《瞭望》2013年第12期。

济促进与科技发展局"①。需要与上面对应,因为里面有利益协调问题。比如,顺德的"国土城建和水利局"和"环境运输和城市管理局"本来叫作"城乡建设局"和"城市管理局",前者负责城市建设,后者负责城市管理。改叫现在的名字是因为上级对口部门施加了压力。"省国土局要是在他们下面找不到'国土'那两个字很麻烦,它老是拿卫星来照你的地,说你这里违章那里违章,老找你麻烦,你不得了啊。当然各地都有违法,但它集中在你这里执法那就不得了了……比如水利有很多费用,你没有那个账户,省水利厅有一些水利经费要打到地方来的话,它不会把那个钱打到城市建设局里嘛,所以就把'和水利局'加上去。"②顺德在 2010 年进行的强镇改革,延续了同样的上下不对称的做法,形成了"倒金字塔形"内设机构格局,比如顺德区级大部门内设机构的总数是杏县镇大部门内设机构总数的 3.5 倍。叶贵仁认为,这导致"后者承接的上级部门任务越来越多,而且无法完成。未来的镇级机构设置的调整应当持一个理性、可行的心态,不必急于建立"大部门""少机构"的模式③。

三地自下而上主动发起的大部制改革几乎都在组织结构上陷入了困境,由于职能和结构的变动导致了上下机构的不对称,这使得这一改革在减少机构、解决部门横向协调问题的同时,带来了纵向上下机构的协调困难和运作不畅问题,那么,向原有体制(也就是"上下对齐、左右摆正"的体制)的回归难道是地方自下而上的大部制改革的一种宿命?

三、矩阵结构:富阳的创新

浙江富阳以"专委会"形式出现的大部制改革进行了组织结构上的创新,在解决横向的部门协调问题的同时,也在相当程度上解决了一直是地方自下而上的大部制改革瓶颈的上下机构对应问题。与黄龙县和随州不同,浙江富阳的大部制改革并不因财政拮据而引发。引发富阳大部制改革的是部门林立、互不通气、互不协调以及部门利益带来的政府重复运作以及由此造成的巨

---

① 黄冬娅、陈川慜:《地方大部制改革运动成效跟踪调查》,《公共行政评论》2012 年第 6 期。
② 同上。
③ 叶贵仁、钱蕾:《选择式强镇:顺德简政强镇改革路径研究》,《公共行政评论》2013 年第 4 期。

大浪费。以申请款项为例。富阳三农扶持资金每年两个多亿,但分散在农办、农业、水利水电、林业等农口部门,还有交通、建设、文化、教育、卫生、旅游等非农口部门。由于部门之间缺乏沟通协调机制,多头申报、重复申报的现象时常发生。比如要搞农业休闲观光项目,既可以向农办申请农业综合开发资金,还因为有水库可以向水利水电局申请扶持资金,因为有干鲜果种植可以向林业局申请扶持资金,因为有畜禽养殖可以向农业局申请扶持资金,因为是观光农业可以向旅游局申请扶持资金,因为有道路建设可以向交通局申请扶持资金。项目包装一下,改头换面,同一个项目年年可以申请。① 富阳市的一个著名例子就是一个村支部书记承包了一块山坳坡地后,即以项目开发为由向上申报争取资金,结果在5年时间里,从6部门得到了11笔总计54万元的补助资金。更有意思的是这块地有34.8亩属于农保区耕地,因而也从国土局争取到了造地改田资金8.7万元。"尽管每个部门扶持资金额度都不大,但加起来却可能超过实际投资,而其他需要扶持的地方却常常饿肚子。"②富阳市委书记把这种状况归纳为:"各类规划,各自为'规';生产力布局,各自为'阵';资源配置,各自为'营';部门力量,各自为'战'。部门经纬分明、壁垒森严,各唱各的调,各干各的事。"③因此,为了打破这一壁垒,提高政府工作效率,就必须对现有政府机构进行有效整合,改变职能交叉、政出多门、各部门协调困难的状况,正是在这一背景下,富阳市的大部制改革应运而生。

作为大部制改革,横向的职能相近的部门的合并,也就是"合并同类项"是少不了的做法。但是,与以上三地改革最大的不同在于,富阳的做法是"动职能,不动结构,职能结构不联动"。也就是说,划入新的大部结构的原有部门结构不变,照样与上对应,只是在功能的行使上要服从一个被称为"专门委员会"的协调机构,也就是大部结构。这一做法,用富阳市委书记的话来说,就是"神变形不变"④。神变在于通过相近职能的整合使政府运转顺畅,提高工作效率;形不变,也就是保持上下机构对应。形不变,这是因为这种上下对应有它的

---

① 夏燕:《浙江富阳试水大部制:专委会牵头部门负责制》(2018年11月17日),新浪网,http://news.sina.com.cn/c/2008-11-17/161616670201.shtml。
② 同上。
③ 黄志杰:《浙江富阳大部制改革:重整政府架构打破部门利益》(2008年4月7日),新浪网,http://news.sina.com.cn/c/2008-04-07/164515306276.shtml。
④ 同上。

价值,富阳改革的设计者清醒地看到了这一点。"将职能相近的部门重组成一个更大的部门,这是加减法,但是,在县域层面并不现实,一则上面的条条还掌握着大量资源,二则现代社会是社会化大分工,很多工作都相互关联,一个部门不太可能把一项工作全部管到位,如政府大多工作都涉及资金问题,那么每个大部门能把财政局并进去吗?部门大了,内部也存在沟通协调问题,部门利益化的现象可能更严重,更难监督。因此,我们不动机构,而对相同相近职能进行整合,以最小成本、最小代价达到职能整合、运转顺畅的目的。"①

富阳的具体做法是建立一个"5+15"结构。首先,市四套班子成立工业化战略推进领导小组、城市化战略推进领导小组、作风建设领导小组、监督管理委员会以及决策咨询委员会,其职能是协调重大事项。然后,建立全新的市政府工作推进运行机制,成立15个专门委员会,分别为:计划统筹、规划统筹、公有资产管理运营、土地收储经营、体制改革、社会保障、工业经济、环境保护、重大工程建设、城乡统筹、社会事业发展、现代服务业发展、招商、信息化工作以及运动休闲城市委员会。这15个"专委会"都由某个副市长担任主任,一些相应的局牵头,所有相关的局、办作为组成部门(见图3)。

与通常建立的大部是一个实体部门不同,专委会是一个虚设的机构,但在协调上拥有实权。不像以上三地建立的大部制结构都是实体(它把原来部门之间的合作变成了一个部门内的分工,因而能较有效地解决原来属部门之间的横向协调问题,但实体结构产生了上下不对应),这一虚一实,虚的用以解决纵向的上下对应问题(也就是结构不动),实的用以解决横向打通问题,也就是动职能。通过组建专委会,富阳在横向上形成了"大计划、大财政、大国土、大三农、大工业、大商贸、大规划、大建设、大交通、大环保、大社保、大监管"共"十二个大"的工作格局。用改革者的话来说,就是"对上依旧,对下从新,改革在体制内进行"②。

---

① 黄志杰:《浙江富阳大部制改革:重整政府架构打破部门利益》(2008年4月7日),新浪网,http://news.sina.com.cn/c/2008-04-07/164515306276.shtml。
② 徐文光:《富阳"专委会"制度:创新运行机制提高县政效率》(2011年9月15日),中国改革网,http://www.chinareform.net/index.php?m=content&c=index&a=show&catid=204&id=16337。

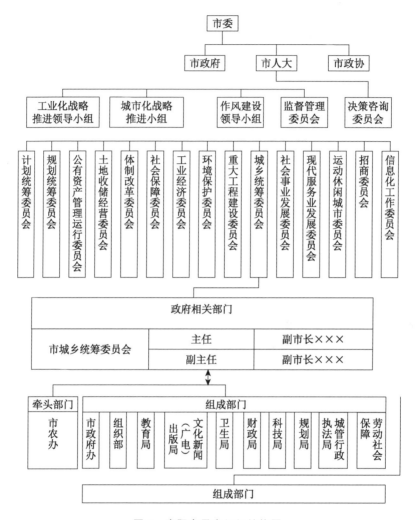

图 3　富阳专委会组织结构图

资料来源:徐文光,《富阳"专委会"制度:创新运行机制提高县政效率》(2011年9月15日),中国改革网,http://www.chinareform.net/index.php?m=content&c=index&a=show&catid=204&id=16337。

富阳专委会的实,在于专委会有实权,这是专委会进行横向协调的保证。它的实权在于将各部门局长的权力收了上来,按照新划分的领域重新整合。比如,城乡统筹委员会所整合的几个部门,以前是各自为政,"山上的柑果是由林业局管,田里的柑果又是农业局管,道路由交通局管,电气化由供电局管,每个部门都有自己的'管辖地'"。城乡统筹委员会对 20 个组成部门一梳理,发现富阳市出台的涉农惠农政策"量多面广",共计 37 个,配套资金 2.2 亿元,项目"遍地开花"、资金"天女散花"的现象比较普遍,"很多领域是相互重合的,这造成了资源的浪费"。城乡统筹委员会就把把涉农政策重新划分为七个方面(农业产业结构调整、农业产业科技应用、农业产业化经营、农村基础设施建设、农民培训转移、农村改革发展、阶段性专项工作)来编制"三农"建设年度项目计划和预算①。这样,涉农资金从各个部门全部整合上收到城乡统筹委员会,统一拟定资金投向重点、统一立项、统一管理、统一验收。原来互不通气互不协调的相关部门在这里被打通。

这样的横向打通和整合就使得运作变得顺畅。比如公有资产管理运营委员会将原先 166 个独立核算单位的各种财政性收入全部剥离出来加以整合,同时将原先分散在各部门的资金全部存入财政专户。这一整合的结构就是借款和存款可以相互调剂,每个月仅利息支出就省出将近 1 000 万。这使得不仅可以选择效益最大化的存款方式,还可以使用间隙资金进行运作,集中财力办大事。此外,改委员会还将全市机关事业单位的房产和地产全部收上来。这些房产由委员会下属的公共资产管理中心接管后,统一拍租和管理,年出租收入 1 600 万元从各部门剥离出来,增加了政府收入,更减少了各部门领导的寻租空间②。

这样的打通和整合也提高了做事的效率。比如,某处位于小溪两旁的村民房子大多成了危房,而小流域地质灾害时刻存在,搬迁迫在眉睫。但是,地质灾害归国土局管,小流域治理归水利局管,下山移民归农办管,农村住房特困户补助归建设局管,由于国土局与村民在地质灾害治理资金上谈不拢,搬迁始终难以完成。城乡统筹委员会成立后介入此事,整合了几个部门的相关资金,使得每户能得到比原来多的政策补助,问题迎刃而解。③

问题是这一专委会的虚如何解决上下对应问题?以运动休闲委员会为例,运动休闲委员会没有上面的对口部门。为了与上面对口,该委员会仍然保

---

① 宗新建:《浙江富阳成大部制基层样本官员称存在利益角斗》(2008 年 3 月 26 日),搜狐网,http://news.sohu.com/20080326/n255910333.shtml。
② 黄志杰:《浙江富阳大部制改革:重整政府架构打破部门利益》(2008 年 4 月 7 日),新浪网,http://news.sina.com.cn/c/2008-04-07/164515306276.shtml。
③ 同上。

留了原来的架构和编制,仍保留旅游局和体育局两块牌子,但是对下却是以一块牌子,一个独立、整体的单位来运作。我们可以在这里看到富阳的改革与前三地结构的不同处。随州的改革也有挂牌的,但关键是没有编制,动了结构,大部是实的(几个部门一套班子),机构是虚的,因此这种挂牌并无实质性的意义。而富阳的结构没有动,以专委会形式出现的大部是虚的,机构是实的,原班人马保持不变,与上对应照常进行。由于专委会在部门上下对应中是虚的,因而可以避免像三地那种新建的大部(它们是实体)无法与上面对应的状况。

从组织结构的角度讲,我们可以看到,富阳事实上在官僚制组织结构里建立了一个矩阵结构(见图4)。

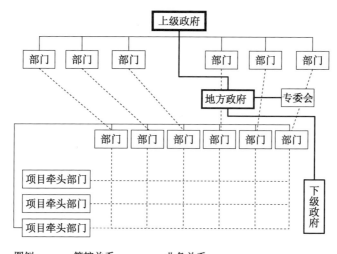

图例: ——— 管辖关系　　------ 业务关系

图 4　富阳的矩阵结构

矩阵结构的特点在于在纵向的职能结构中增加了一个横向的项目结构,项目结构将与完成项目相关的职能部门连接在一起,通过横向的方式将部门的边界打破(而大部结构是将一些部门合并成一个新的部门,原有部门不再存在),其优点在于五个方面。一是较好地解决了上下部门对应问题,即条条部门之间业务的上下对应。二是矩阵结构可以利用原有部门的资源,可以协同运作,打破原有的政出多门的状况,在实质上与大部有相同之处。不同之处在于在矩阵结构中,部门之间仍然是合作,而不像在大部制中成了内部分工。这样,矩阵结构可以更大范围地解决政出多门的问题。三是实行大部制前,一旦出现跨部门事务,均需行政首长来协调诸多相关部门,从而造成副职配置过多、协调困难。实行大部制后,尽管原来部门间的协调变成了大部门内的协调,但大部制毕竟还有边界,因此行政首长的协调任务还是较重。富阳的矩阵结构通过设置专委会将大量相关事务的协调由几个专委会负责,这样就把领导临时开会式的协调变成了常规的工作协调,缓解了行政首长协调的难度。四是明确了相关部门的主次责任。在富阳矩阵结构中,确定了牵头单位,牵头单位意味着承担主要责任,这样一来,原来由行政首长承担的协调责任转移到了牵头部门,行政首长可以在更高层次上把握事态的进展,同时也为追究参与部门的责任提供了保障。五是行政首长有了协调的资源。协调是需要资源的,以往主管业务的行政首长的协调资源往往是人事权和评价权,而富阳矩阵中由于专委会有资金、组织人事等多种协调资源,从而会使得协调更加有力。

当然,矩阵结构本身也有一定的缺陷。首先,矩阵结构有职能式矩阵和项目式矩阵之分。前者是以职能主管为主要决策人,后者则是以项目负责人(在富阳的结构中表现为牵头部门)为主。这个结构本身会导致职能与项目的协调成本增加和可能的冲突,并使矩阵结构中的员工同时拥有两个上级,受双重领导。尽管富阳的结构用在职能和项目之上的"专委会"解决了这一问题(专委会把局的权力上收,专委会具有更高的权威来解决牵头部门和牵头相关部门的协调),但是,由于职能部门的存在并与上面对应,这就导致专委会还必须处理"条"上的上下关系问题,它在这方面是否具有权威性则是个问题。以在富春江采砂为例。江砂资源属富阳市管理,为保护生态,市政府对采砂总量进行控制,年采砂量削减到 180 万吨,但运输船只受垂直的港航部门管理,港航部门批准的船只运量 2 000 万吨左右[1]。再比如,虽然富阳变革了财政运行体制,但上面没改,口径无法对接。每次向市、省财政部门汇报时,要按传统的预算编制将全市的报表再做一遍,这样产生的"工作量很大"[2],而且重复率很高。其次,把职能部门的权力上收到专委会也会导致部门权责的不对称,会使职能部门弱化甚至丧失处理内部事务和与上协调的能力。再者,专委会是一个采用委员会的集体负责制而非主任负责制的结构(职能部门的领导人是专委会成员),因而在集体做决定时有可能因部门的利益冲突而导致效率下降。最

---

[1] 钱昊平:《浙江富阳大部制调查:专委会探索未获上级认可》,《新京报》,2011 年 1 月 19 日。
[2] 同上。

后,领导人比如副市长往往一个人要兼任好几个专委会主任或副主任职务,而有的一个专委会的组成部门就有20个(比如城乡统筹委员会),少的也有十几个,比如运动休闲委员会有13个组成部门。这样一来,一个领导人或许就跨了政府的大多数部门,由此产生的一个问题是领导人的专业化问题,因为尽管是协调,但这里面也涉及了不同职能部门的专业性的知识和工作内容。

四、简短的结论

组织结构是地方政府自下而上的大部制改革的一个瓶颈,改革因而也在这里却步。富阳以"专委会"这一矩阵结构形式出现的大部体制在相当程度上突破了这一瓶颈,这一新型的组织结构形式并没有因为2008年国家从上而下的大部制改革而被抛弃,这充分反映了这一新的组织形式所具有的生命力,尽管它还有可改进之处。

但是,它的更重要的意义还在于这一改革反映出来的地方在机构改革中的首创性。在这一点上,黄龙、随州和顺德三地是一样的。问题在于,在2008年自上而下的大部制改革后(全国绝大多数的地方政府都与上对应进行了改革),地方政府部门横向之间还会不会依然产生像以前一样的协调困难和运作不畅的问题?答案应该是,情况可能会好一些,但问题仍然会存在,因为大部再大,也有一个边界,更何况大部会产生更多的部门内部的协调问题。由于地方的情况不一样,要解决的问题也不一样,即便在现有的单一行政体制的情况下,地方还会有改革的冲动,自下而上的改革还会出现,顺德2009年开始的以"党政联动"形式出现的大部制改革就是一个极好的例子,尽管它的改革还是遇到了组织结构上的瓶颈问题,改革的取向也多有争议。正是在这一点上,十七届二中全会通过的《关于深化行政管理体制改革的意见》要求"紧紧围绕职能转变和理顺职责关系,进一步优化政府组织结构,规范机构设置,探索实行职能有机统一的大部门体制,完善行政运行机制"。这里的探索,应该包括地方政府层面的探索,未来的政府机构改革毫无疑问仍然需要发挥地方的积极性和首创性。职能有机统一的大部门制对地方政府来说应该是上下左右都打通的结构。在这里,要完全打破因分工导致的部门专业化运作是不现实的,但是我们至少可以做得更好一点,富阳的改革向人们展示了这一点。

The Super-Department Reforms of Local Government:
An Analysis from the Organizational Structure

Abstract: The bottleneck of the bottom-up super-department reforms for local governments is the problem of a symmetric structure of departments at the different levels after reforms, which gives to rise a problem of vertical coordination and makes the reforms return to the old system? Fuyang City has a special arrangement in its supper-department reforms which resolve the problem well. Although there is still much to be desired, its practices are still recommendable. For future reforms, it is needed to have local government stop lay their initiative and active role. The reforms and innovation of organizational structure are one aspect to be considered from Fuyang's case.

大部制改革:问题与前景*

摘要:大部制改革已经尘埃落地。新的几个大部(工业和信息化部、交通运输部、人力资源和社会保障部、环境保护部、住房和城乡建设部、卫生部)已经建立起来。本文想探讨的问题是:为什么要建立大部?大部的建立和运作需要解决什么问题?大部制的前景如何?

一、权力结构重组还是政府组织结构重组?

任何改革都是针对问题进行的。那么,此次大部制改革要解决的是什么问题?改革的核心问题是什么?一种比较流行的观点是大部制改革旨在权力结构重组,核心问题是行政决策权、执行权和监督权的三权分离。这一观点认为,此次大部制改革"从根本上说,是一种权力结构的重组和再造。这种权力结构的重组和再造就在于,它实行的是行政决策权、执行权和监督权的合理划分和相对分离"①。

有学者提出,从目前来看,在大部委内部实行决策、执行、监督"权力三分"模式更具可行性。这种观点显然来自对十七届二中全会通过的《关于深化行政体制改革的意见》报告的解读。报告在涉及推进政府机构改革时指出,按照精简统一效能的原则和决策权、执行权、监督权既相互制约又相互协调的要求,紧紧围绕职能改变和理顺职责关系,进一步优化政府组织结构,规范机构设置,探索实行职能有机统一的大部门体制,完善行政运行机制。

行政系统的决策权、执行权和监督权可以从两个角度来理解,一是政府层面,二是机构层面。就政府层面而言,这三种权力的设置是应有之义,而且本

---

* 本文原载于《21世纪的公共管理:机遇与挑战——第三届国际学术研讨会文集》,格致出版社2010年版,第356—363页。

① 许耀桐:《大部制:再造政府权力结构的契机》,《改革内参》2008年第6期。

身也是分开的。一般来说,政府机构通常可以分为三类:政策及协调性机构,政策及执行性机构,以及监督机构。以我国中央政府机构的设置而言,发改委通常属政策、协调性机构,主要从事相关政策的制定和协调。而一些部或局,比如卫生部、工商总局等,这些机构既制定政策又执行政策。而像监察部、审计署之类的机构则是典型的监督机构。就官僚结构的机构而言,决策权、执行权和监督权通常是集于一身的。这一点与政府层面的几种权力分开的设置是不同的,为的是保证部门的工作效率。部门的最高领导层通常行使决策权和监督权(组织内部上对下的监督和控制),次级领导层执行决定,最高领导层对决定以及决定执行的结果承担责任。

因此,一般意义上所说的决策权、执行权和监督权的相对分离指的是政府层面而不是机构层面上的分离。中共十七大报告提到的决策权、执行权、监督权既相互制约又相互协调,应该指的是政府层面而不是机构层面的三种权力之间的关系。

那么,三权分离的观点怎么会提出机构层面上的三权分离呢?这一分离的观点显然受到了英国以及新西兰的具有市场化特点的政府机构化改革的影响。机构化改革简单来说就是在部门里面建立执行局,将部决定的公共管理事务承包出去,由执行局来具体执行这些决定。这样,部门的事务被分离到了部门外面,由专门的执行机构来执行(这些执行机构甚至可以是社会上的组织,只要它竞标成功)。决策者和执行者的关系变成了委托人和代理人的关系,而不是原有结构中的上下级关系。委托人毫无疑问需要对代理人进行监督,以使自己确定的项目能够得到真正的执行。这一机构化改革导致了出名的碎片化状况。以英国而言,2002年组建的环境、食品和农村事务部仅执行机构就有21个,如环境、渔业、海洋生物科学中心,英国土豆委员会,环境保护局,本土种植谷物管理局,渔业管理局,肉类和牲畜委员会,杀虫剂安全管理局,酒业标准委员会等。

但改革的碎片化带来了分散、政出多门和难以协调等状况,因此,从20世纪90年代中后期起,机构化的改革在英国开始发生逆转。英国一些学者如佩里·希克斯以及帕却克·登力维在理论上开始提出整体性政府和整体性治理的观点,在实践上,布莱尔政府开始采取"协同性"政府的一些政府措施。整体性治理顾名思义强调的就是协调、整合、协同,在某种程度上是对原有官僚制组织的回归。大部制作为一种整合(而不是分散)的方式就是类似于(尽管英国以前也搞过)布莱尔以及后来的布朗政府的协同性政府的政策措施之一。

毫无疑问,主张大部实行三权相对分离的观点事实上还停留在英国20世纪80年代和90年代初改革的水平上。如果大部制的改革旨在权力的重组,也就是在大部内实行决策权、执行权和监督权三权的相对分离,那么势必也会出现像英国机构化改革导致的碎片化状况。这同大部制本身强调的整合协调的的初衷也是相违背的。显然,此次大部制改革不是大部内部三权分离的权力重组,更确切地说,它是政府组织结构的重组,因为它想解决的是部门职责交叉、权责脱节的问题,解决尤其是部门利益化导致的部门之间难以协调的问题。正如温家宝在《政府工作报告》中提到的,国务院结构改革方案,即大部制改革问题,主要围绕转变职能,合理配置宏观调控部门职能,调整和完善行业管理机构,加强社会管理和公共服务部门,探索实行职能有机统一的大部门体制;针对职责交叉、权责脱节问题,明确界定部门分工和权限,理顺部门职责关系,健全部门间的协调配合机制。

我国政府管理中的一个问题是部门林立,职能交叉严重,机构重叠,政出多门。比如,就具体的部门而言,在人力资源管理方面,劳动保障、人事、教育部门职能交叉;在城市供水、地下水管理方面,水利、建设、国土资源等部门职能交叉;在信息产业管理方面,信息产业部、国家新闻办公室、广电总局等部门职能交叉;建设部与发改委、交通部、铁道部、国土资源部等24个部门存在着职能交叉。职能的交叉导致多头的管理,导致在利益问题上各不相让,协调整合难以进行,行政效率下降。

我国的医疗改革在这方面提供了一个很好的例子。新医改方案迟迟未能出台,其症结之一在于,医疗卫生行政管理体系的分割过于严重,部门之间的目标不一致、政策不配套。医疗机构改革的一个前提是,合理制定区域卫生规划,即明确区域医疗机构布局和数量。但我国医疗机构一直处于多头管理的状态,卫生部部属医院、省属医院、军队医院、大学研究机构医院、企业医院等同时并存,相关利益难以协调——谁都不愿意把自己管辖的医院"规划掉"。

因此,区域卫生规划至今仍是空白。此外,2007年大规模推广的新型农村合作医疗和新试点的城镇居民医保,都属于"医保"范畴,却分属两个管理部门。两套"人马",不仅增加了行政成本,而且造成了制度分割。2007年的全国"两会"上,以中国工程院院长巴德年为代表的9名全国政协委员联合发言,曾提出设置"国家人口与健康委员会"。巴德年给出的理由是,当前卫生部的职权范围和权威性已今不如昔。我国政府部门中管人口的不管健康,管医的不管药,管西医的不管中医,管城市医保的不管农村,这样不仅效率低下,还容易导致推诿扯皮、失误和腐败。

大部结构可以把本来是部门和部门之间的关系变为部门内部之间的关系,以避免部门之间可能出现的因长时间的讨论磋商和讨价还价,甚至利害冲突而使政府工作受到影响的问题。大部能自行解决问题,可以制定自己的策略和决定自己的工作重点,并支持中央比较明确的策略。

二、大部制建构中的问题

此次大部体制的改革在我国并非首次尝试。事实上,我国在1982年的机构改革中,曾经把一些职能相近的部门组合起来,建立过大部结构,只是没有用大部制的说法而已。比如当时把水利部和电力部合并成水利电力部,把商业部、全国供销合作总社和粮食部合并成商业部,把进出口管理委员会、对外贸易部、对外经济联络部和外国投资委员会合并成对外经济贸易部。另外,人事部与劳动部也曾被合并,建立了劳动人事部,还有农林渔业部等。但后来一些合并的部门被再度分开,如人事部与劳动部。

这种分分合合的典型例子就是能源部。能源部最起先的角色是由燃料工业部扮演的,当时的燃料工业部下面有煤炭、石油、电力、水电四个总局。1982年,成立了国务院能源委员会,与该委员会平级的有石油部、电力部、煤炭部、核工业部等,由于能源委员会实际上被架空,两年后便被撤销。1988年,国家再次成立能源部,但是由于石油工业总公司、核工业总公司没有加入,能源部管辖的领域仅限电力和煤炭。此后煤炭退出,能源部名不副实。1993年便撤销能源部,设立电力部。三次成立,三次被撤。

事实上,在大部制上出现的反复并非中国独有,英国就提供了一个很好的案例。英国在20世纪50年代就开始把一些职能有联系的部门合并成大部门,60年代合并组成了三个主要的大部(卫生和社会保险部、外交和联邦事务部以及国防部)。70年代的《中央政府的改革》白皮书主张把"职能原则作为分工的依据",以及"将职能按类别集中由大型部门负责执行",贸易工业部和环境事务部这两个大部便在1970年应运而生。但不久便被分开。1974年由于燃料危机,能源部便从贸易工业部里分了出来。几个月后,其余的部分也改组成三个独立的新部门:贸易部、工业部以及物价和保护消费者部。交通部1976年也从环境部分了出来。

尽管如此,大部的建立在一些国家照样进行。英国在1983年又把贸易部和工业部重新合并成贸易工业部。英国首相布朗正在认真考虑把能源从贸易与工业部分离出来,建立一个包括能源、环境、食品和农村事务在内的大部。瑞典的劳工部在1988年并入了新建立的大部——贸易企业部。法国的经济、财政和工业部也是一个超级大部,它不仅负责经济政策、财政政策和工业政策,而且负责宏观经济管理、税收管理、财政预算和决算、转移支付、国际贸易、第一产业、第二产业和第三产业的政策和协调。下辖机构包括海关、税收、统计、贸易、公平交易监督等,仅在巴黎本部的工作人员就接近1万人。比较著名的是美国在"9·11"后建立的国土安全部,这个超级大部包括了12个机构和17万名工作人员。澳大利亚的工业、旅游和资源部也是典型的大部。该部的前身是工业和商业部,目前,它负责所有的工业,包括制造业在内的所有重工业、建筑业、轻工业;第三产业,包括知识产权政策和管理、旅游和娱乐业、服务业;资源管理,包括煤炭、石油、天然气、铀、太阳能能源的规划和研究,放射性废物的管理,水源政策和规划,制定电力、矿业开发和资源评价的政策,从事物质、地球物理和大地测量及地图的绘制等。最近刚成立的澳大利亚工党政府新建了一个包括教育、就业和工作场所关系在内的超级大部。日本2001年在行政改革中组建的经济产业省、国土交通省等也属于大部的管理模式。国土交通省由原运输省、建设省、北海道开发厅和国土厅合并而成,在12个省中规模最大,主要承担国家有关土木、建筑、国内外海陆空运输事务管理、国土整治、开发和利用等职能,下辖气象厅和海上保安厅等。

从建立的大部来看,大部制通常表现了以下几个方面的特点。

其一,大部结构包括的部门通常以协调性的和政策性的部门为多。比如我国曾经有过的劳动人事部,英国的贸易与工业部,澳大利亚的教育、就业和工作场所关系部就属此类。机构的设置首先会考虑规模问题,规模基本上能反映部门的工作性质。以规模的大小而言,一般来说,从事政策制定或者监督任务的部门,其规模通常比直接向公众提供服务的部门来得小。比如,在一些西方国家,教育部门通常不大(美国的教育部是15个部当中最小的一个),因为它本身不雇佣教师,其主要职责是向地方教育部门提出意见和进行检查。与之相对照的卫生和社会保障部门人手就多得多。在我国,一些协调性的、监督性或政策性的部如发改委、人事部也相对不大,而一些从事服务提供或行政执法的部门的规模就大得多,如工商管理部门。大部结构一般包括的是一些协调性、政策性等之类的部门。

其二,将职能相近的部门合并到一起为多。现代政府的部门通常是按照劳动分工或工作专门化的原则建立起来的,卫生部管卫生,教育部管教育,专业化管理可以体现管理的效率。但一个部门无法涵盖所有相关的职能,因而会产生部门和部门在一些职能上的重叠或一些职能领域没有部门管理的空白。

以我国的国务院而言,虽然自改革开放以来经历了五次改革,但国务院组织仍然庞大。此次改革前,除办公厅之外,国务院组成部门有28个,特设机构一个,直属机构18个,办事机构4个,部委管理的国家局10个,直属适应单位14个,另外还有100多个议事协调机构。国务院部门之间有80多项职能交叉。仅建设部门就与发改委、交通部门、水利部门、铁道部门、国土部门等24个部门职能交叉。另外,农业的产前、产中、产后管理亦涉及14个部委。再比如,文化部门、出版部门和工商管理部门在文化市场的管理上产生职能的重复,我国的劳动与社会保障部、民政部、卫生部都承担了社会保障的职能。这一状况往往导致行政成本增加,导致部门设置的增多,从而带来部门和部门之间协调问题的增多。把职能相近的部门合并在一起显然有助于管理的方便。

大部结构会在内部产生较多的平级部门和较多的等级。现代的政府组织通常采用的是马克斯·韦伯描述的官僚制结构。这一组织的运作和内部的协调主要是依靠等级结构进行的。随着组织变大,组织的控制幅度会增大,等级也就会变多。尽管等级多有它的问题,但等级控制还有助于保证集中的领导,比起部门之间的协调在效率上自有它的优点。大部制尽管有它便于协调和相对集中管理的优点,但在实际的运行中也是有问题的。这些问题有时往往也是导致一些大部最后被再度分开的原因之一。

首先是如何确切划定大部边界的问题。大部的建立通常是把一些职能相近的部门合并到一起,但问题在于大部再大也无法包括所有相近的职能。以美国的国土安全部而言,尽管该部包括了12机构,但仍有将近50个与国土安全有关的其他机构被排斥在外。这些机构包括一些执法部门,如负责缉拿美国国内的恐怖主义嫌疑者的联邦调查局,还包括一些卫生部门,如国立卫生研究所和疾病控制中心,它们分别负责检查可能用于恐怖袭击的卫生制剂及预防诸如天花这一类的疾病。这会在建立一个大部时,使人在确定一个什么样的边界上颇费周折,因为如果选择被合并的功能不恰当,大部就很难体现它的优势。以中国的食品安全管理为例,涉及食品安全管理功能的有卫生部、国家质量技术监督检验检疫总局、工商总局、环保总局等八个部委以及其他地方分支机构、农业局、畜牧局、渔业局、技术质量局、环保局、卫生防疫局、贸易局、检疫局等都有职责监管食品的生产和管理、监管食品质量。但如果要建立一个大部制的食品安全管理部门,这里边界的确定显然是一个很困难的问题,不可能将所有这些部门都归入一个大部。

其次是部门的整合问题。要使大部运作有效,部门的一体化、尤其是文化上的一致性很重要。由于大部通常由一些部门合并而成,而这些部门一般来说在以往实践中已经形成了自己一些特有的文化。在这些部门形成一体的时候,如何使这些文化互相融合,产生一种组织的凝聚力,这是大部制的建立面临的一个挑战。一些大部最后分开,有的是出于文化上的原因。约翰·格林伍德和戴维·威尔逊在论及英国的大部制时曾指出,在英国,"特大"部门"实际上有很多都没有形成真正的内聚力。环境事务部'好像是由许多部分凑在一起组成的一个混合物,而不是一个紧密结合的统一体';卫生和社会保险部虽然有一些共同的任务,但它基本上还是相当于被合并的两个部分进行工作"[①]。

再者是大部门会增加内部管理上的困难和运行成本。这些困难表现在如下几点。(1)在现有韦伯式的官僚组织中,组织越大,等级会越多,而等级多则会影响组织内部沟通的效率和有效性,影响组织的灵活性和应变能力。(2)组织越大,内部的部门也会越多,这会增加组织内部协调的负担,并进而影响组织的工作效率。以我国的发改委为例,2003年的改革撤销了国家经贸委,将许多职能并入了发改委。而过多的职能使发改委逐步暴露了力不从心的状况,比如,发改委既管宏观政策的制定,又管具体经济的运行;既管各行业的总体统筹,又管具体项目和资金分配;既负责制定长远经济规划,又负责年度生产的调度。"特大部门的建立在某种程度上是把大量的工作转移到部门内部,以减轻部门之间的机构的负担。但实际上许多预期的改进都没有做到:这些大

---

① [英]约翰·格林伍德、戴维·威尔逊:《英国行政管理》,汪淑钧译,商务出版社1991年版,第34—35页。

部内部的协调机构常常变得负担过重,真正的一体化往往实现不了。1970年后恢复小部门的做法基本上是向后转,结果许多协调活动又回到部门之间。"[①]
(3)在没有达到一体化之前,需要花很多的精力去处理可能由内部的部门主义导致的各种问题,在人员配置、资源分配等一系列涉及利益的问题上需要摆平各种关系。

最后,对大部组织的监督也是一个问题。在西方国家,议会具有监督政府部门的作用,它们的结构设计也反映了这一点。比如,美国的农业部就在国会农业委员会的密切监督之下。部门的变动会带来监督部门的相应变动并增加监督的难度,因为监督结构可能并不具有监督部门新的职能的能力。在我国,党在相当程度上承担着对政府部门的监督。党对政府工作的分管往往也是根据政府职能来确定的。因此,政府部门职能的变化往往也会带来监督机构的相应变化,并对监督机构提出新的要求。

三、大部制改革的前景

五个大部在此次改革中的改革规模不大,在某种程度上可以说具有试验的性质。从这个意义上讲,大部的运作将影响大部体制在未来的发展。如果运作不好,大部难免会重蹈被再度拆散的覆辙。要使大部制发挥预想的作用,以下几个方面的问题是在建构以及运作大部时需要考虑的。

(一) 利益补偿问题

机构的改革通常是一个利益重新分配的过程,它会改变现有的利益格局,使一些人获得利益,也会使一些人的既得利益受到伤害。因此,机构改革通常做加法容易,做减法难。做加法,如增加机构、增加编制、提高行政等级等皆大欢喜,因为可以增加利益,可以进入,可以得到提升。但做减法,减少利益则是一件难事,常常也是改革出现反复的一个重要原因,比如机构改革重复出现的精简—膨胀—再精简—再膨胀可以是一个很好的证明。大部制改革把几个部合并成一个部是做减法,一个最简单明了的变化就是原有的一些部门的领导人会降格(尽管享受的级别可能不变,但职务肯定会变化,部长一个就够了)。

---

① [英]约翰·格林伍德、戴维·威尔逊:《英国行政管理》,汪淑钧译,商务出版社1991年版,第49页。

此外,合并也可能会进行人员和机构的精简,从而使一些部门消失,一些人失去领导职位,一些人离开新的部门,甚至离开公务员队伍。显然,合并的改革无法做到帕累托最优,即在不伤害任何一个人的情况下至少使其他所有人受益。

毫无疑问,大部的建立完全有可能因利益格局的变化而受到一些其利益受到伤害的人的抵制和反抗。因此,大部的建立可能首先要考虑的是随着利益的调整而带来的利益补偿问题。在无法做到帕累托最优的情况下如何去考虑实现帕累托改进。这一问题解决不好,就会使大部先天不良。比如,1988年,中国第一届能源部成立,当时除了电力行业直接并入能源部以外,石油、煤炭两个部门都对能源部的成立不支持。能源部成立没多久,原煤炭部二十几位副部长甚至联名上书要求恢复煤炭部。1993年,能源部撤销,煤炭部恢复。这一变化的实质是利益问题在作祟。在改革过程中,如果利益损失方的利益补偿不到位,那么这种改革就很难进行。即便进行,也会有很多的后遗症。美国里根时期也进行了政府机构的调整,但在里根执政的8年内,总共也就裁了3个人,还都是被判刑的。三个人中的一个后来无罪释放,养老金照拿,被人们戏称"裁了两个半"。

(二)领导人的选择和配备问题

部门领导人一般是通才型的人,而副职往往以专家居多。大部的正职尤其需要通才型的领导人,这样的领导人具有把握大局的能力,具有卓越的组织和协调能力。大部领导人的选择和配备涉及的主要问题是如何处理一些在原来的部门担任正职、现在不担任大部正职的人。这些人如果留下来,除一人之外(当然这一人选也可以另找)其余就会变成副职(政府的部不可能搞委员会制,我国政府部门实行的也是首长负责制)。但这些人通常也是通才型的人,一般不擅长职能的管理,因此在这个位子上首先会与原有的专家型副职人员产生冲突。如果大部的设计保持原有部门基本不变,只是归入大部名下,原有部门的正职依然负责原有部门,只是他的头衔变成了副部长(尽管他可以享受正部长的待遇),那么部门就很难整合,最后出现的情况可能"好像是由许多部分凑在一起组成的一个混合物,而不是一个紧密结合的统一体"[①]。如果大部

[①] [英]约翰·格林伍德、戴维·威尔逊:《英国行政管理》,汪淑钧译,商务出版社1991年版,第34页。

重新进行整合,那么就不需要这么多的部级领导人,甚至是司级领导人,这样就要考虑原有部门领导人的出路问题。如果这一问题难以解决,那么就可能出现像英国环境部有过9个大臣的状况。

(三)部门整合问题

大部应该是一个一体化的部门。如果合并进来的原有部门各自为政,那么大部只是徒有其表而已,难以有效运作,最后难免再被分开的命运。因此,整合是必须的。但整合也是一个困难的过程。这里会涉及以下一些问题。首先,强势部门和弱势部门的平衡问题。进入大部的原有部门可能在地位上是有差别的,有的人强马壮,资源多多,而有的则显得相对弱势。强势部门通常不愿意与弱势部门分享资源,而弱势部门则会为取得平等地位而斗争。因此,平衡两者的关系是整合面临的一个挑战。其次,内部利益分配问题。各个进入大部的原有部门会对内部利益(比如资金、职位)的分配非常敏感,它们会为获得这些利益而互相竞争。在此类问题的分配上稍有不慎,就会引发内部的不和与冲突,难以形成大部运作所需的内部凝聚力。再者,人员配置问题。大部的建立会在人事关系上做一些调整,而人事问题通常是组织最敏感的问题之一。合并后的人事配置要做到恰到好处是很困难的。这里的一个困境在于,如果搞平衡,那么就会影响组织的有效运行;如果根据实际情况有差别地对待,那么就有可能引发不满,从而导致大部尤其在建立之初不愿看到的不团结现象。比如,此次大部制改革中人力资源和社会保障部的领导职位的设置(一个部长,十个副部长,其中排位第一的副部长被特地注明是正部级)显然有利益平衡的考虑。问题在于,如此多的部长是不是一种恰当的结构?这一安排至少表现了大部改革中利益平衡与组织效率之间的困境,并向社会传递了一种不乐观的改革预期。

(四)文化再造问题

合并的组织会带来它们原有的组织文化。文化通常指的是一种价值观、态度、看法、理念、习惯的总和。每个组织在它的发展过程中都会形成自己独有的文化,这一文化是维持组织凝聚力的一个非常重要的因素。大部的运作必须在对原有部门文化的再造过程中形成自己的文化,但这一文化的再造会碰到以下一些问题。首先,原有组织成员可能会产生抵触情绪。这些组织成员对原有的组织文化已经很适应,形成了一种比较稳定的理念、看法、态度和习惯。文化再造可能会打破和改变这样一种稳定状态,组织成员必须去适应一种新的文化。因此,这种再造有可能受到抵制。其次,在形成大部文化的过程中,原有部门的文化之间有可能产生冲突。部门和部门、成员与成员在观点、习惯、理念、态度等方面都可能产生冲突,这种冲突往往也是文化再造的一个障碍。

(五) 政治体制改革的问题

中共十七大报告在涉及行政管理体制改革部分时指出,行政管理体制改革的目标是"着力转变职能、理顺关系、优化结构、提高效能",最终形成"权责一致、分工合理、决策科学、执行顺畅、监督有力的行政管理体制"。中共十七届二中全会第一次确定了行政管理体制改革的时间表,也就是到2020年建立一套成熟的行政管理体制。要建立这样的一套行政管理体制,没有政治体制的改革是不行的。大部制作为行政管理体制改革的一个举措,如果没有政治体制改革的配合,要取得成功也是非常困难的。因为政治体制将在更宏观的层面上解决政府权力的结构形式(中央与地方,政府与立法、司法以及与中国共产党的关系)、权力的配置(与社会、市场的基本关系)和权力的运作方式(集中与分散、制约与平衡、协调与整合等),所有这些都是同大部的改革和未来的发展相联系的。一些基本的问题不解决,那么大部制的未来有可能是徒有其表,也可能重蹈被再度拆散的覆辙。

Reform of Super Ministry: Problem and Prospect

Abstract: Several new super ministries such as ministry of industry and information, ministry of transportation, ministry of human resource and social security, ministry of environment protection etc. have been established in the government institutional reform. The article aims at exploring the problems such as why super ministries are needed, what problems should we solve in establishment of new super ministries and how to deal with the problems in their functioning and what's the future development of these new super ministries?

大部制改革与权力三分*

摘要：大部制改革既要解决组织的结构问题,也要解决新的结构的运行问题。决策权、执行权、监督权的相对分离以及相互间的制约和协调可以同时体现在结构和运行两个层面上。本文在回顾、分析决策权、执行权和监督权三权分离的基础上,指出大部制改革的实质是对韦伯式的官僚制的改革,是改变政府的DNA。

一、大部制改革:权力结构重组还是组织结构重组

大部制改革如果从2008年算起,到2013年已经经历了两届政府,从时间上讲也经历了差不多六年,但始终有一个问题没有真正地搞清楚,这就是大部制改革到底要解决什么问题？在这一问题上有两种不同的看法:第一种看法认为大部制改革是权力结构的重组。大部制改革"从根本上说,是一种权力结构的重组和再造。这种权力结构的重组和再造就在于,它实行的是行政决策权、执行权和监督权的合理划分和相对分离"①。这一观点来自对党的十七届二中全会通过的《关于深化行政管理体制改革的意见》的解读。该《意见》在涉及推进政府机构改革时指出,"按照精简统一效能的原则和决策权、执行权、监督权既相互制约又相互协调的要求,紧紧围绕职能转变和理顺职责关系,进一步优化政府组织结构,规范机构设置,探索实行职能有机统一的大部门体制,完善行政运行机制"②。这一观点背后隐含的意思是大部制的结构为权力的三分提供了条件,通过大部制的改革,最终要形成权力结构的重组和再造。第

---

* 本文原发于《行政论坛》2014年第5期,第31—36页。人大复印《体制改革》2015年第1期全文转载。
① 许耀桐:《大部制:再造政府权力结构的契机》,《改革内参》2008年第6期。
② 《关于深化行政管理体制改革的意见》(2008年3月15日),新华网,http://news.xinhuanet.com/misc/2008-03/15/content_7794932.htm。

种观点认为大部制改革是以职能为基础的组织结构重组,正如时任总理温家宝在《政府工作报告》中提到的,国务院机构改革方案,即大部制改革问题"主要围绕转变职能,合理配置宏观调控部门职能,调整和完善行业管理机构,加强社会管理和公共服务部门探索实行职能有机统一的大部门体制;针对职责交叉、权责脱节问题,明确界定部门分工和权限,理顺部门职责关系,健全部门间的协调配合机制"。中编办副主任王峰在谈到2013年的机构改革时也指出,"通过这一轮机构的调整要达到一个什么目的呢? 就是使我们的机构设置更加合理,使老百姓最关心领域里的机构的调整能够更科学,通过调整使职能的配置更科学,从而达到我们改革的目的"[①]。

从大部制改革的进展来看,改革是朝着第二个方向走的,反映的是以职能为基础的组织结构的重组。

首先,我们没有看到2008年建立起来的一些大部无论在结构上还是在运作流程或运作机制上进行了一些论者所说的决策权、执行权和监督权的划分和相对分离,它更多地表现为在"合并同类职能"之上的组织结构重组。以人保部为例,人保部的内设机构从原劳动和社会保障部的13个内设机构加上原人事部的内设机构,在2008年建立大部制后增加到了24个,再加上24个部属单位如人事考试中心、劳动科学研究所等,并没有在这些内设机构和部属单位中进行所谓的三权划分或相对分离。正是这种状况,导致有论者认为,"在党的十七大报告里,对于大部制的具体运行机制提出了一些比较具体的指导性意见,如大部里要实行决策、执行和监督既制约又协调的机制。进而言之,新形成的大部,应该如何整合职能,如何接受社会监督等,都应该创设相应的新运行机制。但是,在过去六年里,人们更多看到的是机构数量和名称上的变化,而很少看到在上述具体运行机制探索上的实际作为。这不能不说是过去六年大部制改革实践的最大遗憾"[②]。

其次,从大部制改革的走向来看,这一改革更多关心的是理顺职能,进而提高管理的效率,或者说是进一步朝第二个方向走。这一点在2013年的食药监的大部制改革中反映得尤为明显。这次改革将原食品安全办、原食品药品

[①] 王峰:《大部制完全正确,但要稳步推进》(2013年3月11日),人民网,http://theory.people.com.cn/n/2013/0311/c148980-20746624.html。

[②] 李丹阳:《2008—2013:中国大部制改革探索的成效和存在的问题》,《经营管理者》2014年第3期,第293—294页。

监管部门、工商行政管理部门、质量技术监督部门的食品安全监管和药品管理职能进行整合,组建食品药品监督管理机构,对食品药品实行集中统一监管,同时承担本级政府食品安全委员会的具体工作,改革奉行的原则就是"以转变政府职能为核心,以整合监管职能和机构为重点,按照精简、统一、效能原则,减少监管环节、明确部门责任、优化资源配置,对生产、流通、消费环节的食品安全和药品的安全性、有效性实施统一监督管理,充实加强基层监管力量,进一步提高食品药品监督管理水平,以确保食品药品监管工作上下联动、协同推进、平稳运行、整体提升"①。很显然,这一表述与2008年《政府工作报告》中的表述是一致的。

那么,"权力三分"也就是决策权、执行权和监督权的互相制约和互相协调难道就不在大部制改革的考虑范围之内?抑或还没有来得及进行这方面的改革,尽管时间已经过去了六年,以至于出现了前面提到的对大部制改革进展迟缓的批评?它是不是大部制改革接下来要走的一步,即先解决结构问题,再解决运作机制问题?

这里涉及对"决策权、执行权、监督权既相互制约又相互协调"的三权的理解问题。我们必须清楚的是,这里的权力三分,不是宪政意义上的立法权、行政权和司法权的分离,它涉及政府内部管理三种权力的分离。政治学理论告诉我们,在现代国家,政府是一个执行机构,政府的权力是一种执行权,执行立法机构的意志。由于立法机构的局限,也由于行政事务的纷繁复杂,这导致立法机构将一些权力授予了政府,使政府获得了作决定的权力,但这种作决定的权力从本质上讲是一种执行权。因此,在这里,既可以从权力角度去理解三权,也可以从职能角度去理解三权。

第一个角度:从权力配置层面去理解权力的三分。如果从权力配置的角度去理解权力的三分,那么我们可以看到,三种权力的互相制约又互相协调在政府层面的机构设置上体现得很明显,因为这三者的互相制约又互相协调对于保证政府的执行力是必需的。政府组织的架构(横向的部门)本身也可以说是按照这三个权力来设置的。一般来说,从属性上可以把政府机构分成三类:政策性协调性机构、政策性执行性机构和监督性机构,即我们所说的主要履行

---

① 《国务院关于地方改革完善食品药品监督管理体制的指导意见》(2014年4月18日),中国政府网,http://www.gov.cn/zwgk/2013-04/18/content2381534.htm。

决策、执行和监督功能的三类机构。以我国中央政府机构的设置而言,以"委"名义出现的机构通常更多地带有决策和协调的功能,比如发改委,主要从事相关政策的制定和协调。而一些以"部"或"局"名义出现的机构则更多地带有执行的功能,尽管部分也带有决策的功能,比如工商总局、税务局等,这些机构既制定政策又执行政策,有一支庞大的执行队伍,不妨把它们列入执行性机构;而像监察部、审计署之类的机构则是典型的专门的监督性机构,对政府的其他部门行使监督的权力。这三类机构的设置在世界上也是比较普遍的。比如在新西兰,毛利人事务部是典型的政策性机构,主要制定与毛利人相关的政策,而社会福利部则既制定政策又执行政策,有一支人数众多的执行队伍。从政府层面来说,这三种不同权力部门的设置是应有之义,而且本身就是分开的(在我国,还有一种以"办"的名义出现的机构,它通常指的是一种不具有独立行政管理职能的机构)。因此,决策权、执行权、监督权既相互制约又相互协调完全可以从这一角度来考虑。

第二个角度:从机构和部门层面去理解权力的三分。就政府的一个组成机构或部门来说,它在其执行职能的运行中,也包含了决策、执行和监督三个方面。在这里,决策、执行和监督最好被理解为三种职能。官僚制内部的自上而下的等级结构决定了部门内的领导者行使决策和对运作进行监督的职能,下级执行决策。但在实际的运行过程中,领导人要么专注于决策,而对执行并不关顾,尤其在传统的只看过程不顾结果的官僚制运作中更是如此(比如,决定运用政府采购的方式购买电脑,但最终采购的电脑既贵又型号过时);要么集三者于一身,既掌舵,也划桨,既做决定,也执行决定。在韦伯式的官僚制结构中,不存在这三种权力的互相制约和互相协调的问题,有的只是一种职能上的分工,不同的等级履行不同的职能,一种非常明确的上下级命令服从关系。决策、执行和监督在这里要求的是统一,而不是制约,因为这是获得效率的保证。因此,部门内部的决策、执行和监督更多体现的是一种职能的运作。

那么,怎么理解《关于深化行政管理体制改革的意见》指出的"决策权、执行权、监督权既相互制约又相互协调"呢?它指的是政府层面的三权互相制约和互相协调,还是机构、部门层面(也就是新建的大部)内部的三权互相制约和互相协调呢?正如前面指出的,机构部门层面不存在三权、三权的明显分野以及三权的互相制约和互相协调(确切地讲,这三者只是作为职能而存在),那么,这种说法又是如何产生的呢?这里,有必要去追寻一下行政部门决策、执行和监督三分的来源。

二、决策、执行与监督三分:掌舵与划桨的分离

决策、执行与监督的三分可以追溯到20世纪80年代英国和新西兰的政府改革,它是政府部门内部职能运作的一次变革,也就是将一个部门运作要履行的这三种职能分开,具体来说,就是建立一个执行机构来专门履行执行职能,把掌舵与划桨分开。改革的起因是如何提升公共服务的质量,提高办事的效率。这就要求寻找一种新的、不同于传统公共服务模式的路径和方法,而原有传统行政体制的缺点在于它是一种建立在韦伯式的官僚制组织基础上的集中的公共服务管理模式。1988年,英国政府的题为《改善政府管理:下一步行动》的报告对这一模式进行了严厉的批评,认为这一模式把太多的精力放到了政策的制定上,而不关注公共服务的提供。报告要求部门内应该建立独立的执行局,让其在部门既定的政策框架和资源配置下承担相应的执行功能,专门从事政策的执行和实施,而不是政策的本身。作为这一报告的产物,当年第一个执行机构也就是车辆检查局就被建立起来。这一模式后来就得到了迅速的发展。到20世纪90年代末时,执行局已经发展到了139个,在执行局工作的公务员占到了中央政府公务员总数的四分之三[①]。同年,新西兰也颁布了《新西兰国家部门法》,该法将政府部以下的局改成执行机构,原常任局长改名为执行长。

英国和新西兰的执行局有以下共同的特点。

1. 执行局的建立意味着在原有的部门内进行了一次功能上的切割,把原先决策、执行和监督集于一体的结构通过重新组织的方式切割成两大块,部负责制定政策并对政策的执行进行监督,执行局负责执行。执行局属准行政机构,履行执行的职能,具有一种半分离和半自治的属性,也就是它不独立于内阁部,仍然接受部的管理、监督和领导,但是,执行局拥有独立的预算,在日常的运行中享有充分的自主权。比如,执行局享有一定的财政自主权和人事自主权。在遵守国家财政部设定的财政支出原则的前提下,执行局可以自由支

---

① 鲁迎春:《英国执行局模式评析》(2013年7月10日),论文网,http://www.xzbu.com/1/view-4190832.htm。

配其财政资源。人事方面,在绩效薪酬设计和人员聘用上享有自主权。

2. 执行局的活动根据局与部签署的合同进行。在英国有一个框架性文件,该文件是一种主管部长和执行局负责人之间签订的协议和工作合同。执行局在部制定的文件和政策下履行职责,合同规定执行局存在的意义和目标,提供服务的具体内容,执行局领导人的职责和权限等。在新西兰,执行局领导人也叫执行长,由国务委员会任命。国务委员会除了确定其报酬外,还负有以下责任:一是检查执行机构的结构,在机构之间进行功能分配;二是检查每一机构执行其功能的效率、有效性和经济性;三是检查执行长的工作绩效,或进行一般检查或特别检查;四是向相关部长报告执行长完成相关职责的方式和程度;五是对机构的培训、职业发展、管理系统提出建议;六是批准各个机构确定的内部任命检查程序;七是制定约束部门人员行为的规范[1]。

3. 执行机构负责人通过公开竞争产生,政府内外的人都可以竞争这一职位。该职位强调领导能力,注重引进私人企业的管理者。负责人的职位建立在合同之上,可以续聘和解聘。比如,新西兰的执行长的任命以国务委员会与申请人签订的五年一任期的合同形式出现。工资和其他一些雇用条件在合同中确定,工资通常与私人企业同等职位人员相等。五年任期期满,如在位期间表现优异,可续签合同;如干得不好,就会被免职。

4. 在获得任命后,执行局实行首长负责制,也就是执行局的局长对部长负责。负责人就成为执行机构的雇主,他们履行的主要职责包括:执行并履行执行机构的职能和责任;向各自的部长和其他部长提供建议;领导执行机构,有效地、经济地管理执行机构的活动,并且在管理上(如人员的录用、工资待遇、财务管理等)具有充分的自主权。

5. 与英国相比,新西兰执行长制更强调将绩效与个人而非与项目或机构联系起来。这样,执行长就对组织表现承担个人责任。执行长通常利用内部管理系统来监督和评估组织内个人的绩效,以保证合同签订的输出结果得以实现。对执行长的绩效评估由国务委员会委员在一个特别的执行长部门委员会帮助下进行。国务委员会委员通常根据绩效协议的要求和其他信息来评估执行长和执行机构的绩效报告,最后形成执行长业绩表现的一个总评价[2]。

---

[1] 竺乾威:《新西兰的执行长制》,《中国行政管理》2005年第6期,第78—79页。
[2] 同上。

执行局模式在后来的运作中得到了官方的肯定。2002年,英国内阁办公室发布了题为《更好的公共服务:21世纪的执行局》的政府工作评论,认为"执行局模式是成功的。自1988年以来,执行局模式已经从整体上大大改善了公共服务的效率和回应性"。迄今为止,执行局依然是英国中央政府的主体组织形态,在执行局工作的公务员还是占了中央政府公务员群体的50%[1]。同样,在新西兰,执行机构模式也在一如既往地运作。

但是,执行局在后来的运作过程中也产生了一些问题。在英国,自20世纪90年代中后期后,执行局的数目在逐渐减少。到2011年,执行局数量下降到80多个[2]。其原因具体如下。

首先,执行局的改革导致了碎片化状况。以2002年英国组建的环境、食品和农村事务部而言,仅一个部就有执行局21个,如环境、渔业、海洋生物科学中心,英国土豆委员会,环境保护局,本土种植谷物管理局,渔业管理局,肉类和牲畜委员会,杀虫剂安全管理局,酒业标准委员会等。碎片化的状况带来了分散和难以协调。因此,从90年代中后期起,英国在理论上开始提出整体性政府和整体性治理的观点,在实践上,布莱尔政府开始采取"协同性"政府的一些政策措施。而大部制则成了布莱尔以及后来的布朗政府的协同性政府的一种解决破碎化的整合措施。

其次,执行局结构也容易造成部门主义。众所周知,公共服务有时是跨越单个政府部门的,但是执行局负责人的绩效合同事实上是与一个具体的部门联系在一起的,这一绩效合同把作为绩效购买者的部长和绩效提供者的执行局负责人紧密地联系了起来,因而往往导致本位主义的考虑,并产生部门之间协调上的困难。再者,在部长和执行局负责人之间确立的"契约"关系有可能导致部长只关注"契约"的结果,而忽略整个部门的所有活动。从执行局负责人的角度来说,由于"契约"强调可衡量的绩效,因而它鼓励了这些负责人仅仅考虑其部长的利益,考虑可衡量的绩效方面,而忽略对有关公共利益的绩效的考虑。

简而言之,执行局模式展现了市场化和企业化的特点,这与西方的新公共

---

[1] 鲁迎春:《英国执行局模式评析》(2013年7月10日),论文网,http://www.xzbu.com/1/view-4190832.htm。

[2] 同上。

管理改革运动的取向是一致的。传统的公共管理建立在官僚制上。官僚制的一个特点是等级制,权力集中在上层。这一传统的体制使得英国的改革者发现政府很难进行真正的良好管理,"高级公务员未经任何管理训练,也不关心管理。公务人员的精英们只是在当今重大政策问题上为部长们提出建议,他们从来都不屑于染指政策的实施,轻视管理者并视之为'二流'的公务员"①。在西方的文官体制中,这些高级公务员事实上是政策的执行者,而执行者却不屑于执行,"问题不在于公务员,而在于这种体制。要想政府能进行有效的管理,那么官僚体制和官僚组织非改不可"②。改革,按照奥斯本的话来说,就是将掌舵与划桨分开,因而"各自都可以致力于自己的主要使命"③。这一分开的结果,便是颠覆了官僚制的基本结构。

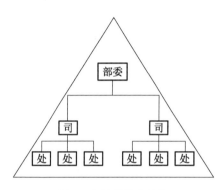

图 1 传统的纵向结构

官僚制的基本结构是由纵向的、以等级形式出现的命令指挥和执行系统和横向的以职能部门形式出现的分工协作系统构成的。以纵向结构而言(见图1),这一结构的设计旨在获得效率,但在实际的运行中,既可能出现像英国那样上层轻视管理、不屑实施的状况,也可能产生上层在决策的同时包揽实施和执行的状况(比如在中国不分政务和事务两类官员的情况下),从而使效率下降。

新的结构(见图2)将原来的等级链打断,变成了决策与执行两个部分,而把这两者链接起来的是合同。这又在根本上颠覆了组织内的人员关系。在传统的官僚制结构中,上下关系是一种命令服从关系,而在新的结构中,上下关系变成了一种委托代理关系。这是一种将起源于企业的关系引入政府的大胆尝试。企业的委托代理要解决的是企业所有权和经营权分开的问题,使经理人(也即代理人)能够按所有人(也即委托人)的利益行事。在新的结构中,决策者成了委托人,而执行者则成了代理人,两者根据签订的合同行事,保证各

---

① [美]戴维·奥斯本、彼得·普拉斯特里克:《摒弃官僚制:政府再造的五项战略》,谭功荣译,中国人民大学出版社2002年版,第27页。
② 同上。
③ 同上书,第30页。

自的利益不受对方的侵害。但是，在具体的运行过程中，委托人和代理人在信息上是不对称的，后者具有信息上的优势，这就导致对代理人的控制问题。在企业，这种控制（还带有激励）的形式就是股票选择权。在新的执行局结构中，委托人主要通过绩效评估和考核来实施对代理人的监督。在这里，决策、执行和监督呈现了官僚

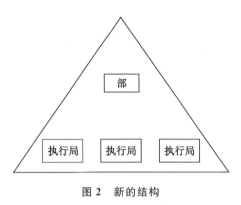

图2 新的结构

等级制中完全不同的面貌。在西方后来的发展中，这样一种关系超越了机构和部门的边界，政府通过外包的方式开始将一些公共服务功能交由外部的社会组织来承担。

三、大部制下一步的改革：改变政府的DNA

应该说，"决策权、执行权、监督权既相互制约又相互协调"既可以理解为是从政府层面上来说的，也可以理解为是从机构和部门层面上来说的。前者涉及结构问题，后者涉及运行机制问题。

从政府层面上来说，通过大部的建立更好地使执行不同权力的部门之间做到既互相制约又互相协调。我们通常的理解是大部的建立是为了解决部门林立和职能交叉重叠的状况，这一点当然没错。但是，大部门建立起来后，再大也有其边界，也有它的属性问题，比如有的部门基本上属决策性部门，有的主要属执行性部门，有的属监督性部门，正如前面提到的。这样，大部体制改革从横向上讲就带有了一种双重性，既解决原有部门之间分工不合理、职能重叠交叉的问题，同时又使新建的不同属性的大部互相制约和互相协调，使这种关系变得更加顺畅。在这方面，深圳2009年的大部制改革就对"决策权、执行权、监督权既相互制约又相互协调"做了这样的理解。

根据深圳的改革方案，新设的"委"是主要承担制定政策、规划、标准等职能并监督执行的部门，如人居环境委统筹人居环境政策、规划重大问题，并加强负责环境治理、水污染治理、生态保护、建筑节能、污染减排和环境监督等工作。主要承担执行和监管职能的机构称为"局"，而主要协调市长办理专门事

项、不具有独立行政管理职能的机构,称为"办",其中"委""局"都对政府负责,"委"对"局"的重大政策、重要事项进行统筹协调,对执行情况进行监督和综合指导,而"局"对"委"进行政策反馈和建议。同时,改革将一部分主要承担执行和监督职能的"局",有承担制定政策、规划、标准等职能的"委"归口联系,将一部分的"办"交由政府办公厅归口联系①。

但这一理解存在四个方面的问题。一是委、办、局这样的部门设置在大部制改革前就有,连名字都没有改,而新建的委、办、局的基本定位与原来的没有什么不同,只是规模发生了一些变化而已。二是现有的安排体现不出决策、执行和监督的三分。委和局是平行的机构,都是政府的部门,两者不是决策和执行的关系,只是功能有所不同,前者更多偏向于协调和决策,后者更多偏向于执行,两者没有上下关系。三是这里的局不是英国和新西兰意义上的纯粹的执行局,它本质上还是韦伯意义上的传统的机构,内部包含着决策、执行和监督三种功能,只不过一些局在属性上更偏向于执行而已。四是英国和新西兰的执行局的本质特征在于组织结构上的等级链的断裂,以及运作上的以契约连接为特点的市场化运作方式,而这两点在深圳的设计当中是没有的。因此,从整体上来说,深圳 2009 年的大部制改革是自上而下的大部制改革在地方的体现,基本上反映不出决策权、执行权和监督权的互相制约和互相协调。

事实上,真正比较能体现权力三分的是深圳在 2004 年的以"行政三分"为主题的改革,这一改革在当初引发了许多关注,但后来趋于沉寂。因此,当深圳在 2009 年再次涉及中共十七大提出的"决策权、执行权、监督权既相互制约又相互协调"时,人们以为深圳又开始重写续篇,但这两者是不一样的。当初的设计显然借鉴了英国的做法,"行政三分"的背后是"小政府,大社会"以及市场化运作的理念在支撑。其主要做法是:(1)决策部门按大行业、大系统进行设置,数量较少但管的面较宽,负责制定政府的法规、政策、办法,再根据每个决策部门的关联业务,设置若干执行部门。(2)每个决策局将设立两类咨询机构:一是服务于决策局长的咨询机构,设在政府内部;二是制约决策局长权力的咨询机构,它可以劝告、修改甚至否定决策局的决定,由非政府官员组成。(3)决策局下面设有不同的执行局,决策局与执行局之间签订绩效合同。决策

---

① 《深圳政府机构改革启动 10 大领域实行大部门体制》(2009 年 8 月 1 日),新浪网,http://finance.sina.com.cn/roll/20090801/07102985373.shtml。

部门制定重大决策,执行局依照法规和政策办事,履行合同,负责完成任务和目标。(4)监督部门包括行政监察和审计机构,它们的职责是法纪监督、政策评价、会计检查和绩效监督等,属于相对独立的监察机构(见图3)。①

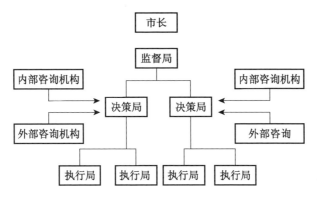

图 3 改革后深圳组织机构

资料来源:江正平、郭高晶:《深圳和香港"行政三分制"改革的比较和启示》,《领导科学》2011年第9期。

这一结构与英国执行局相比的不同点在于以下几个方面。首先,英国的决策和执行的分离是在部门内部进行的,而深圳把这一分离放到了政府层面,有的专事决策,也就是当初设计的三大委员会,委下面是专事执行的局。其次,英国的政策和行政之分从结构上打破了上下的等级关系,将两者的关系改变成合同双方的关系,在地位上具备了更多的平等性,而深圳的委和局还有上下关系,没有超越韦伯式的基本结构。再者,在英国的模式中,决策、执行和监督是一个部门内的功能划分,而决策和监督功能通常是在一起,决策者同时也是监督者,而在深圳的模式中,这三者都以不同的部门的形式出现,同时又把监督局置于决策局之上。尽管有这些不同,但是深圳的权力三分的设计在一个主要点上与英国是相似的,那就是以合同的方式将决策与执行既分开又联系起来,并对执行方进行绩效管理。这一做法打破了纯粹意义上的官僚制的命令服从关系,尽管在结构的设计上还保留了上下的等级形式。因此,深圳的权力三分与其说是结构的变动,还不如说是运作机制的变动,尽管这一变动不

---

① 江正平、郭高晶:《深圳和香港"行政三分制"改革的比较和启示》,《领导科学》2011年第27期,第9—11页。

像英国来得这么彻底。

相比之下,2009年深圳的改革不仅在结构形式上没有采用2004年的设计,它基本上就是对应上面的大部制结构。更重要的是,它在运作机制上也与2004年的设计毫不相干。它基本上就是一个部门的放大而已。

大部制改革的实质是改变政府的DNA。它应该在两个层面上进行。一是横向的部门首先在合并同类项的原则上将职能相近的部门进行整合,解决职能交叉重叠、运作不畅的问题。其次是在新的部门建立起来后如何根据三种不同的权力属性处理好"决策权、执行权、监督权既相互制约又相互协调"的问题。二是在大部门建立起来以后,如何解决内部的运作机制问题,以使组织的效率得到提高。传统的政府运作是建立在官僚制基础之上的。正如前面指出的,官僚制的基本结构是由纵向的、以等级形式出现的命令指挥和执行系统和横向的以职能部门形式出现的分工协作系统构成的。横向的分工在适应专业化要求的同时,也会因分工导致的部门林立、部门职能交叉和重叠而带来部门间协调的困难和运作不畅,而大部制结构想解决的就是这一横向的整合问题。但是,横向问题的解决往往会带来大部门内部的纵向之间的问题。这主要表现在随着大部门的建立以及内部部门的增加,在控制幅度不变的情况下,会增加等级,而如果等级不变,那么就会导致内部各个部门数量增加,这又会带来内部协调的难度,在决策、执行和监督一体的情况下,也会带来运作上的困难。因此,大部制在解决横向整合的同时,还要考虑如何解决因部门的扩大而导致的内部管理和运作问题。比如,2009年,深圳曾撤并贸易工业局、科技和信息局、市保税区管理局、市信息化领导小组办公室等多个机构,成立了科技工贸和信息化委员会,"这个举措虽大大减少原先各个部门职能交叉、政出多门现象,但由于机构过于庞大、沟通不畅,最终于2012年2月选择一分为二"[①]。因此,结构的变化必须考虑由此带来的组织运作机制的变化,而英国执行局的设计就是想通过将决策与执行分开的运作机制来解决组织如何有效运作的问题。它的背后是以结果为导向的企业式运作理念。简单来说,执行局的做法就是颠覆官僚制的结构和运行方式,改变政府的DNA,这个DNA就是与政府形影相随的官僚制。

我们的大部制改革至今还停留在结构的层面上,组织内部的运作机制却

---

① 《广东团代表审议国务院机构改革和职能转变方案》,《深圳晚报》,2013年3月13日,第1版。

没有得到大的改观。运作过程中的决策、执行和监督还是体现了官僚制的集中和统一的特征。将这三者分开，也就是将掌舵和划桨分开，使三者相互制约和互相协调，这意味着部门内部运作机制的改变，而这一改变的较为彻底的方式，就是像英国和新西兰的执行局模式那样，以委托代理和绩效管理的方式改变政府的 DNA。正如前面指出的，在官僚制体制下，组织内部不存在决策与执行的互相制约，作为执行的下级必须服从上级。这种互相的制约，在委托和代理的关系中则能得到较好的表现，因为委托方和代理方在合同面前不再是上下级关系，而是平等的关系，而只有这样的关系，才能真正谈得上"互相制约和互相协调"。

以这种方式进行机制的改革，需要处理好两个方面的大问题。首先，如何对待现有既得利益的问题。从一个稳定的、有保障的公务员体制中的一员转变为建立在有风险的合同基础之上的运作团队的一员，这一改革的难度是可想而知的。这里无意讨论改革的一些具体的技术性问题，需要注意的是改革在进行顶层设计时必须考虑到减少由此引发的阻力问题，使改革能够得以推进。其次，如何在推行决策、执行和监督三分的运作机制改革时防止出现像英国、新西兰的执行机构出现的如破碎化、部门考虑等上面提到的一些问题，吸取前车之鉴，更好地推进这一机制的改革。

公共服务的流程再造：
从"无缝隙政府"到"网格化管理"*

摘要： 打破部门、层级以及职能的边界，提供一种以公众需求为导向的、精细化的、个性化的全方位覆盖的公共服务是公共管理理论界和实践界一直在探讨并试图解决的问题。本文探讨了网格化管理在这方面对无缝隙政府的突破和超越，并对公共服务的流程再造进行了分析。

一、无缝隙政府的流程再造

打破部门、层级以及职能的边界，提供一种以公众需求为导向、精细化、个性化、全方位覆盖的公共服务是公共管理实践一直在探讨并试图解决的问题。问题的缘起在于官僚制组织。官僚制组织的运作以纵向的层级控制和横向的职能分工为最重要的特征，这种集权和专业化的运作方式在带来效率的同时，也带来了层级过多、职能交叉重叠，部门分割和管理的破碎化，并导致公共服务质量的下降。部门、层级以及职能之间的壁垒带来了协调的困难和管理运作的不畅。拉塞尔·林登列举的美国康涅狄格州劳工部的例子可以说是官僚制组织运作的一个典型例子。劳工部的员工在三个互不相关的项目领域里做着非常专业化的工作，这三个领域是：失业救济、培训和提供就业信息。员工无力处理面临的既复杂又涉及多种交叉职能的难题。这种各自为政的制度让劳工部的顾客和失业的市民们不胜其烦。失业的市民必须排着长队等待失业补偿，接着又重新排队获取工作信息和培训的信息[1]。这在官僚制政府的运作中是一个普遍而常见的现象。如果要提高服务质量，让公众满意，就必须改变这种运作方式。

---

* 本文原发表于《公共行政评论》2012年第2期，第1—21、178页。
[1] [美]拉塞尔·林登：《无缝隙政府》，汪大海等译，中国人民大学出版社2002年版，第188页。

因此，当新公共管理改革狂飙突起时，官僚制组织及其运作方式的再造自然构成了新公共管理改革的一个重要内容，作为这方面改革声名卓著的、以"无缝隙政府"出现的政府流程再造模式也应运而生。正如欧文·休斯指出的："公共行政的僵死的、等级制的官僚制组织形式如今正转变为公共管理的弹性的、以市场为基础的形式。这不仅仅是一种形式上的变革或管理风格的细微变化，而且是在政府的社会角色及政府与公民关系方面所进行的变革。"[①]"无缝隙政府"不仅是管理风格以及管理流程的变革，而且也是政府的社会角色及政府与公民关系的变革。这可以在无缝隙政府流程再造的"以结果为取向"和"以顾客为取向"两个方面反映出来。

无缝隙的管理流程变革首先体现在围绕过程和结果，提供整合式的服务运作方式上，它改变了以往政府长期来按照职能和部门来进行运作的方式。围绕过程和结果来运作，首先要解决的问题是如何打破部门、层级以及职能的边界，解决部门机构的协调和整合问题。因此，协调和整合构成了无缝隙政府运作的核心。在奥图尔看来，有五个方面的原因导致了协作性结构的出现：第一，处理艰巨或者复杂问题的政策可能需要这样的结构来执行；第二，基于政府直接干预上的局限性，当公众偏好更多的政府行动同时要求更少的政府干预时，未来在特定问题领域取得成果，人们可能要求采用协作结构，因为只有协作才能做到；第三，政治驱动力诱导出可能必要的联网；第四，信息的不断增多；第五，包括横向规定和交叉法令在内的命令层次为管理网络提供了额外的压力[②]。这种协作性的结构不仅要解决传统的部门与部门之间的协调问题，而且还要解决在信息化条件下新的协调方式问题，即随着政府的分权，如何通过网络的方式使政府的整体能更有效地协同工作。

解决由专业化运作导致的破碎化的状况的另一做法是进行整合。根据整体性治理理论，在政策、管制、服务和监督等方面的整合表现在三个方面：(1)不同层级和同一层级的整合，比如中央机构与地方机构，以及地方机构内部的不同部门之间的整合；(2)职能的整合，可在一些功能内部进行协调，比如使海陆空三军合作，也可以在少数和多数功能之间进行协调，比如健康保障和

---

① [澳]欧文·休斯：《公共管理导论》，张成福等译，中国人民大学出版社2004年版，第1页。
② [美]罗伯特·阿格拉诺夫、麦克·麦圭尔：《协作性公共管理：地方政府新战略》，李玲玲、鄞益奋译，北京大学出版社2007年版，第22—23页。

社会保障;(3)部门之间的整合,可以在政府部门内部整合,也可以在政府部门与非政府部门之间进行整合①。在林登的以打破职能、层级和部门边界进行流程改造而出名的《无缝隙政府》一书中,有两个例子可以帮助我们更清楚地理解这种流程的变革。

第一个例子是汉普顿市围绕自我管理团队进行的整合。汉普顿市打破了原有的政府组织结构,把原有的典型的市议会—市执行长—助理市执行长—部门负责人—小组负责人这样的五个层级的结构改变成市议会—市执行长—部门负责人三个层级的结构(见图1、图2)。

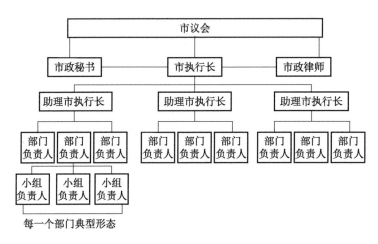

图 1　汉普顿市原有的政府组织结构

资料来源:[美]拉塞尔·林登:《无缝隙政府》,汪大海等译,中国人民大学出版社2002年版,第160页。

这一扁平化整合的主要改变在于市执行长直接领导部门负责人,而部门负责人和执行长之间之所以不再需要助理市执行长这一层级,是因为部门根据四个模块(即公共安全、市民服务、基本结构和资源管理)组成。这样,原来的37个部门负责人就分成了4个任务小分队,一个部门的负责人作为任务小组的负责人,这一职务大家轮流担任。这里我们看到了职能的整合,也就是把相近的职能组合成四个不同的模块,这首先使扁平化成为可能(原有37个部门的幅度太大,以致在市执行长和部门负责人之间需要一个助理市执行长层

---

① Perri 6, Diana Leat, Kimberly Seltzer, & Gerry Stoker, *Towards Holistic Governance: The New Reform Agenda*, New York: Palgrave, 2002, p.29.

公共服务的流程再造：从"无缝隙政府"到"网格化管理"

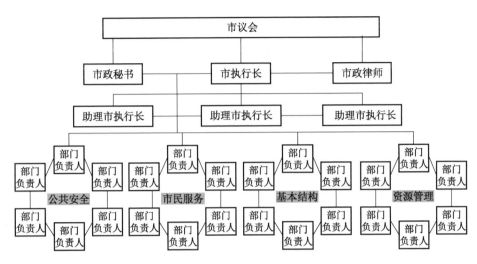

图 2　汉普顿市围绕自我管理团队进行的整合

[美]拉塞尔·林登：《无缝隙政府》，汪大海等译，中国人民大学出版社 2002 年版，第 161 页。

级)；其次可以打破原有的部门壁垒；再者，由若干职能构成的模块在一定程度上具备了过程的特点，因为运作的方式从原来的从各自职能角度出发变成了为达成目标(结果)而进行协作。此外，助理市执行长的任务变成了监督，监督经济发展和生活质量，简而言之，监督运作的结果。此外，这种职能的整合也导致了纵向层级的减少，从原来的四级减少到三级，使得直线的运作更加迅速。

第二个例子是美国林业局第 9 区以信息化为基础的管理整合。如何借助信息管理来提高整个组织的运作效率在今天已经成为组织管理的一个重要内容。以美国林业局第 9 区为例，以往的分散的地区结构使信息管理通常采用的是功能性的解决方式。从事不同专业工作的人搜集各自所需的信息资料，这使得有些数据资料不仅互相重叠，而且不能共享。不同的员工和单位拥有不同的信息库，每一个信息库都只支持他们自己的、当地的、功能性的项目。这导致不同的员工重复采集相同的数据资料，数据资料自相矛盾而且不能促成有质量的决策，或者无法及时对问题作出反应，人们为此采取的弥补措施耗资巨大。事实上，这也是职能分割带来的一个结果，因为信息管理还是建立在原有的官僚制结构上。美国林业局第 9 区改革的做法是建立一个数据资料共享的平台，将多个数据库进行整合，并将这些数据资料与森林服务的计划和项目系统地整合在一起,同时将数据资料进行标准化处理,使所有员工都可以使用。

如果说这两个例子反映的是流程改革的过程取向和结果取向的话,那么,下面一个例子则展现了改革的顾客取向,也就是说,它涉及了"政府的社会角色及政府与公民关系的变革"。这个例子就是湖地地区医疗中心进行的按照病人需要而不是官僚机构的需要进行的整合。我们可以在林登的著作中看到从里到外的由五个圆圈构成的一张图(见图3)。

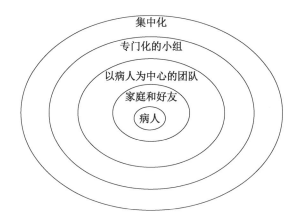

图3 湖地地区医疗中心进行的按照病人需要而不是官僚机构的需要进行的整合

资料来源:[美]拉塞尔·林登:《无缝隙政府》,汪大海等译,中国人民大学出版社2002年版,第177页。

图3的核心,也就是第一层是病人,后面的四层圆圈都由它而扩展;第二层是家庭和好友,他们能对病人做些什么;第三层是以病人为中心的医疗团队,这是多职能的团队,能够胜任大多数病人的护理工作,他们提供主要的服务;第四层是专门化的小组,医疗团队毕竟不能解决所有的问题,比如它不能配药,因此,它需要专业化的后台支持,专门化的小组就起这样的作用;第五层是集中化,有些湖地无法提供的服务,比如由于技术和资金上的原因,需要其他地方的医护人员来提供。此外,湖地医疗中心还提供了无缝隙式的入院过程。病人入院,首先由一位具有多种技能的辅助人员迎接,在做了各种化验、拍X光等后,此人将病人介绍给将护理他的医疗团队,剩下的事由团队来做。因此,住院那一天,病人直接进入病房,无需等待。

将三个例子结合起来,可以看到"无缝隙政府"这一流程再造的最主要的特征就是围绕顾客展开的以过程和结果为取向的无缝隙流程再造,新流程的特点在于"无缝隙组织以一种整体的而不是各自为政的方式提供服务"①。在拉塞尔看来,流程再造是因应了社会从以生产者为中心到以消费者为中心的变化。要对顾客提供及时和高质量的服务,需要建立机构之间的战略同盟,需要在机构内部拆除"柏林墙"。简而言之,用整体性理论的话来说,就是在部门、层次和职能之间进行全方位的打通。

然而,如果从部门、层次和职能之间全方位打通(用另外的话来说,就是"纵向到底,横向到边")的角度来看,以上述三个例子为代表的无缝隙式的运作还是有其不足之处的。首先,汉普顿市通过以若干职能围绕模块构建的扁平化运作,还是以官僚制组织本身而不是根据公众的需要为出发点的。它缩短了纵向的距离,导致沟通和情况交流的方便以及反应的迅速,但如何纵向到底,直接与一线公众接触,尤其是提供这些公众所需的个性化服务?这一建构的重心还是在官僚组织,没有涉及如何借助或利用其他的途径和渠道来更快更全面地了解公众需求的问题。湖地医疗中心的建构恰恰在一定程度上解决了这个问题。如果我们说汉普顿市的建构是从上到下的话,湖地医疗中心的整合则是从下到上的,也就是以客户为中心来展开的,它颠覆了官僚制组织历来的从上到下,也就是以官僚为中心的建构。但是湖地医疗中心的例子是有局限的,如果把它扩大到一个区域(比如一个城市),如何对如此众多的公众提供满足他们个性需要的服务?其他不论,按照湖地医疗中心的做法,这种运作成本就是无法承担的。因此,在官僚制组织还必须存在的前提下(因为常规的服务还必须由它来提供),如何利用像湖地医疗中心那样的方式,围绕顾客自下而上获取需求信息并自下而上地一层一层地(一层能解决的,不交给上一层)解决问题,也就是在层级间真正打通,仍然是需要解决的一个问题。

其次,汉普顿市的职能围绕模块的建构只是改变了职能的空间布局,将37个部门的职能整合成4个模块,减少了职能之间的壁垒,但4个模块之间的壁垒依然存在,没有解决"横向到边"的问题。如何再打通?湖地医疗中心的建构又在一定程度上解决了这一问题。湖地医疗中心的医疗团队基本上解决了病人所有的问题,尽管它需要后台的支持。但如果也把这种方式放大到一个区域(比如一个城市),它需要解决如何对公众大量不同的需求进行迅速反应和迅速解决的问题。在官僚组织还是建立在以部门为表现形态的职能基础上的情况下,如

---

① [美]拉塞尔·林登:《无缝隙政府》,汪大海等译,中国人民大学出版社2002年版,第4页。

何做到像医疗团队那样把医治病人所需的内科、外科以及其他各科的职能打通？表现在政府方面，如何把满足公众需求的各种职能打通？

由此我们看到第二个案例。美国林业局第9区在信息管理上提供了一个共享的信息平台，这有点类似于"一站式"的服务，可在这一集中的空间里得到各种服务或各种信息。但这一改革通过信息技术在相当程度上也只是打破职能和部门的边界而已，它的运用还是有限度的。

尽管这三个无缝隙流程再造的例子都有其局限，但它们从各自的角度提供了公共服务流程再造的启示：第一，如何在官僚制还是作为政府主要的组织结构的情况下减少层次，缩短自上而下的运作路线；第二，组织结构和运作流程如何围绕顾客来设计；第三，如何在更大层面上利用信息技术。在此基础上，可以考虑这样一个更深的问题：有没有可能在更大的政府管理范围内将这三者综合起来，以顾客为中心，利用信息技术，将政府组织的层级、职能和部门全方位地打通，从而真正做到"纵向到底"和"横向到边"的无缝隙运作？在此，中国北京东城区和浙江省舟山市的网格化管理模式就非常值得关注。

二、网格化管理：中国经验

网格化管理最早是由我国北京市东城区在2004年提出来的一种新的数字化城市管理模式，然后在其他地区（如上海、舟山等，舟山的网格还包括了农村和渔村）推广。网格化管理借助信息技术，借助社会力量在政府层级、职能和部门之间进行了全方位打通的努力，尽管带有浓厚的中国色彩，但它是继"无缝隙政府"模式后在政府管理流程上的一个重大变革和突破。它经历了一个从着眼于管理走向管理和服务并重的过程（或者说经历了一个北京模式到舟山模式的发展过程），通过网格进行全方位的管理和提供全方位的公共服务，并以此来提高服务的质量。网格化管理首先运用网格地图技术将某一地理管辖区域划成若干网格单元，作为最小的管理和服务单位（网格在某种程度上也可以说是纵向的底），比如北京东城区最先根据一万平方米为网格单位，将整个城区划分为1 539个互相联结的网格单元，配备350名城市管理监督员。监督员的职能是对其管辖的网格内的城市部件进行监控。所谓城市部件指的是市政公用、道路交通、市容环卫、园林绿化、房屋土地等相关设施。这些设施被逐一登记编码，比如东城区的每一部件按"市辖区代码—大类代码—小类代码—部件名称—归属部门—问题位置—所在网格号"编码,并将其纳入地理空间数据库,"从而在 21 个行政执法部门,6 个政府职能部门和 10 个街道的保洁队、绿化队之间形成信息共享"[1]。在这里我们看到它同美国林业局第 9 区的一个相同的做法:利用信息技术通过信息共享来打破职能的边界。两者不同的地方在于东城区的网格管理在更大的地理空间、更多的职能之间进行共享,但这一更大的空间是有限度的,也就是它被定位在一个网格之内,这是网格设计的一个优点,因为在更大的空间里(比如像以前以一个区为地理空间),提供信息平台将多种职能集合到一起在管理上是做不到的。

网格的管理员一般只能发现问题,而没有能力解决他所发现的所有问题,因此,他需要有后台支持。这有点类似湖地医疗中心的医疗团队。团队背后是需要后台的,这些后台就是一个一个的专业部门。一个服务团队可以发现很多问题,但它不能马上同时解决所有的这些问题,一些问题需要背后的一些职能部门来解决。那么,如何以最快的速度将信息传递到有关部门,使有关部门进行迅速反应?这里显然需要进行组织结构的改造,从而在实现职能全打通的同时打通部门和层级。汉普顿市的做法是将 37 种职能整合成 4 个模块,但它没有解决模块之间的打通(比如从公共安全到资源管理的流通还有一个壁垒),也就是说,当下面要寻找与上面对应的职能时,尽管可以较快地在 4 个模块中找到,但如果所涉事项不是一个模块内的职能部门能够解决的话,就要在模块和模块之间进行沟通。因此,在这里至少还缺少一个可以将所有这些职能和部门打通的平台,也就是横向没有到边。

北京市东城区的设计是在网格上面建立两个平行的结构,也就是城市管理监督评价中心和城市管理指挥中心。这样,就构成了只有两个层级的组织结构,完成了"纵向到底"。网格监管员通过城市通信系统[2],将情况报告给这两个中心,然后由指挥中心调度综合执法力量到达网格的部件位置解决问题。在这过程中,监督评价中心根据网格监管员的反馈,对指挥中心的运作进行监督。这样,在任何网格内发生的事可以通过两个中心迅速找到相关的职能部门(见图 4)。中心这一平台能够触及所有的职能部门,职能之间、部门之间的

---

[1] 参见杨宏山、齐建宗:《数字化城市管理模式》,中国人民大学出版社 2009 年版。
[2] 东城区为网络化管理开发出了号称"城管通"的通信技术,"城管通"利用移动通信和定位技术,以手机为原型,实现图片、视频、音频等信息的采集、上传和接收的同步化,在第一时间内将现场信息上报到城市管理监督中心处理,极大地促进了信息的沟通。

协调在这个平台上得以完成。这里我们看到了职能和部门的全打通。

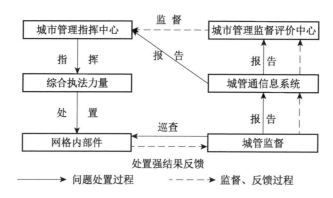

图 4　北京市东城区网格化管理的组织结构

资料来源:高恩新:《基于信息整合与人员下沉的城市管理创新研究》,《中共浙江省委党校学报》2011 年第 6 期。

但这只是一种对事的管理,一般只具备静态和机械的特征,尽管网格化的管理在管理的精细化和高效率方面已经大大地跨出了一步,但是,当把网格化管理用于对人的管理和提供公共服务时,怎样也做到职能和部门的横向到边同时层级纵向到底呢?这里进行的流程改造首先必须考虑现有的政府管理状况和政府的组织结构。

以政府进行城市管理组织结构而言,这一结构在 20 世纪 90 年代曾经发生过变化。以上海为例,上海从 20 世纪 90 年代起开始搞"两级政府、三级管理"的城市管理模式。"两级政府"强调区级政府在管理区域内的作用,也就是具体的管理事务、管理权限,以及财政资源由市级政府向区级政府流动。"三级管理"强调街道党政机关在管理本地区事务的重要作用,承担更加明确的协调和管理职能,虽然街道办事处在法律上不具备一级政府的地位。简而言之,这一模式的特征就是管理重心下沉。但是,在条块分割的体制下,这一模式还是有很多问题。首先,从层级上讲,街道是三级管理中最吃重的,管理下沉到街道的结果,就是它除了要管理辖区内的事务外,还要应付来自上面许多职能部门的任务。例如,街道的综合治理办公室涉及多个上级部门。任何一个区级部门,都可以随时向街道综合治理办公室安排工作任务。然而,街道对辖区内的条线部门又缺乏足够的制约能力,这样就形成了条和条以及条和块之间的分割。由于街道掌握的治理资源有限,加上各类矛盾和争纷以及各类管理事务的增多,街道就开始将相当多的行政工作往下转移到居委会,以致本来是群众自治性组织的居委会也变成了一个行政执行机构,担负起从反恐到计划生育、从统战到公共安全的各项任务,一切事务进社区。

正因为如此,在"二级政府、三级管理"之后又有了一个"四级网络",其出发点是把居民区作为社会管理中的基础单位,通过居民区各类组织,建立起维系社会管理和稳定的网络体系。但是,居委会无论从哪个角度来说(管理人员的素质、机构设置和工作机制等)都无法适应来自上面千条线的工作,无法履行城市社会管理的重任。很显然,这一模式的特点还是强调政府自上而下的行政调控,还试图用行政力量来整合和调控城市社会。从组织建构的角度来讲,它还是一种从上到下的建构,是围绕上级政府来设计的。因此,在运用网格化管理设计的时候,如何对现有结构进行改革,使它做到纵向到底,横向到边? 如何"实现城市管理从多头到统一,从被动到主动,从单兵出击到协同作战的转变"[①]?

舟山市的设计是在北京网格管理基本原理的基础上进行的,但在网格管理中加入了组团式服务,并在 2008 年启动这一模式。舟山网格化治理的主要理念是:"网格化定位、组团式联系、多元化服务、信息化管理、全方位覆盖、常态化保障"[②]。在设计中,它遵循"以公众为中心"的理念,在网格内建立一个服务小组,称之"网格化管理、组团式服务"。舟山市将全市划成 2 428 个网格(渔、农村一般 100~150 户组成一个网格,城市社区适当扩大),每一个网格配备由 6~8 人组成的服务团队,"到 2008 年底,全市网格团队服务人员达 13 565 人,其中县(区)干部 772 人,乡镇(街道)干部 2 479 人,社区干部 2 011 人,普通党员、医务工作者、片区民警、义工、教师、渔农科技人员和乡土实用人才 8 303 人"[③],"网格化管理、组团式服务"的核心工作是以"为民、惠民、便民"为宗旨,以"网罗民声、了解民情、化解民忧"为手段,以"得人心、暖人心、稳人心"为目标,最大限度地整合资源,全面、及时地回应群众要求,解决基层群众的各种实际问题,做好群众的各方面工作。网格团队与每个网格的所有群众(户)一一联系对应,他们每年至少要进行四次走访,并通过多种方式及时收集和处理自

---

① 陈平:《网格化城市管理型模式》,北京大学出版社 2006 年版,第 77 页。
② 参见夏仁康:《以人为本、创新基层社会管理——舟山市"网格化管理、组团式服务"调查》,浙江省委党校 2011 年第二期领导干部进修二班第二组课题,www.zjdx.gov.cn/1304/30953.htm。
③ 孙建军等:《从管制到服务——基于舟山"网格化管理、组团式服务"实践的分析》,《中共浙江省委党校学报》2010 年第 1 期。

己"责任区域"中的问题和建议,主动帮助协调解决群众反映的问题和困难。网格团队"走村入户全到位、联系方式全公开、反映渠道全畅通、服务管理全覆盖",确保了"每一寸土地都有人管,每一项任务都有人落实",从而在组织体系上解决了基层管理与服务中的"主体缺位"和"管理真空"问题。①

但是,服务团队并不能解决网格内的所有问题,它也需要后台支持。因此,如果说网格是网格化管理的第一个层次的话,那么舟山在网格一级上面还建立了四个层级,依次为社区(居委会或村)级、镇街级、区县级、市级,构成了由五个层级构成的管理系统。其运作的原则是凡一级能解决的问题,就由该级解决。无法解决的,由上一级解决。在最高一级,也就是市一级,建立了一个"网格化管理、组团式服务"工作领导小组,由市委书记或市长任组长。领导小组下设办公室,统领五个专项组,即综治平安组,由市委政法委负责;团队管理组,由市委组织部负责;城区工作组,由市民政局负责;渔农村工作组,由市渔农办负责;技术保障组,由市信息中心负责(图5)。

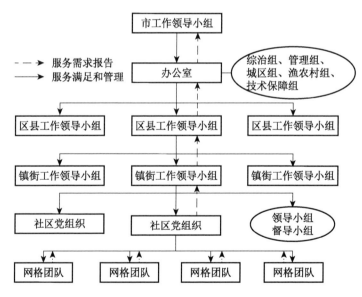

图5 舟山市"网格化管理、组团式服务"的组织结构

资料来源:孙建军等:《从管制到服务——基于舟山"网格化管理、组团式服务"实践的分析》,《中共浙江省委党校学报》2010年第1期。引用时笔者重新绘制了此图。

---

① 参见张兵:《"网格化管理、组团式服务":新时期基层治理的舟山模式》,党建读物出版社2011年版。

这样的一个层级结构通过网格直接联结服务对象,使它的触角延伸到了最底层,做到了"纵向到底",从而在组织体系上解决了基层管理与服务中"主体缺位"和"管理真空"问题。原有结构的底,以汉普顿市的例子来说,就是官僚机构的部门,我们看到的是自上而下的运作,无法看到自下而上的运作,因而这一结构还是以官僚为中心的。在原有的中国的城市组织结构中,这一结构的底从严格意义上讲是街道,但街道又进行了延伸,下沉到社区或居委会,但我们也没有看到它们与服务对象的有效联结,因为受到了社区和居委会的管辖空间以及自身的状况的限制。因此,它也是一种自上而下的、以官僚为中心的组织结构设计。而舟山的网格化管理结构既可理解为自上而下的设计,也可以理解为自下而上的设计,因为最底层的网格团队担负着向网格内公众提供服务,或在无法解决网格内问题的情况下向上反映情况的使命。在现实的管理中,这两者实现了双向互动,弥补了原有自上而下结构的不足。

这一结构同时在横向上也把职能和部门打通,做到了"横向到边"。服务团队类似于湖地医疗中心的医疗团队,涉及个人的需要和问题在这里集中。服务团队如不能解决,就通过上一层级来解决,每一级都有这样类似的平台,使得问题和需要可以很快地到达相关的职能部门。"各级政府及部门将开展的各类管理服务活动与网格化治理工作有机结合起来,强化条块协同,通过一网式服务实现了条条与块块之间的有效对接。以避免不同管理部门(条条)之间的沟通协作缺乏、各自为政或政出多门,有效整合和充分利用处于零散状态的社会管理资源。从而形成全市对社区群众管理服务的信息化、精细化和快速回应群众意见的长效机制。"[①]实现了政府管理服务由以往的条条、单向朝块块、点面结合转变。

使这一全贯通的管理和服务得以成功的一个途径是信息技术。舟山市为"网格化管理、组团式服务"开发了一个综合性、集成式、共享性的"网格化管理、组团式服务"信息管理系统。该系统由基础数据、服务办事、短信互动、工作交流、民情日志和系统管理六个模块组成,具有数据查询统计、信息互动、工作交流和网上办事等功能。"基础数据"录入了网格内居民家庭和个人基本情

---

① 参见夏仁康:《以人为本、创新基层社会管理——舟山市"网格化管理、组团式服务"调查》,浙江省委党校 2011 年第二期领导干部进修二班第二组课题,www.zjdx.gov.cn/1304/30953.htm。

况等信息,并进行汇总整理,建立数据库,同时注重信息的日常收集积累和维护更新,使政府可以动态掌握、全面了解群众的实际情况,提高管理服务的精细化、动态化水平。"服务办事"是为全体网格居民开放的一个网上办事平台,也是政府有关部门为网格居民提供服务的协作平台。在公众的诉求以短信、电话或走访的方式被输入信息系统后,系统便立即自动受理,由相关单位负责限时办理,做到了一口受理、一网协同、实时监控、双向考核,从而使各级各部门为群众服务的每一个环节都留有印记,确保公众反映的问题件件有回音、事事有落实。"短信互动"是网格服务团队、政府有关部门与网格居民之间的短信互动平台,居民可以随时与网格服务团队成员沟通、反映情况,政府有关部门与网格团队也可以及时将有关信息发送给网格居民。"工作交流"是网格团队成员和机关工作人员就网格化管理进行工作交流的平台。网格团队成员可以通过这一平台记录联系服务群众的经验做法、心得体会、难点疑点、意见建议等,促进信息互通、经验共享、困难互帮,提高彼此管理服务水平。"民情日志"是记录网格服务队员走访情况、事情具体处理的情况或体会,尤其是反映走访中发现的各种问题。同时,该平台对网格队员无法自行解决的问题,还可以开启流程上报处理。"系统管理"是管理员维护系统正常运行的功能模块。舟山市"网格化管理、组团式服务"系统平台运行3年以来,"整合了近30个部门应用,累计解决类似的问题6万个,办结率达到99%,记载事件20万篇,短信平台将近一年时间发服务短信1 800多万条次"[①]。

  北京东城区后来在将网格化管理从对事的管理升级到对人的管理时,参照了舟山的做法。该区在每个网格配备了7类人员,如网格管理员、网格警员、网格司法人员、网格消防人员等,类似舟山的服务团队。每一个网格内拥有7大类、32小类、170项信息、2 043项指标的信息数据库。这些信息不仅覆盖了网格内的"部件",而且还涉及网格内的"事件"和"人员",实现"人进户""户进房""房进网""网格进图"的精细化管理。每一居民楼的"楼长"要负责采集"10+X"信息(指10项固定信息,包括本楼门户户籍人数、常住人数、流动人口等,"X"指群众诉求、安全隐患等特殊信息),通过家中统一

---

① 参见《舟山市"网络化管理、组团式服务"信息管理平台》(2014年5月7日),巩义市社会公共管理专题网站,http://www.gongyishi.gov.cn/shgl/zjwg/xxjl/jyjl/webinfo/2014/05/1398842581170651.htm。

配备的数字机顶盒统一接收或上传相关信息。信息经过网格平台会上传到社区、街道和区相关职能部门,然后根据网格化总体职能分工和处置程序,由相应指挥中心下派任务,具体处理相关问题。到2015年,东城区要实现"天上有云(云计算中心)、地上有格(社会管理网格)、中间有网(互联网)"的新的社会管理体系。①

打通以后通过什么运行机制来保证整个管理系统有效地工作?这是在新的流程再造中必须考虑的问题。没有运行机制,网格化治理就难以发挥系统特定的功能和作用。以舟山的"网格化管理、组团式服务"系统为例,主要是通过八项机制来保证系统的运行的。

一是责任包干机制。要求每个管理服务团队在本网格内"包管理、包服务、包教育、包提高",它打破了以往根据条线职能进行责任包干的做法,把诸如治安、卫生、计划生育、重点信访户、归正人员、环境整治等工作打通并整合起来,同时充分利用现代信息网络技术来提升责任包干制度的技术含量。

二是民意表达机制。通过网格服务团队"走村入户全到位、联系方式全公开、反映渠道全畅通、服务管理全覆盖",融诉求表达机制、矛盾调处机制、权益保障机制于一体,进一步健全和完善了民意表达机制,实现了民意表达经常化、全覆盖。同时,全市出台《"两代表一委员"融入"网格化管理、组团式服务"工作意见》,要求各级党代表、人大代表和政协委员与网格对接,将网格管理服务团队收集的各类群众诉求通过代表、委员们向各级党委政府直接加以反映,从而进一步畅通了体制内民意表达的渠道。

三是民情研判机制。建立完善社区每月一次、乡镇(街道)两个月一次、县(区)每季度一次、市里每半年一次的网格化管理民情分析会,分析社情民意,研究解决共性的或需要由本级层面集体研究解决的问题。市和县(区)网格办编制每月一期的群众诉求情况分析,对重大民情信息进行分析整理,为决策提出建议和意见。

四是民主决策机制。通过发放联系卡、上门走访、开通短信互动平台等方式在第一时间掌握社情民意,为决策奠定基础。通过在专门网站上开辟"服务

---

① 高恩新:《基于信息整合与人员下沉的城市管理创新研究》,《中共浙江省委党校学报》2011年第6期。

办事"栏目、制订以公民满意为导向的考核办法、实施重大事项决策公示制等措施来保证决策权力的合法行使。通过社区议事室等民主协商机制来发挥公众在社会公共事务管理中的作用,切实保障他们的知情权、参与权、表达权和监督权。

五是分层解决机制。五个层级在各自范围内都建立相应的问题处理机制。乡镇一级以下能自行解决的就自行解决,如果各网格管理服务组提交上来的问题在乡镇(街道)层面不能解决、需要通过更高层级来解决的,则通过"服务办事平台"把问题提交到县(区)网格办,提交给各相关职能部门在规定时间内予以答复或解决。

六是信息共享机制。开发了专门的信息系统,设立"技术保障组",负责整合全市电子政务网络资源,建设统一的网络平台,并提供日常维护的技术支持。在各乡镇(街道)、社区(村)均设立信息站,配备专职信息员,专门从事信息平台管理维护及信息输入、反馈工作,实现了信息资源共享。

七是考核激励机制。舟山市为网格化治理建立了考核评价制度。该制度采用百分制方法,是平台检查、暗访调查、满意度测评和项目督查相结合的考核方式。考核的内容主要包括组织机构情况、联系走访情况、民情记载情况、服务办事情况、民情研判情况、配合重点项目开展情况和群众公认情况,并将工作创新情况作为附加分项,采取年度申报制,由市网格办根据创新情况及实际效果来确定加分额度。

八是组织协调机制。覆盖面如此大的"网格化管理、组团式服务"需要强有力的组织协调机制,否则难以保障系统有效地运行。图6描绘了舟山市网格化管理的运行机制。总体来看,舟山市从三个层面建立起组织协调机制。一是建立从市到网格的五级对应组织体系。二是明确要求各县(区)、各部门、各乡镇(街道)以网格化治理为统领,将条条块块各项管理服务工作有机地整合到网格化治理体系之中,强化条块协同,整合公共管理服务资源,使有限的公共资源发挥最大效能。三是在全市建立统一的问题协调解决机制,形成综合管理服务体系,切实解决群众反映上来的各种问题。①

---

① 以上八项机制参见夏仁康:《以人为本、创新基层社会管理——舟山市"网格化管理、组团式服务"调查》,浙江省委党校2011年第二期领导干部进修二班第二组课题,www.zjdx.gov.cn/1304/30953.htm。

公共服务的流程再造：从"无缝隙政府"到"网格化管理"

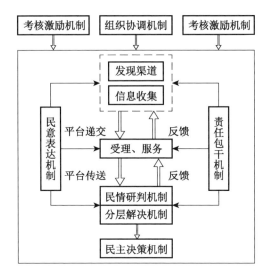

图6　舟山市"网格化管理、组团式服务"的组织协调机制

资料来源：张兵：《"网格化管理、组团式服务"：新时期基层治理的舟山模式》，党建读物出版社 2011 年版，第 40 页。

三、网格化管理：意义、问题与前景

网格化管理（尤其是舟山的例子）无疑受到了"无缝隙政府"的启发。这主要表现在管理理念上是一脉相承的，也就是以顾客为导向和以结果为导向，改变现有官僚结构部门分割、职能重叠或缺位的状况，以无缝隙的运作方式向公众提供快捷和高质量的服务。另一方面，在前面的分析中，我们也看到了网格化管理在中国具体的管理实践中对"无缝隙政府"的超越。这表现在：(1) 网格化管理在层级、职能和部门之间进行了全方位的打通，实现了真正意义上的无缝隙运作；(2) 流程的再造跨越了政府机构本身，也就是通过社会组织和力量将政府机构的触角延伸到最基层的服务对象，这为根据公众的需求提供个性化的服务提供了可能；(3) 网格的结构形式为一种精细化的管理提供了基础，也为全方位的服务提供了平台，它使得在一个大的区域范围内提供无缝隙的服务成为可能；(4) 北京和舟山根据自身情况开发的信息通信技术为网格的运作提供了有效而坚实的支撑，这是在较大区域范围内进行有效管理和提供全方位服务的一个不可缺少的条件。

但网格化管理也存在着一些问题。首先,通过建立网格服务团队实现了政府组织结构的"纵向到底",但服务团队的身份是什么?谁能够进入服务团队?它是由志愿者组成的,还是由上级建构的?它的使命是什么?它是一种中间的力量,还是代表着政府力量的延伸,如同居委会?在这里,我们几乎可以肯定地说,团队是上级建构的。在舟山的例子中,团队还加进了党小组,这样就把团队纳入了政府和党的体系。但这里引发的第一个问题是基层民众的自治问题。事实上,根据相关的法律规定,居委会是群众的自治性组织。基层的自我治理首先是民主行政的需要,其次从政府的角度来讲也可以减少管理成本。但事实是居委会最终都变成了政府的执行机构,或者准行政机构,反映的是政府的偏好,因为居委会的工作人员拿着财政的津贴。这就使得基层的自治变了味道,导致居委会的权威性不高。可能恰恰是这一原因,产生了服务团队。但如果团队还是变成政府的更低一级的组织(尽管像居委会一样不属于政府编制)的话,那么基层的自治就无从谈起。第二个问题是如果团队由志愿者组成,一般问题也不大,因为志愿者通常是出于一种激情奉献自己的力量,他们想达到的是一种自我实现。但是如果不是,这里就有一个团队成员激励的问题。就像居委会的工作人员有津贴一样,如果没有,他们还能保持他们的工作积极性和责任感吗?舟山没有给予服务团队津贴,因此出现了团队成员热情和积极性下降的问题。但是,如果在物质上对团队成员给予津贴补助,那么就会极大地增加财政支出,财政是否能承担?

其次是官僚组织体系和网格化管理体系两个系统之间的问题。"网格化管理、组团式服务"使得传统的官僚组织的从上到下的运作之外多了一种自下而上的运作,这种双向的运作在极大地便利政府满足民众需求,提供个性化的、全方位的服务的同时,也存在以下几个问题。一是,自下而上的运作是通过非常设的领导机构来解决的。由于下面传输上来的问题可能涉及许多职能部门,因此需要一个平台将这些问题分门别类并尽快传递到相关职能部门。我们从舟山的网格化管理组织结构图看到,市领导小组下的办公室(下面都是对应的)起着这样一个平台的作用,如果没有这一个办公室,那么它的结构同汉普顿市几乎是一模一样的。平台要把下面传输上来的问题尽快通知相关的职能部门,同时平台还要起一种协调作用,如果问题需要在专项组之间协调完成的话。但办公室必须是一个常设机构(舟山就是一个常设机构)。这样,从机构设置的角度讲,就多了一个机构,多了相应的人员和经费。二是,按照一层一层解决问题的原则来说,如果问题能够在下一层得到解决,就会导致上一层的闲置。如果上一层是非常设机构,那么问题还不大,但如果是常设机构,就会导致浪费。三是,办公室的工作人员必须很专业,要能很快地判断来自下面的问题需要进入哪个职能部门,或者涉及哪些职能部门,以便迅速地将问题提交到这些部门进行处理。四是,办公室必须是一个权威机构,要能够在专项组之间进行协调。但是,按现有组织的行政级别来说,办公室的级别与专项组是同级的,这会使办公室的权威打折扣。

如果说舟山的网格管理主要是服务取向(事实上也带有管理的功能)的,那么北京的网格化管理可以说是管理取向(在某种程度上是出于维稳)的。管理取向带来的一个问题是,信息的全覆盖固然有利于了解情况并对情况作出迅速反应,但是像北京东城区那样网格涵盖所有人和事,"人进户""户进房""房进网""网格进图"的精细化管理是否会涉及对个人隐私的侵犯?是否使人有种一举一动都受到严密监视的感觉?在保证社会秩序的同时如何保证公众生活的多样性和自由是网格化管理必须考虑的一个问题。网格以及信息技术的运用必须服从于公共管理的核心理念和最高追求,就是人的全面而自由的发展。

从某种意义上讲,舟山的"网格化管理、组团式服务"展示着未来一段时间里我国(主要是城市)政府管理和提供公共服务的较好的前景。但是,有三个问题在未来的发展中是需要考虑的。

第一个问题是如何在进行网格化管理中把这一管理与基层社会的建设结合起来,不断提高和扩大尤其是基层的自治性管理,变政府管理为自我管理。网格化管理的着眼点应该向这一方向努力。汉普顿市的政府结构到了部门一级后没有再往下延伸,其中一个可能的理由是部门下面有一个成熟的基层社会,民间本身会发挥很强的作用,无需像中国那样政府要管到底。由于历史的原因,我国公众自我管理的能力还不强,这也是在一定程度上需要一个较强的政府的原因,但是,倒过来,政府的较强管理又制约了自我管理的成长。如果不注意去培养公民的自我管理意识,不断地为公民的自我管理创造条件,而是一味采用强化政府管理的方式,那么,基层社会就永远不会成熟。马克思历来主张社会凌驾于国家之上,而不是国家凌驾于社会之上。因此,网格化管理要促使市民社会的成熟。

第二个问题是政府管理社会和提供公共服务的方式的多样化问题。事实上,在今天市场化的情况下,政府还可以借助市场和社会的力量来提供公共服务。西方的"无缝隙政府"这一政府流程再造是在公共管理的市场化和企业化的背景下进行的。其用意之一就是通过市场的力量来提升政府的竞争力。"无缝隙政府"在某种程度上也可以说是提升竞争力的一个产物,使政府提供的服务可以与其他组织进行竞争。因此,这里首先是要允许并鼓励这样的组织的存在,在没有的情况下要进行培育,也就是政府要有意识地给自己设置一个竞争对手,并以它来倒逼政府有效地运作。正如美国联邦快递的存在最终导致了历来效率低下的美国邮局提高了效率一样。其次,政府要充分运用社会组织包括其他各类组织来向社会提供服务,而不要仅仅借助,甚至强化政府本身的力量。网格化管理的目的不在于强化政府的力量,而在于使政府以更加有效的方式向社会和公众提供他们所需要的服务,并在一些竞争性的服务领域中使政府的运作具有竞争力。从这个意义上说,网格化管理还需要同推进公共服务的市场化结合在一起。

第三个问题是网格化管理尤其是信息技术的运用需要同人文关怀结合在一起。舟山的"网格式管理、组团式服务"相较北京的网格管理的一个可取之处在于其服务取向,而北京的网格化管理更多是出于一种维稳考虑的管理(在其他地方推行的网格化也多以此为出发点)。网格化管理使用的信息技术应该以保护人的权利作为一个最基本的出发点。网格化管理不应该是一种技术至上的冷冰冰的技术理性主义,一种使人产生异化的管理;相反,它应该是一种充满人性关怀的管理。

Public Service Process Re-engineering:
From "Seamless Government" to "Grid Management"

Abstract: How to break the border of departments, hierarchy levels and government functions, and to provide a kind of public demand-oriented, meticulous, personalized public service is a problem public administration theorists and practitioners have been trying to solve. Based on the case of Zhoushan city of Zhejiang province, this paper discusses the breakthrough of the grid management against seamless government and analyzes the public service process re-engineering in China.

第四编
重塑国家—社会—市场关系

行政审批制度改革:回顾与展望*

摘要: 行政审批制度改革发生了一个从单纯的撤销和减少行政审批项目到撤减与简政放权并举的变化,这一变化有着不同阶段的社会经济发展以及不同思考方式的背景。最新的行政审批制度改革在突破原有改革框框的同时,也保留了原有改革的痕迹。未来的行政审批制度改革需要从远近、内外、上下、多少、公私等宏观关系中加以思考,尤其要从权力来源和公众参与的角度加以思考,以进一步推进改革。

一、行政审批制度改革的历程

行政审批作为一项政府职能,在不同的社会和经济形态使得政府在行使这一职能时表现了不同的方式。在计划经济时代,并不存在今天严格意义上的行政审批,因为行政审批通常被认为是一种国家行政机关依法处理行政相对方的申请,依法赋予行政相对方从事某种活动的法律资格或实施某种行为的法律权利的活动。因此,这一活动存在的前提条件是市场和社会,是存在着不同于政府的其他社会主体。但是,从经济上讲,在计划经济体制下,这样的主体尤其是在1956年中国进入社会主义改造后基本上都消失了。到"文化大革命"的时候,即便是小摊贩也被作为资本主义的残余部分给消灭掉。企业和社会的其他组织事实上都成了政府的附庸,不存在真正意义上的行政相对方,存在的只是领导和被领导的关系、命令和服从的关系。政府掌握了社会所有的资源,形成了国家一统天下的局面。

中国的行政审批改革一般认为起步于2001年,这一年份的背景是很能说明问题的。中国从1992年中共十四大后开始搞市场经济,这是经济体制的一

---

* 本文原发表于《理论探讨》2015年第6期,第5—9页。人大复印《体制改革》2016年第2期全文转载。

场巨大转轨,也意味着政府职能的一次重大转型。在市场经济搞了差不多十年后,从计划体制转型过来的一些政府职能的不适问题也差不多都开始暴露,行政审批的改革也势在必行。这一改革首先是同政府职能转变联系在一起的。我们可以在2001年标志着行政审批改革起步的《国务院批转关于行政审批制度改革工作实施意见的通知》(以下简称"《通知》")里看到这样的表述:各级政府"要进一步转变政府职能,减少行政审批。少管微观,多管宏观,少抓事前的行政审批,多抓事后的监督检查,切实加强监督和落实"。21世纪初中国加入WTO以及服务型政府建设引发的政府职能转变加速了行政审批制度改革的进程。行政审批改革的总体要求是"不符合政企分开和政事分开原则、妨碍市场开放和公平竞争以及实际上难以发挥有效作用的行政审批,坚决予以取消;可以用市场机制代替的行政审批,通过市场机制运作。对于确需保留的行政审批,要建立健全监督制约机制,做到审批程序严密、审批环节减少、审批效率明显提高,行政审批责任追究制得到严格执行"。《通知》同时提出了改革要遵循的合法、合理、效能、责任以及监督原则。从宏观上讲,这一总体要求背后反映的是国家力图理顺与刚出现不久的市场和社会之间的关系,以进一步推动经济的成长和社会的发展。

但是,这样的表述显然还失之抽象,操作起来事实上是有困难的。因此,差不多也就在两个月之后,国务院行政审批制度改革工作领导小组发文(《关于贯彻行政审批制度改革的五项原则需要把握的几个问题》)在这方面进了弥补。比如,在涉及合法原则时,明确指出下位法不得与上位法的规定及其精神相抵触;较大的市的政府规章自行设定的行政审批事项,应当予以取消。在涉及合理原则时,该文明确指出了行政审批作为政府履行职能的一种手段,主要适用的范围包括比如土地、矿藏、水流等自然资源的开发利用;银行、保险、证券等涉及高度社会信用的行业的市场准入和法定经营活动;直接关系人身健康、生命财产安全的产品、物品的生产、经营活动等十四个方面。

在基本原则等确定后,2002年11月,国务院取消了第一批行政审批项目共789项,涉及的部门有国家计委、教育部、国家民委、国防科工委等47个部门[1]。差不多半年之后,国务院取消了第二批行政审批项目共406项,改变行

---

[1] 《国务院关于取消第一批行政审批项目的决定》,国发〔2002〕24号。

政审批项目管理方式的有82项①。

2003年8月,《中华人民共和国行政许可法》的颁布是行政审批制度改革中的一个具有里程碑意义的事件,这表明行政审批正式步入了法治的轨道,该法对实施行政许可的权限、范围、条件和程序,以及原则等做了规定,使行政审批做到了有法可依。随着法律的颁布,国务院要求地方政府和改革部门"抓紧清理现行有关行政许可的规定,对与行政许可法规定不一致的,要及时予以修改或者废止;对确需制定法律、法规的,要抓紧依法上升为法律、法规"。国务院同时要求在2004年7月1日之前完成清理工作,并向社会公布清理结果②。

随着行政审批改革向地方政府推行,国务院对省级政府行政审批制度的改革提出了以下的要求:(1)进一步对现行行政审批项目做出处理;(2)确保国务院取消和调整行政审批项目决定得到落实;(3)加强已取消的和改变管理方式的行政审批事项的后继监管;(4)认真清理并依法妥善处理拟取消和改变管理方式的行政审批项目的设定依据;(5)严格规范行政审批行为,促进依法行政;(6)推进行政审批的制度创新;(7)加强组织领导和督促检查③。

国务院在2002年10月和2003年2月取消和调整1 300项行政审批项目后,在2004年5月再次决定取消和调整495项行政审批项目,其中取消的行政审批项目共409项,改变管理方式,不再作为行政审批,由行业组织或中介机构自律管理的共39项,下放管理层级的47项④。2007年,国务院第四批取消和调整186项行政审批项目,其中取消的行政审批项目128项,调整的58项(下放管理层级29项,改变实施部门的8项,合并同类事项21项)。

尽管进行了一系列行政审批制度的改革,但改革的进展并不是很大,这主要表现在审批事项依然过多;已经取消或调整的审批事项未得到完全落实,审批与监管脱节,对行政审批的制约和监督机制不完善,审批行为不够规范。针对这种状况,《国务院办公厅转发监察部等部门关于深入推进行政审批制度改革研究的通知》提出:(1)继续取消和调整行政审批事项;(2)落实已经取消、调

---

① 《国务院关于取消第二批行政审批项目和改变一批行政审批项目管理方式的决定》,国发〔2003〕5号。
② 《国务院关于贯彻实施〈中华人民共和国行政许可法〉的通知》,国发〔2003〕23号。
③ 《国务院办公厅转发国务院行政审批制度改革工作领导小组办公室关于进一步推进省级政府行政审批制度改革意见的通知》,国办发〔2003〕84号。
④ 《国务院关于第三批取消和调整行政审批项目的决定》,国发〔2004〕16号。

整和保留的行政审批事项;(3)加强对行政审批事项的监督和管理;(4)建立健全行政审批相关制度。事实上,这些措施在以前也强调,再次强调事实上表明改革遇到了阻力。然后在 2010 年,国务院决定第五批取消和下放管理层级的行政审批项目 184 项,其中取消 113 项,下放 71 项。2012 年 9 月,第六批取消和调整行政审批项目 314 项,取消 171 项,调整 143 项[①]。

纵观这差不多十年的改革,可以看到改革存在以下三个问题。第一,这是自上而下的改革,也可称之为强制性的制度变迁,改革的动力来自上层,反映了上层想降低社会管理交易成本的努力,但这种改革方式通常是在没有取得一致同意的情况下强制推进的,因此,可能会造成上下之间的不对称。下级不一定具有上级那种急迫的改革心理,下级的呼应会考虑能否在改革中获得多于现有体制产生的益处,而审批改革涉及的是政府权力削减的问题,这是一个重要的利益问题,地方的进展缓慢是可以想见的。第二,造成这种状况的另一个原因是权力边界的不清,上层通常把行政审批改革与转变政府职能联系起来,而没有涉及这背后的权力问题,因此,改革的做法主要是减少行政审批项目的数目。权力边界的不清导致下级在取消和减少审批项目中的不一致性,也增加了落实问题的难度,因为这种不清晰也可以作为一种保留应该取消的项目的理由。第三,改革的整体方式是政府内部就审批谈审批,审批项目的裁定都由政府自己说了算,缺乏外界的参与和监督,这导致一些撤销和减少的审批项目往往是无足轻重或含金量不高的项目,或者应该撤销的却加以保留或变相加以保留的项目。

二、新常态下的行政审批改革

如果说,行政审批制度改革进展迟缓是与前期中国经济发展中政府居主导者的地位相关的话(简单来说,就是需要政府发挥强势的作用),那么经济新常态就要求政府转变原来的角色,让市场在经济中发挥主导作用,这也意味着政府原来掌管经济的一些权力(尤其是经济权力)必须放弃,审批必须减少,让市场和社会发挥活力,否则要实现这一转变是不可能的。正是在这一背景下,新一届政府行政审批制度改革出现了一些新的特点。这些特点可以归纳为以

---

① 《国务院关于第六批取消和调整行政审批项目的决定》,国发〔2012〕52 号。

下四个方面。

（一）把行政审批改革与制度创新和建设联系起来

具体来说，就是简政放权和推行权力清单制度。以往改革的一个特点只是在审批事项上做文章，即过分强调行政许可类事项、非行政许可类事项和服务类事项的区分，以清理许可类事项为重点、以减少数量为目标推进改革，尽管也有与转变政府职能相连一说，但这一说法是比较模糊的。行政审批本身就是政府必须具备的职能之一，不可能转向其他。因此，实际的问题是政府履行行政审批方式的转变，但是这一方式是什么样的方式？对这一点的认识事实上并不太清楚，于是也就出现了以往改革的一味减少的状况。本轮改革强调的简政放权和权力清单制度既可以理解为一种目标，也可以理解为一种改革的路径。从行政审批的角度来讲，简政放权三个方面的意义是显而易见的。首先，简政放权可以改变机构臃肿、职能重复的现象，提高管理效率。其次，简政放权可以减少(尽管不一定能够消除)权力寻租空间，提高政府的清廉程度。再次，简政放权把本来属于市场和社会的权力回归给市场和社会，既有助于减轻政府负担，也有助于增强市场和社会的活力。简政放权在相当程度上也是与权力清单联系在一起的。放权有一个权力边界的问题。以往改革推进迟缓的一个原因在于政府与市场和社会的权力边界不清，这导致在削减什么样的审批项目上有难度，也导致在落实的过程中出现反复。权力清单在相当程度上开始划清政府与市场和社会的权力边界，尽管具体的内容很多，但其基本的原则为推进审批改革提供了以往没有的视野。比如负面清单，对企业来说，法不禁止即可为。这从根本上改变了政府监管和行政审批的思路。而对政府来说，法无授权不可为，则表明了政府的权力限度，政府的权力不是无限的，权力的行使是受到制约的。

正是把审批制度改革与简政放权和权力审批联系起来，我们看到了在改革过程中的一些新的特点。首先是改革力度大。新一届政府在不到两年的时间里，先后取消和下放了7批共632项行政审批等事项，比较国务院十年来分六批共取消和调整了2 497项行政审批项目，可见力度之大。其次是含金量高。比如，2013年7月公布的53项取消下放行政审批事项中，按这个标准半数以上是属于含金量比较高的项目。国务院行政审批制度改革工作领导小组办公室新闻发言人李章泽指出，"同年8月国务院常务会议审议通过的这一批取消下放共 87 项,含金量比较高的、涉及投资和企业经营的有 70 项,也就是 80％以上,直接取消的事项 68 项,也接近 80％。一批一批,含金量不断提高"①。再次是注重配套。在简政放权和不断取消行政审批的背后有一个企业和社会如何承接的问题,这涉及政府监管行为的改变问题,简单来说,就是从原先的重事前监管转向事后的监管。改革充分考虑了这方面的情况。比如,国务院出台了一系列的文件,如《关于促进市场公平竞争维护市场正常秩序的若干意见》从放宽市场准入、强化市场行为监管等七个方面一共提出了 27 条具体意见措施。再比如,2014 年 8 月,国务院常务会议审议通过了取消下放行政审批事项共 87 项,每一项后面都附有事中事后的监管措施。

(二) 把行政审批制度改革与加速市场成为资源配置主体联系起来

本次改革是在进入新常态后进行的,是同政府角色的变化联系在一起的,是同走向市场占主导地位联系在一起的。本次改革在推动这样的变化中,对与市场紧密相关的三个方面进行了大幅度的改革。(1)投资体制改革。做法是缩减核准制、扩大备案制(核准制指对列入《政府核准的投资项目目录》的投资项目实行核准管理,目录以外的实行备案管理),以此增强企业的投资主体地位。具体做法是:一是修订核准目录,缩小核准范围。二是加快制度供给,比如实施《政府核准投资项目管理办法》、编制服务指南等。(2)职业资格证书制度改革。职业资格在我国分为两类,即准入职业资格和水平评价类职业资格,前者具有行政许可性质,后者不具有行政许可性质,是面向社会提供的人才评价服务。我国自 1994 年开始推行职业资格证书制度。职业资格证书制度改革就是减少设置的职业资格,以降低不分职业的就业门槛和准入限制,同时也减少行政审批。2014 年 6 月和 8 月,国务院常务会议分两批取消 58 项国务院部门设置的职业资格,同时部署地方取消自行设置的 570 多项职业资格。(3)注册登记资本登记制度改革。2013 年实施新的制度,涉及注册资本认缴登记制,放宽注册资本登记条件,简化经营场所登记条件,推进先照后证改革,试点推行全程电子化登记。新制度的特点是宽进严管,在某种程度上颠覆了传统的管理模式。

---

① 郝帅:《行政审批制改革"含金量"逐步提高》,《中国青年报》,2014 年 9 月 11 日。

(三)把行政审批制度改革与政府自身建设、提高治理能力联系起来

这次行政审批制度改革并不仅仅满足于从数量上减少行政审批事项,还借助这样的改革来推动政府自身的建设,主要表现在如下三个方面。首先,在理念上,大幅度地取消和减少、调整行政审批项目再次彰显了行政审批的这一基本原则:"凡公民、法人或者其他组织能够自主决定,市场竞争机制能够有效调节、行业组织或者中介机构能够自律管理的事项,政府都要退出。"[①]这一原则以及改革中推行的权力清单制度的背后是对政府权力的一种新的认识,也就是政府的权力是有边界的,任何跨越这一边界的行为都是不能接受的。其次,改革强调行政审批的规范化,比如,新设审批项目必须于法有据,并严格按照法定程序进行合法性、必要性、合理性审查论证,并且在审批过程中最大限度地减少自由裁量权。简政放权过程中国务院的一些实际做法(比如强调职权法定、程序合法、公开透明等)的背后隐含着的是法制意识和法制观念。再次,改革涉及的减少审批事项、简政放权等背后事实上也在传递一种服务意识。行政审批从本质意义上讲,是为企业经营和社会的活动提供更好的制度环境。行政审批是对公民、法人或其他组织的一种服务,而不是运用这一权力来显示政府的权威,更不是运用这一权力来寻租。行政审批的改革也表明了在新的历史时期政府行为需要发生的变化。除了改变以往政府在经济发展中占主导的角色之外,还带来了一些行政行为和一些运作方式方面的变化。比如,行政审批从以前专注事前审批转向事中和事后的监管,这一行为变化意味着政府必须提高它的监管能力,以适应新的发展。

(四)没有把行政审批制度改革与社会参与联系起来

如果说以上三个方面展示了新时期行政审批改革不同于以往改革的话,那么,有一点是相袭的,这就是行政审批的改革还是局限在政府内部进行,带有一种封闭的特点。改革的整个过程很少看到(至少很少公开看到)其他组织或团体的介入,比如人大、利益相关者、公民等。整个过程还是政府一手操办,比如要撤销或减少什么样的项目,撤销或减少多少,决策的做出和论证缺乏社会的参与。这一思路同历来的机构改革的思路是一样的,也就是通过政府自

[①] 《国务院关于第六批取消和调整行政审批项目的决定》,国发〔2012〕52号。

身的力量来解决政府的问题。

三、未来的改革:宏观的思考

未来的改革从宏观上讲可以考虑以下五对关系。

(一) 远近关系

远近关系即长期目标和短期措施之间的关系问题。行政审批制度改革要有一个长期的目标,即远景。这一远景尽管无法描述得非常精确,但必须有一个,因为它可指引改革的进程,为改革指出一个方向。以往的行政审批改革给人的感觉就是撤销和减少行政审批项目,但这一撤销和减少到什么时候为止才算到位呢?本届政府要把原有审批事项削减三分之一以上,但为什么是三分之一?其理由何在?是不是当减到三分之一时就达到一个比较理想的状态了呢?那么这一理想的状态是什么?尽管从审批数目角度讲不一定(肯定也做不到)有一个精确的具体的数目,但总有一个基本稳定的状态,那么这一状态是什么?这是行政审批制度改革的目标要确立的,当目标达到或基本达到时,就意味着改革也就差不多结束了,尽管或许还有一些小的调整,但不能无休止地改下去,总要有一个终点。因此,确立这样一个目标或远景是必要的。它既可以提供一个方向,也可以充当对改革进行衡量的手段。当然,远景目标有时随着情况的变化也会发生一定的变化,但它大致上可以提供一个比较稳定的预期。要做到这一点,理论的说明、解释和指导是需要的。不能始终停留在经验层面,在摸着石头过河的过程中,如果眼睛看不到河对岸的话,可能就到不了彼岸,或者要付出极大的努力和代价才能到达。因此,需要有目标的指引。

(二) 内外关系

内外关系即政府和社会之间的关系。正如前面讲到的,行政审批制度改革的一个特点是改革局限在政府内部,撤销减少多少项目,撤减什么项目都由政府自己决定,几乎很少有社会的介入。而很多的行政审批项目(尤其是经济管理方面的审批)是与企业等相关方联系在一起的,但相关方却很少有机会进入这样的政策过程,这就难免使得一些改革的措施或方法不切实际,或者不到位。这一点,甚至本轮行政审批改革也有这样一个问题。国家行政学院对本轮改革做过一次调查,其中有数据表明,"75.8%的被调查企业建议简政放权下一步应更加突出优化政府服务,71.4%的被调查企业认为还应当继续取消和减少行政审批,并提高改革的含金量。还有35.7%的被调查企业感到目前仍存在变相行政审批,或与之前相比变化不明显。有70%左右的被调查企业认为,下一步简政放权改革应突出规范审批流程、提高审批效率。有19%的被调查企业认为目前政府监管还不够有力,市场环境不够理想。受访基层干部认为,简政放权等改革中存在的主要问题,一是简政还不到位,审批环节和要件仍然偏多,审批时间依然偏长;二是放权还不彻底和不够配套,某种程度上存在你放我不放、放小不放大、放责不放权、放权不放编、基层接不住等现象"①。

如果说以往行政审批改革能够提供一个最大的教训,那就是如何让相关方参与到改革过程中来。这不仅仅只是一个参与的问题,它背后涉及的是一个权力来源问题和公平公正及公开的问题。本次改革中出现的权力清单无疑是一种进步,但是,这里只涉及对政府权力的限制,而且是政府自己限制自己,它没有涉及后面更深层次的权力来源问题,即政府的行政审批权来自哪里?政治学的基本理论告诉我们,政府的权力来自民众,审批权无疑也来自民众,因此,民众有权参与公共事务的管理。在审批过程中,行政相对方拥有与政府相等的地位,他们享有同等的权利。因此,审批过程应该是一个公开的过程,在一些事涉行政相关方利益问题的决定上把他们排斥在外是不公平的,也是不公正的(比如我们以往的审批过程涉及的审批内容、依据、条件、程序、收费标准和审批责任人等有些是不公开的)。政务公开今天已经成为政府运作的一条基本原则。行政审批的公开既有利于所做的决定基于一种共识,从而有利于执行,也有利于对执行过程和执行结果的监督,从而改进行政审批。

(三) 上下关系

上下关系指顶层设计与地方首创,也指的是自上而下和自下而上的两种改革方式。以往的行政审批改革都是由顶层设计并由顶层推动、从上到下的改革。顶层设计无疑是必要的,但是审批所涉及的事项如此之多,以致完全要

---

① 马建堂:《简政放权——来自社会的评价与基层的声音》,《行政管理改革》2015年第7期。

靠顶层设计来做是很困难的。按照新制度经济学理论,作为一种强制性的制度变迁,自上而下的改革的一个问题在于缺乏一致性同意的原则,也就是不管同意不同意,强制推行。这导致在改革过程中利益受到伤害的人可能就不接受这样的一种结果,或起而反对,或在执行过程中抵制或变相抵制。这就导致单靠从上到下的这样一种改革方式是不够的。以往审批改革进展缓慢,其中一个很重要的原因在于地方的贯彻执行有问题,产生的原因可能有很多,比如改革使地方的利益受到损失,这通常是一个最一般的解释,但或许也有其他的一些原因,比如中国如此之大,各地经济发展的水平不一样,这就可能需要对一些行政审批项目采取一些差别化的对待。从这个意义上讲,如何去发挥地方的改革积极性则是一个需要积极考虑的问题。通常的一个假设是担心地方政府往往会出于利益的考虑而抵制改革或对改革不积极,因而拖延、不改或变相地改等,因此需要中央政府的强烈推动。如果这确实是一个问题,那么单靠中央的推动也是解决不了问题的。问题在于我们一直把改革局限在政府之内。

地方的拖延等不仅有上下关系的问题,还有前面讲到的内外问题。如果地方存在很强的监督政府的外部力量,比如,立法机构的监督力量、社会尤其是利益相关者的监督力量或者媒体的监督力量,如果这一过程都是透明的、受到监督的,那么地方政府若出于私心使改革打折也是不易实现的。这是问题的一个方面。另一方面,强调地方的首创,是因为地方面临着最实际的问题,有压力,也有解决问题的动力,因为也可以从出于公心的角度来假设地方政府的行为,减少或不减少、减什么都是出于如何推动经济更好发展的考虑。不管如何,行政审批改革以及与此相连的简政放权要形成一种上下的互动,不应该只表现为命令执行的关系,也要表现为一种互相沟通与合作的关系,要发挥地方的积极性。以简政放权而言,国家行政学院的调查也指出,由于简政放权最后的落脚点大都集中在县级行政区域,因此,"一是要高度重视县级政府在推动简政放权中的作用。县级政府是我国行政管理体制中的最基础环节,直接联系人民群众和市场主体,其职能转变和行政审批制度改革成效决定了本届政府职能转变能否取得成功。二是要提升县级政府的施政能力。按照'人、事、财'匹配和'权、责、利'统一的原则,建立事权人权财权相对等的保障机制,增加基层人员编制和财力投入,确保放下去的接得住、管得好"①。

---

① 马建堂:《简政放权——来自社会的评价与基层的声音》,《行政管理改革》2015 年第 7 期。

(四)多少关系

我国现行的行政审批制度主要集中在经济管理领域,尤其是在微观经济管理领域。改革的一个做法就是做减法,撤销和减少一些审批项目。这一状况是同我国经济发展的阶段相关的。作为一种政府主导型的经济发展模式,政府在经济发展前期对经济较深的干预是难免的,有时也是必要的。随着市场经济的发展,政府行政审批权力的减弱以及行政审批项目的减少也是符合这一发展的,即让市场更多地发挥资源配置的作用。但是,随着21世纪初服务型政府的提出,政府的职能开始转向社会管理和公共服务,然而我们在这方面的行政审批就显得相对较少,有些甚至处于空缺状态,以致无法适应政府这一职能的重大转变。因此,在减少以经济管理为主要内容的行政审批的同时,需要加强的是有关社会管理和公共服务方面的行政审批,这符合当代公共管理弱化经济管理职能、强化社会管理和公共服务职能这样一个趋势,也符合建设服务型政府的要求。因此,正如精简机构一样,在精简的同时事实上还需要增加一些需要的机构,而不是一味地减少。在减少行政审批的同时,我们可能同时要考虑增加社会管理和公共服务方面的行政审批,以真正适应政府职能的转变。

(五)公私关系

撤销和减少行政审批项目、简政放权本身意味着对政府权力的一种剥夺,意味着政府放弃本来不属于它的权力,让权力回归市场和社会。就这一点而言,这是对政府利益的一个打击,因为它减少了政府寻租的机会。也恰恰是出于寻租的考虑,一些地方政府试图通过行政审批来获得自身的利益,比如审批项目的设定不是为了满足公共利益的需要,而是为了满足部门的需要,满足部门人员的福利,更有甚者是为了满足个人的私欲。因此,不热心甚至抵制这样的行政审批改革导致前期一些地方改革进程的缓慢。但是,政府必须清楚地认识到,它是为公共利益而存在的,这也是它存在的唯一理由。因此,在公利和私利面前,政府必须要有一个正确的选择,有一个正确的取舍。利益的牵扯使得要让政府通过自身的力量去解决问题会遇到阻力,这也是需要通过外部的力量来与政府一起推动的道理。但是,从政府本身来说,要有改革的自觉。在一个开放的时代,政府的所作所为比以往任何时候都更清楚地呈现在社会的面前，一个无法使公众满意的政府是很难立足的。因此，政府必须权衡公利和私利问题(当然公利和私利并非完全是一种零和关系)，以公共利益作为自己行事的最高原则，因为这符合政府的宗旨，也符合整个社会发展的要求。

文化体制改革的新制度经济学分析:
以国有文艺院团转企改制为例[*]

摘要:肇始于20世纪80年代的国有文艺院团的改革经历了从流程改革到结构改革的过程。运用新制度经济学相关理论加以分析表明,国有文艺院团的转企改制属于一种自上而下的强制性制度变迁。这一变迁方式可以降低改革成本,但会带来其他问题,以及由此产生的对改革的抵制。转企改制的成功取决于政府与被改革对象的报酬互相增长。

一、转企改制的背景:从流程改革到结构改革

作为文化改革体制重要组成部分的国有文艺院团的改革最早可以追溯到20世纪80年代初期。1980年2月文化部主持召开的全国文化局长会议认为:"艺术表演团体的体制和管理制度方面的问题很多,严重地影响了表演艺术的发展和提高,需要进行合理的改革。"会议明确提出要"坚决地有步骤地改革文化事业体制,改革经营管理制度。"1983年6月六届人大一次会议《政府工作报告》提出,"文艺体制需要有领导有步骤地进行改革"。从那时起至今,国有文艺院团的改革经历了一个从流程改革到结构改革的过程。

改革缘起在于,随着改革开放的进一步深入,建立在计划经济体制之上的文化体制的弊端逐渐暴露。这些弊端包括:在所有制上,片面追求"一大二公",全部文化事业由国家直接经营,统包统揽,排斥社会和个人兴办文化事业;在管理上,与行政管理体制相对应,层层建立专业文艺团体,机构臃肿,人浮于事,文化机构行政化、机关化,严重违背文化事业发展规律;在分配上,平均主义的"大锅饭""铁饭碗"现象严重,干与不干、干多干少一个样,缺少竞争

---

[*] 本文原发表于《江苏行政学院学报》2012年第5期,第93—99页。人大复印《体制改革》2012年第11期全文转载。

和激励机制,影响了集体和个人积极性的发挥,等等①。

20世纪80年代国有文艺院团的改革主要是从流程切入的。主要采取的改革方法一是承包,二是双轨制。这显然受到了当初整个国家改革大背景的影响。以承包而言,其背景就是70年代末引发后来全国大改革的农村"家庭联产承包合同制",这一承包制在80年代进入城市,承包的方法主要解决的是如何调动积极性的问题,改变"吃大锅饭"、"铁饭碗"、干与不干、干多干少一个样的现象,同时减轻国家的负担。在1985年文化部《关于艺术表演团体的改革意见》(中办发〔1985〕20号)下达后,各地普遍进行了承包经营责任制等形式的艺术表演团体体制改革试验。承包制冲击了统包统揽的旧体制,为建立和发展充满活力的新体制提供了有益的经验。但是,"艺术表演团体体制改革的步子迈得还不快,许多关系还没有理顺,配套政策还不健全,各种思想阻力还很大,预期的目标还远远没有达到"②。

这就导致了双轨制的出现,双轨制直接来自1988年国务院转批文化部的《关于加快和深化艺术表演团体体制改革的意见》(以下简称《意见》)。《意见》认为,"艺术表演团体应当是独立的社会主义艺术生产的经营实体,允许发展多种所有制形式和经营方式,使艺术表演团体能够依法自主地进行业务活动和经营活动,自觉地完善内部的经营机制和竞争机制,增强自我更新和自我发展的能力"③。《意见》要求在文艺表演团体的组织运行机制上,逐步实行"双轨制"。

所谓"双轨制",即一轨为少数代表国家和民族艺术水平的或带有实验性的或具有特殊的历史保留价值的或少数民族地区需要国家扶持的艺术表演团体,实行全民所有制,由政府文化主管部门主办;另一轨为其他绝大多数的规模比较小、比较分散、演出的流动性比较强的艺术表演团体,实行多种所有制形式,由社会力量主办,自主经营,独立核算,自负盈亏。实行"双轨制"政策之后,大量民间职业剧团涌现出来并日益活跃。至1990年,仅福建省漳州市就组建了民间职业剧团50多个④。双轨制的改革也有大的经济体制改革的背

---

① 曹普:《20世纪70年代末以来的中国文化体制改革》,《当代中国史研究》2007年第9期。
② 《国务院批转文化部〈关于加快和深化艺术表演团体体制改革意见〉的通知》(1988年9月6日),110网,http://www.110.com/fagui/law_970.html。
③ 同上。
④ 曹普:《20世纪70年代末以来的中国文化体制改革》,《当代中国史研究》2007年第9期。

景,这一背景就是打破原有的公有制企业一统天下的格局,让体制外的力量成长起来,以最终倒逼原有公有制企业的改革,从而解决当时体制存在的一些问题。

流程的改革没有涉及结构问题,这是同 20 世纪 80 年代的计划经济体制相关的。20 世纪 90 年代尤其是进入 21 世纪后,流程改革转向了结构改革,方法就是转制,也就是除了极少部分仍然保持事业单位身份外,其他都由事业单位转向企业建制。20 世纪 90 年代至今,在国有文艺院团的改革方面,有几个中央文件是重要的。一是中共十四届六中全会提出了促进文化体制改革的一系列重要方针,指出:"改革文化体制是文化事业繁荣和发展的根本出路,改革的目的在于增强文化事业的活力,充分调动文化工作者的积极性,多出优秀作品,多出优秀人才。"改革要"遵循文化发展的内在规律,发挥市场机制的积极作用……改革要区别情况、分类指导,理顺国家、单位、个人之间的关系,逐步形成国家保证重点、鼓励社会兴办文化事业的发展格局"①。这里提出了发挥市场机制的积极作用问题,为国有文艺院团的转企埋下了伏笔。二是 2000 年 10 月,党的中央文件中第一次正式使用了"文化产业"这一概念,相比以往把文化只是作为党和国家"事业"的一部分而言,事实上承认了文化的市场属性的一面,与前面的"发挥市场机制的积极作用"是相吻合的。三是 2003 年 12 月 31 日,国务院印发《文化体制改革试点中支持文化产业发展的规定(试行)》和《文化体制改革试点中经营性文化事业单位转制为企业的规定(试行)》两个文件,对文化体制改革涉及的财政税收、投融资、资产处置、工商管理等十个方面问题提出了明确指导意见,从具体政策上支持和推动文化体制改革。这在相当程度上拉开了转企的大幕,2004 年因而也被认为是文化体制改革元年。四是 2009 年,中宣部、文化部下发了《关于深化国有文艺演出院团体制改革的若干意见》,系统总结了改革开放特别是中共十六大以来国有文艺院团的改革实践经验,明确了改革的"路线图"和"时间表"。五是 2011 年 5 月,中宣部、文化部又联合下发了《关于加快国有文艺院团体制改革的通知》。

转向进行结构的改革,表明以往流程的改革并没有解决问题。正如中宣部、文化部在 2011 年 5 月联合下发的《关于加快国有文艺院团体制改革的通

---

① 《中共中央关于加强社会主义精神文明建设若干重要问题的决议》,《人民日报》,1996 年 10 月 14 日。

知》(以下简称"《通知》")中指出的那样,"改革进程仍相对滞后,人员老化、演出少、缺乏活力的状况并没有根本改变,适应市场、服务群众的体制机制还没有形成"。因此,《通知》要求"必须以高度的责任感和紧迫感,抓住机遇、攻坚克难,加大力度、加快进度,积极推动国有文艺院团体制改革取得突破性进展,确保在2012年上半年之前完成改革任务"①。

2011年《通知》确定的时间表显然加速了改革的进程。据报道,"截至2012年1月下旬,全国文化系统2 102家承担改革任务的国有文艺院团,已完成和正在进行转制、撤销和划转的院团1 367家;269家院团已经确定了改革路径;天津、河北、山西、辽宁、江苏、安徽、湖北、重庆、贵州、陕西、宁夏等11个省区市已经基本完成国有文艺院团转企改制任务。目前,全国六成省级、五成地市级、四成县级国有文艺院团完成改革任务"②。但这一报道语焉不详。已完成和正在进行转制、撤销和划转的院团1 367家,这里没有指出已经完成的有多少,正在进行转制、撤销和划转的有多少,它们能否在6月底之前完成?即便把1 367家全部算上,也只有1/2多一点,情况显然不是很乐观,也表明了改革的难度。从时间上讲,这一改革已经延续了几十年,但进展缓慢,结果不理想。改革时间表的确定意味着不能再拖下去了。那么,为什么长期以来国有文艺院团的改革难有进展,但还是要改?改革的成功需要解决一些什么样的问题?这正是本文想探讨的。

二、转企改制的新制度经济学分析

国有文艺院团转企改制的艰难首先与改革的动力有关。任何改革都需要有动力。就改革动力的来源而言,改革通常可分自上而下和自下而上两种。国有文艺院团的转企改制显然是一种自上而下的改革,动力来自上方。用新制度经济学的观点来看,这是一种强制性的制度变迁。根据新制度经济学理论,国家推行强制性制度变迁的一个理由是为了减少国家管理的交易费用。转企改制的原因,官方的说法是"人员老化、演出少、缺乏活力的状况并没有根本改变,适应市场、服务群众的体制机制还没有形成"。一言以蔽之,国有院团

---

① 《中共中央宣部、文化部关于加快国有文艺院团体制改革的通知》,文政法发〔2011〕22号。
② 李舫:《8个省份国有文艺院团完成转企改制》,《人民日报》,2012年5月4日。

现有的状况无法适应新的形势,无法满足民众的文化需求。但民间的说法是政府"甩包袱"。民间的说法是有道理的。事实上,官方也完全可以这样说,只是改变一种说法,即让本来是民间的东西回归民间,让本来是市场的东西回归市场。对政府来说,把本来属于民间和市场的东西归于自己,就极大地增加了政府管理国家的交易费用。自中华人民共和国成立以来,政府把本来具有市场属性的文艺表演院团变成了国家的事业单位,实行了统筹统包的政策,把这些本来应该在市场上去竞争的表演院团"养"了起来。如果说在计划经济时代还可以做到这一点(尽管也代价沉重),那么在市场经济的今天,这一做法显然已经行不通了。且不说国有文艺院团的表现不能尽如人意(没有竞争不可能产生出受市场欢迎的文化产品),作为事业单位,国家每年在这些文艺院团投下的财政支出又有多少?

改革的动力事实上正是来自减少这种交易费用的压力,即减少政府在这方面的支出,同时通过将这些事业单位还原为企业在市场上竞争,从而提供社会所需要的文化产品。从更深层次讲,这一改革背后涉及的是国家、市场和社会三者关系的传统命题。

从公共产品理论来说,文化产品(公益类除外)就其本质来说是一种私人产品,充其量是一种准公共产品,而不是一种公共产品,因为它缺乏公共产品的两个基本属性,即非竞争性和非排他性。私人产品通常由市场来提供。比如,就文艺院团提供的类似舞蹈、杂技、戏曲之类的文化产品通常是通过文化市场来出售的,市场通过竞争机制留优汰劣,从而促使文艺院团通过提供优质的产品来获得消费者的认可,并在这一过程中发展和壮大自己,从而形成一种良性循环。另一方面,政府也会从保护和发展国家的一些优秀文化项目或提升品位出发,对一些涉及国家文化传统但缺乏市场的文化产品(比如昆剧)提供某种程度的支持,以弥补市场的不足。长期以来,我们的一个误区在于把这种文化产品当作应完全由政府提供的公共产品,强调文艺院团的事业属性(即文艺为无产阶级的革命事业服务),而忽略它的市场属性。我们把文化文艺看作了事业,而不是产业。事业是同政府联在一起的,而产业是同市场联在一起的。当市场产生了多元的利益和多元的需求后,完全由政府掌握的、以满足单一意识形态需求的如国有文艺院团之类的"事业单位"事实上也走到了尽头,因为它满足不了市场的多元需求。这是为什么要转企的更深层原因。20世纪80年代的改革之所以是停留在流程上的改革,其原因也在于当时并不存在一个真正意义上的文化市场。

从另一个角度讲,国有文艺院团的转企改制也是政府在国家、社会和市场这三者关系中重新给自己定位的一种举措。在某种程度上也可以说是政府的一种还债之举,因为国有文艺院团的产生首先是在当初的历史条件下政府排斥市场和社会的一个结果。我们把本来属于市场的和社会的东西都变成了政府的东西,我们不恰当地把私人产品转换成了由政府包揽和提供的公共产品。因此,当改革要求国家、市场和社会再度分开的时候,国家感受到了巨大的交易费用的压力,改革便由此而起,这也是国有文艺院团改革一改再改的缘起。

强制性的制度变迁事实上也带有诱致性制度变迁的特点。从制度经济学的理论来看,诱致性制度变迁必须由某种在原有制度安排下无法得到的获利机会而引起,换言之,诱致性制度变迁的发生必须要有来自制度不均衡的获利机会。诱致性制度变迁是否会发生,主要取决于个别创新者的预期收益和预期成本的比较。正如诺思所言,"如果预期的净收益(即潜在利润)超过预期的成本,一项制度安排就会被创新。只有当这一条件满足时,我们才可望发现在一个社会内改变现有制度和产权结构的企图"①。因为对改革者来说,不同制度安排的预期收益和预期成本是不同的。简单地说,当在现有的制度下无法再获利,而变革现有制度可以做到时,变革就产生了。国有文艺院团的转企改制表明,改革者发现在原有体制下已经无法再获利,因此必须对原有体制进行改革。而改革的产生,除了改革者感受到的巨大交易费用压力,还在于改革者考虑到变革有利可图,并且改革的成本会低于改革的收益。

强制性制度变迁的优点在于,"它能以最短的时间和最快的速度推进制度变迁,它能以自己的强制力和暴力潜能等方面的优势降低制度变迁的成本"②。但是,强制性变革有它的局限性。尽管强制性变革可以降低组织成本,但它可能违背一致同意原则,以至于一些在改革中利益受到伤害的人可能不按照这些制度来规范自己的行为。这就可能使强制性变迁的有效性受到伤害。国有文艺院团的改革进展缓慢,对这一点做了很好的说明。

根据新制度经济学理论,初始制度的设计是非常重要的,因为它会形成一

---

① [美]科斯等:《财产权利与制度变迁》,刘守英、陈剑波等译,上海三联书店1991年版,第274页。
② 卢现祥:《西方新制度经济学》,中国发展出版社1996年版,第274页。

种路径依赖。路径依赖形成的深层次原因是利益因素。一种制度形成后,会形成某种在现存体制中有既得利益的压力集团,他们力求巩固现有制度,阻碍进一步的改革,哪怕新体制较之现存体制更有效率。国有文艺院团的改革在如此长的时间里进展缓慢,这是与初始制度的设计相关的。正如前面指出的,国有文艺院团成立之初是作为事业单位建制的,国家对它实行了统筹统包的政策。在计划经济时代,它享受了这一建制给它带来的所有好处。到了市场经济时代,尽管它受到了市场的冲击,比如地位、收入和一些待遇下降,但仍享受了事业单位的好处,比如,尽管演出等不多,但工资照拿,是铁饭碗,尤其是退休的待遇要比企业好得多。因此,改革进展缓慢的原因在于,原有制度的得益者或是不想放弃原有制度的好处,或是担心转成企业建制,可能会因为缺乏竞争能力而无法在市场上生存,或是考虑自身的竞争力不够被单位淘汰,等等。正因为这些考虑,尽管他们或许认为新的制度更有效,他们也会反对,因为新的制度有不确定性,他们无法准确地判断改革的收益是否会大于他们付出的成本。

在初始制度改革的路径选择上,走老路通常要比另辟蹊径来得容易。这在某种程度上也可以解释为什么20世纪80年代以来国有文艺院团的改革一直停留在流程改革的层次上,为什么一直力图以渐进的方式和动荡最小的方式来取得改革的成果。但是,这一只是从流程上进行边际改革的做法带来的结果是,尽管减少了摩擦成本(但也可以说是对抵制的妥协和退让),却增加了实施成本,使得这一改革一拖就是好多年。

还要看到,强制性变迁的有效性与决策者的自身状况和所处的环境有很大关系。当决策者发生变化、决策环境发生变化,那么变迁的结果往往也会发生变化。国有文艺院团最初的承包制和双轨制改革的兴衰显然是与当初的经济改革的起落相关的。转向企业的改革的背景也是市场经济体制的要求,当然也反映了决策者的与时俱进。改革一度转向或停滞,除了被改革一方的不配合或抵制之外,也与决策者的意识形态、改革的决心、策略是否到位、方法是否得当等相关。改革过程中的上下博弈也可能削弱改革者的信心和决心,使改革无法走向彻底。路线图和时间表的确定表明了改革者破釜沉舟的决心,但在另一方面也反映了改革者的一种担心:如果改革无限期地推迟下去,那么改革的成本可能会大大超过改革的收益,而这一点是改革者不愿意接受的。

三、问题与前景

就改革者来说,如果要建立新制度,就必须推进改革,而推进改革就必须克服改革阻力。根据列温的力场理论,动力大于阻力,改革会往前走;动力与阻力相等,改革就会停滞;阻力大于动力,改革就会往后退。就国有文艺院团的转企改制而言,动力无疑来自上方,但仅凭这一动力无法完成改革的任务。因此,改革者必须发现并扩大一些改革的潜在得益者队伍,从而形成一股上下合在一起的动力,并最终使动力大于阻力,从而推动改革往前走。

在这方面,改革者需要考虑以下几方面的问题。

第一是对转制过程中利益受到伤害的人的补偿问题。在这里,帕累托最优是做不到的。所谓帕累托最优,指的是在不伤害一个人的情况下让所有的人得益。改革在某种程度上就是一种利益的重新分配过程,在这一过程中,肯定会有一些人的利益受到伤害。因此,帕累托最优存在于理论中。但我们可以设法做到帕累托改进。所谓帕累托改进,指的是在不得不对某些人造成伤害的情况下,必须对这些人进行补偿,补偿的结果最终还是促进了社会效益的增长。比如,在改革过程中需要对老职工和新职工有区别地对待,因为老职工背负了原有体制的所有沉重负担,而这一体制的决定者是国家,国家对他们负有道义上的责任。因此补偿必须体现出这一道义上的责任。但是,从改革者的角度来说,这一补偿必须与改革的社会效益的增进联系起来。也就是说,补偿的结果最终还是促进了社会效益的增进,而不是相反。这一社会效益就国有文艺院团的转企改制而言,就是改制后的院团能够向社会提供更多更好的文化产品,以满足人们不断增长的文化需求。如果补偿的结果没有促进、甚至反而抵消了这一社会效益的增进,那么这种补偿是没有意义的,因为它使改革变得毫无意义。用另外的话讲,改革的成本大于了改革的收益。比如,在我国的机构改革中出现过一个县级政府中一个局的副局长有 20 多人的现象,这种对利益的照顾和补偿显然违背了补偿必须使社会效益得到增进这一原则,从而有违改革的初衷——提高政府的工作效率。不难设想,一个有 20 多个局长的局做起事来会有什么效率。

第二是改制过程中如何对待转制条件不同的原国有文艺院团,尤其是条件比较差的院团的问题。有一种观点认为,对于市场发育相对成熟的国有院团,按照"创新体制、转换机制、面向市场、壮大实力"的方针,考虑通过转企改制使其成为市场主体。而对于介乎公益性和经营性两者之间的院团,可以按照"增加投入、转换机制、增强活力、改善服务"的方针积极推进内部机制改革。对于暂时还不具备相当的市场发育能力的院团,在现阶段暂时保留事业体制,直到市场成熟之后再进行转企改制。①

但问题在于,"保留事业体制直到市场成熟"需要等到什么时候?这种有区别的对待尽管思路不错,但会延误改革进程,甚至会使改革走不下去。因为恰恰是体制的改革、结构的改革才真正触到了痛处。因此,中宣部、文化部在2011年5月联合下发的《关于加快国有文艺院团体制改革的通知》指出,"不具备进入市场条件、不再保留建制的国有文艺院团,可提出注销申请,报同级文化行政部门和编制管理部门批准,依法履行注销手续"。这种壮士断腕式的改革带有强行进入、不进则退的特点,它反映了改革者的决心,不拖泥带水。从方法上讲,带有一种比较激进的特点,这也是长期以来采用渐进的改革方式无法最终解决问题带来的一个结果。激进改革的好处是手起刀落,实施成本减少,但缺点则是摩擦成本会增加,这种改革会有较多的后遗症,它必须有多项配套措施来保证得到实施。这里,除了要考虑前面讲到的利益补偿问题外,还需要考虑下面的第三点。

第三是政府责任问题。在改制过程中不可放弃政府的责任,这一责任主要表现在政府对原国有文艺院团的扶持和监管上。国有文艺院团体制改革的主要困难,在洪永平看来,可以归结为两点:一是欠账多、底子薄——文艺院团普遍缺乏有形资产,多年来文化投入不足也使院团没有多少余粮,一些院团转企改制以后资产总量连工商注册要求的最低标准都达不到;二是包袱重、发展后劲不足——很多文艺院团能登台的演员不足一半,更有不少院团已经没有多少正式演出,人员储备、文艺创作等都十分匮乏②。事实上,中宣部、文化部在2011年5月联合下发了《关于加快国有文艺院团体制改革的通知》考虑到了这种情况。该《通知》的第二部分专门有加大政策保障力度的规定,从政策、资金、人员安排等方面来保证改制的进行。

---

① 《国有文艺院团体制改革的路径选择》(2010年9月17日),中国文明网,http://archive.wenming.cn/fangtan/20100917/。

② 同上。

首先是加大对国有文艺院团转制的政策扶持力度,通知要求各地根据转制的政策,结合实际,制定更具操作性、更加优惠的地方性政策。积极支持国有文艺院团通过改革,解决长期以来欠账多、底子薄、包袱重、发展后劲不足等突出问题,增强转制文艺院团的发展实力和活力。其次要求国有文艺院团转制前由各级财政安排的正常事业经费,转制后在一定期限内继续拨付。国有文艺院团转制前支配或使用的国有资产(含土地),转制后作为其国家资本注入。工商登记注册时货币出资达不到标准的,财政部门或国有文化资产管理机构应予补足。再者,鼓励和支持各种所有制的企业以控股、参股、并购、重组等方式,积极参与国有文艺院团改革。鼓励艺术名家和其他演职人员以个人持股的方式参与转制院团的股份制改造。最后,积极发展多层次、多业态的演出场所。加大改造、新建剧场的力度,以配置、租赁、委托管理等多种方式提供给转制文艺院团使用。鼓励通过建立演出院线等形式整合转制文艺院团的剧场和剧目资源,提高演艺产业的规模化、集约化水平。①

　　人员安置政策上的规定包括如下内容。其一,国有文艺院团转制后按企业办法参加社会保险,做好社会保障政策衔接,采取有效措施解决好企业与事业单位退休待遇差问题。转制前已经离退休人员的离退休待遇标准不变,待遇支付和调整执行国家相关规定。对转制前参加工作、转制后退休人员的退休待遇差问题,要通过加快收入分配改革、建立企业年金、加发养老金补贴等多种方式予以解决。其二,国有文艺院团经批准停办退出的,要做好资产财务清算和人员分流安置工作,切实保全国有资产,保障职工的合法权益,确保社会稳定。充分尊重演职人员的择业意愿,拓宽转岗途径,加强转岗培训,经考核可充实到文化馆(站)、群众艺术馆等公益性文化单位,也可安排其从事城市社区和农村文化辅导以及中小学艺术教育等文化普及工作。经协商一致自谋职业的,依照国家有关规定支付经济补偿、接续社会保险关系。临时聘用人员,按照有关规定处理。②

　　尽管有这些方面的规定,但事实上还有一些问题需要解决。首先,各地能否严格执行是一个问题,尤其对一些财政状况不是很好的地方来说,更是如此。上方推动的制度变革,其成本在相当程度上却要由地方来支付,这在一定

---

① 《中共中央宣部、文化部关于加快国有文艺院团体制改革的通知》,文政法发〔2011〕22号。
② 同上。

程度上会造成上下之间的博弈,并造成在执行过程中上方的政策受到扭曲和变形。完全存在这样一种可能性:一些国有文艺院团无法在规定时间里完成转企改制,或者即便完成,也留下众多后遗症。而对这些问题的不当处理又有可能使改革达不到它想真正达到的目的。

其次,为了保证顺利转制,转制期的扶持是必需的。但是,市场的主要推动力是竞争而不是政府的扶持。扶持只能是暂时的,作为企业,文艺院团未来的发展主要取决于其在市场中的表现。从政府的角度来讲,必须要看到在未来市场化的运作过程中会出现一些院团倒闭和破产的状况,并对由此产生的后果做好准备。

再者,政府在营造文化市场上需要有所作为。以往基本上作为政府附庸的名为事业单位的文艺院团改为在市场上独立运作的企业并不意味着政府的卸责。把国有文艺院团改为企业并非改革的目的本身,目的在于通过这一改革来激活文艺院团的活力,以满足人民群众不断增长的精神文化需求,推动国家的文化发展和繁荣。因此,政府对维护市场的正常运作负有不可推卸的责任。比如,政府要考虑如何保证有一个公平竞争的市场环境,对各种不同所有制的文艺院团一视同仁;如何规范文艺院团的活动,如何对它们的经营加以监管;如何正确处理自身与这些现已成为企业的文艺院团的关系;如何去纠正市场的失灵,等等。

道格拉斯·诺思在谈到制度与经济绩效的关系时曾指出,制度决定了经济绩效,一种制度变革能否导致经济的长期有效发展,取决于这一变革能否带来政治组织和经济组织之间的报酬相互增长,以及与此相适应的制度变迁的轨迹。这里想把这一观点运用到文艺院团转制改革中,并作为本文的结束。在这一改革中,要产生政府组织和文艺院团组织之间的报酬互相增长的结果,也就是双赢,从文艺院团的角度来说,应当全面超越作为事业单位时期的表现,无论是其在市场当中的表现,还是其内部治理的表现;从政府的角度来说,无论改制这一减少治理交易成本的举措的最初动机是出于自利还是出于公共利益,改革的结果都应该表现为使整个社会享受更为丰富的文化产品。政府应在厘清国家、社会和市场三者关系中再次跨出一步,坚守这三者中的自身边界,并充分地履行自己应尽的责任,这是能否实现两种报酬互相增长也可以说是检验这一改制是否成功的关键。

Economic Analysis of New Institutions in Reform of Cultural System: Case Study of Enterprise Transformation of State-owned Art Performance Organizations

Abstract: State-owned art performance organizations have initiated their process reform and later structural reform since the 1980s. Analysis on the basis of relevant theories of new-institutional economics shows that the entrepreneurial transformation of these organizations represents a coercive institutional change in a top-down manner. This transformation can lower the costs of reform, yet it will cause other problems, as well as resistance against reform. The success of such transformation depends on the mutual increase of compensation between the government and the organizations subject to reform.

政社分开的逻辑及其困境*

摘要：政社分开如同政企分开和政事分开一样，是我国政治社会体制改革的重要组成部分，但多年来改革的进展不大。从统治和治理两个维度对这一现象加以考察可以发现，政社分开取决于治理逻辑和统治逻辑之间的角力。治理的逻辑要求分开，而统治的逻辑主张控制。统治的逻辑使得政社分开陷入了难以获得有效进展的困境。解决的出路在于将领导权与治理权分离，创新改革思路，从统治转向治理，以及转向国家治理现代化。

一、社会转型：政社分开的逻辑起点

中共十八大以来，"政社分开"在党的最高层次的文献中虽总被提及，但近年来的学术研究和媒体宣传中，对其却少有深入的讨论①。政社分开也即政府与社会组织分开。一个通常的表述是："凡公民、法人或其他组织能够自主决定，市场竞争机制能够有效调节，行业组织或者中介机构能够自律管理的事项，政府都要退出。"②这意味着社会的事情社会管，市场的事情市场管，政府的事情政府管。政社分开是针对政社不分而言的，政社不分是计划体制的产物，是国家一统天下模式的一个显著特征。改革开放和市场经济体制的建立打破了原有的国家一统天下的模式，社会和市场开始出现和成长，国家一统天下变成了天下三分。在这个过程中，政府是形成天下三分的最重要的推动力量（这一点与西方不同，西方是自然演进的结果）。从理论上说，国家并非在任何场合下都是一种最好的资源配置方式。中国的改革以市场经济的建立加速了社

---

* 本文原发表于《江苏行政学院学报》2016年第3期，第96—102页。
① 唐钧：《社会治理与政社分开》，《党政研究》2015年第1期，第100页。
② 《国务院关于第六批取消和调整行政审批项目的决定》，国发〔2012〕52号。

会、国家和市场的分化过程。这一分化的过程主要是通过自上而下的改革而发生的,尽管可以认为这一自上而下的改革适应了底层的要求,但其主要的推动力则来自高层。用新制度经济学的观点来看,这种自上而下改革的一个很重要的原因是国家想降低它管理社会的交易成本。国家一统管理、一统资源配置的成本(不仅包括经济成本,也包括社会成本)太高,付出的代价太大,获得的收益太少,而市场经济体制的确立可以使多元的利益得以形成,多元利益表达的各类组织得以形成,可以使市场和社会在各自领域里都成为资源配置的方式,从而极大地提高资源配置的效益。简言之,政社分开的目的正如《中共中央关于全面深化改革若干重大问题的决定》所指出的,是为了"激发社会组织活力",激发社会组织参与社会治理。显然,政社分开是出于社会治理的要求。如果说政企分开是想解决如何有效配置经济资源,那么政社分开则是要解决如何有效配置社会资源,也就是如何通过社会而不完全是政府的力量来有效地治理社会。

政社分开起步于 20 世纪 80 年代,但是这在当时就受到了制约。80 年代末颁布的《社会团体登记管理条例》规定,任何社会组织必须同时接受同级民政部门登记管理和主管单位的管理。这表明,如果没有挂靠单位,社会组织就无法成立,这就在实践中排斥了大量的社会组织,而使得已成立的社会组织由于同政府部门的关系比较紧密,在现实中产生了以下弊端。(1)缺乏独立性和自主性这一最重要的组织品格,并由此导致对行政机构在资金、政策等方面的依赖。(2)行政化倾向。社会组织在相当程度上成了政府的下级机构,执行政府指令,人员也享有行政级别,并以行政级别为傲。(3)缺乏独立的财政来源。这使社会组织难以正常运行。(4)这种低度的、主要还是形式上的分开造成政府和社会组织两方的行为错位,导致办事效率下降,社会组织的优势无法得到发挥。

随着市场经济的发展和公众公共服务需求的大幅提升,尤其是政府职能在 21 世纪初转向社会治理和公共服务,如何发挥社会组织在社会治理和公共服务中的作用被再次提了出来,政府的目标及运作方式也由此发生了变化。从目标上讲,政府从推动经济的迅速发展转向了更多地向公众提供公共服务,这导致了政府运作方式的转变,即利用市场机制和社会化的方式(比如公共服务购买)来提供服务。因为政府靠自身的能力和资源已经无法满足民众对公共服务的需求,社会组织的作用得到了凸显。

在这样的背景下,政社分开又向前迈进了一步。这表现在一些省份开始降低社会组织登记门槛,它们可直接向民政部门申请成立,不再需要挂靠主管单位。如在2012年出台的《关于广东省进一步培育发展和规范管理社会组织的方案》(以下简称"《方案》")规定,将行业协会、群众生活、公益慈善类、社会服务类、异地商会、城乡基层社会组织、涉外社会组织、枢纽型社会组织等社会组织(除特别规定、特殊领域外),业务主管单位改为业务指导单位,社会组织可直接向民政部门申请成立,无须业务主管单位前置审批后再向登记管理机关申请登记。同时,《方案》还明确规定,行业协会引入竞争机制。《方案》还将异地商会的登记范围从地级市下延至县(市),登记管理权限从省下放至地级以上市民政部门。另外,《方案》还探索了非公募基金会登记管理权限从省下放至地级以上民政部门,支持社会人士成立公益慈善类和社会服务类社会组织。在广东省率先提出后,其他省市也开始跟进。比如北京规定,从2013年4月起,行业协会商会类、公益慈善类、城乡社区服务类、科技类四类组织"脱钩"政府部门,开始在民政部门申请直接登记注册,不得再挂靠政府部门,公职人员一律不得在协会中兼职。尽管一些省市进行了这方面的改革,但这一做法并没有形成全国性的规范。

政社分开的出发点是各行其是,因此,首先要分开。这一分开基本上包含人员、场所、利益、资产、职能等的分开。以重庆市为例,这一分开包括:(1)人员分离,党政机关县处级以上领导干部,不得兼任社团领导职务;(2)办公场所分离,禁止社团常设办事机构与党政机关业务处室合署办公;(3)利益分离,党政机关必须与社团在财务、利益上彻底脱钩;(4)资产分离,推进党政机关与社团资产分离,党政机关与社团的资产按相关确定的原则进行界定;(5)业务职能分离,进一步理顺党政机关与社团的关系,明确界定行政管理职能与社团服务职能[1]。

从这一发展轨迹可以看到,政社分开的发展是缓慢的,单单从挂靠到不挂靠(这一不挂靠也不是真正意味着社会组织具备了独立性和自主性)就花费了十多年时间,而且脱钩的组织只限于行业协会商会类、公益慈善类、城乡社区

---

[1] 重庆市政府:《党政机关与社会团体政社分离改革工作的实施方案》(2007年4月21日),重庆市政府网,http://jmz.cq.gov.cn/main/mzj/zwgk/tzgg/7f1be5ad-a057-455a-a299-d572c5491f1f/default.shtml。

服务类、科技类四类组织。2004年服务型政府建设开启了政社分开的一个新阶段,但还局限于公共服务的委托代理,比如社会组织购买公共服务,分离在实际上也受到资金、场地等一些物质条件的限制。此外,这一发展也是不平衡的,地方的进展并不一致,有的进展得比较快,有的则比较慢,整体进展不尽如人意。

二、政社分开的困境:作用机理与原因分析

政社分开改革的进展不尽如人意,政社分开的改革目标还远远没有达到,其主要表现在如下几个方面。(1)多元管理和服务的格局还没有真正形成。尽管登记过的组织已经达到了42.5万个,但从经济总量规模、就业能力、社会影响来看,仍然微不足道。民间组织总支出占GDP的比例只有0.73%左右,远远低于发达国家7%的水平,也低于4.6%的世界平均水平,还不能算是多元结构中响当当的一元。(2)大量的组织是官办的,有编制,有财政,即便没有直接组织关系的社会组织,也与党委和政府有着千丝万缕的联系。社会组织的主体是非政府组织和非营利的民间组织,它不应当背离"独立性"和"非营利性"的主要特质,否则也就混同于政府和企业,也就没有什么政社分开了。(3)自1988年《社会团体登记管理条例》出台以来,20年间,大约只有20%的社会组织按照规定在民政部门登记注册,而80%的社会组织则处于"无法定身份"的状态。由于很多社会组织无法按照现有条件要求跨过正式登记的门槛,它们便只能半公开、半地下地活动。结果既影响了社会组织的规范和正常发展,也不利于政社分开格局的形成。① 简言之,社会组织依然没有很好地成长起来,成为真正的具有自身身份、行动独立自主的组织,成为真正的天下三分中的一块。政社分开的改革显然陷入了困境,这一困境从中共十八大报告依然强调"深入推进政企分开、政资分开、政事分开、政社分开"就可见一斑。这样的说法差不多讲了近30年,30年后还在讲,说明政社分开的问题还没有解决,政社分开的改革遇到了阻力,那么这一阻力来自何方,致使改革离目标还相距甚远?

学界对这一困境产生的原因有多种解释,比较典型的是从社会组织和政

---

① 马庆钰、程玥:《关于政社分开的探讨》,《社团管理研究》2010年第4期。

府两个角度的解释。从社会组织角度来看,康晓光的权力转移论认为,1998年前中国社会组织发展才刚刚起步,还不具备承担权力转移的能力,因而这种转移是不成功的①。也就是说,社会组织还不成熟,无法接手政府转移过来的权力。从政府角度来看,王名等人的"水瓢模型"认为,政府控制严时,社会组织就被压入"水"下,反之,则浮出"水"面②。这意指政府是主导面,分开不分开或分到何种地步,取决于政府出于自身的考虑而不是对方的考虑。

这两种角度的分析自然有它的道理。但是,就第一种解释而言,成熟不成熟的主要标志应该是社会组织的独立性和自主性,它的自治,而就这一点来说,导致社会组织今天从整体上来说还不成熟的原因是什么?就第二种解释而言,政社分开应该是政府的主动性行为,那么政府为什么对社会组织的成长要加以限制,使其不能成为一个真正独立的、自主的组织,成为与政府一起治理社会的合作伙伴,并在社会领域里发挥政府不能替代的作用呢?这背后更深层的原因是什么?

如果说促使政社分开、让社会组织长大背后的逻辑是治理,那么,政社分开的改革始终进展不大背后的逻辑又是什么?事实上,在政社分开的背后,除了治理的逻辑在起作用外,还有一个逻辑在起作用,这就是统治的逻辑。这两种逻辑是与生俱来的。政社分开的进展取决于两种逻辑的角力。如果说治理的逻辑是出于资源最佳配置从而政府与社会组织合作治理的考虑,那么统治的逻辑则出于维护政权的考虑,也就是社会组织的发展不能对政权的生存形成挑战和构成威胁。因此,在政社分开过程中就要对社会组织实行有效控制,既使社会组织成为自己的帮手,又不能使之成为异己的力量。这样的管控恰恰是造成政社分开的改革在经历了差不多30年后依然进展不大的深层原因。

政社分开进程一开始,政府就采取措施来坚守政权稳定性底线。这表现在起步之时的社会组织必须接受同级民政部门登记管理和主管单位双重管理,还表现在各类社会组织中必须建立党组织。中共十八大报告也提出要加大"社会组织党建工作力度",这表明,统治的逻辑一直伴随着治理的逻辑,控制是一以贯之的。

---

① 参见康晓光:《权力的转移——转型中国权力格局变迁研究》,浙江人民出版社1999年版。
② 王名等:《中国社团改革——从政府选择到社会选择》,社会科学文献出版社2001年版,第89—91页。

统治以控制和服从为基础,以维稳为导向。统治不仅要求组织和人行动统一,而且思想也要统一。使所有的组织和人服从自己和对政权产生依附,这种对资源的全面掌控一方面带来了政权的稳定,另一方面也压抑了社会的活力,提高了社会的管理成本,以至于最后难以为继。这正是众多社会组织不能正常运行,以至于名存实亡的根源所在。治理以信任和多元为基础,以协同为导向,治理应考虑资源的最大限度利用,考虑管理的成本效益问题,考虑社会各方的合作问题。社会并非仅由政府组成,对社会的治理并非政府一家之事,在信任和多元基础上的合作不仅会带来社会的活力,也会为政权的稳定提供支持,而这种稳定才具有真正坚实的基础,从而是一种长治久安的稳定。

不同的逻辑导致组织的不同地位。统治的逻辑在于国家高于社会,政府高于社会上其他组织,其他组织与政府是依附和被依附的关系。治理的逻辑则表现为社会上其他组织与政府都是在法律之下的平等的组织。政府作为公共权威组织自然在社会管理中居于无可争议的核心领导地位,但这不意味着政府作为一个法人,与其他也作为法人的社会组织在身份上有高下之分。在治理的逻辑中,政府和社会组织都是独立的组织,不存在依附和被依附的关系,都是社会治理的主体,互相的协同与合作以及取长补短构成了两者最基本的关系,而这并不影响政府作为权威性组织的地位和作用。

不同的逻辑导致了治理方式的不同。统治逻辑表现为政府掌握和配置所有的资源,政府是所有活动的中心,政府垄断了公共服务的生产和提供,这种提供是用以我为主而不是以服务对象为主的方式进行的。政府通过命令等强制性方式进行指挥,简言之,整个运作是以政府为中心进行的。治理逻辑则表现为政府通过与公民个人、社会组织、政府、企业等其他主体合作来供给公共服务[1],政府发挥主导作用,但不再是社会管理的唯一主体,治理主体开始多元化。社会组织可通过各种渠道参与政府的决策,并在一些社会事务上独自发挥自身的作用,比如在环保、慈善、公共服务等领域。

不同的逻辑也导致了运作方式和流程的不同。统治逻辑表现为一种以命令形式出现的自上而下的官僚运作模式特点,它以过程为中心,通过下级对命令的遵从来完成目标。治理逻辑则更多地表现为一种平行的、网络式的运作方式,它以结果为中心,通过各方的协商与合作来把事情完成。

---

[1] 尚虎平、郭文琪:《"国家治理"式公共服务生产与提供图景》,《党政研究》2014年第2期,第95页。

政社分开的改革显然受到了两种逻辑角力的影响。这两种逻辑在某种程度上形成了一种悖论。可以用四种象限来表达这两种逻辑的关系,即统治强治理弱;统治弱治理强;统治强治理强;统治弱治理弱。这四种象限与政社分开的改革的关系表现在,统治强治理弱,改革就停滞、甚至倒退;统治弱治理强,改革就往前走。双强的模式是很少存在的,因为这两者是不相融的。双弱的模式如果有的话,应该是一个社会失败的模式,表现为国家、社会和市场都处于瘫痪状态。政社分开的改革应该是一个从原来的统治强治理弱走向统治弱治理强的过程。统治强治理弱是一种类似"大政府,小社会"的模式。当权力都集中到政府时,社会和市场就失去了活力,这种模式的极端是国家一统模式,在这种模式下甚至不存在市场和社会。统治弱治理强则是一种类似"小政府,大社会"的模式,政府与社会的其他组织处于平等的地位,政府更多地扮演服务者与合作者的角色,尽管政府当然还要扮演权威者,在政治上发挥主导作用。在这个政社分开的改革过程中,或许会有一个统治与治理处于均等状态的阶段,但这一均等也只是一种过渡现象,是两者交替过程中出现的一种暂时性的平衡,它最终要么走向统治强治理弱,要么走向统治弱治理强。中国的政社分开改革目前处在这一阶段中,但并不均衡。说它处在这一阶段,是比较政社不分而言,改革已经从原来的统治强治理弱中走了出来,统治在相对弱化,治理在相对加强。说还不均衡,是因为目前总的表现还是政府强,社会组织弱,改革还没有到位。改革不时地往前走,又不时地往后退,呈现一种胶着状态,往前走的难度显然很大。

目前,在国家层面总体上政社分开的进展不令人满意,在地方层面的改革则有的进展快,有的进展慢;有的分开程度相对较高,有的相对较低。那么,还有哪些变量在影响着政社分开的变化呢?以下几个变量显然是重要的。

一是政府和执政党。政府通常更多地偏向于治理逻辑和技术理性。政府行为更多地是出于治理绩效的考虑,这一绩效主要表现为经济的提升、公共服务的有效供给和社会的稳定。在公众公共服务需求大量提升、而政府因缺乏竞争而导致工作效率低下的情况下,让社会组织发挥作用在整体上是有利于政府对政绩的追求的。但是执政党(有时也包括政府)则更多地偏向于统治逻辑,偏向于执政地位的巩固和价值的考虑,因而更倾向于将任何事态的发展都控制在自己手中。比如,中共上海市委、上海市人民政府发布的《关于进一步创新社会治理加强基层建设的意见》指出,要加快实施政社分开,推进社会组织明确权责、依法自治,发挥作用。要进一步放宽准入、降低门槛,将适合社会组织提供的服务和承接的公共事项交由社会组织承担,支持社会组织积极有序地参与基层治理,鼓励和引导社会组织跨区域承接政府购买服务项目。① 这些要求显然是从政府角度来讲的,核心是如何更好地治理。而在同一文件中又要求切实加强社会组织党建工作,进一步扩大党的组织覆盖和工作覆盖,这是从党的角度来说的,核心是加强党的领导和控制。当然,在中国党政一体的模式中,政府会维护党的领导,党也会关注和追求政府的治理绩效。尽管如此,两者在具体治理理念上的不同价值追求对政社分开会产生不同影响。

二是社会组织。一般而言,社会组织积极进取并在实践中做出了令社会或党与政府满意的成绩,或填补了政府管理中的缺陷,节省了政府管理社会的成本,或者自身较强并对政府构成了一定的压力,那么就会促使政社进一步分开,政府会更多地放手。反之,社会组织消极不作为,或者表现欠佳,令党和政府或社会不满,甚至对政权提出挑战,政社分开的改革就会停滞或倒退。

三是组织类型。社会组织有各种类型,行业协会、群众生活、公益慈善类、社会服务类等社会组织的改革进展相对较快,政府对这些组织也比较放手,因为此类组织通常不会对政权构成挑战。而政治类或意识形态较强的社会组织通常受到的限制就较多。以民间智库为例,20 世纪 90 年代民间智库有过一次大的发展,但是在 2005 年上半年,国家工商总局对注册企业名称采取规范化行动,许多民间智库因此先后被注销。从全球范围来看,智库绝大部分都是民间的,在美国,最好的智库都是民间智库。相比之下,中国的十大智库没有一个是民间智库,且其地位低下,"中国真正的民间智库始终不被官方认可,从来没有见过官方正式咨询过民间智库的意见……"②

四是创新意愿和能力。政府的创新意愿和能力也是一个变量。政社如何分开并没有一个固定的模式,需要在实践中进行摸索。在这里,作为政社分开主要方的政府的创新意愿和能力十分重要,而政府在这方面的表现也是不一样的。我们看到走在改革前面的往往是上海、北京、广州等经济相对发达的大城市的政府。这或许是因为大城市政府面临了更多实际的压力,且有条件进

---

① 《关于进一步创新社会治理加强基层建设的意见》,沪委发〔2014〕14 号。
② 仲大军:《中国民间智库的困境》(2012 年 6 月 5 日),本色网,http://www.bensewang.com/shishi/76857.html。

行改革,如实行公共服务的购买;或许是因为大城市的社会组织的成熟度相对较高,承接政府转移职能或项目的能力较强;或许是因为国际化程度较高,政府更趋开放;等等。

尽管这些变量都在影响政社分开进程,但统治逻辑所强调的底线,即政权稳定的制约作用,才是政社分开目前还无法令人满意的根本原因。应该认为,社会组织并不必然对政权构成威胁和挑战,相反,它在新的历史条件下将是社会稳定的重要支持力量。这或许正是中共十八大提出要进一步深化政社分开的原因所在。那么,未来的改革需要在哪些方面深入展开,才能解决政社分开这一问题,使社会组织走向成熟,并在社会治理中发挥它应有的作用呢?

三、未来的改革

由于在政社分开的改革中政府居于主导方面,因此,从政府方面来讲,未来的改革需要考虑以下几个问题。

其一,推进领导权与治理权的分离。政府在对待社会组织上的"既让你长大,又不让你长得太大"的矛盾心理源于对权力的误解。这一误解认为权力就是统治权,而统治权就是一种不能与人分享的权力,一种不能分割的权力。其实,统治权事实上可以由两部分组成,一是领导权,一是治理权。在马克思主义的国家理论看来,国家权力行使两种职能,即政治统治职能和社会管理职能。社会管理职能的执行取决于政治统治,而政治统治的维持又是以执行某一社会职能为基础的。领导权对应的是政治统治职能,而治理权对应的是社会管理职能。治理权的执行取决于领导权,但领导权的维持又是以如何执行治理权为基础的。

传统行政的做法是将两者集于一身,即政府既进行政治统治,也进行社会管理,既发号施令,也实际操作。比如,在公共服务提供方面,它既是公共服务的生产者,也是提供者。这一模式以生产者为中心,消费者围绕生产者转。20世纪80年代的新公共管理改革开始突破这一传统模式,因为这一模式成本太高,民众对政府的公共服务质量并不满意。因此,改革就是将政府的生产者和提供者身份进行分离。政府作为生产者,而服务提供者则可由社会的其他组织来承担。于是,政府职能外包应运而生。它开创了一个新的管理模式,政府和社会组织的关系变成了一种委托人和代理人的关系,在社会管理领域两者处在一种平等的地位上,根据合同各行其是。但是,作为委托人,政府要对这些组织活动进行监督和控制,这种控制不是去控制活动本身,而是要使活动达到双方合同所确立的目标。除了新产生的委托人身份外,政府在政治领域原有的公共权威的身份并未因此丧失,只是发生了领导权和治理权的分离。

领导权和治理权的分离类似于掌舵与划桨的分离。政府失败的原因:一是政府机构的低效率,低效率又源于官僚机构垄断了公共服务的供给,政府机构因没有竞争对手而缺乏竞争压力;二是没有降低成本的激励机制,由于政府的活动大多不计成本,这就促使政府部门对公共服务的供给超出了社会财富最优分配所需的数量,导致社会资源的浪费[①]。这表明,至少在公共服务的供给上,政府集掌舵和划桨于一身不是一种好的选择。

在统治的逻辑中,领导权和治理权是不分的。政社即便分开,也是低度的分开,是让社会来接受政府释放的权力,分不分、分多少都由政府决定。这是一种错误的理念。政社分开应该是政府将本来不属于它的权力归还社会,这并不意味其主导地位和领导权的丧失。由于长期以来权力过分集中在政府,应当属于社会的治理权被政府掌控,这才导致了社会组织的不成熟。在错误理念支配下,领导权和治理权不分,社会组织与政府的平等地位难以获得,两者之间不可能形成委托人和代理人的关系,新的治理格局难以形成。因此,需要从改变执政党的领导方式的角度,从公共管理由统治向治理转变的角度来理解领导权和治理权的分离。这一分离应该成为政社分开的理论基础。

其二,加快社会组织的现代组织体制建设。中共十八大报告在论及"社会建设"时指出,要"加快形成政社分开、权责明确、依法自治的现代社会组织体制"。现代组织体制的典范是马克斯·韦伯指出的官僚组织体制。社会组织体制不一定要具备官僚组织体制所有的特点,但以下几个特点是其应该具备的。(1)独立性。分开意味着独立,只有独立,政府和社会组织双方的关系才可能是平等的,才可能不存在两者间的依附和被依附关系。也只有在独立的基础上,政府与社会组织的委托人和代理人的关系才能真正建立起来。分开

[①] 忻林:《布坎南的政府失败理论及其对我国政府改革的启示》,《政治学研究》2000 年第 3 期,第 88—89 页。

不仅仅表现为形式上的分开(正如重庆的例子表现出来的人员分开、活动分开、资产分开、场所分开以及机关人事分开一样),更重要的是体制上的分开,真正把领导与治理分开来,把掌舵与划桨分开来。(2)自主性。自主性首先表现为财务自主,有自身独立的资金来源(这里并不排斥政府资金也是其中一个来源),能自主地处理财务事项。其次是活动自主,也就是独立自主地、不受干扰地开展活动。(3)法治性。社会组织与政府的关系、社会组织内部的关系(比如,权力责任的明确、权利义务的对等、角色和行为的一致等)和运作方式(比如,合作方式、市场方式、内部流程等)由规章制度确立,并受到规章制度的约束。社会组织的现代组织体制建设需要政府和社会组织两方面的共同努力。从政府角度来讲,要为这一组织体制的建设创造良好的外部条件,这里涉及制度、资金等一系列资源的供给问题。从社会组织角度来讲,则要通过其自身的努力而不是依赖政府去获得建设现代组织必需的资源,从而提升自身组织的人格。

其三,改革要有新的思路。政社分开的改革长期进展不大与改革"以政府为中心"的做法有关。政社分开怎么分,如何分,分多少,何时分,所有这些都是由政府决定的。由于政府受到统治逻辑和治理逻辑的双重影响,这种改革的方式似乎已经成为一种惯常性的做法或一种路径依赖。比如,本届政府在行政审批方面的改革尽管展示了以往改革所没有的力度,但从方式上讲,并没有摆脱原来的由政府说了算的做法,即便改革提出了"权力清单",但权力清单也是由政府定的。这反映了改革的一种思维,即一以贯之的自上而下的改革方式。应该看到,在涉及双边关系或多边关系的时候,这种单方面的决定并不一定能很好地解决问题,因为它有时并不反映其他方的要求和愿望,如果用公共选择理论来解释,政府单方的行动选择可能更多反映了自身利益的需求。然而,在现代社会体系中,引入其他社会主体参与公共服务是主体结构理性的体现,培育和发展社会组织,发挥社会组织承接政府职能转移,是主体结构理性的核心内涵。因此,改革需要转变思路,需要从更大的社会系统中去考虑问题。政社分开需要更高层面的介入,这就是以法律的形式来规定政府和社会组织的关系、它们的作用及其活动方式,而不能单单由政府来决定。单由政府决定,社会组织处于被动地位,就永远摆脱不了社会组织长不大的状况,社会组织就不能成为一种独立的、自主的、自治的组织。

Logic and Plight for Separating Government from Social Organizations

Abstract: Similar to the separation between government and enterprises and between government and public organizations, the separation between government and social organizations is an important part of reform in political and social system in China; however, achievement in this area has been little. Studies on this issue from the two perspectives of ruling and governance indicate that separating government from social organizations depends on the antagonism between the ruling logic and governance logic. The governance logic requires the separation, yet the ruling logic insists on control. The ruling logic has created a plight for the separation between government and social organizations. Solution to this plight lies in the separation between leadership and governance rights, innovation of reform ideas, turning from ruling to governance, and shifting towards modernization of national governance.

政社分开的基础：
领导权与治理权分开[*]

摘要：政社分开的改革因政府内在的治理逻辑与统治逻辑的矛盾而进展迟缓，这一矛盾来自一种对权力的误解。政社分开的实质是权力的分开，即领导权与治理权的分开。这一分开符合马克思主义的国家理论，也切合政社分开改革的实践。它有助于解决使社会组织和团体真正成为一个独立而自治的组织这一政社分开改革需要解决的首要问题，有助于在基本的功能上划清政府与社会组织的边界，也有助于解决改革内在的治理逻辑与统治逻辑之间的矛盾。领导权与治理权的分开并不意味着政府将治理权全部放手，政府需要在它治理的领域里承担起它的责任，同时政府还承担着对社会组织进行监管的职能。

一、政社分开的实质是权力分开

政社分开也就是政府与社会组织分开，它指的是"凡公民、法人或其他组织能够自主决定，市场竞争机制能够有效调节，行业组织或者中介机构能够自律管理的事项，政府都要退出"[①]。简单来说，就是市场的事情市场做，社会的事情社会做，政府的事情政府做。政社分开是与我国社会主义市场经济体制的建立联系在一起的。这一体制的建立带来的一个巨大变化首先是打破了计划时代的一种集权的、国家一统天下的管理模式。这一模式的特点是政府以国家的名义垄断了社会的所有资源，并以行政的方式来配置这些资源，从而导致资源的错配和配置的不经济。其次，市场经济体制的建立带来了利益的分

---

[*] 本文原发表于《中共福建省委党校学报》2017年第6期，第4—10页。人大复印《公共行政》2017年第9期全文转载。

[①] 《国务院关于第六批取消和调整行政审批项目的决定》，国发〔2012〕52号。

化,这一分化的利益需要有相应的组织来表达。市场经济体制建立后各类社会组织层出不穷的出现就是一个明证。这样,随着市场经济体制的建立就逐渐形成了国家、社会和市场三分天下的局面。在我国,这种三分局面的形成与西方国家那种自然演进的结果不同,是政府推动和建构的结果,其背后的动力在于国家想减少其治理社会的交易成本,由原来的国家配置所有资源改变成经济资源由市场配置,社会资源由社会配置,在市场和社会无法配置的情况下由政府来配置,从而实现资源配置的最优化。国家、市场和社会三分局面的形成也就带来了如何处理政企关系和政社关系的问题。

就像市场经济体制相当程度上是由政府建构的一样,在这一背景下建立起来的政社关系也具有建构的特点。主要表现在以下几个方面。首先,政府在两者的关系中起着主导作用,政社双方在地位上是不平等的。社会组织长期以来一直被认为是政府的附庸,因为社会组织不具备作为一个组织必须具备的独立性和自主性,这集中表现在社会组织在资源(人力、物力、财力和信息等资源)上是依附于政府的。其次,主导者的位置决定了政府在政社分开改革中的关键性作用。作为政社分开改革的推动者,政社分开怎么分,分到什么地步,什么时候分等都是由政府决定的。政府通常把政社分开看作是政府职能的转移,主动权掌握在政府手里。再者,改革的推进既有降低国家管理社会的交易成本的动力,也有政府出于自身利益的考虑。这表现在政府内在的治理逻辑和统治逻辑的矛盾上。治理的逻辑要求资源最大限度地利用、更有效地提供公共产品和公共服务,力图通过社会组织的力量来解决社会的问题并提升政府管理的绩效,因此对社会组织采取的基本策略是放手;而统治的逻辑则以维持政权的稳定为出发点,因而对社会组织采取的基本策略是控制(这一控制不是监管意义上的控制,而是不让社会组织成为一种异己的力量,从而对政权构成威胁)。这两种逻辑是政社分开改革与生俱来的,改革的进展往往因两种逻辑的角力而定。[①]

这两种逻辑的内在矛盾导致了改革的迟缓。在马庆钰看来,"政社分开的改革目标还远远没有达到"。其所以如此,表现在:(1)多元管理和服务的格局还没有真正形成。尽管登记过的组织已经达到了42.5万个,但从经济总量规模、就业能力、社会影响来看,仍然微不足道。民间组织总支出占GDP的比例

---

① 竺乾威:《政社分开的逻辑及其困境》,《江苏行政学院学报》2016年第3期。

只有0.73%左右,远远低于发达国家7%的水平,也低于4.6%的世界平均水平,还不能算是多元结构中响当当的一元。(2)大量的组织是官办的,有编制,有财政,即便不是直接的,也与党委和政府有着千丝万缕的关系。社会组织的主体一般来说应是非政府组织和非赢利的民间组织,它不应当背离"独立性"和"非盈利性"的主要特质,否则也就混同于政府和企业,也就没有什么政社分开了。(3)自1988年《社会团体登记管理条例》出台以来的20年间,大约只有20%的社会组织按照规定在民政部门登记注册,而80%的社会组织则处于"无法定身份"的状态。由于很多社会组织无法按照现有条件要求跨过正式登记的门槛,它们便只能半公开、半地下地活动。结果是影响了社会组织的规范和正常发展,也不利于政社分开格局的形成。[1] 改革的迟缓表现在改革进行了多年以后,中共十八届三中全会还在提"加快实施政社分开,推进社会组织明确权责、依法自治、发挥作用。适合由社会组织提供的公共服务和解决的事项,交由社会组织承担"[2]。这表明问题没有得到实质性的解决。

这一困境的产生,在于治理逻辑与统治逻辑之间的矛盾(尽管这两者不是截然分开的,治理的逻辑不能突破维护政权稳定的底线,统治的逻辑也会推进一些相关的改革),即对社会组织和团体既要放手,又要控制。这一矛盾导致的结果就是社会组织无法摆脱对政府的依赖,成为一个真正独立和自治的组织,而这恰恰是政社分开的前提性条件。

两种逻辑的矛盾事实上与对政府权力的认识有关。政社分开背后涉及的是权力问题,而权力的核心问题是对资源的掌控、分配以及围绕资源分配展开的各种运作。在传统的行政模式中,资源分配的权力掌握在政府手中,政府掌管和垄断了一切。社会和市场的发展壮大对政府来说事实上是一个分权的过程,也就是把原来不属于政府的市场和社会的权力归还给市场和社会,让这两个部分在经济和社会的管理中发挥它们的作用,从而减少政府管理社会的负担。但是政社分开的改革在很长一段时间里把这一分权的过程仅仅理解为是一种政府职能的转变,而非同时也是一个资源和权力的转移过程。其背后的理念在于政府职能是可以转移的,但政府掌握的国家权力是不能分割的,不能

---

[1] 马庆钰、程玥:《关于政社分开的探讨》,《社团管理研究》2010年第4期。
[2] 《中共中央全面深化改革若干重大问题的决定》(2013年11月12日通过,2013年11月15日刊载),中国政府网,http://www.gov.cn/jrzg/2013-11/15/content_2528179.htm。

共享的,当然也是不能转移的。这样造成的一个结果便是政社分开的基础——领导权与治理权分开的改革因缺乏资源和权力的转移而无法取得实质性的进展。其次,在传统的观念中,权力是与领导地位联系在一起的。权力的分离意味着领导地位的削弱,权力的丧失意味着领导地位的丧失。王名在探讨政社分开的改革时认为,"要实现政社分开,有两个关键环节需要引起重视:第一,要避免政府只转移职能和责任,不转移公共权力和资源,使得社会组织无力承担这些职能和相应责任,降低服务质量,导致更多的社会矛盾和问题出现。第二,要积极培育社会组织的发展和能力建设,应在社会组织得到一定发展、有能力承担相应的职能及责任的条件下,逐步将一定的公共权力和资源转移给他们"[①]。不转移权力和资源或转移不到位,更多的是出于统治逻辑的考虑,即社会组织和团体获得权力和资源有可能对政府形成一种潜在的挑战。当然,还有一个考虑是,权力在相当程度上意味着利益,权力转移意味着利益的转移或丧失。这一点可以在地方行政审批改革常常受到阻碍中看出来。因此,即便是向社会组织分权,这一分权也是有限度的,它必须保证政府领导者地位不变。

问题是,如何在保持政府领导者地位不变的情况下又能够让社会组织真正成长为一个独立自主的组织?就分权或者权力的转移而言,如果这一权力是国家权力,是不可分割和共享的、只能是政府占有的,那么权力能够转移吗?因此,这里涉及对权力的一种新认识。这一认识就是,政府掌握的国家权力可以由领导权和治理权两部分构成,分权或权力转移是将治理权(伴之以其他必要的资源——权力事实上也是一种资源)而非领导权转移给社会组织和团体。

二、领导权和治理权分开的理论基础与实践基础

对领导权与治理权分开问题的理解,从理论上讲,是来自对马克思主义国家权力理论的一种理解。在马克思主义的国家理论看来,国家权力行使两种职能,即政治统治职能和社会管理职能。政府机器是国家的体现,没有政府机器,国家就不存在。在政府机器的功能上,政府机器是"秩序卫士",在资本主

---

① 王名:《治理创新重在政社分开》,《人民论坛》2014年第4期。

义社会,这一秩序卫士是用来"保卫资产阶级社会的物质生产和精神生产不受无产阶级野蛮人侵犯的"①。这就是国家的政治统治职能所起的作用。正如恩格斯指出的,"为了使冲突的阶级不至于在无谓的斗争中把自己和社会消灭,就需要有一种表面上凌驾于社会之上的力量,这种力量应当缓和冲突,把冲突保持在'秩序'的范围以内;这种从社会中产生但又自居于社会之上并且日益同社会相异化的力量,就是国家"②。很显然,政府实施政治统治的目的是把社会秩序维持在统治阶级所需要的范围内,这反映了国家的阶级性的一面。但在马克思主义国家理论看来,国家还具有社会管理职能的一面。如果说政治统治职能涉及的是统治者的利益的话,那么社会管理职能涉及的是整个社会的利益。这两者的关系正如恩格斯通过对波斯和印度历代政府都要经营或管理河谷灌溉的例子指出的,"政治统治到处都是以执行某种社会职能为基础,而且政治统治只有在它执行了它的这种社会职能时才能继续下去"③。"一切政治权力期限都是以某种经济的、社会的职能为基础的。"④。

马克思恩格斯指出了国家的两种职能。在实践中如何来履行这两种职能呢?马克思恩格斯指出了暴力机关在维护国家的政治职能过程中的作用。社会管理职能又应如何履行呢?在恩格斯看来,"只要存在着国家,每个国家就会有自己的中央"⑤。中央虽然享有对全国的管辖权,但不是对全国的一切事务都管,凡是不涉及国家整体事务的(也就是"具有普遍意义的事"),"公共管理完全可以放手不管,一切和单个公民或团体有关的事情也可以放手不管"⑥。涉及这个或那个人的事不是具有普遍意义的事,正是在这一点上,恩格斯甚至提出"公共事务不能纳入中央政权的管辖范围"⑦。这段话表达了马克思恩格斯的分权思想。尽管恩格斯没有直接指出由谁来履行公共事务的管理,但逻辑上的结论无疑是地方政府或社会组织和团体。从西方国家的发展中,我们可以看到,与民众生活密切相关的公共管理职能几乎都是地方政府的职能。

---

① 《马克思恩格斯选集》第1卷,人民出版社1995年版,第452页。
② 《马克思恩格斯选集》第4卷,人民出版社1995年版,第170页。
③ 《马克思恩格斯选集》第3卷,人民出版社1995年版,第523页。
④ 同上书,第526页。
⑤ 《马克思恩格斯全集》第41卷,人民出版社1982年版,第396页。
⑥ 同上。
⑦ 同上。

此外,公共事务还有很大部分是通过社会自治解决的。比如,慈善组织就承担了扶贫的功能。

但在后来社会主义的实践中,随着计划经济体制的确立,形成了一种没有市场、没有社会,而且国家一统天下的管理模式。马尔科维奇在其一篇有影响的文章《斯大林主义和马克思主义》中讲到斯大林主义的特征时,指出,"国家的新的首要职能是对生产实行严格的行政计划,完全控制一切政治生活"①。而国家的权力又集中到了党的身上。列宁曾指出:"我们共和国的任何国家机关未经党中央指示,都不得解决任何重大政治问题或组织问题。"②这样就形成了后来党政一体的、国家凌驾于社会之上的管理模式。

邓小平在改革开放之初曾对这种权力高度集中的体制进行了批评。他在对当时政治生活中广泛存在的官僚主义现象进行批评时指出,官僚主义"同我们长期认为社会主义制度和计划管理制度必须对经济、政治、文化、社会都实行中央高度集权的管理体制有密切的关系。我们各级领导机关,都管了很多不该管、管不好、管不了的事,这些事情只要有一定的规章,放在下面,放在企业、事业、社会单位,让它们真正按民主集中制自行处理,本来可以很好办,但是统统拿到党政领导机关、拿到中央部门来,就很难办。谁也没有这样的神通,能够办这么繁重而生疏的事情"③。这里涉及权力分散的问题,涉及企业、社会组织和团体的成长问题以及它们对相关权力的享有。市场经济体制的建立,推进了这种高度集权管理模式的改革进程。

在政社分开的改革中,一个现实的问题就是如何看待权力问题。政府职能的转移如果不伴之以资源和权力的转移,那么这种转移是不到位的。这种情况下,社会组织充其量只是一种形式的存在,而无法真正发挥作用。资源和权力的转移应是实质性的。尽管改革之初我们已经认识到,马克思主义的国家权力涉及政治统治职能和社会管理职能,但对权力本身的认识事实上还停留在具备这两种职能的国家权力是一体的、权力的两种职能的行使也是不能分开的这一层面上。这在实践中导致了政府职能转移无法真正落地。这也揭示了为什么多年来政社分开的改革一直无法得到有效进展的根本原因。很显

---

① [南斯拉夫]米哈依洛·马尔科维奇、[美]罗伯特·塔克等著,李宗禹主编:《国外学者论斯大林模式》,中央编译出版社1995年版,第2页。
② 《列宁选集》第4卷,人民出版社1995年版,第203页。
③ 《邓小平文选》第2卷,人民出版社1994年版,第327—328页。

然,如果把治理和统治集于一体,其结果只能使大量的社会组织和团体无法成为"权责明确、依法自治的现代社会组织",因而也就无法形成政社关系的基础。

把国家权力分成领导权和治理权。领导权可以对应国家权力涉及的政治统治职能,而治理权则可以对应社会管理职能。正如马克思恩格斯指出的,社会管理职能的执行取决于政治统治,而政治统治的维持又是以执行某一社会职能为基础的。这样,治理权的执行取决于领导权,但领导权的维持又是以如何执行治理权为基础的。如果说,领导权由政府掌握,从而保证其政治统治和社会秩序的话(因为政府是唯一合法拥有维持社会秩序所需的暴力机关的公共权威组织),那么治理权是可以转移到社会组织和团体、由社会组织和团体来掌握并执行的(当然政府在它的治理范围内也享有治理权)。这样的区分,类似企业发展史上曾经出现过的所有权与经营权的分离。把经营权赋予具有管理专长的人,事实上更有助于资本的增值,从而也更符合资本财产所有者的利益。这两者的分离,奠定了现代企业的治理结构的基础。同样,以领导权和治理权而言,将治理权赋予更适合的办事主体,比起将两种权力集于政府一身,显然更有助于政府要完成的使命(当然所有权和领导权是不同的,政府领导权从根本上讲是来自人民的授予)。这一权力的分开,有助于政府和社会组织在公共服务、公共产品的提供中形成一种真正的委托代理的关系。这一关系的好处在于,除了作为代理人的社会组织具备更专业或更恰当的能力之外,政府在处理与社会组织在治理上可能产生的冲突和矛盾时,也不会把所有这些冲突和矛盾都看成是对政府领导权的挑战。

领导权与治理权的分开还有它的实践基础。这一实践基础在于公共管理的形态发生的变化,以及由此产生的政府角色和职能的变化。公共管理形态发生的一个重要变化是,自20世纪90年代以来从管理走向治理的变化。治理一般指的是,"确立一些治理方式,这些方式源于公私部门之间以及公私部门内部边界模糊。治理的实质是强调治理的机制,这些机制不再依赖政府的权力或强制,而是多元治理的互动,以及行动者互相影响"[1]。罗滋认为,公共管理意义上的治理指的是一种有效的、开放的、负责的和受到监督的公共服务

---

[1] Gerry Stoker, "Governance as Theory: Five Propositions", *International Social Science Journal*, 1998, Vol. 50, Iss. 155, pp. 17-28.

体系。这表明,治理与管理的最大区别在于管理主体的变化,即从原来的政府单独管理转变成政府与社会组织和团体的共同治理。21世纪初中国政府的服务型政府的建设,意味着政府的职能更多地转向社会管理和公共服务。也正是在这一背景下,中共十八大首次提出,要推进"国家治理现代化"。而国家治理现代化,首先就是国家治理结构的问题。这一结构肯定不是传统的韦伯式的结构,而是一种政府与社会组织团体合作治理的结构。

在我国,治理的出现更多地是同公共服务的提供联系在一起的。传统的公共服务是由政府一手提供的,或者说是政府垄断提供的。政府是生产者,民众是消费者,消费者围绕生产者转。在今天民众公共服务需求提高以及政府提供资源有限的情况下,政府仅凭自身的力量是无法在公共服务的数量和质量上满足民众需要的。原有的单一的政府提供方式已经捉襟见肘,生产方和消费方的关系发生了逆转,政府今天要围绕民众的需求转,以最大可能满足民众对公共服务的要求。因此,如何利用社会组织和团体的力量,使它们参与到公共服务的提供中来以弥补政府提供的不足,便成了一种合乎逻辑的选择。正是这一变化,进入21世纪后,社会组织和团体购买公共服务、公私合作、公共服务外包等新的公共服务提供方式开始在我国出现并流行开来。

其次是政府职能的变化,即掌舵和划桨职能的分开。职能的行使需要权力和资源。领导权和治理权的分开对政府来说也类似于掌舵与划桨的分开。掌舵类似于领导权,引领方向,而划桨类似于治理权,治理权不必都掌握在自己手中。划桨怎么划,可以由划桨者决定,但划桨者要有做决定的权力。由划桨者划桨的一个主要原因在于划桨者更精于划桨。正如萨瓦斯所说的,"政府这个词的词根来自希腊文,意思是操舵。政府职责是掌舵而不是划桨。直接提供服务就是划桨,可政府并不擅长于划桨"[1]。这与邓小平讲到的党政机关谁也没有这样的神通能够办这么繁重而生疏的事情(也即本来应该放手让社会组织团体去办的事情)几乎如出一辙。布坎南在谈到政府失败时,认为政府失败的原因有:一是政府机构的低效率,低效率又源于官僚机构垄断了公共服务的供给,政府机构因没有竞争对手而缺乏竞争压力;二是没有降低成本的激励机制,由于政府的活动大多不计成本,这就促使政府部门对公共服务的供给

---

[1] [美]戴维·奥斯本、特德·盖布勒:《改革政府》,上海市政协编译组、东方编译所编译,上海译文出版社1996年版,第1页。

超出了社会财富最优分配所需的数量,导致社会资源的浪费①。这表明,至少在公共服务的提供上,需要有多个主体,在与这些主体的关系上,政府将领导权与治理权集于一身,显然不是一个好的选择,正如政府集掌舵和划桨于一身不是一种好的选择一样。

三、领导权与治理权分开:作为理念和过程的改革

领导权与治理权的分开首先是一种理念。这一理念要解决的问题,是对国家权力以及这一权力涉及的政治统治和社会管理职能有一种新的认识,解决权力(领导权和治理权)必须掌握在政府手中的问题的原有认识。这一理念要表明,社会管理职能的权力也就是治理的权力,是可以由不同的管理主体来行使的。因为,新的公共管理形态尤其是公共服务的提供,需要政府与社会组织的合作治理。

领导权与治理权分开,使社会组织拥有管理社会的权力从而激发社会活力、促进整个社会的治理,这是政社分开的改革需要着力的地方。事实上,我们已经看到了改革在这方面的努力。这表现在 2015 年颁布的《行业协会商会与行政机关脱钩总体方案》(以下简称"《总体方案》")和近几年的行政审批改革上。《总体方案》力图通过社会组织(这里主要指行业协会和商会)与政府在机构、职能、资产财务、人员管理和党建、外事等事项上的分离,使社会组织从对政府的资源依赖转向资源独立,进而促使社会组织成为一个真正的组织。近几年的行政审批改革中出现的简政放权和权力清单,也在向着这方面努力。权力清单以明确方式来划分政府与社会组织的权力边界。尽管其出发点是限制政府的权力范围,但权力清单所含的意义是很明显的:权力清单以外所涉事务及相关的权力不再属于政府,它属于相关的社会组织。

领导权与治理权的分开,并不表明政府将治理权全部放手。治理权涉及大量的社会公共事务的管理。判断治理权由谁掌握的一个最基本的标准,即"凡公民、法人或其他组织能够自主决定,市场竞争机制能够有效调节,行业组织或者中介机构能够自律管理的事项,政府都要退出"。这句话的另外一层意思就是,凡是市场、社会不能做到的事,政府必须承担起它的责任。从公共服

---

① 忻林:《布坎南的政府失败理论及其对我国政府改革的启示》,《政治学研究》2000 年第 3 期。

务的角度来讲,产品的性质可以作为一个基本的分野,这就是通常说的公共产品由政府来提供(这一点可以从行政审批改革中政府还保有为数不少的行政审批项目中可以看出来,因为只有政府才能履行这样的职责),准公共产品和私人产品可以由社会组织或私人部门来提供。各方在自己的领域里行使自己的权力。这里要防止的一个倾向是,把本来应该由政府承担的治理职能和行使的治理权也放弃了。正如西方新公共管理改革中出现过的因过分的公共服务外包而导致政府权力的"空心化"现象。此外,尽管相关的治理权由社会组织和团体来行使,但政府还必须履行对这些组织和团体的监督职责。政府需要提供这些组织和团体履行其治理权所必需的环境条件,确保它们在履行治理权时遵循相关的法律和规章制度,并对任何治理权力的不恰当使用进行制约。

领导权与治理权的分开不仅是一种理念,也是一个过程。从过程的角度来看,它必须解决一个路径依赖问题。路径依赖类似于惯性,一旦进入某一路径(无论是好是坏)就可能对这种路径产生依赖。制度变迁理论认为,选择正确的制度变迁路径并不断调整路径方向对于达到既定的制度变迁目标很重要,因为它可以沿着不断增强和优化的轨迹演进,从而避免陷入制度锁定状态。领导权与治理权分开作为政社分开改革的一部分,选择什么样的改革路径是很重要的。

采取一种制度、实施某种社会行为,也就进入了某种特定的路径。在这里,历史是至关重要的,用诺思的话来讲,人们过去做出的选择决定了他们现在可能的选择[1]。长期以来,政社分开的改革一直着眼于政府职能的改变,而忽略了仅仅职能的改变还无法使社会组织和团体真正成为一个独立和自主的组织这一重要问题。这导致政社分开的改革直到2015年才在中央层面发布了《总体方案》,通过政府与社会组织的资源的分离来促使社会组织的独立。这个问题背后的思想根源是上面指出的对权力一体的认识,而构成过程阻力的还有背后的利益问题。这一利益表现在两方面。一是组织的天性。任何组织(包括政府)都有天然的扩张趋向,总是希望人强马壮,有更大的规模、更多的资源和更多的权力。因此,任何反向的举动或改革通常都会受到一种自觉

---

[1] [美]道格拉斯·诺思:《经济史中的结构与变迁》,陈郁、罗华平等译,上海三联书店1991年版,第1—2页。

的抵制,从而拖累改革的进程。二是组织及其成员的利益。按照制度变迁理论的说法,一种体制形成以后,会形成在现存体制中有既得利益的压力集团。他们力求巩固现有制度,阻碍进一步的变革,哪怕新的体制较之现有的更有效。即使由于某种原因接受了进一步改革,他们也会力求使变革有利于巩固和扩大他们的既得利益。从政府方面来讲,利益受损(资源的减少、权力的减少)是进行相关改革的最重要的阻碍因素,是改革过程中最难以克服的困难。然而,改革过程的路径选择如果回避这些最重要的问题的话,那么过程就会被延缓,改革的成果就会迟迟难以体现。

以与政社分开改革相关的行政审批改革为例。行政审批的改革如同政社分开的改革一样,长期以来改革进展缓慢,其原因在于改革的路径选择着眼于行政审批项目数量的减少或撤销。它导致的结果是每次减少和撤销的行政审批项目数目一直很难到位(更不用说地方上的变相抵制),减少或撤销的行政审批项目含金量不高。这背后的原因是回避了行政审批改革的核心问题,也就是与利益相关的权力问题。我们看到,近年来的行政审批改革开始改变原来的改革路径,把权力作为核心的改革要素;在行政审批的改革中提出了简政放权和建立权力清单,围绕权力这一核心问题来推进行政审批的改革。此次改革的结果,无论是行政审批项目的减少或撤销,还是这些减少撤销的项目具有的含金量,都远远超越了以前的改革。

因此,需要进一步确定政社分开改革过程的路径选择。要把通过权力分开以推进社会组织和团体独立、自主从而达到真正的自治作为改革的核心。要使政社分开的改革沿着不断增强和优化的轨迹演进。

政社分开:从资源依附走向共生性资源依赖[*]

摘要:政社分开改革首先需要解决的是社会组织的独立性和自主性问题。政社分开改革经历了"资源依附—资源分离—资源依赖"的过程。这个过程提高了社会组织的自主性、减少了政府的管理负担和寻租机会,但也使社会组织的生存和发展的难度增加、政府的一些利益受损。社会组织和政府之间存在着资源依赖,但这种依赖是不对称的。如何使双方在社会治理中良性互动,形成一种共生性资源依赖,是政社分开后政府和社会组织双方都需要考虑的一个问题。

一、现代组织的基础

政社分开也就是政府和社会组织分开。这一分开的前提是社会组织(本文论述的社会组织主要指行业协会和商会)作为一个组织的存在。舍此谈不上政社分开,也谈不上政社分开基础上的政社合作。因此,使社会组织成为一个真正的组织是政社分开改革首当其冲的要务。这也可以理解为什么中共十八大报告在论及"社会建设"时,要提出"加快形成政社分开、权责明确、依法自治的现代社会组织体制"这一问题。

那么现代社会组织体制是一种什么样的组织体制?它应该具备哪些特征?现代组织体制的典范是马克斯·韦伯指出的官僚组织体制(尽管有不少对它的批评)。韦伯从分工、权力系统、法制和非人格等诸方面勾勒了一个理性的现代组织。随着社会的变迁以及其他组织形式的出现,韦伯勾勒的现代组织的一些特征或被淡化、或被加强、或得到补充。从这个意义上说,社会组

---

* 本文原发表于《福建行政学院学报》2017年第4期,第1—8页。人大复印《公共行政》2017年第11期全文转载。

织的体制今天不一定要完全具备官僚组织体制所有的特点。但是,作为一个现代的社会组织,以下几个特点是必须具备的。(1)独立性。莱斯特·萨拉蒙认为,第三部门成长的最有决定性的因素是它所能锻造的同国家的关系。在得到政府足够的法律和财政支持的同时,又保持相当程度的独立性和自主性。① 独立性意味着组织具有自身活动所需要的人力、物力、财力和信息资源。这种资源不是依附的,尽管它是可以依赖的。"依附"和"依赖"一字之差,但含义不一样。"依附"表明组织是不独立的;而"依赖"首先表明组织是一种独立的存在,只是组织活动需要借助外部组织的资源,是一种组织间的互相关系。政社分开意味着社会组织的独立,只有独立,政府和社会组织双方的关系才可能是平等的,才可能不存在两者间的依附和被依附关系(这种依附实质上也就是资源的依附,人力、物力、财力和信息的依附);也只有在独立的基础上,政府与社会组织的委托与代理关系才能真正建立起来。(2)自主性。其表现在社会组织可以自主地使用组织的各种资源。首先是财务自主,除了有自身独立的资金来源(这里并不排斥政府资金也是其中的一个来源)外,组织可以自主地处理财务事项。其次是活动自主,也就是独立自主地、不受干扰地开展活动。再次是人事自主,可以有效地调动自身的人力资源。(3)边界性。边界性是指组织具有自身独特的、其他组织无法取代的功能和活动范围。尽管有些功能和活动会与其他组织交叉或重复,但在整体上这些独特的功能和活动是可以识别和区分的。正如政府与社会组织和企业组织在某些功能和活动上会产生一些交叉,但它们之间的边界应该是清楚的,不同的功能和活动范围是可以识别的,如国务院在定义三者的功能时指出:"凡公民、法人或其他组织能够自主决定,市场竞争机制能够有效调节,行业组织或者中介机构能够自律管理的事项,政府都要退出。"②这表明,社会、市场和政府都有其相应稳定的边界,边界性表明了组织的无可取代性。(4)法制性。社会组织内部的关系形式(比如权力责任的明确、权利义务的对等、角色和行为的一致等)和运作方式(比如合作方式、市场方式、内部流程等)由规章制度确立,并受到规章制度的约束。

组织活动取决于它所具有的内部资源和外部资源以及对这些资源的运

---

① [美]莱斯特·萨拉蒙:《非营利部门的崛起》,谭静译,《马克思主义与现实》2002年第3期,第57—63页。
② 《国务院关于第六批取消和调整行政审批项目的决定》,国发〔2012〕52号。

用,资源构成了组织存在和活动的基础。切斯特·巴纳德、杰弗里·菲佛和杰拉尔德·萨兰基克从内外两个方面对此作了很好的阐释。

切斯特·巴纳德把组织看作是一个组织与其成员交换的系统。人在组织中的努力和贡献取决于组织提供的对其动机的刺激。巴纳德认为,自我保存和自我满足的利己动机是支配组织成员行为的力量,组织只有满足这些动机才能存在,除非它能改变这些动机。因此,需要在组织提供的诱因或刺激和个人为之作出的贡献之间维持一种平衡,这种平衡一旦被打破,组织就无法运行。巴纳德把诱因分为特殊诱因和一般诱因,特殊诱因包括物质诱因、个人的非物质的机会、良好的物的条件、理想方面的恩惠;一般诱因包括社会结合上的吸引力、适合于自己习惯的方法和态度的条件、扩大参与的机会、思想感情交流的条件。① 组织刺激和个人回报之间的平衡是组织得以运作②的一个基本条件。

然而,组织又是环境中的一个部分,它与环境中其他组织尤其是相关组织存在着一种互相交往的关系,这一互相交往的过程在杰弗里·菲佛和杰拉尔德·萨兰基克看来就是一个资源依赖的过程。没有一个组织是可以自给自足的、具有它所需的所有资源。为了获得资源,组织需要同它所处的环境进行互动和交换,并从这些环境中获取它所需要的资源,以维持自己的生存和发展。正如杰弗里·菲佛和杰拉尔德·萨兰基克指出的:"组织根植于相互联系以及由各种各样的联系组成的网络之中。所需要的各种资源,包括财政资源、物质资源以及信息资源,都是从环境中得到的,因此组织不得不依赖这些资源的外部提供者。"③

尽管这两个理论一个着眼于组织内部的运作,一个着眼于组织的外部关系,但两者的共同点都在于强调资源在组织生存和发展中的重要性。

政社分开改革首先要解决的是社会组织的资源依附问题。一些社会组织(如改革开放后出现的行业协会和商会等)在资源上依附于政府是有其历史原因的。从历史上看,在改革开放前以计划经济为基础的国家一统天下的管理模式中,政府作为国家的权力机构掌握了社会所有的资源。随着改革开放和

---

① [美]切斯特·巴纳德:《经理人员的职能》,孙耀君等译,中国社会科学出版社1997年版,第112页。
② 这里的组织运作是指组织内部的运作。
③ [美]杰弗里·菲佛、杰勒德·萨兰基克:《组织的外部控制》,闫蕊译,东方出版社2006年版,第4页。

市场经济的推进,这一管理模式被摒除,因为改革达成的一个基本共识是政府不再是任何场合下资源配置的最好手段。由此,一统天下的模式被天下三分所取代,市场、社会(其主要形式是社会组织和团体)开始产生。经济资源由市场配置,社会资源由社会配置,两者不能配置的资源由政府配置。但是,原有模式的惯性使得即便在后来出现了各类组织(企业组织和各种社会组织团体)的情况下,政府还是占据了独大的地位。其次,社会组织和团体在我国改革开放后的出场是政府建构的产物,而不像西方那样是一种社会自然演进的结果。这一建构表明政府至少在一段时间里是两者关系的主导者,它影响着社会组织和团体的发展。作为政府建构的产物,政社关系从一开始就具备了一种政府强、社会组织和团体弱的基本格局,其表现在:一些社会组织和团体在资源(无论是人力、物力还是财力)上是依附于政府的,因此也往往被称为政府的附庸、二政府等。这种依附状况维持了很长时间,中央层面直到2015年才正式出台《行业协会商会与行政机关脱钩总体方案》。这显然表明,这种依附状况在一段时间里双方都是可以适应的,是双方都可以接受的[①]。

从政府角度讲,政社分开是市场经济带来的不可避免的结果,因为市场经济带来的利益分化以及这一分化产生的社会摩擦和矛盾必然加重政府的管理负担。因此,可以让社会组织和团体成长起来,并通过"激发社会活力"来减少政府管理社会的交易成本,将一些社会事务交给社会组织和团体去做。但是,政府又希望对这些组织加以某种程度的控制,希望这些社会组织和团体做政府想做的事,而实施这一控制的最好办法就是在资源上进行控制。首先,对社会组织和团体组织资源的控制。比如,社会组织和团体首先要得到上级主管单位的认可,然后要得到民政部门的批准才能得以成立,这就排斥了大量的社会组织和团体,以至于有相当的社会组织得不到合法身份而处在一种地下状态。即便在今天,在一些社会组织可以直接到民政局申请成立的情况下,这些社会组织也只包括行业协会商会类、科技类、公益慈善类、城乡社区服务类,其他则不在此列。其次,对社会组织和团体活动资源的控制,包括人力、物力、财力资源的控制,比如安排政府人员担任社会组织和团体的领导人、对一些社会

[①] 在这之前,一些地方如上海、重庆等已经开始了机构分开、场地分开、活动分开、人员分开、财务分开等方面的改革。以上海为例,企业协会与党政机关的人员、机构、财务、资产的"四分开"在2009年全面启动。

组织和团体进行财政拨款、提供场地和办公场所等。

　　从社会组织和团体的角度来说,对政府资源的依附首先在于可以借助政府强大的行政力量来做事(当然也不排除可以通过行政力量来寻租),从而增强自身的权威。因此,行政化在某种程度上是社会组织和团体所向往的。在权力文化弥散的社会里,政府的力量举足轻重,一些社会组织和团体可以借政府之光挟天子以令诸侯。其次,还可以拥有行政级别从而享受行政级别的相应待遇。另外,有了政府人力、财力和物力的支持,社会组织和团体也不用自食其力,也没有在竞争中被淘汰的危机感。这种对政府资源的依附可以解释为什么中央要求资源分离的今天,还有不少社会组织与团体依然留恋旧体制,从而成为一种改革的阻力。

二、从资源依附到资源依赖

　　从国家层面看,可以说《行业协会商会与行政机关脱钩总体方案》(以下简称"《脱钩方案》")是社会组织和团体对政府资源依附走向社会组织和团体对政府资源依赖的一个转折点。根据《脱钩方案》,行业协会商会与政府行政机关在以下几个方面要分离。(1)机构分离,取消行政机关(包括下属单位)与行业协会商会的主办、主管、联系和挂靠关系。行业协会商会依法直接登记和独立运行。行政机关或事业单位与行业协会商会合署办公的,逐步将机构、人员和资产分开,行政机关或事业单位不再承担行业协会商会职能。(2)职能分离,厘清行政机关与行业协会商会的职能。剥离行业协会商会现有的行政职能,加快转移适合由行业协会商会承担的职能。行政机关对适合由行业协会商会承担的职能,制定清单目录,按程序移交行业协会商会承担,并制定监管措施、履行监管责任。(3)资产财务分离。行业协会商会执行民间非营利组织会计制度,单独建账、独立核算,实行独立财务管理。自2018年起,取消全国性行业协会商会的财政直接拨款,地方性行业协会商会由各地自行确定财政拨款过渡期,但过渡期不得超过2017年年底。行业协会商会原则上实现办公场所独立。(4)人员管理分离。行业协会商会具有人事自主权,依法依规建立规范用人制度,逐步实行依章自主选人用人。行政机关不得推荐、安排在职和退(离)休公务员到行业协会商会任职兼职。行业协会商会全面实行劳动合同制度,行业协会商会与行政机关脱钩后,使用的事业编制相应核销。(5)党建、外事等事项分离。行业协会商会的党建、外事、人力资源服务等事项与原主办、主管、联系和挂靠单位脱钩。①

五个方面的脱离从表面上看是改变社会组织的资源依附状况,背后实际上是通过这样的资源分离让社会组织成长。这一资源分离形同断奶,对社会组织来说,其未来的命运把握在自己手里,有的可能会成长得很好,而有的可能就会消失。从政府角度来看,这些组织在资源分离后,两者的资源关系从依附关系变成了依赖关系。政府与社会组织从原来的官僚等级关系变成了一种类似委托代理的关系,从原来对社会组织发号施令的上下关系变成了互相谈判、互相合作的平行关系,并在一些资源上也要依赖于对方从而使自己无法像以前那样挥洒自如。那么政府为什么要作这样的改革?从根本上讲,这种自上而下改革的动力来自政府想降低管理社会的交易成本。也就是在本来两者相安的资源依附情况下,社会组织不尽如人意的表现并没有实现政府当初设想的管理社会的交易成本的降低。资源的依附和缺乏导致了社会组织的两种倾向:行政化和商业化。事实上,更多社团组织的生存之道,是通过组织各类活动非法敛财,最常见的手段就是评奖及组织各种名目繁多的会议,有人戏称为"评奖经济""会议经济"。某些行业协会则由于官方背景明显,敛财更加疯狂,也更加恶劣,被称为"戴市场的帽子,拿政府的鞭子,坐行业的轿子,收企业的票子"。② 这些问题正如《脱钩方案》指出的,"一些行业协会商会还存在政会不分、管办一体、治理结构不健全、监督管理不到位、创新发展不足、作用发挥不够等问题"。而这些问题的存在自然也有政府方面的原因,正如民政部民间组织管理局副局长李勇指出的,"十多年前,一些政府部门为了转移职能而发起成立社会组织。今天我们用历史的眼光来看,毫无疑问,这是一种进步。随着社会主义市场经济体制的建立和完善,政社关系应当进一步分开,但遗憾的是至今仍有一些政府部门过多干预社会组织的内部事务,忽视了社会组织作为依法登记的独立法人组织的存在。一些政府体制内派生出来的社会组织不论是制度还是行为都带着行政化的色彩,民主性低、自愿性差、自治性弱、法人主体不明确、权责不清、内部治理缺失、公信力不够。这些都与当今国际社会

---

① 《行业协会商会与行政机关脱钩总体方案》(2015年7月9日),新华网,http://news.xinhuanet.com/politics/2015-07/09c-128000445.htm#pinglum。
② 王静超:《行业协会成敛财工具政社分开是生存之道》(2013年1月31日),搜狐网,http://roll.sohu.com/20130131/n365201661.shtml。

的非营利组织依法自治的本质性相去甚远。这既影响了政府职能的转变,也阻碍了社会组织自身的发展"①。

这些问题的实质在于社会组织对资源的依附②。这使得社会组织无法长大,无法成为一个真正能够自主行动的组织;必然也会使原本通过社会组织减少政府管理成本的设想落空。当然,这里也不排除政府本身的一些利己考虑。

因此,从资源的依附到资源的分离(脱钩)以及由分离产生的资源依赖,可以说是解决政社分开的重新设计。从资源依赖的角度讲,这种分离会产生以下几个问题。

第一,社会组织的自主性会提高,而社会组织自主性的提高在某种程度上意味着政府权威地位的跌落和控制难度的增加。社会组织一旦脱钩就意味着可以自主地掌握和运用人力、物力和财力的资源,它和政府的关系也就变成了一种类似委托代理的关系。当社会组织真正成为一个法人组织,对政府来说,与社会组织原有的一种行政关系将不复存在,因为两者都是在法律底下享有同等地位的法人组织,政府处理与社会组织关系的依据必然是相关的法律和规章制度。从另一方面讲,这也提升了政府管理社会组织的难度。原来可以由政府说了算的事,需要通过谈判、商讨、参与来解决,而不像以往那样,政府是绝对的权威。

第二,随着社会组织的成长及其能力的提升,政府也会将越来越多的社会事务交由社会组织管理,这倒过来减少了政府的管理负担和寻租机会,并使政府的一些利益受到损失。以往政府将一些本来属于社会管理的事务也抓在自己手里,其理由之一是社会组织不成熟,无法接受政府转移出来的功能和事务,而背后实际上是政府有利益在身。以行政审批改革为例,这一改革一直行动迟缓,表现在减少和撤除的行政审批项目数量不多、这些被减少和撤除的项目含金量不高,这种现象的背后事实上是政府对自身利益的保护。

第三,社会组织会发生分化。与政府资源分离的好处是获得了组织的自身品格,但其生存和发展的难度会增加。事实上,资源的分离把社会组织推向了市场,它需要在市场的竞争中生存和发展,如无法适应,就会被淘汰。这意味着资源分离后社会组织的生存风险会极大提高。没有了政府的供养,一切

---

① 李勇:《政社分开是现代社会组织体制构建的核心》,《中国社会组织》2014年第16期,第13页。
② 当然这在一段时间里也是政府乐于见到的,因为它有利于政府对社会组织的控制。

得靠自己找食吃,一些能力不佳、资源缺乏的组织会在这个过程中逐渐消失;而一些社会组织则会在这个过程中逐渐长大,成为担当管理社会事务的真正力量。

第四,政府和社会组织资源互相依赖的程度会提高。在原有的模式下,谈不上两者的资源互相依赖,只是社会组织对政府资源的依附。社会组织在资源分离后的成长过程中会积累自身的资源,而有些资源恰恰是政府所需要的,因为在解决一些社会问题时,社会组织往往比政府具有更大的优势,这在21世纪随着服务型政府在我国的建立变得更为突出。公众对公共服务和公共产品的需求越来越大,这导致政府对社会组织的依赖也越强,因为政府无法完全依靠自己的力量向社会提供其所需要的服务和产品。反之,社会组织也需要从政府那里获取它所需要的资源。事实上,在一些社会问题的解决中,尤其是在公共物品的生产和公共服务的提供中,来自政府的资源对一些社会组织来说是必须的,比如政府的项目、政府财政扶助和政策上的支持等。

第五,尽管社会组织和政府之间存在着资源依赖,但这种依赖不是平衡和均衡的,而是不对称的。社会组织对政府的资源依赖远超过政府对社会组织的依赖,这种资源的不对称反映在对资源依赖的程度上,具体来说,可以在资源重要性、资源控制权和资源控制的集中度上反映出来①。从资源的重要性来讲,政府具有社会组织不具备的行政资源,这使得在一些问题的解决和处理上,政府更具权威性。比如,政府对社会组织具有一种监管的职能,这种具有权威性的行政职能是社会组织不具备的。另外,政府握有控制社会组织资源的权力,比如政府可以通过财政拨款对社会组织进行支持,政府可以通过行政审批对社会组织的活动设置限制条件,等等。

三、走向共生性资源依赖和组织互动:行动策略

社会组织和政府从"资源依附—资源分离—资源依赖"的过程也是政社逐步分开的过程。尽管两者资源分离后的依赖是不对称的,但两者在资源上的互相依赖是毫无疑问的。资源依赖理论指出,组织间的资源依赖关系有两种

---

① [美]杰弗里·菲佛、杰勒尔德·萨兰基克:《组织的外部控制》,闫蕊译,东方出版社2006年版,第51页。

形式:一种是共生性依赖关系,也就是组织彼此之间是一种互相需要、互相补充的关系,是一种你好我也好的关系,是一种命运共同体;另一种是竞争性依赖关系,它指的是组织之间彼此竞争共同的资源,是一种零和、非你即我的,或者说你好我差的相对依赖关系。当然这两种关系不是绝对的,它会发生转换,也不排除在总体上是共生性依赖中也有竞争性依赖,反过来也一样。

社会组织和政府是社会治理的命运共同体,两者之间如何形成一种共生性的而非零和的竞争性资源依赖关系,从而达到双方都想达到的目的,取决于各自采取的行动策略,尤其取决于政府的行动策略,因为正如前文讲到的,至少在一段时间里,社会组织与政府是一种不对称的资源依赖关系,政府占据着主导面。

行动策略首先来自对环境[①]以及自身在与环境互动关系中的作用的认识。环境是一种客观存在,它制约了组织的活动,也给组织提供机遇。任何组织要想在环境中游刃有余,首先必须适应环境,但这种适应并不完全是被动的,它也可以发挥一种主动精神去创造环境,使其适合于自身的发展和成长,正如资源依赖理论指出的,处理组织和环境关系时有三种行为,即在环境压力面前无所作为、适应环境、改变环境。从行动策略来讲,无所作为显然不可取,而应该适应环境和改变环境。

从政府的角度来讲,首先要对新的公共管理环境有一种新的认识。这一新的环境在于公共服务提供方式的变化和治理的兴起;其要点是以往政府垄断提供公共服务和公共产品的做法已经过时,取而代之的是政府与社会组织共同来提供。因为这在经济上是最合理的,也是相对最有效的,仅凭政府一己之力无法提供让社会公众满意的公共服务和公共产品。由此政府与社会其他组织一起治理社会也就应运而生。事实上这一发展也回应了民主行政一直强调的价值,即让社会公众参与公共管理。这种变化要求政府认识到社会组织在今天社会治理中的重要性和无可替代性。它们不是无足轻重的,它们具有政府没有的或缺乏的资源,是政府治理社会的伙伴。本着这样一种认识,政府就必须提供让社会组织成长的条件和资源。

其次,资源分离,也就是在社会组织断粮并被推向市场后,社会组织有一个适应的过程,在这一过程中,政府需要在资源上对社会组织进行必要的扶

---

① 从组织的角度讲,这一环境包括政府、企业和社会组织团体。

持,以帮助它成长。这一过程有两个倾向性的问题需要防止。一是一些社会组织无法适应新的环境,希望再度回到资源依附的状况。对此采取的策略应该是该淘汰的就必须淘汰,旧的组织消失,新的组织也就会产生,要相信市场的力量。社会组织进入市场后不可避免会有一个竞争和淘汰的过程,这符合市场的规律。二是政府在这一分离(也就是脱钩)的过程中犹疑不决,不愿意在组织和资源上与社会组织做一个明确的切割,其原因既有分出去后难以控制和管理的想法,也有自身利益受到损失的考虑。政府的犹疑可以解释为什么政社分开的改革从20世纪90年代就开始却到今天才由国家下文规定完成脱钩的限期。如此长的过程,政府显然是主导因素。

再次,政社分开意味着政府身份和职能的重大转变,政府从原来的上级身份转变成与社会组织平等的法人身份。这一身份的变化有益于在公共服务中与社会组织合作,有益于向公众提供高质量的公共服务。与此同时,政府还具备着公共管理权威的身份,这一身份要求政府加强对社会组织及其活动的监管职能,促使社会组织和团体在法律和规章制度下展开其活动。

从社会组织的角度来讲,首先需要获取组织内部所需的人力、物力和财力资源,在基本的资源上尽可能摆脱对其他组织的依赖,从而使自己能够独立自主地进行活动。此外,要对这些组织的内部资源进行优化配置,这里涉及组织结构的设置、组织运作过程的安排、组织成员的激励、组织活动的评价、人力物力和财力的有效使用等一系列内部的管理过程。用巴纳德的话来说,就是如何在组织提供诱因和组织成员对此作出回报之间维持平衡。这种平衡可以优化组织的资源配置,使组织产生竞争力,并在与其他组织的交往中提高自身的分量。

其次,需要从外部环境尤其是从政府那里积极获取组织所需的资源。社会组织的身份一般来说不同于企业组织,它通常从事的是不以赢利为目的的活动,这使得它的活动大部分是同公共利益有关的,因而也更多的是与政府相关的。政府在公共服务中以外包、公私合作、公共服务购买等形式出现的项目通常也是由各类社会组织接手的。这里,它与政府成了一种委托代理的关系。这一关系要求两者是就事论事的关系,是一种履行合同、遵守契约的关系。因此,社会组织必须遵纪守法,杜绝用不正当的方式获取政府的资源,并以不正当的方式来运作这一资源。

再次,在获取政府资源的过程中,社会组织必须清醒地认识到,以往那种靠政府吃饭的日子已经过去了。政府资源,比如外包项目等,在市场条件下通常是通过竞争来获得的。如果说社会组织和政府之间一般不存在竞争资源的话,那么在争取政府资源的过程,社会组织团体之间则往往会形成一种竞争关系,但这种竞争并不必然是以零和结果出现的。这需要社会组织遵守竞争的规则。同时,在与其他组织的合作中善于从它们那里获取所需资源,从而使组织获得进一步的发展。

Separating Government Administration from Social Management: From Resource Attachment to Symbiotic Resource Dependence

Abstract: In the separation of government administration from social management, independence and autonomy of social organizations need to be firstly solved. The reform of separation has undergone the process of "resource attachment, resource separation and resource dependence". This process has improved autonomy of social organizations, reduced the management burden and rent-seeking opportunities of the government, but also made it difficult for social organizations to survive and develop, and some of the government's interests have been damaged. There is a resource dependency between social organizations and the government, but this dependence is asymmetric. It is a question that both the government and social organizations need to take into consideration how to make both sides interact effectively in social governance and form a symbiotic resource dependence.

政府职能的三次转变：
以权力为中心的改革的回归*

摘要：改革开放以来,我国政府职能的三次转变经过了从以政府权力为中心到以政府运作流程方式为中心,再到以权力为中心的改革历程。这一回归表明政府职能的改革开始再度涉及核心问题,时隔多年后的新一轮简政放权和建立权力清单则是改革回归权力中心所迈出的重要一步。然而,围绕权力的政府职能改革不能仅仅局限于政府自身,而是需要社会的共同参与,需要其他方面尤其是政治体制改革的配合与支持。

一、政府职能的实质及我国政府职能转变的背景

政府职能通常指政府做什么,它涉及如下三个问题。

政府职能涉及的第一个问题是政府职能定位,即政府要做哪些事情,不能做那些事情,禁止政府做哪些事情。比如,政府不能剥夺宪法赋予公民的权利。政府职能的定位通常是由宪法和法律确定的。比如,根据宪法,我国中央政府职能是"负责执行国民经济计划与国家预算,管理科学、教育、经济、文化、卫生等工作";县级以上政府则"执行经济计划和预算,管理本行政区域内经济文化建设、民政和公安等工作",以及"保护公共财产,维护社会秩序,保障公民权利,保障少数民族的平等权利";到乡镇一级,则"执行本行政区域内的经济和社会发展计划、预算,管理本行政区域内的经济、教育、科学、文化、卫生、体育事业和财政、民政、公安、司法行政、计划生育等行政工作",以及"保护社会主义的全民所有的财产和劳动群众集体所有的财产,保护公民私人所有的合法财产,维护社会秩序,保障公民的人身权利、民主权利和其他权利"。如果把

---

* 本文原发表于《江苏行政学院学报》2017年第6期,第91—98页。人大复印《公共行政》2018年第2期全文转载。

政府要做的事情归纳一下,那么政府职能就是管理社会公共事务,具体包括管制职能、服务职能、维持职能和扶助职能。政府职能定位的核心问题是政府的权力边界问题,即政府行使这些职能的权力是有边界的,政府只能在这一权力边界内行使它的职能。比如,政府可以管理与社会公众相关的公共事务,但私人事务政府不能插手。

政府职能涉及的第二个问题是政府职能的重心。政府有众多的职能,但在众多职能中,有些被认为是更重要的职能。政府职能定位经历了"统治型—管理型—服务型"的演变过程,其职能重心则体现了逻辑与历史的统一并会相应地发生变化[①],这一变化通常与两个因素相关。一是与政府的价值偏好有关,政府不同,其价值偏好往往也不同。比如,注重科教兴国的政府会将更多的财力投向科学教育领域,而注重社会保障的政府则会将更多的财力投向福利领域。二是与公共管理状况发生的变化有关。比如我国在改革开放经过了差不多20年后,政府对经济建设的关注开始转向对民生福利的关注,政府职能的重心因而也转向了公共服务和社会管理,提出了服务型政府建设。

政府职能涉及的第三个问题是职能行使方式。如果说职能定位涉及政府做什么,那么政府职能行使方式涉及怎么做的问题。同样履行一种职能,履行方式可以不同。比如,政府管理经济的方式可以有直接管理和间接管理、微观管理和宏观管理之分。政府职能履行方式与政府领导人的意识有关,与公共管理的生态有关,与技术的变化和进步有关。比如,新公共管理改革中出现的许多新的公共服务方式和手段既与政府管理者崇尚的新的公共管理价值(如竞争、看结果、讲绩效)有关,与强调成本效益的企业管理方法被引入公共管理的新的管理生态有关,也与信息技术的发展有关。

政府职能的三个方面互为一体,但第一个问题具有更重要的意义,因为它涉及政府做事的合法性问题。如果合法性不存在,做事的重点和方式就没有任何意义了。也因为这一点,政府的职能定位往往是通过宪法和相关法律来确定的,而不是由政府本身说了算。

政府职能构成了政府的一部分,而政府是与国家联系在一起的,它是国家意志的执行机构。在马克思主义国家理论看来,政府机器是国家的体现,没有

---

① 楚迤斐:《政府职能的进化:逻辑与历史统一的维度》,《河南师范大学学报》(哲学社会科学版)2015年第1期。

政府机器,国家就不存在。根据恩格斯的说法,国家是"为了使冲突的阶级不至于在无谓的斗争中把自己和社会消灭,就需要有一种表面上凌驾于社会之上的力量,这种力量应当缓和冲突,把冲突保持在'秩序'的范围以内;这种从社会中产生但又自居于社会之上并且日益同社会相异化的力量,就是国家"①。这表明,国家是一种超然于社会各种利益之上的力量,其基本的功能就是将社会各种利益的冲突维持在统治者期望的秩序之内,并向社会提供公共服务,这也就构成了政府的两种最基本职能——管制和服务。无论是解释国家起源的"暴力潜能说"还是"社会契约论",国家的产生都是为了调节社会关系。国家这一制度安排的目的也可以被理解为减少管理社会的交易成本。这表明,政府职能的实质就是处理国家与社会和市场的关系。

这里就涉及现代以来两种不同的国家管理社会的制度安排。这两种不同的安排首先与其经济体制有关,其次同社会的发展历史有关。

第一种是西方国家建立在市场经济体制之上的以有限政府形式出现的管理结构,其特点在于权力的分割,三权分立,权力之间互相制衡。这种分权的结构使得政府在行使职能时受到了严格制约,使得政府与社会和市场之间的边界比较明确。这三者之间的比较明确的边界也与西方国家发展的历史相关。12、13世纪在地中海沿岸开始的商业革命以及由此产生的城市自治,使得政府很难成为一种独大的力量,尽管它是一个权威机构。这样的一种政府与社会和市场的基本关系被保留了下来。但是,在这样一种制度安排下,也出现过政府职能扩张和政府职能收缩交替出现的情况,经历过一个从消极政府到积极政府再到消极政府这样的变化。这种变化首先与社会的变化有关。比如,美国在建国时联邦政府只有3个部,到后来发展成16个部,这显然与政府管理事务的扩大相关。在西方一些国家进入福利社会后,政府的管理职能空前扩张,但在20世纪80年代后新公共管理运动又使政府职能极大地收缩。此外,这种变化也与思想家思想的影响有关。亚当·斯密主张让市场这只看不见的手发挥作用的思想使得消极政府和守夜政府流行了很长一段时间,凯恩斯的理论以及这一理论在20世纪二三十年代解决经济危机时的成功又使得政府开始积极干预社会和经济,而哈耶克的思想再度影响了西方国家20世纪80年代的改革,并使政府重返亚当·斯密的自由主义道路。尽管政府职能

---

① 《马克思恩格斯选集》第4卷,人民出版社1995年版,第170页。

有扩张有收缩,西方国家政府、市场和社会三者的边界长期来看还是相对清晰的。在进入20世纪80年代后,一个有意思的现象是这种关系开始呈现出一种相反的运动——随着多中心治理的出现,随着政府职能的外包、PPP等的出现,这三者的边界开始变得模糊,以至于一种批评意见认为政府出现了权力空心化的现象,因而重新强调马克斯·韦伯的官僚制理论。

第二种是20世纪以后出现的社会主义国家的国家管理社会的制度安排。这是一种建立在计划经济体制之上的以党政一体的全能型政府形式出现的管理结构,其特点是权力的集中,国家建立在社会之上。计划经济的体制取消了市场,因而也取消了由市场经济带来的社会利益的分化以及由此产生的社会矛盾和阶级冲突。国家掌握了所有的社会资源因而消弭了社会,从而使政府成为一种独大的力量,进行无所不包的管理。西方国家意义上的那种国家社会市场三者的分离在这种体制下是不存在的。

我国20世纪80年代开始的改革开放打破了这样一种局面,一个重大的变化是从国家一统天下走向国家、社会和市场三分。西方国家三者的分离是一个自然演进的过程,政府的作用整体上是有限的。在中国,三者的分离则是一个建构的过程,主要的建构者是政府。这使得政府在这一建构过程中承担了双重使命,即既要培育市场和社会的成长,又要集中足够的权力来领导和推动现代化的进程、对社会进行管制和提供公共服务。这里的一个悖论是,促进市场和社会的成长带来的是政府自身权力相对的跌落,而权力的集中(尽管再也无法回到计划时代那种无所不包、无所不能的状况)在某种程度上又会压抑社会和市场的成长。这种权力的分散和集中以及两者内在的矛盾对政府的角色提出了新的挑战。这一挑战构成了后来机构改革所涉及的政府职能转变的背景。

二、政府职能的三次转变

改革开放以来,我国已经进行了七次机构改革(1982年、1988年、1993年、1998年、2003年、2008年、2013年)。自1988年第二次机构改革首次提出"转变政府职能"并把政府职能转变作为机构改革的关键以来,政府职能的改革发生了三次转变。从改革先后的次序来说,第一次转变涉及的是职能行使方式和职能定位的转变,第二次涉及的是职能重心的转变,第三次涉及的又是职能定位的转变。

第一次政府职能转变着眼于机构改革从精简机构精简人转向政府职能适应经济体制改革的要求。1982年第一次机构改革的一个重要特点是精简机构精简人,缩小政府的组织规模和人员规模。但是,机构和人员在第二次机构改革时出现了反弹和再度膨胀,这表明精简后的政府机构并不适应后来变化了的经济体制。这就需要"按照加强宏观管理和减少直接控制的原则,转变职能,划清职责范围,配置机构。该撤销的撤销,该加强的加强,该增加的增加,不搞简单的撤并机构和裁减人员,使改革后的机构能够比较适应经济体制改革和发展社会主义商品经济的要求。因此,改革的重点是同经济体制改革关系极为密切的经济管理部门,特别是其中的专业管理部门和综合部门内的专业机构"[①]。这里我们可以看到政府职能转变涉及两个方面。一是改变政府行使职能的行为方式。新的行为方式强调宏观管理和减少直接控制,也就是要从原来的微观管理和直接管理转向宏观管理和间接管理。二是转变政府行使职能的组织方式,重点是转变同经济体制改革关系极为密切的经济管理部门行使职能的组织方式。这表明改革已经开始涉及政府职能如何适应新的变化的经济体制的需要,而不再局限于简单的机构和人员数量的增减。

第二次机构改革是作为当时更大范围的政治体制改革的一部分进行的。政治体制改革涉及的另外两个部分是党政分开和权力下放。这两部分改革显然同政府的职能与权力相关,党政分开涉及政府的职能和权力边界问题,权力下放涉及政府与社会外部组织的权力边界问题。从这个意义上讲,政府职能的第一次转变也涉及了政府职能的定位问题,尽管这一点没有从机构改革本身的内容中明显反映出来。

第二次政府职能转变是从注重经济发展转向公共服务,其标志是第五次机构改革后提出的服务型政府建设。政府职能这一转变的催化剂是2003年发生的SARS。SARS反映了当时中国政府在卫生公共服务领域里一种非常窘迫的状况,促使人们反思政府以往埋头搞GDP的目的是什么。随着经济的发展,公众日益增长的公共服务需求和公共产品及资源的有限提供日益成为社会的一个基本矛盾。于是,2003年后提出了政府的四项职能:经济调节、市场监管、社会管理和公共服务,服务型政府应运而生。在履行新的职能方面,

---

[①] 《1988年政府工作报告》(1988年3月25日),百度文库,https://wenku.baidu.com/view/6f80a0e19b89680203d82525.html? from=search。

改革涉及了三个方面内容,即大部制改革、行政审批改革以及扩大人民民主和促进社会公正的改革。

大部制改革是针对原有管理体制的不合理而言的,这一不合理表现在部门重叠、职能错位和交叉,它导致部门扯皮、运作不畅、办事效率低下,导致资源浪费或使资源无法得到最大程度利用,无法及时有效地提供公共服务和进行社会管理。大部制改革看上去是建立中共十七大提出的"权责一致、分工合理、决策科学、执行顺畅、监督有力的行政管理体制"的重要举措,但其实质在于以更有效的管理体制来提高公共服务质量,其核心在于"政府职能必须以提供公共产品和公共服务为己任,从而使得政府权力得以规范、回归公共服务"①。

行政审批制度改革从 2001 年起步,其总体要求是"不符合政企分开和政事分开原则、妨碍市场开放和公平竞争以及实际上难以发挥有效作用的行政审批,坚决予以取消;可以用市场机制代替的行政审批,通过市场机制运作。对于确需保留的行政审批,要建立健全监督制约机制,做到审批程序严密、审批环节减少、审批效率明显提高,行政审批责任追究制得到严格执行"②。21 世纪初中国加入 WTO 以及不久开始的服务型政府建设推进了行政审批改革。这一改革的核心是处理政府与社会和市场的关系问题,但改革之初的重点并不在这里,而是定位在政府运作方式的改变上,具体的做法就是撤销和减少行政审批项目,即"减少行政审批,少管微观,多管宏观,少抓事前的行政审批,多抓事后的监督检查,切实加强监督和落实"③。正如 2003 年的《政府工作报告》所说的:"政府该管的事一定要管好,不该管的事坚决不管。要协调好决策、执行和监督的职能。"作为职能转变的一个重要举措,行政审批改革在初期更多是作为服务型政府建设的一项内容来推进的,比如降低市场主体的进入门槛、减少审批环节、取消对市场主体的一些不必要的管制,以期通过这样的改革来更好地为市场主体服务,更好地为社会服务。

再者是扩大人民民主和促进社会公正方面的改革。政府职能从经济建设即生产转向分配,转向公共服务,使公民权利和公平公正问题凸显了出来。

---

① 邓聿文:《大部制改革的核心是转变政府职能》(2008 年 1 月 16 日),人民网,http://politics.people.com.cn/GB/1026/6780372.html。
② 《国务院批转关于行政审批制度改革工作实施意见》,国发〔2001〕33 号。
③ 同上。

2008年的《政府工作报告》显然注意到这一点,提出了扩大人民民主和促进社会公正。这方面的改革在地方层面有不同程度的进展,但缺少在机构改革中类似大部制改革或行政审批改革之类的大举措。

第三次政府职能转变是资源配置从政府主导转向市场主导。尽管第二次职能转变将政府的重心从经济转向公共服务,但改革以来形成的政府主导经济发展的模式并没有发生显著变化。这同改革之初的路径选择有关。在经济发展方面,中国选择的是政府主导经济发展的东亚模式,通过政府的作用来推动经济的成长。这一模式对于中国经济的迅速成长起了重要作用,但也带来了一些负面影响,这主要表现在:(1)政府经济职能的强化导致政府其他职能的弱化;(2)对数量的追求导致了对质量的忽略;(3)对经济的深度干预导致了寻租空间的扩大;(4)权力的无节制使用导致政府公信力的下降[1]。当中国的经济发展进入新常态后,这一模式遭到了越来越多的挑战。新的发展要求在资源配置中让市场发挥决定性作用,第七次机构改革涉及的政府职能转变主要是围绕这一点来做的,采取的主要举措是以"放管服"为标志的行政审批制度改革。与以往的行政审批改革不同,新一轮行政审批改革的核心点是简政放权和建立权力清单,它涉及政府职能核心的权力问题。因此,此次行政审批改革不仅仅是政府行使职能方式的转变,它更多涉及政府职能定位问题。简政放权和建立权力清单的实质是确立政府与市场和社会的权力边界,确定政府的权力范围,法无授权不可为,这是政府职能转变改革中具有实质意义的转变。

三、政府职能三次转变的轨迹

政府职能三次转变涉及的职能定位、职能重心和行使方式并不是泾渭分明的,在政府职能转变的整个改革过程中,三者都有涉及,只是每一次转变的重点有所不同。这就有必要分析一下改革为什么是这样走过来的,转变的轨迹背后是什么样的因素在起作用,进而探讨一下未来的政府职能改革应当如何进行。

从政府职能三次转变的过程来看,把政府职能转变作为核心内容的机构

---

[1] 竺乾威:《经济新常态下政府行为的调整》,《中国行政管理》2015年第3期。

改革经历了一个从政治体制改革到行政体制改革的过程,这对政府职能转变从职能定位(更多涉及权力问题)走向职能重心和职能行使方式(更多涉及流程和技术问题)的轨迹产生了重要影响。

首次提出转变政府职能的第二次机构改革事实上是作为政治体制改革的一部分进行的,政治体制改革的另外两部分是党政分开和权力下放。这一改革无疑反映了邓小平的改革思路:"改革的内容首先是党政分开,解决好如何善于领导的问题。这是关键,要放在第一位。第二个内容是权力要下放,解决中央和地方的关系,同时地方各级也都有一个权力下放的问题。第三个问题是精简机构,这和权力下放有关。"①党政分开就是将党的职能与政府的职能分开,确立党和政府的权力边界。"党和国家政权机关的性质不同,职能不同,组织形式和工作方式不同。应当改革党的领导制度,划清党组织和国家政权的职能,理顺党组织与人民代表大会、政府、司法机关、群众团体、企事业单位和其他各种社会组织之间的关系,做到各司其职,并且逐步走向制度化。"②各司其职的前提显然是确立党和国家政权机关(包括政府)之间的职能边界和权力边界,否则无法各司其职。权力下放的总原则是,凡是适宜于下面办的事情,都应由下面决定和执行。"在中央和地方的关系上,要在保证全国政令统一的前提下,逐步划清中央和地方的职责,做到地方的事情地方管,中央的责任是提出大政方针和进行监督。在政府同企事业单位的关系上,要按照自主经营、自主管理的原则,将经营管理下放到企事业单位,逐步做到各单位的事情由各单位自己管,政府的责任是按照法规政策为企业服务并进行监督。在党和政府同群众组织的关系上,要充分发挥群众团体和基层群众性自治组织的作用,逐步做到群众的事情由群众自己依法去办。"③这里的权力下放已经不仅仅涉及政府内部,它也勾画了处理后来出现的国家、社会和市场三者关系的基本准则,暗含了政府职能转变的实质性的意义和价值所在。

然而,由于后来党政分开和权力下放没有得以继续而转向机构改革,本来是三者互为条件、互为补充的政治体制改革也就转向了行政体制改革。虽然说理论界和实践界逐渐认识到,政府机构改革能否取得成功关键取决于政府

---

① 《邓小平文选》第3卷,人民出版社1993年版,第177页。
② 《中国共产党十三大报告》(1987年10月25日),360doc个人图书馆,http://www.360doc.com/content/16/0414/12/4322249_550529002.shtml。
③ 同上。

职能定位[①],但政府职能转变作为机构改革的一部分更多转向了职能重心和职能行使方式方面的改革。这一转向有如下几个方面原因。

首先,政治体制改革的难度及改革方式手段的缺陷使得这一改革难以往前走。比如,在强调党政分开的同时又强调党对重大问题提出决策,以及对各方面工作实行政治领导,而"重大问题"和"政治领导"都缺乏明确界定,这就导致实际操作的困难。此外,长期以来党政一体模式的惯性,原有体制涉及的利益问题、组织行为和思想意识等,都不同程度地影响了改革的推进。

其次,政府工作本身对效率的强调和对绩效的追求导致对运作流程、技术和方式的关注。这促使政府去寻求一些更好的方法来行使自己的职能,比如后来出现并变得流行的政府职能外包、公共服务购买、PPP、成本效益核算、绩效评估等。管理走向技术化的一个例子就是网格化管理的推行。通过运用信息技术层层把控,网格方式的管理使社会管理和公共服务做到了精细化。类似方法程序等改进还涉及许多方面,比如以行政审批制度改革强调政府从重事先审批转向重事中和事后监督的新流程;通过国有企业所有权和经营权的分离来改进对国有企业的管理;通过与社会组织联手或借助社会组织的力量来提供公共服务,等等。

再者,方式、流程、技术方面改革的难度和成本相对较低。以权力为重心的改革涉及政治关系问题、政府与外部方方面面的关系问题以及更为重要的利益问题。比如,一些重大的政府职能的改变需要相关的政治性机构的介入,这会提高改革的作业成本和时间成本。此外,外部一些相关的关系也不是政府可以完全控制的。比如,政企关系、政社关系,政府试图单方面解决这种关系问题,结果导致政企关系和政社关系改革进展迟缓。改革涉及的利益问题包括政府自身利益,这更增加了改革难度。比如,行政审批制度改革在很长时间里进展不大,一个重要原因就在于这一改革会剥夺政府不应有的权力,而权力背后就是利益。相比之下,方式、技术、流程方面改革所涉利益不多,由利益引发的矛盾和冲突相对较少,所有这些方面的改革基本上都在政府的可控范围内,改革成本较低,这在某种程度上促使了改革由难向易的发展。

最后,新公共管理的影响。新公共管理改革主要是围绕改进政府的运作

---

① 陈天祥、何荟茹:《从机构改革历程透视地方政府职能转变的轨迹——基于广东省 1983—2014 年的实证分析》,《理论与改革》2016 年第 1 期。

程序和方式进行的,通过采用企业化和市场化的方式来提高政府提供公共服务的质量。新公共管理改革的一些思想和新的方法(比如政府职能外包)在相当程度上影响了我国政府通过采用新的方法流程等来提升绩效的行为方式。

由于政府职能转变后来很少涉及与职能定位相关的权力问题,这使得职能转变无法很好地解决政府与社会和市场的关系问题。这些问题从大的方面来说表现在以下几个方面。(1)政府管理经济方式的转变(从最先的对经济的直接管理转向间接管理,从微观管理转向宏观管理到后来的变政府主导为市场主导)由于缺乏必要的外部约束条件、没有理清政府与市场的关系而时有起伏,政府对经济的深度干预常有发生,即便进入经济新常态也是如此。(2)政社关系中政府的过分强势使得社会组织无法成为具有独立品格的自治性组织,从而影响其发挥应有的作用。(3)政府对自身利益的考虑使相关的改革步伐迟缓。以行政审批改革为例,撤销和减少的行政审批项目一是数量不多,二是含金量低,三是地方层面的拖延和变相抵制。这种情况只是在第七次机构改革中才有所改观。(4)对政绩的追求导致对民众权利的忽略甚至侵犯,以至民众上访、由利益引发的群体性事件时有发生。此外,为追求政绩而导致的大量浪费也所在多有。简言之,政府权力过大和单方面行动的基本格局没有得到根本改变。

这些问题对进一步改革的阻碍显而易见,改革不涉及权力这一根本问题,很多问题就无法真正得到解决。在机构改革进行多年并解决了一些相对容易解决的问题后,改革必须要啃一些难啃的骨头。换言之,就是要解决一些与核心的权力问题有关的深层次问题。正是这一问题的凸显,第七次机构改革涉及的政府职能转变开始了向以权力为中心的改革的回归,其主要标志就是"放管服"改革,简政放权,建立权力清单。这表明改革开始力图解决职能转变涉及的第一个问题,即政府职能的定位问题。

四、未来的改革:以权力为中心的改革的回归

根据中共十七届二中全会通过的《关于深化行政管理体制改革的意见》(以下简称"《意见》"),深化行政管理体制改革的总体目标是到2020年建立起比较完善的中国特色社会主义行政管理体制。行政管理体制的一个重要组成部分就是政府职能,因此,《意见》在谈到政府职能时指出,要通过改革,实现政

府职能向创造良好发展环境、提供优质公共服务、维护社会公平正义的根本转变。2008年的《政府工作报告》也指出,要建设"职能科学、结构优化、廉洁高效、人民满意的服务型政府"。这些都表明了政府职能的重要性,一个比较完善的行政管理体制必然包含着相对稳定的政府职能、转变到位的政府职能。

职能转变最初的提出是针对计划时期的政府作用而言的,在后来差不多长达三十年时间里每隔五年一次的机构改革中都要提及政府职能转变。2013年的第七次机构改革还在讲转变政府职能,这表明这一改革显然还没有完成其使命。那么,达到一种怎样的状况可以表明政府职能转变到位?

政府职能转变要解决的根本问题是确立社会、国家和市场的边界。就政府而言,国务院在2001年《关于贯彻行政审批制度改革的五项原则需要把握的几个问题》的文件中对这三者关系做过很好的解释:"凡是通过市场能够解决的,应当由市场去解决;通过市场难以解决,但通过中介组织、行业自律能够解决的,应当通过中介组织、行业自律去解决;即使是市场机制、中介组织、行业自律解决不了、需要政府加以管理的,也要首先考虑通过除审批之外的其他监管措施来解决。只有在这些手段和措施都解决不了时,才能考虑通过行政审批去解决。"用最简单的话来讲,就是市场的事情市场办,社会的事情社会办,政府的事情政府办,社会和市场办不了的事情政府办,有的事情政府和市场、社会一起办。三者各行其是,政府从中监管协调合作,使社会各方面的活力得以焕发,从而推动社会的发展和进步。这就是政府职能转变改革的预期和目标。这一目标的实质就是降低国家管理社会的交易成本。计划经济时期过高的国家管理社会的交易成本恰恰是开始政府职能转变改革的最基本理由,在后来的改革中,这一理由无疑也是改革需要遵循的原理。

当然,如何通过实际操作来达到这样的目标并不容易。怎样使政府在三者关系中不越位、不错位和不缺位,恰如其分地扮演政府应该扮演的角色?怎样来判断政府的不越位、不错位和不缺位?着眼于职能重心和职能履行方式的政府职能转变事实上无法解决这一问题,因为在边界不清楚的情况下,很难判断政府是否越位、错位和缺位。即便可以判断,由于政府权力的独大以及对政府权力制约的薄弱,也很难改变越位、错位和缺位的状况。因此,未来政府职能的改革需要围绕权力来进行,围绕结构来进行。这里有两层意思:一是政府权力的定位,二是对政府权力的监督,而后者是更重要的。

如前所述,职能转变涉及的职能重心和职能行使方式总要随着情况的变化而变化。这一变化有其合理性,但它们不构成政府职能转变的主要方面。主要方面在于职能定位,也就是政府具有相对稳定的权力边界。然而,也如前所指出,这一边界的确立在我国是一个建构的过程,而政府的双重使命以及由此产生的悖论增加了改革难度。可喜的是,第七次机构改革终于以简政放权和权力清单的形式在确定政府权力边界方面迈出了重要一步,表明政府职能转变的改革再次涉及核心的方面,正在力图解决政府职能转变的深层次问题。

但是,简政放权和权力清单的改革有它的局限性。一是简政放权和权力清单都是由政府定的,如何保证政府在简政放权和制定权力清单时不出于自我利益的考虑?这一简政放权和权力清单是否需要得到社会的参与和认可?二是权力清单无法穷尽政府该做的事情,权力清单制度的核心在于通过明确行政职权,推动简政放权,推进依法行政。[1] 然而,随着情况的变化,政府的一些职能和权力也会发生相应的变化,而这是权力清单无法迅速反应的。三是政府具有行政自由裁量权,在合法行使政府职能的过程中,事实上还存在一个政府灵活处理的空间,权力清单无法完全满足这些细节。四是如何保证政府严格地执行在简政放权和权力清单中规定的权力?谁来监督?如何监督?

因此,未来围绕权力进行的政府职能转变需要着力解决两个问题。第一个问题是如何通过社会力量参与来确立政府的权力边界并以立法的方式来确认这一边界。第七次机构改革尽管在涉及权力的改革中迈出了重要一步,但其方式还是传统的政府单边决定的方式。简政放权以及涉及政府权力边界的权力清单不应全由政府说了算,它需要社会和公众的参与,需要得到社会的认可并最终以立法的方式来加以确定。如果不上升到法律层面,那么,就无法对政府的行为产生刚性约束力,改革的成果就不具有稳定性。边界在完全由政府主导的情况下可以随时发生变化,权力清单要变就可以变,而且,在信息不公开的情况下,即使变了社会也不一定知情。第二个问题是如何监督政府权力的行使,使政府合法且合规地履行其职能。在这里,监督的组织形式是一个相对重要的问题。根据我国宪法,人大作为立法机构对于政府权力的行使具有监督作用,但这是不够的。事实上,对政府行为反应最敏感最迅速的是相关的社会团体或社会的各种利益集团。因为政府的行为举措通常会通过公共政策的方式体现出来,受政策影响的相关社会团体或利益集团往往构成了反应

---

[1] 尹少成:《权力清单制度的行政法解构》,《行政论坛》2016 年第 1 期。

的"第一集团",它们的反应不仅会引发政策本身的问题,而且会引发政府行为本身的合法性、恰当性等问题。如何使这样的第一集团以组织化的方式参与相关政府政策的制定与执行,或者以有序方式对政府行为进行反应是在监督政府权力的行使中必须考虑的。

有关权力方面的改革涉及政治层面,因而未来政府职能转变需要更多地着眼于政治层面而不是技术层面的改革。确定政府的权力边界并对政府的权力进行监督,还涉及人民的权利问题。第六次和第七次机构改革都提出要深化政治体制改革,这显然看到了问题的症结。2008年的《政府工作报告》指出,要"扩大人民民主,健全民主制度,丰富民主形式,拓宽民主渠道,依法实行民主选举、民主决策、民主管理、民主监督,保障人民的知情权、参与权、表达权、监督权"。2013年的《政府工作报告》也指出,要"坚持人民主体地位,发展更加广泛、更加充分、更加健全的人民民主,保证人民依法享有广泛权利和自由,促进人的全面发展,维护社会公平正义……坚持民主监督、法律监督、舆论监督,健全权力运行制约和监督体系,让人民监督权力,让权力在阳光下运行"。这样的改革单靠政府机构改革本身是无法完成其使命的,它需要政治体制改革的配合与支持。

Three Transformations of Government Functions:
The Return of Power-centered Reform

Abstract: Since the reform and opening up, the three transformations of government functions in China have gone through the reform process of moving from centering on the government's power, through centering on the government operation process, to the centering on power. This return shows that the reform of government functions is once again involving the core issue. A new round of decentralization of government functions and the establishment of a power list after many years make one important step in the return to power center. However, the reform of government functions around power should not be limited to the government itself, but demand the participation of the entire society. It needs the cooperation and support from other aspects, especially the reform of the political system.

第五编
公共行政现代化的挑战

数目字管理与人本的回归[*]

摘要：数目字管理事实上是一种理性的管理方式，但它在今天的滥觞却导致了人性受到压抑和理性的非理性化。其非理性化在公共管理领域表现为技术压倒政治、目的与手段分离，以及人性的压抑与人际互动的弱化。管理向人本的回归既是管理的本真，也是大势所趋。

一、数目字管理及其在当代的滥觞

"数目字管理"因黄仁宇对中国历史尤其是对明朝历史的探讨而变得非常著名。在黄仁宇看来，"中国过去百多年来的动乱，并不是所谓道德不良，人心不古，也不是全部军人专横，政客捣乱，人民流离"，而是缺乏数目字管理[①]。比如，在黄仁宇看来，明朝灭亡的根本原因在于数目字管理的缺乏，在于"税收不能合理化"，因为明代自始至终都没有一个比较准确细致的"国家预算"。由于没有准确的国家预算，那么国家实际上就不知道究竟需要多少钱，特别是需要从老百姓那里拿多少赋贡收多少税。而"更为关键的是，这样一来，明朝也就不能在准确的税收基础上，明白自己要发行多少纸钞——既不能少发，但更不能滥发——因为只有这样，才能保证钞票的稳定，才能建立起独立自主的货币制度、发钞制度。从财政上说，这样的国家才能说拥有自己的财政—税收—货币体系，它才能成为一个真正意义上的财政国家"[②]。比如，明朝垮台的一个重要原因是白银的大规模进口，由于没有数目字的管理，要进口多少白银是心中无数的。"黄仁宇研究明史，他没有最终挑明的一个最大历史秘密其实是：如果没有白银的大规模引进，明代本来有可能通过建立一个准确的国家

---

[*] 本文原发表于《中国行政管理》2011年第3期，第29—34页。
[①] 高润主编：《黄仁宇作品集》，长江文艺出版社2003年版，第813页。
[②] 韩毓海：《五百年来谁著史》，九州出版社2010年版，第135页。

预算,通过完善税收制度,建立起一个独立自主的宝钞(纸币)发行制度——反过来说,倘明代的宝钞最终能够稳定,它也就完全没有必要通过大规模进口白银来解决货币问题了。进一步说,明代如果不大规模进口白银,500年的世界史也就可以完全改写了。"① 数目字管理的有否竟然决定了一个朝代的命运。

然而明朝作为一个农业社会并不具备进行数目字管理的条件,这种管理,在黄仁宇看来,只能产生于资本主义社会,因为只有资本主义的市场经济才具备了数目字管理所需的分工合作和商业交往。比如,在黄仁宇看来,英国在1689年前是一个"不能在数目上管理的国家","1689年后,英国的内地及滨海、农村与工商业中心距离缩短,资金对流,实物经济变为金融经济,可以交换的条件增多,分工较前繁复,所以整个国家可以数目字管理"②。

尽管对数目字管理有不同的解读,但一般认为,数目字管理指的是一种理性的、精确的、可以进行计算的管理方式,这种管理是一切有效和有效率的管理的前提。而一般也认为,这种管理只是在人类进入了工业社会才开始出现的,因为工业文明崇尚的是理性、计算、精确和效率。这种管理上的理性和精确集中首先体现在泰罗的科学管理上。用另外的话来说,泰罗的科学管理将这种理性和精确的管理推向了极致③,并形成了后来的以经济理性为基础的管理主义传统,这种管理的一个最佳的组织形态就是官僚制组织。

推动这种数目字或理性管理背后的力量是对效率的追求,而这种效率又是与对科学的理解联系在一起的,也就是人类可以像对待其他人类活动一样,用一种科学的方法来对待管理。埃默森著名的12条效率法则在相当程度上总结了这种管理的特征:"(1)明确规定目标——一个组织必须知道自己的目标是什么,它代表什么,以及它与社会的关系。(2)常识——组织使用的方法和对未来的展望应该切合实际。(3)适当的建议——组织应该寻找合理的建议,如果它的员工缺乏必要的知识,就求助于外部专家。(4)纪律——主要是内在的纪律和自我约束,而不是自上而下的纪律,工人乐于遵从制定出的制度。(5)公平处理分配——工人应该一直受到公平对待,鼓励他们参与效率运

---

① 韩毓海:《五百年来谁著史》,九州出版社2010年版,第109页。
② 高涧主编:《黄仁宇作品集》,长江文艺出版社2003年版,第146页。
③ 泰罗的"时间-动作"研究可说是数目字管理的一个典范,比如泰罗用秒表来计算工人干活每一步骤所需的时间,然后将多余的、缓慢的、无用的步骤剔除掉,以节省时间和提高效率。

动。(6)可靠、迅速、充分的记录——对时间的计量对于判定效率是否实现非常重要。(7)工作调度——工作流程的安排一定要保证整个生产过程运转顺利。(8)标准和日程表——标准和日程表的建立是实现效率的基础。(9)标准化条件——工作场所的环境应该根据科学的原则实行标准化,并且随着新知识的出现而不断改进。(10)标准化作业——同样,作业应该遵循科学原则,尤其是在计划和工作方法上。(11)书面作业指示——所有给工头和工人的指令都应该以书面形式记录下来,其中的细节不仅包括标准本身,而且包括遵从标准的方法。(12)效率的奖励——如果工人实现了效率,他们应该受到适当的奖励。"① 威策尔对此评论道:"这12条原则并不是如何进行管理的规定性秘方,它更像是如何对待管理任务的一种哲学。"② 它确实是一种哲学,一种对基于经济理性的科学管理或数目字管理的信仰。

　　起源于企业的这种理性管理很快就波及到公共部门,它在当代的滥觞可以在新公共管理和我国一度的 GDP 至上的发展观中找到。新公共管理掀起的政府再造,其主旨就是把传统的官僚政府打造成企业化的政府,也就是"对公共体制和公共组织进行根本性的转型,以大幅度提高组织效能、效率、适应性以及创新的能力,并通过变革组织目标、组织激励、责任机制、权力结构以及组织文化等来完成这种转型过程。政府再造就是用企业化体制来取代管理体制,即创造具有创新惯性和质量持续改进的公共组织和公共体制,而不必靠外力驱使。政府再造就是创造具有内在改进动力的公共部门"③。这种新的管理体制强调公共管理的企业方式和市场竞争方式,如绩效评估、削减成本、公共服务的多元化提供、下放控制权、竞标、顾客至上、政府部分职能民营化、按结果管理、全面质量管理、成本-效益考虑等。企业化的管理简言之就是一种讲求效率的数目字管理,它通常以可计算的结果作为组织追求的最高目标,并把所有的活动聚集到了这一目标之下,比如前面讲到的绩效评估、按结果管理等。

　　这种以经济理性为基础的数目字式的管理在当代中国的表现就是曾经一度风行的"以 GDP 指标为中心"的发展模式。这一发展模式也将数目字式的

---

① [英]摩根·威策尔:《管理的历史》,孔京京等译,中信出版社2002年版,第69页。
② 同上。
③ [美]戴维·奥斯本、特德·盖布勒:《改革政府:企业精神怎样改造公营部门》,周敦仁译,上海译文出版社1996年版,第15页。

公共管理推向了极端,以至于管理和社会生活的内容被高度数字化了。以公共管理而言,每年确定的 GDP 指标差不多成了政府活动的最高目标,政府所有的其他活动都从属于这一目标。比如,GDP 的指标产生了招商的指标,产生了评估官员的绩效指标,产生了官员提拔的指标等。这种数目字式的管理方式也扩及到了社会其他部分的管理。比如以学校的管理而言,大学评职称要发表多少篇文章,拿到过多少国家级和省部级项目;研究生毕业要发表几篇文章,合作的文章还要考虑作者排第几位。企业的管理当然就不用说了,它是始作俑者。这种精确的以数目字为特征的管理方式也可以说是一种企业化式的管理。这种管理深刻地影响了社会生活,以至于在我们的社会生活中也到处充斥着数目字,丰富的社会生活被高度数字化了。然而,从管理的角度来说,这在某种程度上是一种有效的管理方式。

这种管理方式在今天的滥觞导致了"社会的麦当劳化"。麦当劳的管理也把数目字式的管理推向了极端。麦当劳的操作规程规定了"所有产品的精确制作时间和所有设备的温度设置。它为每种食物都设定了标准尺寸,精确到每片汉堡包肉饼上应放 7 克的洋葱以及每磅奶酪应切成 32 片。它规定炸薯条应切成 2.5 厘米薄厚。它设定了饮食业内独一无二的质量控制标准,包括如何处置在配菜箱内放置 10 分钟以上的肉和土豆"[①]。乔治·里泽在其被称为是"历史上最受欢迎的社会学著作之一"的《社会的麦当劳化》一书中指出了麦当劳化(他本人把"社会的麦当劳化"说成是韦伯所称的理性化、即合理化进程的一个现代表述)的四个特征:第一,高效性,不断提高的效率表现为及时生产、快捷服务、流水线作业以及排得满满的日程表;第二,可计量性,可计量性为流程和最后结果都设立了数字化的标准,在流程上,它强调速度,而在结果上,则强调生产和供应的产品数量;第三,可预测性,可预测性强调纪律、系统化、程序化等,不论何时何地都可以让事物保持一致;第四,可控制性,控制主要通过非人工技术对人工技术的取代来实现。控制的最终阶段是员工完全被非人工技术取代,非人工技术不仅包括机器和工具,也包括材料、技能、知识、惯例、规则、流程或技术。这种麦当劳式的精细的、数目字式管理在带来理性和效率的同时也带来了问题。公共管理的麦当劳化或数目化也一样。

---

① [美]乔治·里泽:《麦当劳梦魇:社会的麦当劳化》,容冰译,中信出版社 2006 年版,第 41 页。

二、数目字管理的悖论

数目字式的管理带来的问题,一言以蔽之,就是"理性的非理性化"①。这一理性的非理性化在公共管理领域表现在以下几个方面。

(一)技术压倒政治

"理性系统的不确定性、不可预测性和低效大都来源于人。"②如何实现对人的控制,以降低这种不确定性、不可预测性和人提供效率,就成了无论是企业管理还是公共管理中的一个重要问题。解决的办法在历史上就是采用越来越多的高技术和通过官僚制的组织来加以控制。泰罗的科学管理和福特主义以及麦当劳式的管理就是一个典型。这种加强技术控制的方式的最后阶段就是实现机器对人的控制。"通过开发和采用日益有效的技术来让组织逐步和不断地实现对人的控制。一旦人被控制,就有可能将他们的行为还原为一系列机器般的行为。而一旦人的行为像机器,他们就可以被如机器人这样的真机器所代替了。机器代替人就是实现对人的控制的最终阶段。于是,人就不再能造成不确定性和不可预测性了,因为他们已不再参与(至少是直接地)有关过程了。……在时间的过程中,人对人的控制就转变成了技术对人的控制。……也许麦当劳化的最终的不合理性在于人民可能会丧失对系统的控制——这种系统有朝一日会反过来控制他们。"③

官僚组织也可以被看作一种用来进行控制的大规模非人工技术的方式。官僚组织理性的一个方面就是体现在它的规则制度上。官僚制将一些人为的因素如人的技术、能力、知识转化为一些非人为因素的规定、惯例和公式,正如我们今天把所有的经济进步和公务员的表现都转化为具体的可评价的数目字标准一样,然后在这一标准下根据数不清的规定、惯例、指南、职务、指挥线、等级命令进行行动。"最完美的官僚主义并不关注要做什么,人们只需按照规定完成所负责的工作,然后将其传递给系统中的下一个步骤就可以了。"④如果

---

① [美]乔治·里泽:《麦当劳梦魇:社会的麦当劳化》,容冰译,中信出版社2006年版,第41页。
② 同上书,第139页。
③ 同上书,第119页。
④ 同上书,第118页。

说，泰罗的科学管理分离了脑力劳动和体力劳动，那么官僚制则分离了人的主动性和被动性。人们只需在既有规则或程序下进行操作即可，造成他们只关注技术性的操作过程而不会对规则等提出异议。在公共管理领域，对技术的关注在相当程度上导致政府日益关注解决技术性问题，关注解决在完成数目字标准过程中的具体操作问题。在登哈特看来，这会对民主的公民权利产生重要的影响，因为解决技术性的问题无需公众讨论，大众的参与也许还会阻碍这一问题的解决。这样，公共利益的消退导致公民的全面性非政治化。公民的角色不再是帮助选择社会的方向，而是偶尔就行政人员提出的选项做出选择，而这些行政人员的作用，就是有效地处理那些阻碍社会和经济体系顺畅运作的问题。[1]

（二）目的与手段分离

理性管理模式的一个特点是往往使人关注手段而忽略目的。公共管理的目的体现在它的终极价值上。这一价值就是人的全面发展。公共管理的一个重要任务就是提供人的全面发展所需要的社会条件，这一社会条件包括公正的社会秩序，使人人享有平等的权利；公平的竞争环境，这种竞争环境可以最大限度地激发人的积极性，从而为社会的进步提供自己的贡献；民主和自由的社会制度，使人民有效地参与公共事务的管理并实现自我。

这一终极目标的实现需要借助工具。理性管理的一个表现在于对工具理性的追求超越了对价值理性的追求，在管理中形成了一种管理主义的取向。克里斯托弗·波利特曾指出了管理主义的五个核心特征：第一，社会进步在今天有赖于在经济意义上的生产力的不断增长；第二，这种生产力的增长主义来自高科技的广泛运用；第三，这种高科技的应用只有在劳动力受过与生产力理想水平相一致的训练的情况下才能获得；第四，管理是一种分散的、单独的组织功能，它在计划、执行以及衡量生产力的增长上起着关键的作用；第五，为了发挥这种关键作用，必须给予管理者合理的"决策空间"（比如说，管理的权利）[2]。这种在管理中对技术和生产力以及工具理性的崇尚的一个原因，在于

---

[1] ［美］罗伯特·登哈特：《公共组织理论》，扶松茂等译，中国人民大学出版社2003年版，第188页。
[2] Christopher Pollitt, *Management and the Public Service*, Cambridge: Basil-Blackwell, 1990, pp. 2-3.

技术尤其是高科技在管理中发挥的巨大作用。"以信息的运用而言,数目字管理之所以具有推动整个社会进入现代化的巨大力量,原因在于它大大提高了信息收集、整理、加工、传递、贮存的效率,增加了信息的可比性,使决策过程中的'加减乘除'成为可能,降低了人与人之间沟通、协调和合作的成本,促进了分工的发展,从而大幅度地提高了社会经济运行和内部管理的效率。现代信息技术的发展,更是极大地扩展了数目字管理的范围,使其延伸到了管理的每一个角落,使每一个人都几乎成了数字的'奴隶'。"①

此外,另一个原因是终极目标与工具理性存在着价值上的冲突。戴维·罗森布鲁姆和罗伯特·克拉夫丘克曾指出民主政治和官僚化的公共行政在其价值和结构方面存在着冲突(参见表1)。

表1 民主政治与官僚化的公共行政的不同

民主的要求	公共行政的取向
平等	层级制
自由	命令
职务轮换	年资制
多元性	一致性
公民参与	专家参与
开放性	秘密性
社群	非人格化
基于选举的合法性	基于专才的合法性

资料来源:[美]戴维·罗森布鲁姆、罗伯特·克拉夫丘克:《公共行政学:管理、政治和法律的途径》,张成福等译,中国人民大学出版社2002年版,第483页。

这种冲突导致两者在管理中很难同时兼顾。公共行政的取向就决定了在冲突产生时会偏向技术和生产力。因此,在公共管理中长期以来凸现的是管理主义取向,这一管理主义的取向的一个重要表现就是对"3E"(即经济、效率和效益)的追求而对政治价值的忽略。管理将重点置于如何达到目标的手段和方法上,而忽略了目标本身。新公共管理受到诟病的一个原因就在于它对工具理性的强调(比如看结果、成本-效益、绩效评估、竞争等)而对政治价值的

---

① 何自云:《数目字管理的局限》,《中国金融》2010年第15期。

忽略,在于它关注达到目标的手段和方法。以 GDP 为中心的发展模式也是一种注重工具理性的做法。比如,为追求效率而无视公平等。罗伯特·登哈特在对新公共管理批评时,曾指出手段和目标不一致所带来的消极后果:"如果理性模式让我们的注意力都集中到达到既定目的的手段上的话,那么这也就意味着使我们忽略目的本身。如果我们单单把注意力都集中到效率上,我们就将无法充分检查并有效参与到那些对我们来说非常重要的决策中去,因此也无法履行我们的民主责任。以这种方式行事,我们将很难促进自己对社会价值的表达。相反,我们将仅仅考虑怎么以最小的成本去完成既定的目标(如果正确理解的话)。尽管这样做会十分有效,但是我们或许会发现我们正在追求的目标竟然和我们的社会价值——也是我们的价值大相径庭。"①

(三) 人性的压抑与人际互动的弱化

理性管理模式在最大限度地追求经济和效率的同时,产生了对人性的压抑,并导致人际关系的弱化。韦伯在论及作为理性管理的组织载体的官僚制时就看到了这一问题。韦伯把官僚制度比喻为一个人们陷入的铁笼子,一个套在身上的枷锁,因为"他只是一部永恒转动的机器中的一个齿轮而已,这部机器给他规定了一条基本上固定的前进道路"②。他通常无法开动、也无法刹住这部机器。这导致了单一性,导致了对多样性的极大威胁和对人性的压制。以福特发明的汽车生产流水线而言,作为工业时代的一个骄傲,它在节省时间、能源和资金也就是在极大地提高效率的同时,也产生了一个非人性化的工作环境。"具备了众多不同技能的人,却被要求不停地重复履行有限几个极度简单的动作。与以往在工作中展示个人能力相反的是,人们被迫收敛这些人类特性而表现得像机器人一样。"③这种高效的方式把丰富多样的人类行为变成了整齐划一的机械动作,在这种单一性中,人们无法展示他们的各具特色的个性。

理性的官僚制也一样,在展示其等级权威从而带来指挥统一的优势的同时,也带来了人的异化,导致人们为了服从中心而不得不去说一些不想说的

---

① [美]罗伯特·登哈特:《公共组织理论》,扶松茂等译,中国人民大学出版社 2003 年版,第 174 页。
② [德]马克斯·韦伯:《官僚制》,[美]理查德·斯蒂尔曼编:《公共行政学:概念与案例》,竺乾威等译,中国人民大学出版社 2004 年版,第 89 页。
③ [美]乔治·里泽:《麦当劳梦魇:社会的麦当劳化》,容冰译,中信出版社 2006 年版,第 34 页。

话,做一些不想做的事,使人性受到极大的伤害。同样,官僚制严格的规章制度在保证井井有条地运作的同时,也带来了人们的循规蹈矩和按部就班,以及想象力和创造力的丧失。此外,在这种环境中,"人际关系仅仅被当作完成组织既定目标的工具性手段,而不是实现主要目标的直接原动力"①。正如登哈特指出的,"复杂组织中的控制机制会使组织中的人际互动变得无足轻重,以至于个人仅仅成为生产过程中的客体。在有效追求组织目标的过程中,每个人都变成了被其他人操纵的工具。更为重要的是,每个人都丧失了对于个人的创造力和成长所必需的自我反省和自我了解的能力。而且,和其他领域比较而言,这个问题在公共组织中要显著得多。公共组织成员对于追求生命、自由,追求快乐,对于所有公民的自我成长过程提供帮助,以及对公民提供教育等方面的承诺只能通过人而非物的互动才能发生"②。

三、从"数字化生存"到人本的回归

科学和技术的每一次进步同时也伴随人的物化的进一步发展。从工业社会早期的泰罗的以"时间—动作"命名的效率运动以及以流水线出名的福特主义,到今天的麦当劳的社会化和人们的数字化生存,都展示了这一点。"我们今天的生存能够离得开数字么?公民的身份是一串身份证码,学生的好坏是班级、年级和学校的排名,考生的意义在于获得多少总分。一个地区、一个城市的优劣更是由无数的数字象征的:GDP总量多少、人均收入、汽车、电话、手机——数字就是我们的一切,数字成为了唯一的衡量标准。"③如果说,在工业社会早期,人们被工具和机器物化了,那么今天人们可能被数字化了。从工具到数字或许表明了工具理性的一大进展,但它背后显示的对人的压抑是一样的,甚至有过之而无不及。因此,公共管理面临的一个挑战是如何使管理向人本回归。如果说,资本主义第一阶段的异化表现在"财富积累的过程只有牺牲

---

① Dahl Robert and Charles Lindblom, *Politics, Economics, and Welfare*, Chicago: University of Chicago Press, 1976, p.252.
② [美]罗伯特·登哈特:《公共组织理论》,扶松茂等译,中国人民大学出版社2003年版,第161页。
③ 许纪霖:《数目字管理下的数字化生存》(2004年6月30日),学术中国网,http://www.xschina.org/show.php?id=1112。

世界和人的世俗气才是可能的"①,那么今天的公共管理在追求理性的过程中是否必然要牺牲人的多样性、自主性和社会的丰富性才能得以进行？当社会的麦当劳化或管理的数目字化以横扫千军之势扑面而来之时是否能给个人留下空间？

人的理性的异化这一进程事实上早就开始了。正如汉娜·阿伦特在《人的条件》中指出的,"人的活动创造了种种事务,并进而构成了 vita activa(也就是劳动、工作和行动)所在的这个世界；但是,完全由人所创造的事务,却反过来紧紧地束缚着人这一创造者"②。生产力和创造力成了摩登时代初期的最高理想,甚至成了偶像,但反过来它又成了人的发展的桎梏。在阿伦特看来,进入摩登时代的 vita activa 世界发生的第二次倒转(第一次是从沉思向制作的倒转),本来应当将与工作(即制造和制作)相连的技艺者而不是行动者或作为动物化的人提升到人类可能的最高境界。其原因在于技艺者的世界工具化,他对工具和人造物生产者的生产率的信心；对手段-目的的所有可理解的内容的信任；对任何问题都能解决、每一个人的动机最终归于功利原则的认定；对所有不能被认做制造人工物品,尤其是一些制造工具的工具的蔑视等③,但是,最后的结果则是将劳动提升到 vita activa 等级序列的最高位置,劳动而非工作、动物化劳动者而非技艺者获得了最终的胜利。其原因在于,"就技艺者而言,重点从'什么'到'如何',从事务本身到它的制作过程的现代转变,决不意味着一种纯粹的幸事,它剥夺了作为这些固定的、永恒的标准和衡量(它们在摩登时代以前一直是人类行为的指南和判断的标准)的制造者和制作者的人"④。劳动获得胜利的根本在于劳动即人的生命本身,生命而非世界才是人至高的善,而技艺者恰恰在"生命是最高的美"面前败下阵来。

这使人想起古希腊人在神话中为什么选择与痛苦和悲剧相连的酒神狄奥尼索斯,而非代表快乐和规则的太阳神阿波罗。因为酒醉状态中的狄奥尼索斯展示的是人的本真和生命的原始状态。"在这里,一切冷峻的理智和严酷的存在都被狄奥尼索斯的狂醉冲刷得荡然无存,一切必然的、逻辑的、道德的、伦理的东西都被狄奥尼索斯的狂放所代替,个体生命洋溢在高度的欢畅和自由

---

① [德]汉娜·阿伦特:《人的条件》,竺乾威等译,上海人民出版社1999年版,第258页。
② 同上书,第2页。
③ 同上书,第298页。
④ 同上书,第300页。

之中,人的生命获得了彻底的解放。"①当摩登社会认可生命而非世界才是人至高的善时,管理世界在相当时间里盛行的还是对物而不是对人,对工具理性而不是对价值理性的偏爱。

20世纪80年代有过一次管理向人本回归的重要努力。彼得斯等人在著名的《追求卓越》一书中就表达了这样的一种观点,他们认为以往的管理理论只热衷于规章制度、数学模型和普通原则等的研究,实际上是一种见物不见人、甚至是与人为敌的管理。因此,必须进行一场"管理革命",使管理"回到基点"②,即以人为核心,从而发掘出一种新的以活生生的人为重点的带有感情色彩的管理模式。他们在分析了美国一些最成功企业的经营管理经验后提出了如下的管理原则:(1)崇尚行动,灵活地适应环境的变化;(2)贴近顾客,服务至上、质量至上;(3)自主创新,打破常规和内部竞争;(4)以人促产,靠共同的信念激励员工,通过发挥人的因素来提高生产率,相信人、尊重人、尊重每个人的人格、承认每个人的贡献,让员工掌握自己的命运,表现和发展自己的才干;(5)价值驱动,价值观体现的精神力量胜于物质资源、结构形式和管理技能;(6)不离本行,发挥专业优势;(7)精兵简政,权力下放;(8)宽严并济,最大限度地实行分权和发扬员工的自主精神和创新精神,同时造就宽容的气氛。这些原则的核心在于管理以人为本。

然而,具有讽刺意味的是,20世纪80年代以企业管理为圭臬的西方国家的新公共管理改革运动最后呈现的还是鲜明的管理主义和工具理性的倾向,是对效率、结果、成本-效益,一句话,对数目字式的管理的追求。也正是在这一意义上,引发了新公共服务对其的批评,这一批评可以被看作主张在公共管理领域里向人本管理的一次转化。

登哈特在《新公共服务:服务,而不是掌舵》一书中指出了新模式的几个特征:服务于公民,而不是顾客;追求公共利益,重视公民权胜过企业家精神,思考要有战略性,行动要有民主性,承担责任,服务,而不是掌舵;重视人,而不只是重视生产率。登哈特的观点通常被认为是代表着宪政主义的观点,事实上,它的观点也可以被理解为一种人本管理的观点。登哈特指出,如果不同时给予一个组织中个体成员的价值和利益以足够的关注,那么,从长远的观点来

---

① 唐玉宏:《希腊文化中的酒神精神与悲剧精神》,《河南社会科学》2005年第6期。
② [美]汤姆·彼得斯、罗伯特·沃特曼:《追求卓越》,胡玮珊译,中信出版社2009年版,第70页。

看,这种试图控制人类行为的理性做法很可能失败。一些在传统公共行政和新公共管理中被降低了重要性的人类行为要素,如人的尊严、信任、归属感、关心他人、服务,以及基于共同理想和公共利益的公民意识在新公共服务中则处于核心的地位。在新公共服务中,诸如公正、公平、回应性、尊重、授权和承诺这样的理想不是否定而常常是超过了那种把效率作为政府唯一标准的价值观。一种具有高度包容性的参与性管理方法不只是一种提高生产积极性的工具性手段,而且是一种促进公共服务核心价值的手段。① 如果说,登哈特的观点还处在理念层面、还缺乏具体的操作手段的话,那么,中国在21世纪初提出了"以人为本"的公共管理理念之后,还采取了一些具体的措施来贯彻和实践这一理念,这就是建立服务型政府。这在相当程度上表明了公共管理在取向上的一个转变,这一转变就是向人本的回归,把人和人的价值置于管理的中心位置。

以人为本的公共管理首先要求尊重人的权利。政府存在的首要理由就是保护公民(包括组织内部成员)的天然的权利如生命、自由、追求幸福等不受到侵害。任何宪法的出发点都是基于对民众权利的保护和对政府权力的限制,限制是出于公共权力有可能侵犯人的权利这一事实。在我们的现实管理中,以"公共"的名义侵害个人权利的事时有发生。这一方面反映了政府行为的偏失(比如对效率效益目标或自身目标的过分追求),一方面也可能反映了制度的缺失(比如政府的强势和司法的缺位),以至于在这种状况发生时无法保护个人的权利。此外,在今天,公众权利的很重要的一个方面是对社会公共事务管理的参与,这也是民主的行政所表现具备的特征之一。正如罗依·亚当斯指出的,"仅有效率是不够的",要想使组织中的人们具有"一种体面并且有尊严的生活方式",就需要有一些参与的方式②。罗伯特·戈伦比威斯基指出,"组织民主所依据的是所有组织成员对决策的参与,对组织绩效结果经常的反馈,对整个组织中管理层信息的共享,对个人权利的保证";"一个组织离这些标准越近,该组织就越民主"③。

---

① [美]珍妮特·登哈特、罗伯特·登哈特:《新公共服务:服务,而不是掌舵》,丁煌等译,中国人民大学出版社 2006 年版,第 159 页。
② Roy Adams, "Efficiency is Not Enough", *Labour Studies Journal*, 1992, 17(1).
③ [美]珍妮特·登哈特、罗伯特·登哈特:《新公共服务:服务,而不是掌舵》,丁煌等译,中国人民大学出版社 2006 年版,第 161 页。

以人为本的公共管理也要求关怀人的需要。政府存在的另一个理由就是为民众提供公共服务,满足人(当然也包括组织成员的需要)的需要。以公共服务而言,提供公共服务当然要讲求效率,"但是,如果我们不能以一种反映了公共服务内在价值和社会意义的方式来谈论公共服务的话,那么我们很可能会丧失这个领域的灵魂",这些灵魂就是公民权、公共利益、意义、伦理道德、社区以及民主①。与以往公共服务提供的一个很大的不同在于,以往是民众围绕服务提供者的政府转,而在今天,公共服务的提供必须把民众置于中心,政府围绕民众转,不断满足民众的需求。再者,随着民众要求的提高,政府必须向他们提供高质量的服务。满足民众的需求就需要对民众的需求进行回应,回应性今天已经成为政府应该具有的一个特征。此外,以组织的内部管理而言,对人的需求的关怀必须考虑组织成员如何在达成组织目标的过程中实现自己的个人目标,不能再抱有"组织的事再小也是大事,个人的事再大也是小事"这样的传统想法。组织是由个人构成的,对个人需求不尊重,组织是不可能完成其自身的目标的。

以人为本的公共管理还要求不断增进人的利益。人本的管理并不否认人的利益往往是构成人的行为的一个出发点,恰恰相反,公共管理最终的目标是为了实现社会上所有人的利益和福祉。因此,对公共利益的追求构成了它至高的原则,这就对政府提出了如下要求。首先,在今天,公共利益的界定者应该是社会公众而不单单是政府。其次,政府不能以"公共利益"的名义去剥夺个人的合法和合理的利益,正如前面指出的,对个人权利的保护是政府的一项重要职能。个人权利不受到侵害是公共管理的一条底线。再者,政府不能将自身的利益或部门的利益置于公共利益之上。

向人本管理的回归,既要借助道德的力量,更要借助制度的力量。从制度上保证我们的管理真正能做到以人为本是非常重要的。这一制度的设计要能够平衡价值理性和工具理性的矛盾,能够保证把对公共利益的追求作为政府最高的运作原则,能够保证公务人员在提供公共服务以满足公众需求的过程中表现出他们的热忱和激情。

---

① [美]珍妮特·登哈特、罗伯特·登哈特:《新公共服务:服务,而不是掌舵》,丁煌等译,中国人民大学出版社 2006 年版,第 169 页。

Mathematically Manageable and Return of Human-Centered Management

Abstract: "Mathematically manageable" actually is a kind of management with reason, but unfortunately it often goes extreme and leads to the suppression of humanity and non-rationalization of the reason. To return to the human-centered management is not only the essence of the management, but a trend as well.

政治生态变化中官员的公民身份认知回归*

摘要：官员通常集职业身份和公民身份于一身。我们以往对官员身份的认识更多的是看重他的职业身份，强调对官员的道德制约，这与中国传统的"好人当官"的意识相关，也与官民双方对官员身份的认知相关。在加强对官员进行监督的今天，我们需要从两个方面来认识官员的身份。官员的公民身份表明了他的理性经济人的一面，而官员的职业身份则表明了他的社会性的一面。对这两种身份的全面认知和理解有助于对官员的监督和管理，也有助于官民关系的改善。

一、官员的两种身份

社会中有官有民，这既可以从管理的意义上说，官是管理者，民是被管理者——尽管从现代政治学的意义上说，民是终极的管理者，官只是民的仆人；也可以从社会分工的意义上说，社会总是需要一部分人来管理社会公共事务，这些人就成了通常意义上的官；还可以从职业意义上说，官是一种职业，正如民也有各种职业一样，有人当工人，有人当农民，有人当教师，等等。不管官和民在职业身份上有什么区别，实际上他们有一种身份是一样的，即他们都是公民。从这个意义上说，官和民都有两种身份，一是职业身份，二是公民身份。

但是，我们以往对官员身份的认识主要停留在职业身份上。职业身份要求官员表现出"公"的一面，表现出为人表率的一面。这一职业要求往往也成了人们对官员的一种期待。因此，官员的举动也常常为社会所注目，其行为也常常被监督。落实八项规定、反"四风"和反腐败以来，官员的一举一动在更大

---

* 本文原发表于《探索与争鸣》2015年第6期，第68—71页。人大复印《公共行政》2015年第9期全文转载。

程度上进入了人们的视野,网络的日益发达更是将人们对官员的监督提到了一个新的高度。我们不时看到对官员的举报,官员吃饭被曝,戴表被曝,生活作风被曝,等等。最终的结果,公款吃喝受到处罚,戴表因涉嫌贪污腐败而被抓,生活作风不良则名声扫地。然后,就产生了两个方面的发展:一方面是民众对官员的监督的热情更高,以至于在某些场合走到了偏激的地步,只要是官员吃饭就认为是公款吃喝;甚至是穿衣,一旦感觉衣价太高,与公务员收入不符,马上上网曝光。前不久关于"给公务员加工资"的提法又引来网上一片骂声。另一方面则是官员的退守,本来可以正大光明进行的公款消费也转入了地下,甚至私人的吃喝也取消了,原因是怕惹麻烦,一旦被曝光就是没事找事。官员隐私受到了侵犯,但据说官员作为公共人物无隐私可言,因而只能隐忍但又感到憋屈和郁闷。工资加得不多,尽管心有不满也不敢表达,怕辱没了"公务员"这一崇高的名声,也怕一旦表达会受到来自四面的攻击,多一事不如少一事,等等。目睹此类现象,使人感觉这个社会似有一股戾气,官民阵垒分明;一旦对决,便以零和为结局;也使人感觉生活的色彩开始变得单一,锦衣美食、豪车美酒再也不敢招摇过市,哪怕是正常收入所得。总之,使人感觉社会缺少了一种祥和友善的氛围,与和谐社会有点格格不入。问题出在哪里?

　　问题出在我们对官员的身份的认识上。我们关注了官员职业身份的一面,却忽略了官员公民身份的一面。而在中国的文化中,官有它的特殊性,它往往被赋予了很高的道德含义。"好人做官"从孔子以来一直是一种传统,以至于人们对官员的要求高于对其他人的要求。在我们的意识形态中,他们是特殊材料做成的,同一般民众是不一样的,是要高于一般民众的。即便官作为一种职业,它也被认为是高于其他职业的。中国传统社会有"一官二吏三僧四道五医六农七工八商九儒十丐"之说,有"学而优则仕"之说,官是顶点,官是最高的,是人们追求的最高境界,"范进中举"几乎是人所共知的一个故事。即便在今天,我们还难以完全摆脱这种官高民低(这当然与我们社会的现代化程度有关,也与我们的选官制度有关)的现象,这使得官在一些人眼里应该是完人,容不得官员犯错,因此动不动就对官员进行道德上的绑架。另一方面,官方的体制和学说也助长了官员的道德责任感,使他们自己感觉不同于民,要优于民(至少在道德上)。"特殊材料制成"说更是将官员和民众做了一个切割。而官民双方的一个共同缺陷在于都关注了官的职业身份而忽略了他的公民身份。

二、对官员身份认知的中西方差距源于不同的人性假设

以公民身份而言,我们可能对官员的要求就不一样。现代的职业身份与公民身份在某种程度上可以对应一个人的社会人和自然人的两种角色。我们对作为社会人的具有官员身份的人的要求肯定会高于一般的人,因为官员就职于一个影响社会的公共部门,他的言行举止具有公共性,因此官员应该是社会的表率。比如,同样一个绯闻,人们会抓住官员不放,而对其他的人可能就轻轻放过,最多把它看作一条花边新闻而不是一则严重的道德事件。其原因在于作为公共人物的官员的行为具有很强的传导性,具有对社会的一种引领性。官员清廉,社会清廉;官员崇高,社会崇高;官员奢靡,社会奢靡;官员腐败,社会腐败。这也是为什么公众往往会对官员的过错(更不用说犯罪)揪住不放的道理所在,因为他们对官员寄托了一种期望(尽管有时这一期望太高)。但是,另一方面,官员也是一个自然人,有他的公民身份。而在这一点上,官员同其他人是一样的,他也有自身的需求。马斯洛著名的"人类需要层次"理论并非不适用于官员。官员也有生理需要、安全需要、社交需要、尊敬需要和自我实现的需要,他需要满足这些需要。他也享有与其他人一样的不能被剥夺的公民权利,比如个人隐私得到保护、言论的自由、行动的自由等。此外,官员也像其他人一样要柴米油盐居家过日子,他们也有自身的利益,无论是物质的还是精神的。官员和其他人一样,也想钱多一点(当然是正当的钱),日子过得好一点。他也要追求自身的利益,比如得到晋升或受到尊重。

可能是在这一身份认定上导致了中国文化与西方文化的不一样。西方文化对官员的假定在于他首先是个理性的经济人,他想达到的是自我利益的最大化。在公共选择理论看来,企业家想达到的是钞票最大化,政治家想达到的是选票最大化。对官员的假定是:官员是坏人,会做坏事,会伤害公共利益。因此,解决的方法是法制,建立法律和规章制度来制约官员的行为,不让官员作恶,因为官员掌握着公共权力,一旦作恶,会对社会造成巨大的危害。

或许是这一不同的假设,引发了中西社会两种不同的取向。对官员是好人的假定,产生了中国历史上很发达的道德伦理文化,强调"吾日三省吾身"和"修身齐家治国平天下",寄希望于官员的自省和做道德模范,道德优良是安身立命的基础。钱穆甚至认为中华文明得以不间断地保留下来的一个重要原因

是德制,也就是官员以德垂范,最终成为挽狂澜于既倒的稳定力量。而在西方,则发展了强大的法制文化,通过法律和规章制度来制约官员的行为,而不是主要寄希望于官员的自觉和自律。"权力导致腐败,绝对权力导致绝对腐败",对付之道就是对权力进行限制,使权力行善而不作恶。此外,西方这种对官员的"理性经济人"假定也产生了非常现实的治官之道。斯蒂芬·贝利在论述保罗·阿普尔的道德思想时指出,一般来讲,仅仅要求道德上的高尚是不够的。只有认识到现实中的利益,公务官员才能够找到那些最强大的行为动力(个人的或是公众的)。通常,只有某项公共利益中包含了作为动力燃料的几项特殊利益时,它才可能进入轨道运转,即被人们纳入议事日程。行政官员的艺术的一个重要部分就是将私人的和个人的利益寓于公共利益之中。从道德品格来说,那些不愿把(合法的)个人和私人利益纳入支持公私兼顾的事业中来的人,是不适宜担负行政职务的。① 这些话或许会使我们有些人听了大惊失色,但冷静一想则不无道理。官员不是不食人间烟火的神仙,他也是一个有着七情六欲的人。他做事的动力既来自崇高的使命感的驱使,也来自满足个人利益的需要。我们对他们的要求只是在两者发生冲突的时候,个人的利益服从组织的利益,而不是否认或排除他们的个人需要。我们的文化往往忽略了官员"理性经济人"的一面,过分关注和强调了官员的"官员身份"而忽略了他的"公民身份",忽略了作为一个正常的人所具有的听起来不那么崇高的柴米油盐酱醋茶之类的个人利益的追求。把官员看得太高,其结果是,一旦发现他们事实上没有这么高,我们就变得难以容忍。这是只看官员的一面而不是看他的两面所造成的。

简单来说,西方的做法是更多地从公民身份的角度来认识官员(也就是首先他是个人,他同时具备人所具有的优点以及人所具有的缺点),建立严格的法制和监督体系,并配以现实的激励因素。他们通常把官员的行为分成三类,一是违反刑法的行为,二是不道德的行为,三是不恰当的行为,对三类行为分别采取不同的对待方式。违反刑法的行为当然会被抓,不道德不恰当的行为可能会导致丢官(比如我们对西方国家里官员因不恰当使用公款而丢官的事时有所闻),但也不一定,比如克林顿在位期间的绯闻事件最终并没有影响到

---

① [美]理查德·斯蒂尔曼:《公共行政学:观点和案例》,李方、杜小敬等译,中国社会科学出版社 1988 年版,第 424 页。

他继续担任美国总统。罗斯福也有绯闻,但这并不影响美国人始终把他当作一个伟大的总统来敬仰。不恰当使用公款导致丢官,而身缠绯闻的总统依然做总统,其间的一个很重要的区别在于前者涉及公与私的问题,侵犯公的利益是规章制度所不允许的,因而丢官实属正常。而后者只是涉及私人的事情,这是属于道德层面的有违一般社会伦理的问题,作为公众人物,社会会加以谴责,但不一定加以制裁。一个有道德瑕疵的人可能是一个很有行政才干的人,不用可惜。克林顿竞选美国总统时,已有他的风流韵事的传闻,但美国人还是把他选上了总统宝座(当然克林顿后来也以其亮丽的业绩回报了选民对他的信任)。这里我们也可以看到从公民身份角度出发的认识所具有的一种宽容。

相比之下,我们长期以来(无论是官方还是民间)强调道德的文化,则是更多地从官员身份的角度去认识官员的,更多地强调思想教育,寄希望于官员的自觉、自律和自省,而疏于法制和监督体系的建立和完善(此次反腐败斗争中受到查处的腐败的高级官员有如此之多,充分表明我们的法律制度和监督体系是很不完善的),并在官员的行政行为中完全排除个人利益的考虑,或至少让人感觉在政府组织里谈个人利益是一件不光彩的事,从而放弃对个人利益的追求,尽管这一追求有时并不伤害组织的利益。这导致我们可能以过高的标准去要求官员,并对官员的道德瑕疵或过错采取不宽容的态度,以捍卫道德高地的纯洁性。比如民间对犯错官员的重新启用往往一概采取不理解甚至反对的态度(当然这里也有民众还无法参与官员任用的原因)。其次,由于受到道德正当性的影响,公私无法兼容,官员不能有自己的利益,或者至少不能在大庭广众下公开谈论正当的个人利益,或以谈个人利益为耻,这导致官员的一些正当的利益或好处或福利一旦受到影响,也不敢出来争取,甚至在表面上还要表现得很崇高,不屑于这样的利益或好处,但是在私下里却发泄不满,并在行动上采取消极怠工和不作为的方式来加以抵制,庸政和懒政便随之而来。

三、对官员两种身份的全面认知

当然,两种身份是集于官员一身的。西方尽管比较盛行的是对官员的理性经济人的假定,但也时常可以看到对这种假定的批评。比如,珍妮特·登哈特和罗伯特·登哈特指出,"在某种意义上,我们在政府中的恰当角色之所以被削弱,其原因不是在于邪恶的目的或者精英分子的阴谋,而是因为对治理和管理的探讨始终都假定了我们只能是自利的"①，因为这种假定忽略了官员职业身份崇高性的一面，官员都被看作追求自身利益的蝇营狗苟的人，而不是既会追求自身的利益，同时也会追求公共利益，甚至会为公共利益这一崇高的目标牺牲自己的利益。在登哈特看来，"人们之所以被吸引去从事公共服务，是因为他们被公共服务的价值观所促使。这些价值观——为他人服务、使世界更加美好和更加安全，以及促使民主发挥作用——体现了在一个社区的服务中作为一个公民的意义的精华。我们需要培育和鼓励这些更高层次的动机和价值观，而不应该把人当作机器上的嵌齿或者认为似乎他们只具有为自己利益服务的行为，就压抑这些动机和价值观"②。反观我们，尽管我们的文化更多地强调官员的道德自律，更多的是对官员的思想教育，但是事实上我们也有各种法律和规章制度来制约官员的行为，而这些法律和规章制度本身就暗含了官员会犯错，甚至会犯罪的假定，只是我们比较少强调这一点而已。但正如上面所言，对道德伦理的强调可能导致了我们对法制建设的疏忽。而这一疏忽的结果，既导致一些官员或利用法律和规章制度的漏洞大搞腐败或不惜以身试法，同时也导致民众走体制外的道路，尤其是利用网络来进行反腐败或者对官员进行监督，以至于最后出现了本文前面讲到的一些过激的状况。

因此，无论从官方还是民间两个方面来说，都有必要从两种身份的角度去认识我们的官员。如果说我们以往更多考虑的是官员的职业身份的话，那么在走向反腐倡廉和政治清明的今天，我们首先要考虑的是官员的公民身份，考虑官员理性经济人的一面。从这一点出发，来建构和完善相应的法律和规章制度，以对权力进行有效的制约，并规范官员的行为，从而完善对官员的监督。如果我们实施领导干部财产公开制度，老百姓的一些猜忌和疑虑也会随之消失。有钱的官员进行高消费也实属正常，用不着偷鸡摸狗地去做。当我们的报销制度使得公款吃喝(公务接待不在此列)变得不可能时，那么一些民众再也不会也没必要去盯着吃喝的官员，官员自己要吃喝也有了自由，再不用因怕老百姓指责而放弃吃喝。对公民的最低要求是守法，这应该是一个不高的要求，尽管社会对官员会有更高的要求，但是从理性经济人、也即公民身份的角

---

① [美]珍妮特·登哈特、罗伯特·登哈特：《新公共服务：服务，而不是掌舵》，丁煌等译，中国人民大学出版社 2006 年版，第 170 页。
② 同上书，第 163 页。

度去考虑，我们就可能不会对官员提出过高的道德要求，因为就这一身份而言，他们是同我们一样的人。这样，对官员的一些过错、瑕疵或缺点（当然不包括涉及违法犯罪的行为）可能会抱有一种宽容而不是一棍子打死的态度，对官员不伤害、不影响公共利益的谋私行为可能也会有一种理解的态度。

其次，我们当然也必须考虑官员的职业身份，因为这一身份给了官员荣誉，也给了官员责任。这一荣誉不是个人的地位和名声，不是什么"长"或"主席""主任"带来的愉悦或自得，而是服务公众的一种满足。具备了这样的一种认识，官员就会很好地去处理公与私的关系，处理组织利益与个人利益的关系。从这一认识出发，需要考虑如何去提高官员的道德水准。包括两个方面：一是职业道德，在政府中也可以称为行政道德；二是个人品行。保罗·阿普尔比在谈到政府体制中的道德时，指出了三个最基本的道德品质，即乐观、勇气和仁慈的公正。乐观可以使人尽量看到事物光明的一面，可以使人在各种含混的、自相矛盾的事务中不失去信心，增强行为的目的性而减少被动性。勇气则是抱负、责任感和对于无所事事的痛恨。勇气可以使人坚持原则，在困难面前不退缩，并敢于作出可能会给一些人带来痛苦的决定。再者是与仁慈联系在一起的公正。政府是价值的权威分配者，它所用的不可量化的尺度是正义和社会福利。权力必须在公正和富有同情心的情况下行使。仁慈对于官员在决策中的信息不足和私心介入起到补救作用，否则决策就很难公正。仁慈强调的是劝导而不是强制手段，它激励人们对美好生活的向往，如果没有这种向往，政府便会成为保护现存特权的令人沮丧的防御壁垒。① 阿普尔比在这里指的是行政道德，此外，道德还包括个人的素质和品质方面的一些内容，比如我们通常强调的诚实、正派、善良、正义感等。我们要求官员不仅要恪守行政道德，而且还要具备良好的私人品德。

回归对官员两种身份集于一身的全面认识，尤其是对官员的公民身份的认识，需要一个调整过程，这一过程不仅涉及政治生态的变化，也涉及整个社会生态的变化，涉及政治的清明、经济的进步、文化的改变和道德的提高。但这一认知的回归是必须的，无论是官方还是民间，因为它有助于促进这样一个过程的发展。

---

① ［美］理查德·斯蒂尔曼：《公共行政学：观点和案例》，李方、杜小敬等译，中国社会科学出版社1988年版，第435页。

The Process of Professionalization and the Rebuilding of Administrative Ethics after 1976 in China[*]

Abstract: The process of professionalization for Chinese administration is in the essence one that is shifting from the Party's cadres to the civil servants of the state, from a revolutionary clique with a special mission to a professional administrative group serving the general interest of the society. As a revolutionary clique existing under the Party's leadership for a long time, it was characterized by "traditional features", such as not being open to all citizens, politics overwhelming administration, management based on personal style rather than professional norms, etc. These features, to a large degree, produced a corresponding administrative attitude, ethics and behavior, which include a sense of "paternal official", self-discipline, and adoring personalized authority. They in turn support the traditional system with both positive and negative consequences.

The economic reform provided the impetus for changing the traditional system, and a new framework with a strange civil service emerged, with such professional characteristics as opening jobs up to the whole society, respect for law and regulation, management and promotion based on merit, etc. However, the negative side of the economic reform has hindered the further development of professionalization. In particular, corruption and negligence of administrative ethics have undermined the new system. Further professionalization needs a spirit provided by rebuilding public administration: changing ideology and attitude, innovating institutions, and reforming the culture.

---

[*] 本文原发表于 *Internatioanl Journal of Public Administration*, 2000, 23(11), pp.1943–1965。

Non-professsionalization of the cadre system in the Mao Zedong era

The cadre system in the Mao Zedong era (1949—1976)[①] had a problem of identity, namely, whether the cadres were the Party's cadres, or the state's cadres, or both. As a matter of fact, in a system where the Party claimed to be the speaker of national interest, the state's cadres actually were the Party's cadres. All the activities of the state's cadres were under the leadership of the Party. The Party was in charge of all cadres, though some cadres belonged to the Party system, while others belonging formally to the state and received their salary from the state, not the Party.

The establishment of this system has had a significant historical impact. Unlike political parties in many western countries, where government power is seized peacefully by winning the parliamentary election, the Chinese Communist Party (CCP) seized power through force. So it was natural that the party had its own army and non-military cadres at the early days. The Party's comprehensive leadership of the cadres at that time was not only possible, but also necessary. Such leadership was guaranteed by the Party's discipline and the principle of democratic centralism, by which the individual obeys the superior, and the whole Party obeys its Central Committee. [②]

The Party didn't change its style of leadership after it seized power and founded the People's Republic of China. It retained its comprehensive leadership even though there was the dual structure of the Party and the

---

[①] The concept of a cadre in the Mao era is a very broad. It not only includes government employees but also includes persons managing parties (including minority parties), and all kinds of professionals. In short, it includes those who belong to the cadre system (compared to the worker system) except workers and peasants and staffs in other professions such as shop assistants. The cadres referred here are government employees who have been called civil servants since the promulgation of provisional regulations of civil servant in August 1993.

[②] Mao Zedong, "The Status of the Chinese Communist Party in National War", *Selected Works of Mao Zedong*, *II*, Beijing: People's Publishing House, 1991, p. 528.

state. One explanation was that the centralized leadership system was required by the planning economy. In addition, the Stalinist model had its impact.

From 1953, the CCP systematically strengthened its leadership over the government. The party issued in March a document entitled "The Draft Resolution on the Consolidation of the System of the Central Government Agencies' Reporting to the CCP Central Committee and the Strengthening of the Party's Leadership over the Government". According to the resolution, all the departments of the State Council reinforced their Party groups, which were under the direct control of the Party's Central Committee. ①

Meanwhile, the Party's Central Committee established several departments to parallel the government's organizational structure. To the Organizational Department and the Propaganda Department, which had been in existence earlier, the Party's Central Committee added the Department of Industry and Transportation, the Department of Rural Work, and the Department of Finance and Trade. The main responsibility of these departments was to supervise the corresponding governmental departments and to ensure that the Party's decisions were implemented properly. ②

The dual system of Party and government had a further development in November 1953. The Party's central Committee issued a resolution to strengthen the management of cadres by setting up the system of management by the department. According to the resolution, cadres with important positions nationwide were all to be administered by the Party's Central Committee. In January 1955, the Party's Central Committee issued a resolution with a list of positions for cadres under its direct control. The resolution also asked the Party committees at all levels to set up their own

---

① Hong Chunhua and Guo Xiuzi, *Big Events of the Political System Reform of the People's Republic of China*, Beijing: Chunqiu Publishing House, 1987, p. 12.
② Wang Jianyin, *Historical Documents of the CCP's Organizations*, Beijing: Hongqi Publishing House, 1981, p. 603.

lists of positions, and to appoint and remove cadres according to lists. ①

As a result, cadres at all levels could find their positions in the lists, and the implementation of the principle of "the party being in charge of all cadres" was technically guaranteed. It should be noted that the list was set up after the promulgation in 1954 of China's first Constitution, which clearly stipulated that the government was responsible to the Congress, not the Party. It was clear that the Party's overall leadership over the cadres as a heritage of the revolutionary war and an example of learning from the Soviet model remained unchanged even after the new Republic was founded. Consequently, the cadres as a revolutionary clique were prevented from becoming a professional bureaucratic group serving in the state administration.

The cadre system in the Mao era retained its principal characteristic as a revolutionary clique, though the government itself promulgated some regulations concerning the management of cadres after the founding of the new China. Several features of the state cadres as a revolutionary clique were observable.

First, the cadres as a group were not open to all citizens. There were strict requirements for recruitment and promotion, among which the first and foremost was "character," meaning loyalty and devotion to the revolutionary cause during the war period and a loyal and firm political stand in times of peace. ② The requirement of "character" led to the emphasis on a person's class background, family background and social relations rather than his/her ability and achievements in the process of recruitment and promotion. Furthermore, the final judgement of the candidate's "character" was made by

---

① Chaozi, *The Outline of the Personnel System of the People's Republic of China*, Beijing: Beijing University Press, 1986, p. 41. According to the list of cadres' positions, the management jurisdiction before 1984 reached two levels below. In other words, the Central Committee of the CCP was in charge of the personnel at the provincial and ministerial level while the bureau level was managed by the provinces and ministries.

② The Mao era was characterized by class struggle, which was demonstrated in struggles between the Communist Party and other social groups in the 1950s, and in struggles within the Party in the 1960s. Political stand refers, to a large degree, to performance in those struggles.

the Party committee and a few of its leaders.

Second, politics prevailed over administration in the governmental process, where the communist ideology was the core. State administration became one of the means to reach the ends of ideology, including the emancipation of the human race and the realization of communism. As a result, governmental work as a profession and state cadres as professionals were largely ignored. Deeply involved in politics, administration was greatly affected by political events. The Cultural Revolution, which paralyzed the whole government, was one of the many well-known examples. Administration was not relatively autonomous.

Third, the management of cadres based on personal style. In contrast to the impersonal style of bureaucracy favored by Max Weber, the management basically was personalistic, though there existed some rules and regulations. When the leaders were confronted with rules and regulations, the rule of man rather the rules and regulations usually came out as the winner. Meanwhile, the rule of man often rejected routine bureaucratic procedure and strengthened the attached relations among different government agencies.

The characteristics of a revolutionary clique have had a great impact on administrative attitude, ethic and behavior. A sense of the "paternal official" emerged, reflecting a sense of politics based on family values. The relationship between government officials and the public was taken as that between fathers and children. Originally, the "paternal official" would mean that government officials should protect people just as fathers would protect their own children. The analogy, however, distorted the real relations between the government officials and the people. For example, Confucianism takes the relation between the emperor and his ministers as those between a father and his children. The ministers must obey the emperor, just as the children do their father. The positive sense of the paternal official could encourage state cadres to do something good for the people, showing off their benevolence to society. On the other hand, a paternal official could suppress the public, forbidding them from embracing different ideas and enjoying their right to self-management. To a large degree, the sense of the paternal official further contributed to the hierarchical relationship between government officials and the people, giving these officials a sense of superiority, while at the same time forcing people to depend on them for almost everything in their lives.

It should be pointed out that in the Mao era, the sense of the paternal official was related to the sense of "liberator" of "Savior" because it was the CCP that had overturned the old ruler and became the new, indisputable ruler. Such an idea led to the recognition that power was seized from the old ruler and should not be shared with others. Besides, the lack of a tax system after the founding of the new China further strengthened the idea because people had no sense of being taxpayers. An abnormal relationship between government officials and the people was thus in place. To a certain degree, what Deng Xiaoping described as "standing high above the mass, and abusing power"[①] mirrored this kind of bureaucratic behavior.

The great impact on administrative attitude, ethic and behavior also resulted from the sense of self-discipline, which firstly came from Confucianism. In the Confucian teaching, all those engaging in politics and administration should be gentlemen. "The essence of the heaven lies on country, the essence of the country lies on family, and the essence of family lies on person." Only by behaving himself can one manage the family, the state and the universe. Therefore, cadres must be self-disciplined and set a good example for the commons. Only when he himself is self-disciplined will the people listen to him. The Confucian idea of self-discipline stresses the importance of individual character for officials, which was compatible with the communist ideology calling on Party members to devote themselves to the revolutionary cause and seek no private interest. The sense of self-discipline led to good behavior and the suppression of self-interest. This explained why

---

① Deng Xiaoping, *Deng Xiaoping's Works* (*1975 – 1982*), Beijing: People's Publishing House, 1983, p. 287.

the cadres in the Mao era were generally uncorrupt. One must realize though that the principle of equality prevailed at that time, which was also a factor contributing to an honest government.

On the other hand, self-discipline and devotion to the revolution, to a certain degree, led to ascetic behavior. Things will develop in the opposite direction when they become extreme. Asceticism is no exception. The rampant bureaucratic corruption burgeoning with a new environment of reform and opening to the outside could serve as an example.

Furthermore, there was a great impact on administrative attitude, ethics, and behavior resulting from adoring the personalized authority. Hierarchy was one of the important conditions for a proper implementation of the will of authority. By nurturing obedience, even absolute obedience, the idea of adoring personalized authority under certain circumstances could go as far as taking a leader as a god. In the process, cadres could be spoiled by the leaders in the organization, especially by those who have the power of promotion. Meanwhile, the behavior also tended to hurt the cadres at a time of political infighting when the authorities were in confrontation. Very often, officials would sacrifice their own careers when they rose and fell following their leaders.

Civil servants' professionalization advanced by economic reform

The cadre system was greatly challenged in the Deng Xiaoping era, an era of reform and opening to the world, which triggered the process of transition from a revolutionary clique toward a professional bureaucratic group. When the Cultural Revolution ended in 1976 and the entire nation attempted to focus its energy on economic development, many Chinese wondered whether the state cadres were capable of assuming their new responsibility and whether the existing cadre system was compatible with the new era. An examination of four key areas according to the Weberian model of bureaucracy suggested serious problems.

First, the power system was still characterized by the dual structure of the party and the government. The Party's leadership still kept power in the hands of a few leaders of its Central Committee. The dual structure left the Party and government organizations overlapping, thereby increasing administrative cost and decreasing administrative efficiency.

Second, in the area of legality, the rules and regulations concerning the management of cadres were insufficient. Some of the existing ones were simply out-of-date. The management of cadres was mainly conducted by means of Party documents. As Deng once pointed out, "for a long time, we lacked administrative regulations and a system of individual responsibility in our Party and government organizations, as well as leading organs of all kinds of enterprises and public organizations. The strict regulations of jurisdiction of responsibility to everyone and even to every agent were so lacking that no laws and regulations could be followed, no matter what we do"[①].

Third, the issue of cadres' professional ability remained unresolved. Since responsibility and jurisdiction of the positions were not clearly defined, "the leading organs at all levels have done a lot of things in vain"[②], and made administration inefficient. Furthermore, character was still a most important criterion for the recruitment of cadres, resulting in lower levels of knowledge and expertise.

Fourth, management style was still personalized. The lack of rules and regulations concerning the management of cadres meant that it was impossible to manage cadres impersonally. The stress of Chinese traditional culture on interpersonal relations, the political implications of personal connections in the Mao era, the unbounded power held by each person's

---

① Deng Xiaoping, *Deng Xiaoping's Works (1975 – 1982)*, Beijing: People's Publishing House, 1983, p. 288.
② Ibid.

superior, and lack of regulations about cadres' rights and obligations—all these greatly contributed to a personalized management style. Deng severely criticized the problems in the cadre system in 1980. His description of various forms of bureaupathology actually revealed the problems caused by the non-professionlization of cadre system in the Mao era. These include government officials standing high above the masses, abusing power, overstaffing administrative organs, being dilatory, inefficient and irresponsible, circulating documents endlessly without solving problems, shifting responsibility to others, assuming the airs of mandarin while reprimanding other people, deceiving superiors and subordinates, being arbitrary and despotic, practicing favoritism, offering bribes, participating in corrupt practices in violation of the law, and so on. In Deng's words, "Such things have reached intolerable dimensions both in our domestic affairs and in our contacts with other countries"①.

To take care of the various forms of bureaupathology, Deng decided that "the system must be fundamentally changed". But what does fundamental change mean? How can the system be changed fundamentally and what part should be changed fundamentally? Deng gave no further explanation. The reform afterwards proceeded with gradual change.

The year 1987② can be taken as a demarcation line between the two stages of reform. And the Temporary Regulations of State Civil Servants issued in August 1993 can be regarded as, in terms of system building, a result of the whole process. In the first stage (from the early 1980s through 1987), the reform was aimed at dealing with problems left by the Mao era,

---

① Deng Xiaoping, *Deng Xiaoping's Works* (*1975 – 1982*), Beijing: People's Publishing House, 1983, p. 287.

② Taking the year of 1987 as a demarcation line is due to the fact that the building of a civil service in China was first officially announced at the Party's 13th Congress in 1987. After the summer of 1989, the process of building the civil service had stopped until 1991, when Deng took a tour in South China. Later, the Party's 14th Congress in 1992 set the target of establishing market economy. That was the background of the process in the second stage.

when "lacking in scientific classification, the concept of cadre was too broad. Administrative jurisdiction was over concentrated, and the management of things and persons were separated. The administrative style, an outdated one, was not suitable to facilitate people's development. Personnel management was not based on legality because of broken administrative regulations"[1]. All these problems prevented cadres from displaying their role in the new era.

The reform in this stage stressed the cadres' political stand, professional knowledge and youth, and involved changes of structure, system and procedures. Structural reform included the reorganization of government agencies and promotion of young cadres with higher education. In 1984, 190 000 young cadres assumed positions at the ju level (equal to the county) and above. Those who received a college education and served in leading positions at the provincial and county levels and served in leading positions at the provincial and county levels constituted 60% of the entire cadre population at those levels[2]. Reform involved abolishing life tenure for leading cadres, establishing a retirement system for cadres and a limited term of service in government (for example, the premier of the state council only can assume the position for two terms), and delegating the power to manage cadres to lower level.

There were also changes in personnel procedures. Additional methods of selecting cadres were developed. Examinations and recruitment based on competition or contract replaced appointment, previously the only way to enter the cadre system practiced since the revolutionary days. In some provinces, the exchange of cadres and avoidance of patronage were practiced. In addition, nationwide training for government officials was widespread. Though these measures were mostly on a trial basis and not systematic

---

[1] Zhao Ziyang, "Report to the Party's 13th Congress", *Xinhua Monthly*, 1987, 11, p. 57.
[2] Jiao Zuomin, "Report on Civil Service System at the Seminar Held by the UN in Beijing on August 15, 1985", *Chinese Public Administration*, 1985, 3, p. 4.

practice, they started the process of transforming cadres into a professional group of civil servants, and played a very important role for advancing further reform.

Several effects of the reform in this stage were apparent. First, selection of cadres based on examination and contract in some provinces opened door for many people who wanted to join the civil service. The new method of recruitment slowly eliminated the revolutionary color of the old system and broke open the bureaucracy once closed to the society. Second, the stress on professional knowledge required by economic construction illustrated not only the importance of education and knowledge in the selection of the cadres but also the importance of government administration as a profession. This recognition in turn led to nationwide training for state cadres. Third, the need for institutionalization has been widely recognized, though there was much still left to be desired.

All these reform measures began to bring down the old system, though there was still a long way before a new system could be built. Why couldn't the administrative reform go faster? A possible answer was found in the fact that despite a series of steps taken to refashion the economy, the planned economy was still playing a major role and the building of market economy was still not on the agenda yet. Old official standards were largely being followed at that time and the state control, though declining, was still strong. Meanwhile, state cadres' income remained at or above the national average level. As a result, they enjoyed both political and economical superiority.

On the other hand, the power to govern, which had been used effectively for class struggle in the Mao era, was used to create economic value in economic reform. This, however, has also created wide corruption. Two of the three gravest forms of corruption since the inauguration of reform, as pointed out by economist Wu Jinglian, actually happened in this period. "For example, corruption in the form of 'rent-seeking' in the middle of the 1980s took the advantage of dual prices practiced at that time. The price of a ton of steel at the state-sanctioned and free markets differed as much as several thousand yuan. According to some estimates, the 'rent' obtained by means of this power amounted to about 20% of China's GNP. Corruption in this regard was indeed unprecedented in world history."① The golden opportunities of exchange between money and power provided by economic reform, combined with the cadres' stable income, made the "interest-seeking" (through legitimate job-switching or illegitimate bribery-accepting) an important characteristic of bureaucratic behavior in the new era. The seeking of interest was brought to its maximum later when reform was attempted to build market economy.

The second stage of the reform surrounded the building of the state civil service. The process began with the CCP's 13th Congress in 1987, when the establishment of the state civil service was officially announced, and concluded with the promulgation of the Temporary Regulations of State Civil Servants in 1993. Two great events took place during this period. One was the "political incident" in 1989. The other was the final decision to build market economy in 1992, after more than ten years of economic reform. Both events greatly affected the development at this stage. The building of the state civil service took the theme of "separation of the Party and the government." Actually, the building of the civil service itself was one of the measures intended to reduce Party's over-concentrated leadership. Other measures included the abolishing of the Party's corresponding departments to those of the government, and the establishment of the district affiliation of Party organizations. The effort to change the district affiliation of Party organizations. The effort to change the combination of the Party and the government received some setback. Politics and the Party's leadership were once again much stressed, which could be found in some of the terms of the

---

① Wu Jinglian talked about economic system reform and the three waves of corruption. See *Forum of Market Economy*, September 4, 1995.

Temporary Regulation of the State Civil Servants.[①]

But the effort to establish the civil service to promote further professionalization of the Chinese civil service was worth praising. Though the establishment of market economy no doubt further weakened the government's role in its management of the economy, which for a long time had been the focus of the government under the planned economy, some principles of the market economy such as equality, competition, freedom, and motivation became a strong impetus to further promote the professionalization of the civil service.

The achievements made in this stage in terms of professionalization were significant. First, positions for civil servants were now open to the entire society. A major principle in the recruitment of civil servants was to select the best by open competitive examinations. The establishment of the exam system paved the way for all to enter, regardless of their family background and their identity. For example, peasants used to be deprived of their right to work as a state cadre after the founding of the People's Republic. In addition, the exam system, to a certain degree, has also reaffirmed the government work as a profession.

Second, civil servants' rights and obligations were now guaranteed. One of the rights, for instance, stipulates that no one can be deposed, fired or punished because of reasons or procedures not in conformity with the law, rules, and regulations. In protecting civil servants, such rights will minimize the importance of personal attachment and pave the way for impersonal management.

Third, a system of resignation and retirement has been established.

---

① "The Provisional Regulations of State Civil Servants" do not refer to the Party's leadership, but in almost all books concerning the civil service, including books written by officials in the government's Personnel Department, the principle of maintaining the Party's superior role in the management of the civil servants is emphasized with no exception. The emphasis on civil servants' political attributes can also be found in the first item, Article 31 of the Regulations, which prohibits civil servants from giving any speech harmful to the image of the government.

Resignation as a way of free choice of job, confirms civil service as a job, and on the other hand, makes the free choice of a job possible. In the Mao era, however, the cadre system was linked to revolution. It was unimaginable at that time that a cadre would resign on the grounds of preferring another job, because it would bring very negative results to him.

Fourth, the management of civil servants is now merit-oriented. The appreciation of performance, emphasizing character, ability, self-discipline and achievement, and achievement in particular, has become the basis of promotion and reward of the civil servants. The merit principle has precluded the traditional emphasis on political stance rather than personal ability and achievements.

Finally, apart from the very professional characteristics mentioned above, the Temporary Regulation of the State Civil Service was effected in 1993. The regulation involves position classification, employment, reward, discipline, promotion and demotion, appointment to and removal from the position, training, personnel exchange, avoidance of patronage, appeals, salary, insurance, welfare and retirement, management and supervision. The state civil service is finally being treated as a profession.

The rebuilding of administrative ethics in the process of professionalization

It was relatively easy to build a framework of laws and regulations concerning the management and professionalization of civil servants. However, to change the values and attitudes of civil servants and to bring about new administrative ethics compatible with the new administrative system was a more difficult but also more important task. On the one hand, Rebuilding of administrative ethics, if done improperly, would hinder the further development of professionalization. On the other hand, rebuilding of administrative ethics would provide the essence and spirit to the professionalization, thereby avoiding filling a new bottle with old wine. Here lies the paradox of the economic reform: while promoting the process of professionalization of civil servants, it has also tended to produce elements that could prevent or even sabotage the process.

First, the more the formalized the bureaucratic system becomes, the less attractive it grows. The present economic reform for the first time in Chinese history has fundamentally shaken the coveted status of government officials, which derived traditionally from its superiority in politics and economy. And for this reason, bureaucrats had always been listed at the top of the most favorite positions. To be an official had always been the first priority for Chinese intellectuals for centuries. In the Mao era, a state cadre's status mainly emanated from its political superiority, in particular its unbounded privilege of state administration. In terms of economic status, a state cadre was not so much different from most of the other social groups except peasants because, as mentioned previously, equality largely prevailed in the Mao era. All this, however, has been changed by the market economy, which first of all means the deprivation of the state cadres' monopoly of government power. Government officials' political superiority began to decline.

Furthermore, the market economy brought about the mobility of employment, more opportunities to make a fortune, and the differentiation of social interest. With higher income at some of the enterprises, a new affluent social group emerged. Government agencies were no longer work place where one could earn more.[①] The falling political and economic status discouraged people from seeking employment with the government and at same time caused bureaucrats to change their job. A noteworthy event after 1992, when

---

[①] According to the statistics, the average salary of government employees from 1990 to 1992 was 5.02% lower than that of those working in enterprises. The salary gap was even bigger when one compares the cadres in government with those in enterprises. The latter received 22% higher than the former as was found out by a survey conducted by the Personnel Department in 1990. See Xu Songtao, ed. , *Understanding the Provisional Regulations of State Civil Servants*, Beijing: People's Publishing House, 1993, p. 203.

the market economy was established, was that a large number of government officials left government and became businessmen. A son of an old revolutionary veteran resigned from his high-ranking position as the head of a bureau and engaged in business activities. Meanwhile, a survey has revealed that most graduates of the universities from 1991 to 1995 were not interested in working in state administration. ①

Second, the bureaucratic organizations have become interested in seeking their self-interest, while bureaucratic behavior has become more rational and pragmatic. China's opening to the outside world, the delegation of central power to the local units, and the government going to market for recruitment—all these pushed state organizations into a fierce competition in which they had never been involved during the Mao period. Social and especially economic development now is a criterion to judge the success or failure of competition. As a result, the pressure of competition forced the bureaucrats to discard talking about ideals, abandon political dogma of the Mao era, and deliver instead a performance as good as possible, because the achievements now became the most important criteria for promotion. Pragmatism and problem-solving are becoming a major guideline in doing their job.

On the other hand, the pragmatic orientation also led to the pursuit of self-interest. One of the ways of doing this was to try by every means to heighten the income of state bureaucrats. In some government organizations, especially those at the lower levels involving economic activities, officials at the same level and in the same department would receive different incomes, let alone in different departments. Higher incomes strengthened bureaucratic

---

① This situation has changed since 1995, the year that witnessed a large number of unemployed people in enterprises. The government began to show its advantage in the area of job security. It was mainly due to the job security that government has once again attracted many university graduates. According to a report in *Forum of Service* (Nanjing, December 6, 1997), 23,000 people, among whom 15,000 were university graduates, took the entry test for central ministries. The admission ratio between applicants and vacancies was 16 : 1.

organizations' competitive ability in the labor market and stabilized the staff in the organization, but it also led to more corruption among the bureaucrats. Another way of pursuing self-interest was to try by every means to get all kinds of other benefits. In May 25th, 1997, the CCP's Central Committee and the State Council issued a document entitled "Regulations on Party and Government Actions of Practicing Thrift, Not Waste and Luxury", which prohibits building and decorating office buildings, high-priced entertainment and activities, including sightseeing in the name of meeting, sending valuable presents and souvenirs to celebrate, using state funds to have banquets and buying unnecessary mobile phones, making charges in the name of inspections, buying and selling luxurious cars, and touring foreign countries in the name of training and investigation. [1]

Third, corruption became rampant while speeding up the economic boom through implementing bureaucratic power. The economic reform promoted by the government stimulated the economy, and at same time created opportunities for corruption. According to the economist Wu Jinglian, real estate and capital loans promoted the third wave of corruption. In the past, real estate used to be distributed under the planned economy system. Beginning from the 1990s, it was rented according to individually negotiated agreement. The change provided officials with an opportunity to decide to whom and at what price they would rent, and they could make huge profits in the process. As far as capital loans were concerned, thanks to negative interest, 3 300 billion yuan loans could get 330 billion yuan a year according to 10% negative interest.

Since 1993, the number of officials above Chu/county level who committed graft and bribery has been increasing, as indicated in the following table.

---

[1] *Xinhua Monthly*, 1997, 8.

Table 1 Numbers of the Officials Convicted of Graft and Bribery

	Chu/county level	bureau level	ministry level
1993	1 037	64	1
1994	1 827	88	0
1995	2 262	137	2
1996	2 699	143	5

Source: Reports by Zhang Siqing, "The Procurator-General of the People's Procuratorate, to the Chinese National People's Congress", See *Xinhua Monthly*, No. 3 and 4, 1993,1994,1995,1996.

The Century Blueprint Investigation Company in Beijing pointed out in its survey of September, 1997 that corruption was the focus of concern among the public and that bureaucratic corruption was considered the gravest problems in China's social life[1].

Finally, the process of professionalization promoted by the economic reform sabotaged certain values, administrative ethics, and administrative behavior. At same time, it also left a void of values and administrative ethics. In the traditional administrative ethics and value system, the core was ideology, which to a large degree set the tone of thinking and behaving. When the way of thinking, behaving and administrative ethics were challenged by the reform, the ideology closely related to the traditional thinking and ethics began to lose its attraction and resulted in the rejection of existing values and ethics, including some valuable ones.

On the other hand, the new values and administrative ethics failed to fill in time the void left by the destruction of old ones. One of the reasons why corruption went unrestrained was that some people simply lost their sense of the right and wrong. The dilemma in which reform found itself was not a surprise for any society in a transitional period. China was no exception. However, further development of the professionalization of China's civil

---

[1] According to the survey, the most serious problems in social life, as seen by the people, was as follows: cadres' corruption, 28%; unemployment, 20.2%; state-owned enterprises, 18.2%; safe environment, 8.9%; social security, 8.3%; economic order, 6.2%.

service was jeopardized by severe bureaucratic corruption and a lack of new administrative ethics. Professionalization required a new spirit, and the rebuilding of administrative ethics should now be placed on the top of the agenda.

Rebuilding the administrative ethics must involve the renovation of ideas and attitude, system, and culture. First, China must break up old ideas and attitudes and set up new ones. The change of bureaucrats' ideas, ethic and behavior was, in essence, triggered by their pursuit of interests released by market economy. State cadres' pursuit of interests has been suppressed for a long time in Chinese history. When control over government officials became less tight, their quest for personal gains was likely to go unchecked. Therefore, it would be safe to claim that, to a certain degree, the rampant bureaucratic corruption was a reaction to the suppression of self-interest in the Mao era.

One of the problems of administrative idea in the transitional period was to provide an acceptable definition of the relations between justice and interest, a problem that has been puzzling the Chinese because Confucianism believes that the gentleman prefers the justice and the mean person the interest. Hence, the justice and the interest were divided, and the latter had long been regarded as a shame. In the Mao era, communist ideology encouraged both the state cadres and the mass populace to devote their entire lives to the public interest while suppressing self-interest and regarding private interest as a source of evil. But the market economy itself is stimulated by self-interest that becomes the starting point and home of market economy. Unfortunately, interest differentiation promoted by the market economy has made administrators a group with their own interests to seek and to defend. Therefore, it is now important to admit the legitimacy of seeking self-interest, either for an individual or for a group.

On the other hand, the principle of subjecting the private interest to the public interest is supposed to be maintained. The dilemma of the professionalization in the transitional period was that the traditional communist doctrine on private interest was still to be held while the reality has forced people to recognize the legitimacy of seeking private interests. While the Chinese bureaucracy was not recognized as an interest group, instances of the bureaucracy's seeking self-interest could be found everywhere. This contradiction emanated from the authorities' lack of courage to admit the legitimacy of private interest. The official ambivalence on the matter led to no strict and reasonable differentiation of interest and no answer was provided as to which might be sought or not.

Second, there should be an institutional innovation. Administrative behavior must be regulated. Here the institutional mechanism was very important. Why did three waves of corruption emerge with one wave being higher than the other within a very short period? An explanation was the problematic mechanism of control. The existing mechanism of control is basically that of self-control within the institution. It does not involve controls from outside of the institution. A change of the situation requires institutional innovation, the essence of which is to get social forces involved. Yet how? On the one hand, the western style of checks and balance is not to be followed. On the other hand, no other suitable way can be found to stop rampant corruption. Actually, fear of outsider involvement comes from the regime's concern about being driven out of power. Consequently, any institutional innovation at present in China must not undermine the CCP's domination, which the Party believes could result from having external control over government bureaucracy. One wonders how China's institutional innovation could curb bureaucratic corruption effectively without watchful eyes from the rest of society.

Third, there needs to be a reformation of the culture. In the long run, the establishment of a new administrative ethic and behavior should be preceded by a new social culture. China is experiencing a new industrial civilization, a period that has become history for western industrialized nations. The values, ideas and behavior related to this new industrial civilization are in conflict with the traditional Chinese values and ideas, of which the agricultural civilization is a core, and in conflict with values and ideas related to planning economy. It is quite conceivable that this confrontation has, to a certain degree, led to the deviation of administrative behavior.

Conclusion

The process of professionalization of Chinese bureaucracy has yielded both positive and negative results. To complete the change with lower price and high speed necessitated efforts by the nation's civil servants themselves. Moreover, the success of the transition also hinges on the development of the nation's economy, the improvement of its culture, and the education of its population.

Reorientation and Prospect of China's Combat against Corruption*

Abstract: Not as much significant achievements as expected have been made since China launched its fight against corruption decades ago, though the Chinese Communist Party, as the initiator and promoter of the anti-corruption reform, made great efforts and changed several orientations of the combat. The article analyzes the implications of newly reorientation towards institutional building and argues that the CCP's guideline for combating corruption has impeded its progress, no matter what means adopted. The further progress in corruption control depends on the change of political structure and social development in China.

Introduction

Corruption in China has become pervasive since the reform began in 1978. Although the government has made great efforts at curbing corruption, the situation remains "more of the same", as many observers have pointed out[①]. However, the means and ways of fighting corruption have experienced significant changes. Since the beginning of this century, China's combat against corruption has abandoned its campaign style and begun to put more emphasis on institutional building. While this is a significant and welcome move, some important questions remain unanswered. For example, what has impelled the Chinese government to reorient its anti-corruption effort? Does the reorientation have any political and

---

* 本文原发表于 *Crime, Law and Social Change*, 2008(49), pp. 81-95。
① Melanie Manion, "Corruption and Corruption Control: More of the Same in 1996", *China Review*, Issue 1997, pp. 33-56.

social implications? What impact does it have on the overall effectiveness of China's anti-corruption efforts? Or, more generally, what determines the selection of means of fighting corruption? To what extent do the ways and means of combating affect anti-corruption outcomes? This paper attempts to address these questions. It argues that despite the reorientation towards institutional building in China's anti-corruption campaign, corruption has not been effectively contained. The explanations can be found by examining how the anti-corruption struggle has been initiated and implemented. The paper suggests that as the initiator and organizer of the war against corruption, the Chinese Communist Party (CCP) has developed a number of guiding principles for corruption control. While these principles serve as useful guidelines for anti-corruption policy-making and implementation, they to some extent limit the effectiveness and further progress of China's anti-corruption effort as long as the Party continues to fight corruption for the sake of its own organizational survival.

Anti-corruption policy concerns what to fight as well as how. Therefore, it is necessary to look at how corruption is identified before analyzing the CCP's anti-corruption policy. The prevailing definition of corruption in today's China is the pursuit of private interest by public power at the expense of public interest. Private interest can be further classified into two categories: individual interest and the interest of groups, institutions and localities. The means of pursuing private interests may be legal or illegal, including those legal but not reasonable, such as overspending of public funds on feasts and automobiles for official use and domestic and overseas sightseeing trips in the name of professional training. According to He Zengke, four kinds of corruption are identified by the Chinese official terminology. These are:

 (a) Crimes (especially economic crimes) committed by government officials while on duty;

 (b) A variety of malpractices in government agencies where officials use public power for private gains;

(c) Extravagant use of public funds; and

(d) Immoral conduct by Party and government officials such as gambling and extramarital affairs.

In He's opinion, not all of these fit the strictly defined concept of corruption if they do not involve any exchange between power and money or sex①. However, in the eyes of the public, all these behaviors are no doubt corrupt and the only difference is that the last three are more common than the first.

Heidenheimer perceived corruption in three colors: black, gray and white. In his view, black corruption includes those obviously illegal activities, such as graft, bribe, and embezzlement, aimed at personal gains. Gray corruption refers to those acts for which there is generally a lack of consensus on whether they should be punished or not. In China's context, this may include using public power to promote the interest of an institution and improve the welfare of its staff in legal or semi-legal ways. White corruption means those common practices in social life which people may not consider worth punishing, such as providing preferential treatment for relatives and friends. ②

Gordon White had a similar classification in his analysis of China's corruption. According to him, there are three kinds of corruption. Class A corruption includes the practices which are obviously illegal as they involve a personal or group infringement of institutional rules for purely private purposes. "Economic crimes" such as smuggling, embezzlement of public funds, stealing state property, large-scale bribery, fraud, and inside trading in stock markets fall into this category. Class B corruption involves the prevailing practice of "state business" where individual officials or government institutions act, often in highly entrepreneurial ways, to seize opportunities for their own personal or corporate benefit by exploiting

---

① He Zengke, "Corruption and Anti-corruption in China's Transitional Period", from www.cccpe.com/text/50.html.

② Arnold Heidenheimer, *Political Corruption: Readings on Comparative Analysis*, New York: Holt Rinehart and Winston, 1970, pp. 26-27.

loopholes in official policies and regulations or taking advantage of resources under their control. Class C corruption is based upon the operation of the pervasive networks of personal ties which cut across institutional boundaries and constitute an alternative pattern of social organization, exchange, and allocation in contrast to the formal politico-administrative and market realms. This often leads to preferential treatment for friends and relatives when socio-economic goods are to be allocated, "bending" formal rules and regulations to benefit individuals or small groups.

White concluded that the common elements between Class A and Class B were that each of these practices involved more or less clearly illegitimate use of public power for individual or sectional gains, whether by the "exchange of power for money" (A) or "power entering the market" (B). Class C is a pervasive societal phenomenon that extends far beyond the realm of official power abuse. ①

For the convenience of analysis, this article deals with two kinds of corruption in China which I call typical and non-typical corruption. Typical corruption is related to those large and important cases punished by criminal law, similar to the first kind of corruption discussed by He and Class A suggested by White. Non-typical corruption refers to those cases which are mainly subject to disciplinary punishments of the Party and the government, or the so-called "unhealthy tendencies" in China's official terminology.

Reorientation of the combat against corruption: how and why

In the early reform years, there were mostly cases of non-typical corruption. Though a majority of these cases were not serious in the sense that they did not involve big sums of money or violate law, and might not

---

① Gordon White, "Corruption and the Transition from Socialism in China", *Journal of Law and Society*, 1996, Vol. 23, No. 1, p. 152.

even be labeled as corruption by today's standards, people were outraged. Consequently, the Party's anti-corruption efforts in the early stage focused mainly on non-typical corruption and remained so even after the introduction of a market economy in the early 1990s further stimulated administrative misbehaviors. For example, in January 1996, the sixth plenary session of the Central Discipline Inspection Commission (CDIC) set as its key tasks for the year the continued implementation and monitoring of the rules prohibiting the use of public funds for feasting and leisure activities, the rules establishing standards for automobile use by leading officials and restricting the use of luxury automobile, and the rules designed to prevent the abuse of power in housing such as the use of public funds to build new houses, renovate existing houses, or acquire better houses. Leaders at the provincial and ministerial levels were asked to pay special attention to the conduct of their family members as well as their staff. ①

The situation of corruption exacerbated with the major cases of corruption increasing drastically after the mid-1990s. Jiang Zeming, the then Party's General Secretary, admitted at the fourth plenary session of CDIC in January 2000 that the cases of law breaching and corruption by leading Party cadres had been found from time to time and some of them, so grim and involving so many, had never been seen since the founding of the People's Republic②.

The CCP leadership began to pay attention to the role of law. For example, when referring to corruption in the process of reform, Deng Xiaoping pointed out in 1980 that the fight against corruption was a political struggle, which must be waged in the framework of law. All the Party members and cadres must perform their duties according to the Constitution, laws and regulations, and learn to use legal as well as economic measures

---

① *People's Daily*, Beijing, January 25, 1996.
② Jiang Zemin, *On Party's Construction*, Beijing: Central Document Publishing House, 2001, p. 361.

such as imposing fines and levying taxes, to deal with any forces against the Party and socialism.① Likewise, Jiang Zemin stressed at the fourth plenary session of the CDIC in 2000 that "the most important thing is to uphold and improve a system of institutions which can guarantee the Party's strong leadership and socialist prosperity, and make sure that the system is functioning by means of laws, regulations, policies and education"②.

Yet, in reality, the CCP's anti-corruption enforcement was characterized by a campaign style and influenced by the personal style of top leaders before the Party's 16th National Congress in 2002. In other words, anti-corruption efforts were campaign-oriented and guided by the political will of individual leaders, rather than institutionalized. This orientation has important several features.

First, anti-corruption reform was mainly carried out through the Party's rectification movements. In the mid-1980s, for example, the CCP established a Central Party Rectification Steering Committee and launched two rectification campaigns successively. Rectification, through political education and disciplinary punishment, was a means often used by the CCP to solve its organizational problems and to get rid of disloyal members. The Yan'an rectification movement in the 1940s was a prominent example and had a long lasting impact on the Party's organizational development and the country's political life. The rectification movement in the 1980s focused on containing unhealthy tendencies in the Party. Hu Qili, the then head of the Rectification Steering Committee, delivered a report entitled "It's an Important Task for the Second Rectification Movement to Contain Unhealthy Tendency and Adhere to the Party's Principle". The so-called "unhealthy tendency" was actually the non-typical corruption discussed earlier in this paper, which included doing business and running enterprises by Party and

---

① Deng Xiaoping, *Selective Works of Deng Xiaoping*, Beijing: People's Publishing House, 1983, pp. 320-331.
② *People's Daily*, Beijing, January 6, 2006.

government officials while on duty, seeking extra income for staff's benefit in the name for public interest, and wasting public funds on entertainment and gifts. These malpractices constituted the major "unhealthy tendencies" then and therefore the targets of rectification, though they might not be treated as very serious offences according to today's criteria in China.

Second, the campaign-style anti-corruption featured relentless crackdown on economic crimes and quick conviction of criminals. This was undertaken by the People's Procuratorates at all levels, aiming at fighting corruption that involved criminal activities, or the typical corruption discussed before. The efforts were intermittent, like a storm that starts and stops suddenly. They drove criminals panic but also led people to believe that the lucky ones could elude a storm and remain unscathed. Those caught during the storms tended to receive more severe punishments than what was stipulated by law.

Third, the anti-corruption effort was largely dependent on the political will of individual leaders. How cases were handled reflected their opinions. "The leadership of the Party Committee over corruption control can have important consequences for how particular cases are handled."① Leaders' comments on corruption cases became a driving force for anti-corruption enforcement, especially when the corrupt behavior of some cadres or allegations against them caught the attention of their superiors. However, for the same reason, cases might just be shelved indefinitely. In China where the personal will of leaders tended to weigh heavily on politics and administration, individual leaders were capable of altering anti-corruption policies or their enforcement.

Why did China have such a unique anti-corruption method? It might be partially attributed to the popular understanding of corruption as a small curable disease within the Party and government in the early periods. When debating on whether corruption was avoidable or not in the 1980s, most

---

① Melanie Mansion, "Corruption and Corruption Control: More of the Same in 1996", *China Review*, Issue 1997, pp. 33-56.

people held a positive view as they believed that the Party was great, almost impeccable, and that the government was people's government. Corruption was, thus, a matter that involved only a handful in the Party and the government rather than concerning the entire political apparatus. It was widely believed corruption was inevitable only in capitalist societies. As a result of this misperception, anti-corruption efforts were directed at individuals rather than the institutional roots of power abuse. It was ignored that power corrupts in both socialist and capitalist countries. From the perspective of the CCP as the anti-corruption initiator and organizer, who had used political campaigns skillfully in its organizational consolidation and development before, the campaign method could effectively curb corruption and heighten people's confidence in the Party's leading capacity while yielding quick anti-corruption results.

Much has changed recently. Corruption surged to such an extent that the CCP leadership never found itself in a similar situation before ever since it founded the People's Republic in 1949. With corruption becoming increasingly rampant, more people have realized that corruption is not just a personal problem. It is, to a much larger extent, a phenomenon associated with public power. Therefore, anti-corruption with a focus on institutional building and improvement has become an inevitable choice.

To be sure, China already made great efforts to move toward rule of law and to build an honest government after the reformist policy was inaugurated. For instance, specific provisions were written into the Criminal Law, dealing with crimes conducted by government officials such as graft, dereliction of duty, and infringing upon citizen's rights. The State Council made a good number of regulations on clean governance to sanction graft and embezzlement of government employees and to prohibit gift giving and receiving in public affairs. There were also regulations on administrative supervision. Local governments at all levels had their own regulations and policies aimed at building a clean government. The Administrative Procedural Law of the People's Republic of China was promulgated to further improve the supervision over government agencies and their staffs.

The Party has speeded up its institutional building toward clean government since the 16th Congress in 2002. The CDIC has worked hard on building a legal foundation for the Party's anti-corruption policies. It reviewed more than 1 600 regulations and documents concerning corruption control and confirmed the validity of more than 1 100 of them. In the meantime, the CDIC completed the "Plan for Building Honest Morals and Controlling Corruption from 2004 to 2007", and published six volumes of the "Complete Regulations on Building Honest Morals and Controlling Corruption within the Party"[1]. In December 2003, the Party's Central Committee promulgated the "Internal Supervision Regulations of the CCP" followed by the "Rules of Supervision over the Selection and Appointment of Leading Cadres of the Party and the Government", and the "Regulations on Open Selection of Leaders of the Party and the Government". In 2005, the Standing Committee of the CDIC passed stipulations on assisting and coordinating with local Party Committees in fighting corruption and it urged all of its local branches (namely, local discipline inspection committees, or DICs) to handle corruption cases by law. As an important move, the CDIC, the Organization Department of the CCP's Central Committee, the Ministry of Supervision, and the Commission on National Assets of the State Council jointly issued the "Regulations on Honestly Conducting Business by Leaders of the State-Run Enterprises", aimed at preventing the further loss of state assets caused by corruption. Some important laws took effect during the same period, such as Administrative Supervision Law, Administrative License Law, Civil Servant Law, and Supervision Law. As Shao correctly point out, "the pace of institutional building of anti-corruption by the CCP has been unprecedented"[2].

---

[1] Cai Xiao, "Anti-Corruption: Four Great Issues and Three Key Links", *Liaowang Newsweekly*, Beijing, January 2, 2006.

[2] Shao Daosheng, "Anti-corruption in Chinese Society since the Party's 16th Congress", from http://www.jcrb.com/zywfiles/ca528874.htm.

Among all the regulations and official documents that came into effect during this period, the most important one is the "Implementation Outline for Establishing a Corruption Prevention System Based on Education, Institutional Building, and Supervision". The document contains three parts, reflecting the new orientation toward institutional construction and improvement in the Party's anti-corruption effort. The first part concerns building a healthy culture and ethics by expanding anti-corruption education to the whole Party apparatus and society. The second deals with institutions, such as speeding up the process of legislation on clean government and specific anti-corruption laws and regulations, promulgating laws and regulations regarding administrative ethic of civil servants, improving information exchange, and enhancing the transparency of Party affairs. The last part is about supervisory mechanisms, such as requiring real names on financial accounts, improving decision-making procedures on national capital investments, and establishing a responsibility system for significant investment projects.

The institutionally-oriented anti-corruption effort demonstrates important changes in China's long battle against corruption. First, fighting corruption has moved from periodic crackdown to institution building. Realizing that many cases of corruption took place due to loopholes in the legal and political systems, the CCP has turned to institutional improvement for solutions to reduce the frequency of corruption and anti-corruption cost. Secondly, the new orientation indicates a change of focus from punishing corrupt behavior to preventing it from happening in the first place. As a result, more attention has been given to strengthening education of Party and government officials and improving supervision mechanisms. For example, the Party has centralized discipline supervision by directly appointing the leading cadres of local discipline inspection committees. Lastly, the new institutional orientation moves away from relying on individual leaders in the anti-corruption drive by putting more emphasis on institutional methods, thereby making anti-corruption a routine task of the Party and government.

The impact and limitations of the reorientation

The reorientation of the CCP's anti-corruption effort after the Party's 16th Congress has been regarded as a significant and positive move by many Chinese commentators. For example, Shao considers the "Implementation Outline" a comprehensive and well-balanced anti-corruption theoretical framework, which demonstrates the central leadership's real effort to fight corruption, breaking away from the slow and ineffective anti-corruption practices in the past①.

However, corruption has not been effectively contained even after the reorientation and is becoming even more rampant in the twenty-first century. This has several indications.

First, cases of corruption have been increasing with each passing year. In recent three years, for example, the number of the cases handled by the discipline and supervision agencies at all levels increased by about 10 000 every year. The number of the big and important cases such as those involving big sums of money rose by 10% each year during the same period. Statistics show that within the 10 years between October 1992 and September 2002, the discipline and supervision agencies at all levels handled over 1.6 million cases. Over 1.5 million cadres were disciplined, with over 47 000 at the section (chu) level, nearly 4 000 at the bureau level and almost 200 at the provincial/ministerial level②. There seemed no sign of improvement in the subsequent years. Within one year between December 2002 and November 2003, the number of cases of corruption nearly reached 173 000. Approximately 175 000 cadres were disciplined, with more than 6 000 at the section level, over 400 at the bureau level, and 21 at the provincial/

---

① Shao Daosheng, "Anti-corruption in Chinese Society since the Party's 16th Congress", from http://www.jcrb.com/zywfiles/ca528874.htm.
② Wu Guanzheng, "The Report of Central Discipline Committee in the Party's 16th Congress", *Xinhua Monthly*, Beijing, 2002, No. 12, p. 40.

ministerial level. The year of 2004 witnessed over 166 000 cases with nearly 171 000 cadres being disciplined. ①

Second, the amount of money involved in corruption cases has been enormous. Corrupt officials used their power to get huge profits by leasing land improperly, giving credit unlawfully, cheating in stock exchange or engaging in smuggling. There were as many as 1 780 cases in 2003 that each involved more than 1 million yuan. Among them, 123 cases involved even more than 10 million each. ② For example, Li Youcan, deputy head of the bureau of foreign trade in Hebei province, was sentenced to death for taking a bribery of over 47 million yuan. Yang Xiuzhu, deputy head of the bureau of construction in Zhejiang province, run away with 200 million yuan and is still at large. ③

Third, more high-ranking officials have engaged in corruption. From 2003 to 2005, the number of officials at the bureau level implicated in corruption-related crimes was 167, 198 and 196 each year④. It is worth mentioning that few officials at the provincial/ministerial level had been charged with corruption before 1980s. However, dozens of officials at this level were sentenced each year recently. In 2006, Chen Liangyu, the Party chief of Shanghai and also a member of the CCP's Political Bureau, was sacked because of his alleged involvement in the Shanghai Pension Funds scandal.

Fourth, organized crimes have increased. Here are just a few examples. The smuggling case of Lai Changxin involved more than 160 government officials. Mu Suixin and Ma Xiangdong, former mayor and deputy mayor in

---

① Yiming, "Result of Anti-Corruption in 2004: 16 High Officials Were Punished", from http://www.chinaclue.com/titm/2005.3.7/.
② Wu Guanzheng, "Report of 5th Plenary Session of the Central Discipline Inspection Committee", *Xinhua Monthly*, Beijing, 2005, No. 2, p. 20; Jia Chunwang, "Report of Supreme Procuratorate in 2005", *Xinhua Monthly*, Beijing, 2005, No. 4, p. 66.
③ Lin Hanchuan and Xue Kai, "Characteristic of Corruption in 2004", *Clean Government Outlook*, Harbin, Hei Longjiang, 2005, No. 1.
④ Jia Chunwang, "Report of Supreme Procuratorate in 2004/2005/2006", *Xinhua Monthly*, 2004, No. 4, p. 73; 2005, No. 4, p. 62; 2006, No. 4, pp. 68–69.

Shenyang city, were bribed by over 100 officials, including Party chiefs and government heads of counties, as well as directors of major bureaus of the government. So many were involved in the case that, when questioned in investigation, Mu's secretary had to confess that he could not remember who had given money or not given money to his boss.① The investigation into the case of Ma De, the Party's secretary in Shui Hua city of Heilongjiang Province, led to the arrest of more than 260 officials, eventually bringing down Han Guizhi, chairman of the provincial political consultative conference. In turn, Han's fall in disgrace exposed a bunch of corrupt officials at the bureau level. So did the case of Chen Liangyu in Shanghai.

Fifth, corrupt activities to benefit government agencies at the expense of public interest have been on the rise. The situation was so serious that the CDIC emphasized in 2006 that all the practices that undermined people's interests must be stopped. For instance, overcharging, diverting and holding educational fees and overpricing in medical service must be dealt with severely. Delaying payment for construction projects, withholding wages for migrant workers from the countryside and overcharging various fees while taking over rural land for commercial use must also be corrected.②

People may wonder why corruption has remained rampant even after the reorientation towards institutional building. There are two popular explanations from either neo-liberal economics or liberal-democratic politics. On the side of economics, corruption has been identified as one of the consequences of excessive state intervention and the rents created thereby; on the side of politics, it has been seen as one of the consequences of power monopoly and unaccountability of authoritarian regimes of different institutional forms and political hues. The implications of these analyses are: "(a) reducing the economic role of the state through privatization and

---

① Dong Changzheng, "A Brave Fighter of Anti-Corruption", from http://news.china.com/zh-cn/domestic/945/20061212/13804402.html.
② China News Net, January 7, 2006, from http://www.sina.com.cn.

deregulation can be instrumental in reducing corruption and, (b) democratization of the polity can be similarly effective by introducing more competition, transparency, and accountability into the political process."①

To capture the complexity of the dynamics of corruption in a transitional society like China, there is a need to expand one's conceptual net in the following ways. First, we must analyze changes in the institutional dynamics of the politico-bureaucratic system itself. Second, we must not ignore the dimension of public value and political morality. The shift in public value and political morality has been a significant element in the rise of Class A corruption. The third element which has changed in the reform era is that the opportunities for corruption or venal behavior have greatly increased.②

Many have examined the causes of corruption in China from the perspective of politics. For example, according to Jiang Dezhi, a prosecutor from the Bureau of Anti-corruption in Jilin Province, corruption is related to the defects in the political system and institutions where the over-concentration of power provides opportunities for graft and embezzlement. China's traditional gift-giving culture and network of personal ties have an impact on the rise of corruption as well. The changing social environment and fast-growing economy in today's China also contribute to corruption.③ He believes that the solution lies in reforming the political system. Therefore, his suggested cures for corruption are mostly political, such as promoting transparence of government, public participation, rule of law, supervision and accountability.④

Both the economic and political explanations can be justified. Corruption

---

① Gordon White, "Corruption and the Transition from Socialism in China", *Journal of Law and Society*, 1996, Vol. 23, No. 1, p. 150.
② Ibid., pp. 157-161.
③ Dong Changzheng, "A Brave Fighter of Anti Corruption", from http://news.china.com/zh-cn/domestic/945/20061212/13804402.html.
④ He Zengke, "Corruption and Anti-corruption in Chinese Transitional Period", from www.cccpe.com/text/50.html.

may increase in the process of economic liberalization but decrease as economic liberalization becomes mature. On the other hand, the economy can not be separated from politics because a country's economic system is always associated with its political system. This is true in China as well. Therefore, it makes sense to conduct a political analysis of the corruption problem and work out political measures in combating corruption. Political and economic analyses aside, we can also probe into the problem of corruption from the perspective of the organizer of the anti-corruption struggle so as to achieve a better understanding of the situation in China. For example, the recent anti-corruption effort has focused more on the so-called "tigers" (typical corruption), while ignoring or tolerating the "flies" (nontypical corruption).[1] This may have contributed to the rampancy of corruption. Furthermore, the selective attacking on non-typical corruption may play a role in turning non-typical corruption into typical one, because it makes some people leaving things to chance as the probability of being caught is often below the level of 0.01%. When a corrupt official was caught, some VIPs and powerful friends could come to his rescue. If nobody could help, that simply means the person was unlucky.[2]

Unlike many other countries, the current Chinese political system has made the CCP the only initiator and organizer of the combat against corruption. Consequently, to understand the CCP's anti-corruption effort, carried out either in the campaign style through leader-centered enforcement or by means of institutional improvement, we must first of all understand the Party's guiding principles, which determine all the corruption control measures and set the framework for the further development of anti-corruption reform.

Guiding Principle One: Anti-corruption efforts must not have a

---

[1] Chen Zewei, "New Development of China's Strategy of Anti-Corruption: From Policy to Law", from http://news.hexun.com/detail.aspx? id=1474749.
[2] Xiang Ling, "The Fundamental Problem of Anti-corruption is Reform of System", from http://news.easday.com/eastday/node127047/node127047/ula2270764.html.

negative impact on economic development. China's economic reform is vital to the CCP because it determines the Party's fate. The policy of reform and opening up to the outside world was considered to be the only solution to the crisis. The open-door policy enabled the Chinese people to see the big gap in living standard between their nation and many foreign countries. They became skeptical about the existing communist system and the CCP's rule. The Party thus faced an urgent task: to lift the country out of poverty in order to win back the public trust. Guided by Deng Xiaoping's famous slogan "development should be the first priority", economic reform aimed at transforming a planned economy into a market one became the logical choice. But the transition unavoidably bought about corruption because it provided unprecedented profiteering opportunities for government officials through the two tracks price system, privatization of state owned companies, and land leasing. In this sense, corruption is a price the economic transition and development has to pay.

The success of economic transition depends on local officials, to a large extent. "It is critical for the success of Chinese economic reform to transform officials from non productive politicians to productive managers and entrepreneurs."[1] It was a big challenge whether these local officials could be prompted to promote the economic reform. While the central government took local economic development, namely the increase of local GDP, as the key criterion for officials' performance assessment, it offered no effective stimulus. Corruption thus found a chance to sneak in. Mo Miaorong, former mayor of Xiaoshan city in Zhejiang Province who was disciplined for bribery, once said: "I rewarded entrepreneurs for their efforts. I contributed to the development of Xiaoshan. Who has given me any reward?" Apparently, corruption served as a stimulant for some local officials like Mo to work hard

---

[1] C. Simon Fan and Herschel I. Grossman, "Simulation and Corruption in the Reformof Chinese Economic System", in Hu Angang, ed., *China: Challenging Corruption*, Hangzhou: Zhejiang People's Publishing House, 2001, pp.149-163.

on economic development. It is not surprising that even today, one can still find on some websites praises for Mo by people in Xiaoshan. ①

As people receive more benefits, corruption-related or unrelated, they may become more tolerable of corruption. It is likely that people would rather have officials who are not so honest but can deliver benefits to them. Therefore, limited tolerance of corruption as a compensation might serve to protect the political and social status of those Party and government officials who have contributed to the success of economic reform. ② In official terms, corruption must not be tolerated and the absolute crackdown of corruption is necessary. What has been observed in reality, however, is selective attacking on non-typical corruption. In addition, the tolerance of non-typical corruption depends on to what extent economic development is negatively affected by cracking down. Economic progress is closely related to people's living standard, which in turn has a bearing on the legitimacy of the CCP's rule. Here comes the dilemma of the CCP: not combating means more corruption, and over combating may undermine economic development. Opposition to overly vigorous anti-corruption endeavor "is particularly common among local governments who see class B and class C activities as necessary to sustain the momentum of local development... This deep ambivalence in the political calculations of leadership at all levels has posed serious impediments to the effectiveness of anti-corruption measures"③. Apparently, limited toleration of and selectively dealing with some corruption activities, while putting more emphasis on moral education of officials, have become the most suitable strategies.

---

① "Do You Agree that Mo Miaorong Come back to Lead us in Building Xiaoshan again If We Pay Higher Salary to Him?", from http://club.xsnet.cn/dispbbs.asp? boardid.

② C. Simon Fan and Herschel I. Grossman, "Simulation and Corruption in the Reformof Chinese Economic System", in Hu Angang, ed., *China: Challenging Corruption*, Hangzhou: Zhejiang People's Publishing House, 2001, pp. 149–163.

③ Gordon White, "Corruption and the Transition from Socialism in China", *Journal of Law and Society*, 1996, Vol. 23, No. 1, p. 162.

Guiding Principle Two: Any anti-corruption effort must not challenge the CCP's leading status. This guiding principle justifies the CCP's leadership in the struggle against corruption and, nevertheless, limits the participation of other social organizations and the public. The CCP has the final say in the anti-corruption decision making, including what, how and when to fight. It was confirmed by the "Implementation Outline" mentioned above that in the process of fighting corruption, we "must adhere to the leading role of the CCP, so as to keep the right direction of preventing and combating corruption. Only by adhering to the leadership of the Party can we set up and follow the correct guiding line, basic principle and leadership system of corruption control, fight and prevent corruption effectively, maintain social and political stability, and promote comprehensive economic and social development"[①]. The third section of the Supervision Law, promulgated in 2006 and put in effect in January 2007, stipulates that although the standing committees of the People's Congress at all levels perform supervisory functions, they must adhere to the leadership of the CCP, Marxism, Leninism, Maozedong Thought, and Deng Xiaoping's theory and other important political principles.

China is a country with a one-Party system, with its Constitution confirming the position of the CCP as the paramount authority in society. Though the CCP may agree to the anti-corruption demands raised by other social groups and private citizens as long as they help keep the government clean, it can not tolerate any challenge to its leading position under the guise of fighting corruption. The CCP mainly relies on its own supervisory forces in anti-corruption campaigns and the CDIC is fully in charge of this function. It should be pointed out, though, that within the Party itself, the discipline agencies are subordinate to local party committees, which can make it difficult to supervise the leading cadres, especially the Party Secretary, the first in command in a local government.

---

① "The Implementation Outline of Building up Anti-corruption System Based on Combination of Education, Institution, and Supervision", on the website of the Supervision Ministry of the People's Republic of China, from http://www.mos.gov.cn/template/article/display0.jsp?mid=20060302021322.

The CCP's indisputable leading position is not challenged by the authority of law even after the reorientation. The anti-corruption laws and regulations were made under the leadership of the Party and have reflected the Party's will. Anything that is against or harmful for the Party's leadership can not be accepted. For instance, the Supervision Law does not include the appraisal of leaders of the government, court and procuratorate by the delegates to the People's Congress, a practice that has been adopted by more than 30 provinces and cities since the 1990s. Take Jiangxi Province as an example. The Provincial People's Congress passed the regulations on the annual appraisal of government officials' work above the county level. [1] However, the practice was not included in the Supervision Law because the delegates often chose to praise rather than criticize government officials. In addition, it would require much time to do the appraisal while the delegates to the People's Congress still perform their duty on a part-time basis. [2] But the most important reason is that the government leaders are selected by the CCP and their rejection will put the party in a difficult position. At no time can the principle of "managing cadres by the Party" be toppled.

Whenever laws and institutions are in conflict with the Party's leadership, the latter prevails. Chen Sixi, director of the State Law Office of the Standing Committee of the National People's Congress, made it explicit in his explanation of the Supervision Law that the leadership of the Party, collective enforcement of supervision, and enforcement according to law must be always upheld and that the most important among these three principles is the Party's leadership. [3] A good example is *Shuanggui* (or "double regulations")[4]. *Shuanggui*

---

[1] Zhan Hongwu, "Should Review of Report on Duty by Government Officials be Written into Supervision Law?" (April 4, 2003), National People's News Net, from http://zgrdxw.peopledaily.com.cn/gb/paper8/24/.
[2] Ibid.
[3] *People's Daily*, Beijing, August 30, 2006.
[4] *Shuanggui* means informal but compulsory detention of alleged officials at a stipulated time and place for investigation.

sometimes violates the law which stipulates that a suspect should be released after 24 hours if no evidence could support the allegation.

Guiding Principle Three: Any anti-corruption attempt must safeguard the authority of the central government. This principle is particularly important for local leaders. Hu Jintao, the CCP General Secretary, stated at the 6th plenary meeting of the CDIC in 2006 that we must "further enforce political discipline, firmly safeguard the central authority and ensure the smooth implementation of the policies from the central leadership"①. Similarly, the CCP's Internal Supervision Regulations also stipulates that the key to conduct intra-Party supervision is to abide by the Party Constitution and other regulations, safeguard the central authority, and follow the Party line, policies, resolutions, and decisions of superior Party institutions.

The central authority has been weakened by the expansion of local power in the process of economic marketization. There is no doubt that corruption in China is most pervasive at local levels. The success of fighting corruption, therefore, depends on how local cadres, especially the leading ones, deal with it. "For most local governments, the problem is not whether there is corruption or not but how to fight corruption... In some localities, corruption has even been entrenched into the local culture. Local leaders have the audacity to ignore central directives, distort policies and regulations from the Center, and issue documents inconsistent with the central policies."② As suggested by Shao, one of the main reasons for rampant corruption at the local levels is local leaders' tolerance of corruption and their hypocrisy in fighting against it. "Even the solutions to some small problems there required directives from the central leadership or the investigation by a central work group, while more serious cases of corruption had to be dealt with through anti-corruption campaigns. The prosecution of corrupt local

---

① *People's Daily*, Beijing, January 6, 2006.
② Shao Daosheng, "Result of China's Anti-Corruption in 2006", from http://guancha.gmw.cn/show.aspx? id=1634.

officials had to be held elsewhere, outside of their jurisdiction. All these made the anti-corruption cost very high." Take the case of Chen Liangyu and the Shanghai pension funds scandal as an example. "If provincial leaders ignored the central authority and behaved as they wished, just like Chen Liangyu, how could we carry the anti-corruption effort through to the end? This might mean the loss of control in our anti-corruption combat and, therefore, more rampant corruption."①

The weak anti-corruption drive at local levels has something to do with the political system. As discussed previously, the discipline inspection commission is subordinated to the Party Committee, and the head of the former is usually nominated by the Party Committee at the same level. "The CCP's Central Committee has realized that many cases of corruption involving high-ranking officials at local levels resulted from the weak anti-corruption capacity of local discipline inspection commissions. To deal with big cases, the Central Discipline Inspection Commission must intervene directly."② After Chen Liangyu's case was exposed, the Party Central Committee decided to directly appoint the head of the discipline inspection commission in Beijing, Shanghai and Tianjin, in order to strengthen the supervisory power of these agencies over local governments and especially the first in command there. The direct appointment of the head of the discipline inspection commission by the Center also covers six provinces including Guangdong, Zhejiang, and Henan. The new practice is aimed at breaking the personal ties which have hindered the handling of the cases at local levels. However, the subordinate status of the discipline inspection commission as a work unit under the local Party Committee remains unchanged.

Guiding Principle Four: Anti-corruption effort must yield a positive impact on people's livelihood. Many corrupt activities, such as those

---

① Shao Daosheng, "Result of China's Anti-Corruption in 2006", from http://guancha.gmw.cn/show.aspx? id=1634.
② "The Central Authority Controls Secretary of Discipline Inspection Committee at provincial Level in Order to Control Anti-Corruption", *Wenhui Daily*, Hong Kong, December 6, 2006.

concerning land leasing, privatization of state run enterprises, city renovation, construction of developing zones, real estate, finance and stock market, and reform of education and medical care, have a bearing on people's livelihood. They tend to bring about strong public reactions and result in conflicts between people and the government, thus jeopardizing the reputation of the Party and the government. The CCP's endeavor to build a harmonious society and to maintain social stability may be undermined. It is not surprising, therefore, that one of the four important tasks for 2007 announced at the seventh meeting of the CDIC was to make additional efforts to fight against these types of corruption. As put out by Hu Jintao at the meeting, "any unhealthy practice that harms people's interest must be stopped. We must take the problem of harming people's interest seriously in the construction of a clean Party and clean government, and make greater efforts to solve those problems that may cause strong and negative public reactions"[①]. It should be noted, however, that many problems that affect people's livelihood are closely related to local economic development. More often than not, local officials would prefer economic development when facing a choice between speeding up the local economy and improving people's living conditions, because their performance is mainly evaluated according to economic achievements. It came as no surprise that in some localities little progress was made in fighting corruption in recent years.

The above guiding principles account for several important features of China's anti-corruption efforts. First of all, the battle against corruption is an instrument serving certain political goals. "A campaign is not simply an overall intensification of enforcement. Rather, each campaign has a specific focus, and this focus is a political decision."[②] Deng Xiaoping took the war on corruption as a part of political struggle in the 1980s as mentioned before.

---

① *Jiefang Daily*, Shanghai, January 10, 2007.
② Melanie Manion, "Corruption and Corruption Control: More of the Same in 1996", *China Review*, Issue 1997, pp. 33-56.

Hu Jintao asked that the discipline inspection committees and people's procurators at all levels prioritize the implementation of policies made by the CCP's Central Committee on promoting reform, development and stability. These agencies must strengthen the function of supervision and inspection... for the sake of social and economic development. The CCP's anti-corruption effort, thus, serves a higher goal and the strategies and tactics have been adjusted according to that goal.

In addition, the anti-corruption combat has been carried out from the top down. The central authority is the initiator while the localities implement. However, the goals of the central and local authorities may not always be consistent with each other because of different interests. Under the great pressure for pushing their economies forward, local governments tend to be more tolerant of certain kinds of corruption. It also remains questionable that they would work hard on fighting corruption, especially if they themselves have benefited from it. Furthermore, local officials may try very hard to conceal their misbehavior, adding to the difficulty of corruption control. This leaves the central authorities no choice but to take over the role of the initiator and manager in combating corruption, especially in dealing with big and important cases. One could imagine that dozens of corrupt officials in Shanghai would have been off the hook if their boss Chen Liangyu were not exposed by the investigators sent from Beijing.

Moreover, China's anti-corruption combat is mainly an action of the Party and government and has limited public involvement. As mentioned previously, it is the CCP that determines what, how, and when to fight. The CCP's decisive role and its insistence that the Party has the ability to solve its own problems have resulted in the lack of full participation of other social forces in the fight against corruption. For instance, there is no civilian anti-corruption organization in China, let alone the independent media which dare to unveil the misconduct of senior corrupt officials. Even the National People's Congress, supposedly the most important institution for supervision, is led by the CCP. This has made it difficult for social forces and private citizens to confront corrupt officials, unless they receive some support from the top. On the other hand, bureaucratic connections within the Party and government enable corrupt officials to intimidate those, who may dare to expose their corruption, by accusing them of engaging in anti-Party activities and even persecuting them.

Concluding remarks on future development

The reorientation of the CCP's anti-corruption effort from its early campaign style and leader-centered enforcement to an institutional based one demonstrates a new understanding of corruption by the Party. The reaction to the reorientation has been basically positive, especially after the publication of the "Implementation Outline". Optimistic about future development, He even suggests that as long as more is done to promote institutional reform, speed up institutional construction, and make better institutional arrangements so that China's institutional transformation and innovation becomes more mature, corruption can be successfully contained in just a few years or by the end of the first decade of the 21st century[①].

However, this view is not well corroborated by the reality. The overall situation has not improved even after the reorientation in 2002. On the contrary, corruption, especially nontypical one, has proliferated. A breakthrough in China's anti-corruption combat may take a lengthy while. Several factors explain why China may still have a long way to go to contain corruption.

First, the key to the success of combating corruption in China lies at the local levels. Local leading cadres and their behavior set the tune for local anti-corruption efforts. The present institutional arrangement has enabled the local first-in-commands to use power at their will. Checks on these leaders are basically non-existent. Laws and regulations can do little when

---

① He Zengke, "Corruption and Anti-corruption in China's Transitional Period", from http://www.cccpe.com/text/50.html.

confronting with them. After Chen Liangyu was removed from his post, Han Zheng, the mayor of Shanghai who served as the city's acting Party chief, commented that institutional supervision over the first-in-command was almost good-for-nothing as illustrated by the Chen case and that individuals must never place themselves over the Party organization[1]. It remains an unsolved problem how major Party and government leaders at and above the county and section level can be supervised as a large number of them have in fact been involved in one way or another in cases of crime or violating the disciplines of the Party and the government. What has made things even worse is the fact that most people do not have the courage, ability, or even intension to confront those corrupt but still powerful officials.[2] The weakened supervision system, therefore, leaves more room for Party and government officials to engage in corruption, either under the guise of boosting local economy or directly seeking personal gains.

Second, a breakthrough in reforming the existing mechanisms of cadre recruitment, and performance appraisal is unlikely. The current system of selecting and appointing major officials by the Party will not be totally changed, though some democratic measures have been adopted. The new measures include open competition for some government posts and hearing before final appointments of the officials. However, the principle of "Party managing cadres" will be upheld, thus denying the public participation in the cadre selection and weakening their effective supervision over Party and government officials. When ordinary citizens are in conflict with officials, the former often find themselves at a disadvantage and handicapped. On the part of Party and government officials, there are various motivations for engaging in corruption. One of them is the anxiety to get promoted. Vacancies for promotion are usually limited and reaching a certain age disqualifies some

---

[1] *People's Daily*, Beijing, December 25, 2006.
[2] Shao Daosheng, "Anti-corruption in Chinese Society Since the Party's 16th Congress", from http://www.jcrb.com/zywfiles/ca528874.htm.

officials for promotion. As a result, buying and selling positions have become a shortcut for promotion for some and a quick way of making money for others. Furthermore, the salary levels set by the central government are relatively low and thereby make officials vulnerable to the temptation of bribery. The lack of financial rewards has also caused some government agencies and departments to seek profit by their public power. Finally, the performance appraisal of officials has been largely conducted without the public's participation. These defects in personnel management hinder the further progress in the struggle against corruption.

Third, besides the CCP's own effort, the involvement of other social forces in the anti-corruption combat is limited. Although a system of checks and balances of the western type does not exist in China, there are some institutional arrangements for political supervision. In addition to the Party's discipline inspection commissions, the people's congresses, the political consultative conferences, news media and other social organizations and groups, all play a supervisory role to a certain degree. What should be noted, however, is that none of these institutions is independent of the CCP's leadership. "There has been no attempt to set up an autonomous anti-corruption commission because this strays beyond Leninist parameters, as does any serious move to give teeth to the supervisory power of the People's Congress. While the press can report corruption scandals, this is usually only on order and there is no scope for the formation of anti-corruption groups and associations of a civil society nature."[1] Though the CCP has frequently issued calls for combating corruption, the fight must be led by the Party itself. There's no doubt that the lack of strong external checking forces will sustain rampant corruption within the Party.

Finally, where there is corruption of government officials, there is corruption in society. And where there is bribe-taker, there is a briber.

---

[1] Gordon White, "Corruption and the Transition from Socialism in China", *Journal of Law and Society*, 1996, Vol. 23, No.1, p.152.

These are just two sides of a coin. People's general tolerance of corruption is a reason for the difficulty in fighting corruption. Corruption within the Party, typical or non-typical, is related to unhealthy tendencies in society. Thus, to develop an honest public ethics, for a long run, should also be an important task in the anti-corruption process.

国家治理现代化与机构改革[*]

摘要： 机构改革需要在国家治理现代化的背景下加以理解，因为国家治理现代化既可以是机构改革的目标，也可以成为机构改革的手段。前期的机构改革主要是围绕提高效率进行的以流程和技术为主的改革，而对结构的改革所涉不多。机构改革要达到其目标，在未来的改革中必须将重点转向结构的改革。这一改革的指向是权力，改革需要依据民主政治、市场经济和法治国家的原则围绕政府权力的合法性来源、权力的边界以及权力的行使展开。结构的改革需要在系统思考和整体推进、顶层设计和基层创新、增强动力和减少阻力，以及渐进方法和激进方法等方面考虑改革的策略。

一、机构改革的使命

把机构改革与国家治理现代化联系起来，是因为国家治理现代化对机构改革来说既可以是目的也可以是手段。

一方面，机构改革的目的是要实现国家治理的现代化。尽管在今天国家治理的主体已经趋于多元化，但在中国，主要的主体依然是政府，这一点是毫无疑问的。政府在国家的治理过程中发挥着其他主体无可替代的作用。此外，从目的的角度讲，还在于国家治理现代化是现代国家建设的一个不可或缺的组成部分。现代国家的主要特征如果以最精练的话来概括，那么就是市场经济、民主政治和法治国家。这三者也正好应对了公共管理涉及的三个最重要的组成部分：经济、政治和法律。2008年中共十七届二中全会通过的《关于深化行政管理体制改革的意见》指出，机构改革需要遵循的基本原则，就是"坚

---

[*] 本文原发表于《学术界》2016年第11期，第16—25、323页。人大复印《公共行政》2017年第3期全文转载。

持与完善社会主义市场经济体制相适应,与建设社会主义民主政治和法治国家相协调"①。这样,就把机构改革上升到了国家现代化的层面。从这一战略高度来规划和进行机构改革将更好地实现机构改革的目标,即中共十八大报告指出的建立一个"职能科学、结构优化、高效廉洁、人民满意的政府"。

另一方面,国家治理现代化也可以成为机构改革的手段。机构改革涉及的行政体制是国家治理体系的一部分,除了行政体制,国家治理体系还包括了政治体制、经济体制、文化体制和社会体制。机构改革要实现国家治理现代化,就必须与其他体制的改革互动,必须得到其他体制改革尤其是政治体制改革的支持和配合。这就使得机构改革在手段和策略上需要将改革放在一个更大的系统中去加以思考,单兵突进而没有或缺乏系统其他部分的配合和支持,机构改革最终是很难达到其目标的。

机构改革要完成这样的使命,需要从结构和流程两个方面进行改革。结构涉及的是关系问题、涉及流程或功能之间的排列组合以及由此产生的体制架构问题,它不仅涉及政府内部组织层级的关系和部门之间的相互关系,以及由此产生的权力关系以及组织功能的履行问题,也涉及政府与外部组织的关系,比如与立法机构的关系,在中国还涉及与执政党的关系,因为政府的运作离不开这些外部的条件。流程涉及的是过程和技术问题,它更多指的是政府内部的运作层面,如职能的履行、行政产出、绩效管理、市场化、企业化运作方式等。流程改革要解决的是如何提高政府效率的问题,也就是如何使政府做得更好的问题,是技术问题。而结构改革则要解决为什么要做、为什么要提高政府效率的问题,提高效率的目的是什么,是价值问题,它更多地涉及政治层面的问题。在机构改革中,结构和流程,也即关系和过程两者是一种互为补充互为促进的关系。双方都以对方作为自己存在的条件,关系界定了流程运作的目的和方式。没有关系来确定运作的目的和方式,运作就无法进行。而流程则不断为关系的界定和再界定提供所需要的来源。没有这样的来源,关系本身也就无法存在。

尽管机构改革的对象一般来说是政府,改革的目标是提高政府的工作效率,成为一个人民满意的政府,但是,仅仅通过流程和技术的改革是无法完成

---

① 《关于深化行政管理体制改革的意见》(2008 年 2 月 27 日通过,2008 年 3 月 4 日发布),中国政府网,http://www.gov.cn/jrzg/2008-03/04/content_909225.htm。

这一使命的,其原因在于,流程通常是由结构决定的。比如,在权力结构有缺陷的情况下,对效率的追求往往可能演变成对官员个人政绩的追求,而同人民满意无关,甚至这种追求还可能建立在对民众权利和社会利益的伤害上。这表明,机构改革不能仅仅局限于流程的改革,它需要同时启动结构的改革。

回顾我国从 20 世纪 80 年代开始至今的机构改革,最初的设计是把机构改革放到更大的政治体制改革中去加以考虑的,这主要体现在 1988 年的第二次机构改革上。这次改革的主题是"党政分开",它遵循了邓小平的这一改革思路:"改革的内容首先是党政分开,解决党如何善于领导的问题,这是关键,要放在第一位。第二个内容是权力要下放,解决中央和地方的关系,同时地方各级也都有一个权力下放的问题。第三个内容是精简机构,这和权力下放有关。"①这一改革的逻辑清楚地表明政府的机构改革首先需要党政分开和权力下放这两个外部条件的改变,需要党政关系以及权力体制安排的改变。这是因为党政分开首先解决的是党和政府的权力边界问题,这为政府的权力下放提供了基础,因为在权力边界不清的情况下无法去解决各级政府之间的权力边界问题,解决随着改革而出现的国家、市场和社会之间的边界问题。然后第三步才是政府自身的机构改革。第二次机构改革显然推进了 1982 年的第一次机构改革。1982 年的改革是围绕精简机构精简人进行的,是比较典型的流程改革,旨在通过机构和人员的精简来减少政府的开支和提高政府的效率。第二次机构改革则在进行精简机构精简人以及组织机构合理化的流程改革的同时,也进行了结构上的改革,它涉及党和政府的关系、党和法律的关系(改革明确提出党必须在法律的框架内活动)、党政的权力关系、党的领导方式问题、公务员的国家化管理问题等方面的改革。这次改革明显跨越了政府的范围,第一次使机构改革同时涉及党和政府两大部门(党的一些组织及其管理方式也在改革中得到了改变),把改革与当时更大范围的政治体制改革联系了起来,并借助政治体制的改革来解决一些仅凭政府自身的机构改革无法解决的问题。但是,机构改革在后来的发展中没有延续这一改革的逻辑,也就是在没有完成前两步的情况下,走了第三步,从而也使后来的机构改革告别了结构和政治方面的改革,转向了主要是围绕政府内部流程和技术方面的改革,并一直延续至今。

---

① 《邓小平文选》第 3 卷,人民出版社 1993 年版,第 177 页。

二、流程改革及其局限

机构改革从 1982 年开始至今已经进行了七次,历时三十多年。如果总结七次机构改革的特点,那么除了上面提到的第二次,基本上可以用"政府内部流程的改革"来加以概括,其内容包括以下几个方面。(1)机构和人员的精简和重组。这主要表现在前期的四次改革中。为了提高行政效率和节省行政开支,政府的规模开始收缩,人员开始减少。在第四次改革中,中央政府的机构和人员都减少了二分之一。中央政府的部门从 1982 年的 100 个减少到 2013 年的 27 个。(2)政府职能的调整,职能的调整首先是随着经济体制的转轨而进行的。20 世纪 90 年代,市场经济体制取代了原来的计划经济体制,对政府来说,就有一个如何适应市场经济体制的问题。因此改革提出转变政府职能,这成为后来改革的重心,20 世纪 90 年代后的几次改革中都反映了这一点。比如第四次机构改革撤销了十个作为计划经济下资源配置方式的工业经济管理部门,第五次机构改革对政府部门进行了重组,建立了银监会、证监委等更符合市场经济体制特点的机构,第六次机构改革建立了大部制,将政府相近的职能合并,减少政府职能的重叠和交叉。(3)运作方式的改变。首先是在官僚制组织内部自上而下运作的基础上增加了政府与社会其他组织的横向的运作,这是政府运作、尤其是公共服务提供中引入市场机制的结果。在传统的行政中,政府是公共服务的唯一的生产者和提供者,改革的一个结果是政府生产者和提供者角色的分离,社会其他组织开始承担提供公共服务的职能,政府与这些组织的委托和代理关系得以确立。另外,一些社会组织开始发挥其在社会资源配置中的作用,公益类组织、慈善组织等在不同程度上履行原来由政府履行的职能。其次,运作走向精细化,这突出表现在网格化的运作上。网格化运作是在无缝隙运作基础上发展出来的具有中国特色的一种运作方式,它改变了原来的一种粗线条的管理方式。再者,得益于信息技术的发展,运作过程中日益采用电子化网络化的方式,从而提高了行政效率。(4)围绕运作建立起一套相关的规章制度。比较显著的有绩效管理制度、信息公开制度、问责制度等。简言之,前期(20 世纪 80 年代到 90 年代中)改革的主题是精简机构精简人,后期(20 世纪 90 年代中至今)改革的主题是转变政府职能。这些流程改革的取向很明显,就是通过技术、程序的改进,组织结构和组织功能的合理化来提升政府的工作效率。

这一围绕政府内部流程的改革及其推进受到了以下几个因素的影响。

首先是受结构改革受挫的影响。第二次机构改革涉及的结构方面改革的难度、敏感性以及相应的准备不足,使得这一次的改革没有按照原有的思路继续下去。这在相当程度上推动了改革转向注重技术和流程方面的改革。

其次是受对绩效追求的影响。改革开放初期的目标是在尽可能短的时间里改变中国经济贫困落后的面貌,为了达到这一目标,改革实施了赶超策略,具体的做法是在抛弃计划经济后,实行政府主导的市场经济,用政府的力量来推动经济的快速增长,这表现在改革初期,在效率和公平两者之间我们毫不犹豫地选择了前者。这一效率在相当长的时间里表现为 GDP 的增长。因此,政府的机构改革从某种程度来说就是通过自身的改革来促进经济的增长。这样,政府的机构改革转向流程和技术改革(组织的重组、功能的调整、人员的精简、绩效评估体系的引入、信息技术的运用、地方政府之间的竞争、行政审批的减少等)显然可以得到一个合理的解释。因为这样的改革有助于提升政府的效率,而政府的效率对于经济的发展在这段时间里具有举足轻重的作用。对 GDP 的追求在 2004 年服务型政府提出后有所改变,政府职能从对经济的追求开始转向社会管理和公共服务。然而,公共服务的提供也有一个政府自身效率的问题。比如,改变政府垄断提供公共服务的方式,代之以社会各类组织参与提供公共服务显然是一种更好的方式。此外,从政府角度来讲,绩效事关民众对政府的认可,事关自身的合法性。流程改革也有助于提高政府的工作效率和改进公共服务的提供。

最后是受新公共管理的影响。差不多与中国机构改革同时进行的以"新公共管理"旗号出现的波澜壮阔的西方国家政府改革运动对我国的机构改革产生了深远的影响。新公共管理的核心是把政府改革成企业化的政府以及运用市场化的机制来提供公共服务(比如公私合作、委托人代理人关系、服务外包、政府采购、公共服务购买等),这是流程技术特色非常鲜明的改革,其背后的原因在于,在一个全球经济一体化的时代里,政府如同企业一样,必须加强它的竞争力。这一改革的取向显然影响了我国的机构改革,因为它与我们强调的提高政府效率和竞争力是合拍的。因此我们看到新公共管理的一些做法也被引入我国政府的运作中,比如绩效评估、平衡计分卡在我国不同层级的政府和公共部门得到了运用;公私合作提供公共产品和公共服务,比如政府购买养老服务;政府采购,结果取向的运作等。

流程的改革旨在提升政府的工作效率,解决如何做得更好这样的技术理性问题,但它还无法回答为什么要这样做这一价值理性问题。由于机构改革后来回避或延缓了结构方面的改革,由此我们看到这一改革的不足所带来的问题。(1)职能转变并没有解决职能定位这一基本的问题,由于政府的权力边界不清,它导致政府在与市场、社会三者的关系中常常出现越位、缺位和错位的状况。政企分开、政社分开的改革讲了多年至今依然进展缓慢,以致中共十八大还在强调推进这方面的改革。政府的强势地位导致社会其他组织受到压抑,从而使整个社会活力不足。(2)由于改革很少涉及对政府权力的有效监督,这导致腐败盛行和政府公信力的下降。《人民论坛》的"未来10年10大挑战"的千人问卷调查显示,"腐败问题突破民众承受底线"是排列第一的挑战,82.3%的受访者选择此项。对政府权力缺乏监督也导致了权力在民众面前的傲慢,官民关系的紧张以及群体性事件的频发。在同一调查中,排列第三的挑战是基层干群冲突,受访者中有63.2%选择此项。[①] (3)机构的改革没有带来运作机制的改变。以大部制改革为例,这一改革完成了形式上的组织分合,却没有带来预期的运作机制(也就是决策权、执行权和监督权三者的互相制约和互相协调)上的改变。(4)涉及政府自身利益的改革举步维艰。以行政审批改革为例,改革进行了二十多年,但一直进展不大。即便是本轮力度较大的行政审批改革,国家行政学院的调查数据也表明,"71.4%的被调查企业认为还应当继续取消和减少行政审批,并提高改革的含金量"[②]。进展不大的原因在于这一改革本质上是一种剥夺不属于政府的权力的改革,直接涉及政府自身的利益。所有这些表明,仅仅通过流程和技术的改革是无法解决这些问题的,而且随着时间的推移,负面的问题在不断地放大。因此,未来机构改革的重心必须转向结构方面的改革。

三、结构改革的指向

如果说流程改革的目标指向是效率,那么结构改革的指向则是权力。具

[①] 人民论坛"千人问卷"调查组:《"未来10年10大挑战"调查报告》,《人民论坛》2009年第24期。
[②] 马建堂:《简政放权——来自社会的评价与基层的声音》(2015年6月3日),人民网,http://politics.people.com.cn/n/2015/0623/c1001-27191762.html。

体来说,这一权力涉及三个方面,即权力的来源、权力的边界以及权力的行使。其所以如此,是因为以上所涉及的问题都是与权力联系在一起的,是因改革或多或少避开了核心的权力问题、避开了政治体制的改革而产生的,是因着眼于流程而忽略结构方面的改革而产生的。如果说前期改革的目标是适应市场经济、社会管理和公共服务,那么结构改革的目标则是更为宏大的,它要解决与民主政治、市场经济和法治国家相关的政府权力问题,解决与此相关的价值理性问题。

首先是民主政治。民主政治涉及政府权力来源的合法性、对权力的制约、问责和民众参与公共管理的问题。中共十八大报告在谈到政治体制改革时指出,要"更加注重健全民主制度、丰富民主形式,保证人民依法实行民主选举、民主决策、民主管理、民主监督"①。在这里,民主选举是一个核心问题,它是政府权力合法性的来源,而合法性是政府做任何事情的基础,民主决策、管理和监督都基于由民主选举产生的权力合法性基础。当权力不是来自民众的授予时,那么民主决策、管理和监督也成了无源之水和无本之木,它只取决于领导人的个人喜好。在我国,民主选举的一个问题是尽管一些政府官员的产生通过人大选举的形式,但实际运作中官员更多地是通过上级任命获得职位的。这一做法产生的消极结果是:其一,民众同官员之间没有一种直接的联系,在心理上会产生一种与我没什么关系的感觉;其二,上级任命使官员更多地对上级负责而不是对民众负责,因为当官与否与民众没有关系,这样也就产生了权力在民众面前的傲慢,颠倒了主仆关系。另一个问题是民主选举程序上的问题,主要是贿选。最近暴露的辽宁省的大面积贿选反映了程序上的问题。

为了增强政府官员的合法性,我国的政府官员主要是通过以下三个途径来获取民众的认可的。一是通过提升政府绩效来获得这一合法性和民众的认可,建设人民满意的政府在某种程度上也可以说是一种解决政府合法性来源的做法。二是通过内部严格的纪律和奖惩制度来获得民众对政府的认可,比如通过提升优秀者、调整平庸者以及清除腐败者等来提升政府形象,提升政府公信力。三是通过一些民主形式的公众参与(比如民主恳谈会、民主协商制

---

① 《中国共产党十八大报告》(2012年11月8日),中国网,http://news.china.com.cn/politics/2012-11/20/content_27165856.htm,具体参见第五部分"坚持走中国特色社会主义政治发展道路和推进政治体制改革"。

度、公众参与决策等)来融洽政府和民众之间的关系。

但是,仅仅通过以上的做法来增强合法性是不够的,其主要原因如下。一是,伴随政府政绩的提高,民众的需求也会提高,因而对政府也就会提出更高的要求。二是,政府的绩效也不一定是稳定的,它往往受制于一些不确定的内外环境因素。绩效下降或没有绩效或绩效不高会遭致民众的指责,导致政府公信力的下降,并使政府的合法性遭到质疑。内部的纪律和奖惩制度也会受到潜规则的影响,比如论资排辈、平庸者居位,官员能上不能下等还是一种比较常见的现象。三是,官员的腐败一直在影响着政府的形象。民主形式的公众参与有时往往也是一种形式,而没有解决实质性的问题。所有这些同一个基本的格局有关,即民主选举、决策、管理和监督的体制尚不配套完善的格局。而解决这一问题的最好方法是依法保障和真正落实广大人民群众参与民主选举的权利。

因此,结构改革的一个方面就是改革和完善民主选举制度,解决权力的合法性来源问题。从以往的机构改革来看,我们在民主决策、民主管理和民主监督方面进行了不少的改革。比如,决策过程中的民众参与,对官员进行问责等。但是,在民主选举上则缺乏有力度的改革。尽管改革在官员产生的问题上有过"公选"以及差额选举等方面的努力,但这些还远远不够。社会主义民主的本质是人民当家做主,"人民民主是社会主义的生命"[1],只有做到官员由人民来选择并接受人民的监督,才能使官员真正对人民负责。

其次是市场经济。与市场经济相关的结构改革要解决的问题是政府的权力边界问题,也就是政府与市场(以及与社会)的关系问题。这是一个老问题,也是机构改革多年来一直成效不彰的问题,这一问题的实质就是谁来主导资源的配置的问题,是政府还是市场。两者边界不清有其历史的原因。在我国,市场经济体制是建构而不是自然演进的结果,而建构者就是政府,这至少在一定时期内基本上决定了政府主导的格局。在改革初期,这种政府主导市场经济的模式是与当初的赶超战略相适应的。从前期的中国经济发展来看,这一边界的模糊(比如遍地开花的与政府紧密相连的经济开发区,政府对金融、股

---

[1] 《中国共产党十八大报告》(2012年11月8日),中国网,http://news.china.com.cn/politics/2012-11/20/content_27165856.htm,具体参见第五部分"坚持走中国特色社会主义政治发展道路和推进政治体制改革"。

票市场等的深度干预等)既带来了中国经济的高速发展,也带来了一系列的问题。因此,机构改革在转变政府职能方面进行了多次努力,总的方向是使政府职能适应市场体制的要求(比如前面提到的取消计划经济时期的工业经济管理部门、一些适应市场经济部门的建立等),但改革(主要表现为行政审批制度的改革)在涉及两者的边界时,由于长时间里没有涉及背后的权力问题,改革只是停留在简单的行政审批项目的减少和取消上,这导致改革一直举步不前。当中国进入了经济新常态后,中共十八大提出了让市场在资源的配置中发挥决定性的作用,这意味着让市场而不是政府来主导资源分配,但这里还是首先要解决两者的边界问题。第七次机构改革在这方面进行了突破,改革涉及了行政审批制度背后核心的政府权力问题,提出了简政放权和建立权力清单,奉行的原则是"法无授权不可为",这是行政审批改革的一个突破。但问题是,权力清单的建立还是局限在政府内部,这导致两个问题。一是,这一权力清单的确立还缺乏社会和外部相关方的参与,因此,它在多大程度上得到社会和相关方的认可是不确定的。二是,由于行政审批项目的减少或撤销没有在更高的法律层面上加以确定,因此其结果往往也是不确定的,今天减,明天可以加,或变相地加,或者出现执行不力、打折扣的状况,正如以前曾发生过的那样。再者,在缺乏对权力有效监督的情况下,如何使政府真正做到简政放权?由谁来限定政府的权力和监督政府权力的运行?因此,尽管中共十八大提出在经济新常态下要让市场在资源配置中起决定性的作用,但政府主导的模式至今没有发生明显的变化,政府的权力边界依然不清楚,政府越位、错位、缺位的现象并没有得到根本的纠正。

再者是法治国家。这里与结构改革相关的是政府权力的运行问题,权力的运行需要有法律和规章制度来规范,这里涉及以下几个问题。

第一,法律规章制度的完善。尽管改革开放以来政府的法制建设取得了长足的进步,但还有可完善之处。以政府活动而言,通常由三个大法来支撑,即组织法、公务员法和行政程序法。我们已经有了前两个法,但独缺行政程序法来规范政府的权力运行。尽管有各种与执行公务相关的规章制度和相关的法律规定,但是由于缺少这一高阶的法,各个地方的政府在执行公务中缺乏必要的一致性,并导致同一个事件在不同的地方有不同的处理,甚至是互相矛盾的处理。

第二,依法行政。需要从制度上进一步规范政府的行政行为。按照中共十八大的说法,就是任何组织或者个人都不得有超越宪法和法律的特权,绝不允许以言代法、以权压法、徇私枉法。此外,依法行政具体表现在,正如中共十八大报告指出的,"(1)健全权力运行制约和监督体系。(2)坚持用制度管权管事管人,保障人民知情权、参与权、表达权、监督权。(3)确保决策权、执行权、监督权既相互制约又相互协调,确保国家机关按照法定权限和程序行使权力。(4)坚持科学决策、民主决策、依法决策,健全决策机制和程序,建立健全决策问责和纠错制度。(5)推进权力运行公开化、规范化,完善党务公开、政务公开、司法公开和各领域办事公开制度,健全质询、问责、经济责任审计、引咎辞职、罢免等制度,加强党内监督、民主监督、法律监督、舆论监督,让人民监督权力,让权力在阳光下运行"。

第三,法制文化建设。规则有正式和非正式之分,非正式规则也称为潜规则,政府权力按潜规则运行并非鲜见。中国社会通常被认为是一个熟人社会,办事的第一要义是找关系,对人不对事。这样一种文化自然也影响到了政府,比如不是一视同仁地对待服务对象。因此,需要进行法制文化的建设,保证政府权力按法律按规则运行,并以规章制度为准绳无偏私地执行公务,服务于社会公众。

四、结构改革的策略选择

(一)系统思考与整体推进

在系统理论看来,任何系统都是一个由各个部分组成的有机整体,每一部分在系统中都处于一定的位置,起着特定的作用。部分之间相互关联,彼此影响,构成了一个不可分割的整体。正如前面指出的,行政体制是国家治理体系的一个部分,它与政治体制、经济体制、文化体制和社会体制共同构成了国家治理体系。中共十八大提出"全面深化改革"就是从系统的角度去考虑改革的推进的,不是推进一个领域的改革,也不是推进几个领域的改革,而是推进所有领域的改革。

可以从两个层面来考虑行政体制改革的整体和部分的关系。一是国家治理体系是整体,行政体制是其中的一个部分。从这个角度出发,机构改革必须考虑如何与经济体制改革、政治体制改革、文化体制改革和社会体制改革进行良性互动和优势互补。机构改革如果单兵突进而没有其他几个方面尤其是政治体制改革的呼应和配合,正如机构改革的历史告诉我们的,这一改革涉及的一些重大问题就无法得到有效的解决。二是行政体制或机构改革是整体,改革涉及的结构和流程是其中的两大部分。从这个角度出发,改革必须考虑结构和流程两者之间的良性互动。尤其是考虑如何以结构的改革来进一步推进流程的改革。正如前面指出的,机构改革曾经历了一个从结构流程同步改革(第二次机构改革)到转向流程改革的过程,以至于流程的改革由于缺乏结构改革的支持而使得一些改革力不从心或进展缓慢。因此,机构改革在考虑与政治体制等其他方面的改革互动的同时,必须考虑自身结构与流程的互动(在这里,结构方面的改革显然是改革的重点),这一互动影响着改革自身的整体成效。

(二)顶层设计与基层创新

机构改革应该是一个上下互动的过程。以往的改革呈现的主要是一种单边的自上而下的运动,改革的动力主要来自上层,是一个上级决定下级执行的过程。制度经济学把这种自上而下的改革称为"强制性制度变迁",其优点可以减少改革的成本,缺点是很难获得一致性的同意,从而产生对改革的消极情绪或抵制行动。事实上,在主要是自上而下的强制性变革中,也有自下而上的诱致性的变革,其出发点是通过变革来获得比现有体制或状况更多的收益。因此,在机构改革中,也出现了不少地方的创新和针对自身特点的改革,比如在公共服务购买方面就产生过几种不同的模式,在处理政企关系和政社关系上也有不同的做法等。由于前期的改革主要是流程和技术的改革,因此,改革在这方面给予地方的空间相对是比较大的。以结果和效率为评价中心的流程改革为获得这一结果的手段的丰富性提供了基础。如果说流程的改革要求地方更多地创新的话,那么结构改革则需要更多的顶层设计,因为结构涉及的以权力为核心的制度和关系方面的问题都是具有全局性的。顶层设计主要来自理论、来自想象力以及来自实践,顶层设计尽管是宏观层面的,但也要接地气。从这个意义上讲,结构改革中基层也不完全是被动的。由此,需要鼓励基层的创新,为顶层设计不断提供新的来源。

比较前期改革,结构改革的顶层设计与基层创新的困难之处在于:一是由政府主导的经济发展的相对成功(但我们往往也忽略了背后负面的东西)使得一些人认为中国已经形成了一个成功的模式,既然是成功的,就没有再改革的必要;二是由于缺乏结构方面的改革,机构改革以来形成的政府利益随着时间的推移变得越来越根深蒂固,对它进行改变也越来越难。因此,顶层设计与基层创新必须打破思想的僵化和对利益的保守。

(三)增强改革动力,减少改革阻力

改革需要动力,但改革也会产生阻力,其所以如此,在于改革从本质上讲是一种利益的分配和调整。得利者通常成为改革动力的来源,失利者往往会成为改革的阻力。根据力场理论的说法,动力大于阻力,改革就会往前走。阻力大于动力,改革就会往后退。因此,机构改革始终存在着一个如何增强动力以保持改革势头的问题。由于结构改革的实质是剥夺不属于政府的权力,调整权力格局,规范权力运行方式,加强对权力的监督和制约,这样政府自身便成了改革的对象。因此,改革完全靠政府内部的力量是不够的。改革不仅要不断地从内部产生潜在的得利者从而增强动力,同时要对失利者进行补偿以减少阻力(当然,根据帕累托改进的观点,这一补偿不能超越改革带来的社会利益的增进),同时还要动员相关的社会力量以获得支持。利益既可以是对个人来说的,也可以是对组织来说的。流程的改革在不少方面涉及了个人的利益,也涉及了政府内部部门之间的利益。以大部制改革而言,组织合并导致职位减少当然会使一些人失去晋升的机会。同样,弱势部门与强势部门的合并往往会使部分人变得无足轻重,所有这些都会导致对改革的抵触和不满。比较之下,结构改革的对象是政府本身,其涉及的利益面更大。改革要使政府的权力真正来自人民的授予,要剥夺和调整原属于政府的权力并将权力置于真正的监督之下,这会触及政府的利益。因此,结构的改革仅靠政府自身来进行是难以完成的,需要在政府内外动员改革的力量共同推进改革。

动员社会力量参与到结构的改革中来需要给予特别的关注。以往机构改革的一个特点是政府力图通过自身的力量来解决问题,因此,改革基本上是局限在政府范围进行的(尤其是后期的改革)。如果说流程的改革相对具有封闭性的话,那么结构改革会在很大程度上与社会发生关系,与民众发生关系。改革必须让人民知道他们的利益所在,从而激发他们的改革热情并参与到改革中来,成为改革不竭的动力,并与政府内部的改革力量一起推动改革的进程。

(四) 渐进改革与激进改革并举

渐进改革在以往的机构改革中已经成了一种路径依赖。渐进改革作为一种方法,其价值在于可以在维持整体稳定的情况下,通过累积边际的改革从而最终对事物加以改变。但这一方法的问题在于,由于是一种修修补补的变革,它会拖长改革的进程,使问题迟迟得不到解决。一个明显的例子是政企分开、政资分开、政社分开的问题,这一改革已经差不多延续了二十多年,但仍然没有得到真正的解决。其所以如此,是出于一种教条的想法,即这一改革背后充斥了利益的纠葛,一旦大刀阔斧地动手(即采用激进的方法)会带来不稳定。倒过来,也可以说这是对渐进方法的一种崇拜。这一崇拜导致在遇到任何问题的时候都不假思索地一概采用渐进的方法,从而使渐进方法成了一种路径依赖。改革至今事实上已经进入了通常所说的深水区,所谓深水区,也就是充满了难题,剩下的是难啃的骨头。这样,一个现实的问题是,一味采用渐进的方法是否能把骨头啃下来?

结构改革要解决的正是这些难题,它涉及许多利益问题和难啃的骨头。从方法上讲,当以往的渐进方法在这些难题面前显得力不从心的时候,改革是否有必要考虑采用一些激进的方法?当渐进方法打不破利益纠葛的时候,改革是否需要考虑用壮士断腕式的方法来解决问题?改革时间紧迫,根据《关于深化行政管理体制改革的意见》,我们的目标是"在 2020 年建立起比较完善的中国特色社会主义行政管理体制"。一些悬而未决的问题不能总是因渐进的方法的运用而迟迟得不到解决。结构改革的方法不能只有一种路径依赖,在渐进改革无法见效的情况下,就必须考虑采用一些激进的方法,它往往能在较短的时间里解决问题。

Modernization of National Governance and Administrative Reform

Abstract: Administrative reform needs to be understood in the context of the modernization of national governance, because the modernization of national governance either can be taken as a goal of the administrative reform, or a means of the reform. In the early stage of the reform, the problem of administrative process and technology is emphasized in order to improve the governmental efficiency, while the problem of structure is neglected. The structural problem which focus on the legitimacy of power, the boundaries of power and the execution of power should be emphasized in the coming reform. Also the means and strategy of structural reform should be well considered in order to promote the reform.

国家治理现代化与领导能力提升[*]

摘要：国家治理在20世纪80年代后经历了深刻的变化,这一变化对政府官员的领导能力提出严峻的挑战,提升领导能力已经成为实现国家治理现代化的一个重要条件。能力素质的冰山模型表明,能力是由冰山以上部分(也就是外在的、看得见的部分)的知识和技能,以及冰山以下部分(也就是人的内在的、难以测量的部分)的社会角色、自我概念、特质和动机构成。深层部分对人的行为和表现起着关键性的作用。提升领导能力要从表层和深层两部分进行,更重要的是要注重深层部分。具体来说,这一提升要从激励、绩效评估和培训三个方面进行。

一、国家治理现代化对领导能力的挑战

国家治理是与政府表现联系在一起的。这是因为,首先,政府是制度和规则的制定者。一些基本的制度会影响一个国家的发展。比如,抛弃计划经济,转而建立市场经济体制,就使中国的面貌发生了一个天翻地覆的变化。其次,政府掌握着大量的资源,这些资源的运用在相当程度上影响着国家的治理,比如,政府财政的分配明显反映了政府在国家某一发展阶段中的政策取向。再次,政府是公共服务的提供者,是社会、经济的管制者,是公共权威机构,是凝聚社会力量的核心,也是社会矛盾和冲突的解决者。

正因为如此,国家治理就提出了政府质量的问题。政府质量的一个话题是政府与政体的关系。自柏拉图以来的政治哲学家力图根据政体形式解释好政府,他们争论好政府是在民主的状态下,还是在专制状态下,是在仁慈的独裁者之下,还是在君主之下,更加容易产生。在阿瑟·刘易斯看来,这种方法无助于认识历史。比如,意大利有记载的2 500年的历史经历了上面讲到的每

---

[*] 本文原发表于《理论探讨》2016年第6期,第22—28页。

一种政体,但要说哪一时期的统治要好一些是不可能的。刘易斯认为,好政府需要统治者的明智和被统治者的满足相结合,而且,这种结合并不由君主、民主主义或独裁者所垄断。"政府的质量取决于统治者的质量而不取决于政府的形式。"①尽管刘易斯没有深入探讨统治者也即领导者质量的内涵,但领导者在国家治理中的分量之重是毫无疑问的,由此也凸显了领导者领导力的重要性。

20世纪80年代后的一段时期是国家治理经历深刻变化的时期,也是对政府管理能力不断提出挑战的时期。传统的公共行政模式在思想理念、运作方式、组织制度、技术要求、功能组合等方面发生一些颠覆性的变化,新的管理模式应运而生。在中国,这一变化出现在20世纪90年代中期和后期,尤其是21世纪以后,这既是新的行政运作的要求,也是民主行政发展的内在逻辑。推动这一变化的原因有三个方面。首先,市场经济的发展和社会的成长带来了多元利益的形成,这改变了长期以来在计划经济体制下利益单一的状况,它增强了政府管理的难度。在原有体制下,政府通常被认为代表了国家利益,代表了社会所有人的利益,政府也是没有自身利益的。但是,市场经济改变了这种情况,它不仅使社会的各个阶层有了自己的利益,甚至连政府也有了自身的利益(即便在政府之间,利益有时也是不一致的,比如,中央政府和地方政府,这就有了政令不通之说)。对政府来说,要使这些利益得到表达的一个途径就是让他们参与到公共管理中。从成本-效益的角度来讲,这也是一种比较好的选择。因此,政府的管理开始出现一系列鼓励公众参与公共管理的新举措,比如,从制度上保证政府信息公开、政府决策中的公众听证和专家和社会组织的参与,协商民主不断成为公共管理中的一种比较常见的现象。其次,政府市场化的运作方式带来了相关社会组织和部门的参与。今天,已经有越来越多的政府职能以委托人-代理人的方式转移到社会其他组织和部门之中。换言之,这些组织和部门开始承担原来属于政府的职能。再次,信息技术带来了公众参与的便利。电子政府的兴起对于加强政府与民众之间的沟通,对于政府了解民意、了解民众的看法从而改进公共政策的制定起到非常重要的作用。所有这些,对长期浸淫于官僚体制的公务人员,尤其是领导者的能力带来前所未有的挑战。

---

① [英]阿瑟·刘易斯:《经济增长理论》,梁小民译,上海三联书店1995年版,第526页。

挑战之一,组织体制从上到下的官僚制等级结构向平行的网络结构的发展要求领导者具备更好的协调能力。传统的管理是命令型的,在原有的国家凌驾于社会之上的模式中,政府通常以最高指挥者的身份发号施令,它与社会的关系是一种命令服从的关系,社会通常是被动的。这既与传统的计划经济体制所要求的集中相关,也与一种传统的政府是管理的唯一主体的意识相关。随着治理的兴起,随着越来越多的社会组织团体和个人参与到公共管理中,随着政府与这些组织团体讨论协商共同解决问题变得越来越多,政府传统的指挥者的角色开始逐步向协调者的角色转变,尽管这一转变并不影响政府具有的公共权威的身份。这一角色的转变要求政府具备相应的协调能力,仅靠以往的发号施令已经无法解决今天的问题。这一转变对于一些多年来习惯于发号施令的领导人来说是不容易的,因为这不仅需要他们在思想上改变唯我独大、唯我独尊的想法,还要培育一种良好的协调能力,也即以平等的而不是高高在上的方式处理社会关系的能力。

挑战之二,公共服务运作方式的变化要求政府官员具备一种准商业的能力。这一能力在传统的行政模式中几乎是不被提及的,因为政府是公共产品、公共服务唯一的生产者和提供者,生产什么公共产品、提供什么公共服务都由政府决定,它与社会成员的关系是一种生产者提供者与接受者的关系,接受者围绕生产者和提供者转。政府同商业也几乎是沾不上边的。随着政府运作方式的改变,随着生产者和提供者围绕消费者和接受者转,政府身兼的生产者与提供者两种身份发生分离,政府通常成为公共产品和公共服务的生产者,提供者则由社会的其他组织或团体来承担,比如,政府购买养老服务、公共卫生项目的外包、公私合伙等。此外,还有政府采购等。所有这些使得政府官员在与这些相关的组织或团体打交道时,需要具备一种准商业的能力。简单来说,就是如何为纳税人做一笔好买卖,用更少的钱做更多的事。

挑战之三,社会矛盾和冲突的增多要求政府官员具备一种更好的解决冲突的能力。市场经济体制的建立导致利益的形成和利益的分化,由利益引发的冲突已经成为社会的一种常见现象,一些大的群体性冲突时有所闻。这些冲突带有传统行政时期所没有的特点。在传统时期,很少有基于利益的冲突,因为在传统社会,国家利益取代了个人利益,并被置于最高位置,解决冲突的方式主要不是通过利益的公平分配,而是通过意识形态的灌输和道德的感化,当然还有以阶级斗争名义出现的政治解决,官员需要的是一种阶级斗争的能力。尽管时过境迁,改革后的社会今非昔比,但传统时期形成的这种能力在维稳过程中表现出特有的惯性,由利益引发的矛盾冲突被简单地用阶级斗争的方式加以解决,把任何民事问题和冲突都当作对政权的挑战并进行打压,以致最终引发群体性事件的发生。另外,政府在今天事实上也成为利益的一方,如何站在公共利益的立场上去平衡社会利益之间的冲突,这需要政府官员具备一种新的调解矛盾、解决冲突的能力。

挑战之四,社会管理不确定性与管理风险的增加要求政府官员具备一种更好的顶层设计能力和执行能力。从全球看,世界的经济发展进入一个风雨飘摇的时期。中国社会在经济高速增长后也进入"三期叠加"(增长速度换挡期、结构调整阵痛期和前期刺激政策消化期)的时期,经济新常态的持续使得社会管理的不确定性和风险程度提高。如何防止出现系统性的经济风险(如金融风险、股市风险、楼市风险等),如何防止由经济风险引发的社会风险和政治风险,如何让市场在资源的配置中起决定性的作用,如何在利益的分配中秉持公平公正的原则,所有这些都对政府的管理提出严峻的挑战。它要求政府官员具备更好的顶层设计能力(也就是宏观的战略规划能力),冷静清晰地观察事物的变化,远见卓识地指出未来发展的趋势,并卓有成效地引领未来的发展。同时,它也要求政府官员具备将远景和目标变为现实的强大的执行力,使国家的发展和人民的福祉始终处在进步的状态之中。

挑战之五,民众对公共服务的需求的增加要求政府官员具备一种更好地提供公共服务的能力。在今天,政府已经无法用一己之力向社会提供令人满意的公共产品和公共服务,因为政府拥有的资源永远是有限的。于是,如何利用市场资源和社会资源更好地提供公共服务自然成为政府的一个选择。新的市场化的运作方式无疑对政府官员的能力提出了挑战,比如,他需要了解市场的相关情况,并根据相关的情况做出决定,这是以前所没有的;他要去处理在传统的公共行政中不存在的与各类社会组织和企业的关系;需要考虑如何以最低的成本来获得最大的收益;需要对通常建立在委托人-代理人关系之上的运作活动进行有效的监督,并对运作的结果承担责任;需要在监管过程中防止"监管者被俘"的现象,需要具备更多经济学和法律方面的知识去从事具体的活动,等等。

挑战之六,信息化社会的发展要求政府官员具备更好地运用信息技术的能力。20世纪末以来,信息化技术的迅猛发展在相当程度上改变了政府的管理生态,它使政府的行为变得更加公开和透明,使公众对公共管理的参与达到前所未有的高度,也使政府的管理效率得到空前的提高,并使政府的运作方式发生了一些甚至是革命性的变化。信息技术提供了机遇,但也对政府的管理提出了挑战。比如,如何在自媒体时代使主流的声音不致边缘化,如何运用信息技术与公众进行更好的沟通,如何迅速有效地对民众的要求进行回应,如何通过网络的方式向民众提供更好的公共服务,提供公众参与公共管理的更便捷、更有效的通道,所有这些,事实上也是对政府官员的能力的考验。在今天,不具备基本的信息技术能力,很难想象国家治理的现代化是一种怎样的图景。

二、领导能力:基于冰山模型的分析

对挑战的回应,需要提升领导者的能力。对能力的一般定义表明,能力是由三个部分构成的:一是基础性能力,它包括知识(基础知识、专业知识和实务知识)和技能技巧;二是业务能力,包括四个方面——解决问题的能力(理解力、判断力、决断力),解决问题中与人交往的能力(表达力、交涉力、协调力),创造事物的能力(应用力、规划力、开发力),以及领导能力(指导力、监督力、统率力);三是素质能力,包括体力素质、智力素质和性格个性[①]。这表明,领导能力事实上是诸种能力中的一种,尽管它与其他能力有关。

有关领导能力的讨论不少,有一种是从一般意义上去探讨的,比较有影响力的"领导五力模型"就是从这一角度去探讨的。在这一模型看来,领导能力包括如下五个方面。一是感召力,这是一种最本色的能力,包括具有坚定的信念、崇高的理想和人格,以及高度的自信;具有代表一个群体、组织、民族、国家或全人类的伦理价值观和臻于完善的修养;富有智慧、阅历丰富,对所从事的事业充满激情。二是前瞻力,一种着眼未来、预测未来和把握未来的能力,包括领导理念;了解组织利益相关者的期望、组织的核心能力以及宏观环境的发展趋势。三是影响力,即积极主动地影响被领导者的能力,包括对被领导者需求和动机的洞察与把握;与被领导者建立各种正式与非正式的关系,进行有效沟通,拥有影响被领导者的权力。四是决断力,即针对战略实施中的各种问题和突发事件进行快速和有效决策的能力,包括快速和准确评价决策收益的能

---

① 罗锐韧、曾繁正主编:《人力资源管理》,红旗出版社1997年版,第92页。

力,防范和化解风险的意识与能力,以及把握最佳决策实施时机的能力等。五是控制力,即领导者有效控制组织的发展方向、战略实施过程和成效的能力,包括确立组织的价值观、制定规章制度,控制和有效解决各种现实的和潜在的冲突等。①

人事部 2003 年下发的《国家公务员通用能力标准框架(试行)》②,也是从一般意义上去讲的,它提出了公务员应当具备九项能力。这里的公务员当然包含作为领导者的公务员。这九项通用(也即一般的)能力具体如下。一是政治鉴别能力,即具有相应的政治理论功底,善于从政治上观察、思考和处理问题,贯彻执行党的路线、方针、政策等。二是依法行政能力,有较强的法律意识、规则意识、法制观念;按照法定的职责权限和程序履行职责、执行公务;不以权代法;敢于同违法行为作斗争,维护宪法、法律尊严等。三是公共服务能力,牢固树立宗旨观念和服务意识,诚实为民,守信立政;责任心强,对工作认真负责,有较强的行政成本意识,善于运用现代公共行政方法和技能,注重提高工作效益等。四是调查研究能力,坚持实践第一的观点,实事求是,掌握科学的调查研究方法;善于发现问题、分析问题,提出解决问题的建议等。五是学习能力,树立终身学习观念,理论联系实际,学以致用;掌握科学学习方法,及时更新和掌握与工作需要相适应的知识、技能等。六是沟通协调能力,有全局观念、民主作风和协作意识;语言文字表达条理清晰,善于团结和自己意见不同的人一道工作;能够建立和运用工作联系网络,有效运用各种沟通方式等。七是创新能力,思想解放,视野开阔,与时俱进,具有创新精神和创新勇气;掌握创新方法、技能,培养创新思维方式;善于分析新情况,提出新思路,解决新问题。八是应对突发事件能力,正确认识和处理各种社会矛盾,善于协调不同利益关系;面对突发事件,头脑清醒,调动各种力量,有序应对突发事件。九是心理调适能力,事业心强,有积极、乐观、向上的精神状态和爱岗敬业的热情;能正确对待和处理顺境与逆境、成功与失败等。

既然是一般能力,它的针对性或许就有问题,比如,公务员通用能力的一个问题是这些能力要求对领导人和被领导人都是一样的吗? 除了通用能力之

---

① 中国科学院"科技领导力研究"课题组:《领导力五力模型研究》,《领导科学》2006 年第 9 期,第 20—23 页。
② 人事部:《国家公务员通用能力标准框架(试行)》,《中国公务员》2003 年第 12 期,第 22 页。

外,是否还需要有与职位相连的能力？领导五力说也有同样的问题。它针对的是领导者,但领导者也是分层次的,有高中低之分,比如,对高层领导者来说,决策能力很重要,但对基层领导者来说,更重要的是执行能力。

一种改进的观点指出三种基本的能力:规划的能力、与人交往的能力,以及执行和操作的能力,它应对高、中、低等三个不同层次的领导者。其中,与人交往的能力是所有层次的领导者都必须具备的,因为任何一个层次的领导者都需要处理人际关系。而另外两个能力因领导层次不同而有不同的要求。规划能力也可以说是设计能力或作决定的能力,它是高层领导应该更多地具备的,层次越高就应该越应具备这方面的能力。而执行和操作的能力则应该是中下级领导者更多地具备的。

詹姆斯·伯恩斯则把领导者做了另外的分类,他把领导者分成交易型领导和变革型领导两种不同的类型。在他看来,交易型领导的目标不是与具有共同目标的下级一起去努力实现他们的共同利益,而是与各行其是的个体和团体讨价还价实现他们各自的利益。而变革型领导的前提是,个人不论具有各种什么样不同的利益,要让他们团结起来去追求"更高的"目标。伯恩斯认为,尽管这两种领导形式都有助于实现人的目标,但两者遵循的价值是不一样的。交易型领导偏重的是手段的价值。因此,在这里,诚实、负责、公正、信守承诺是重要的,舍此无法完成交易。而变革型领导偏重的是目的价值,诸如正义、平等、自由等,以"提升"下级的道德层次[1]。显然,如果这一分类得以成立,那么很显然,两种不同的价值追求会产生对两类不同领导类型的不同的能力要求。

无论是一般的能力要求,或是根据不同层次或类型提出的要求,这种对领导者应该具备什么样的能力,也就是能力的构成的讨论是无穷尽的,可以列出许许多多的能力,也可以说每种能力都很重要,甚至可以设定很多指标对领导的能力进行评价,但这样做往往于事无补并把问题复杂化。

事实上,能力素质(胜任力)的冰山模型可能会给领导能力的构成以更好的解释。大卫·麦克利兰早在20世纪70年代就发现能力通常包含的智力与知识、人的素质,这两者对于解释一个人工作的成败是不同的。他指出,凭借传统的智力与知识测验预测个人在未来工作中的成败是不一定准确的,而从

---

[1] James M. Burns, *Leadership*, New York: Harp & Row Publisher, 1978, p. 426.

第一手材料中直接发掘的、与高效率和高效能的工作业绩有密切关系的个人或个体的基本特征,反而能在未来的工作中取得良好的绩效①。这表明,能力中的素质部分比起知识技能等部分对一个人的成败来说更重要。莱尔·斯宾塞和塞尼·斯宾塞在20世纪90年代发展了麦克利兰的观点,提出了能力素质的"冰山模型"。"冰山模型"把能力素质划分成冰山以上和冰山以下两部分。冰山以上部分(也就是外在的、看得见的、容易了解和测量的部分)的内容包括知识和技能,冰山以下部分(也就是人的内在的、难以测量的部分)的内容包括社会角色、自我概念、特质和动机。与表层部分不同,深层部分比较难通过外界的影响而加以改变,但对人的行为和表现起着关键性的作用。在斯宾塞看来,把优秀者和一般者区分开来的不是表层部分,而是深层部分。能力素质也就是"能将某一工作中有卓越成就者与表现平庸者区分开来的关键因素,也即人的深层次特征"②。其所以如此,在于一个人的深层次部分的想法、动机、价值、激情、个性决定了他会在多大程度上去获取知识和技能,并在多大程度上去运用知识和发挥能力。具备同样的知识和能力但没有做事的激情,是不会有绩效的;同样,没有动力是不会去获得或提高知识和能力的。

这样,也可以根据两个层次来区分领导能力。第一个层次是产生绩效的能力,也就是浮在海平面上的冰山表层的能力,即知识和技能。当然,这里可以把知识和技能演化成很多能力。例如,前面的"领导五力模型"和公务员通用能力提及的能力,甚至还可以更多。但是,有两种能力是基本的,讲得简单一点,就是做事的能力和为人的能力。做事的能力当然也可以包括很多,但对领导者而言,它集中表现在决策能力和执行能力上。西蒙有句名言,"管理就是决策"。决策能力(它也可以包括多种能力,比如,分析判断能力、信息沟通能力、断决能力、协调能力等,也可以说基础能力是这些能力的集中表现)如前面所说,主要是对高层领导来说的。要产生绩效,首先决策要正确,决策一错,全盘皆错。但是,决策的目标需要执行才能得到实现,这一能力主要是对中下层的领导来说的,如果不具备好的执行力,决策再好也不能达到目标。为人的能力也即人际关系能力是领导者必须具备的另一种基本能力。道理很简单,

---

① David C. McClelland, "Testing for Competence Rather than for Intelligence", *American Psychologist*, 1973(1).
② 参见 Lyle M. Spencer and Signe M. Spencer, *Competence at Work: Models for Superior Performance*, John Wiley and Sons, Inc., 1993。

领导者是通过协调众人的努力完成组织目标的。因此,如何恰当地配置人力资源,如何使组织成员产生对组织的归属感,如何培养团队意识和集体主义精神,如何对组织成员进行激励以有效调动和发挥他们的积极性,这是工作最后是否得以成功的另一个不可缺少的条件。

不同的公共管理模式对决策和执行能力的要求是不一样的。两者最大的差别在于,前者基本上是在组织内部的比较封闭的环境中进行的,是按照严格的官僚制等级制度进行的,而后者是在更开放的环境中进行的,是在除了纵向的官僚等级制之外,还有平行的网络结构中进行的。无疑,这样一种环境对决策和这些能力提出了更高的要求,正如前面指出的。

第二个层次的能力是海平面下的冰山部分,即诸如动机、价值观、自我定位、激情之类的潜在能力。这部分能力是深层的,由于在海平面以下,因而往往也是被忽略的。但是,正如冰山模型指出的,这部分的能力才恰恰是关键的,这种潜在能力与一个人在工作中所表现出来的产生绩效的行为有着明显的因果关联。这一潜在部分可以预测一个人的行为方式和思维方式。不同的价值取向决定了领导者处事的方式,并影响到事情的结果。比如,以民众上访而言,把上访看作民众的一项权利和把它简单地看作对稳定的威胁,就会产生两种不同的解决问题的方法,而后者的结果常常是越维越不稳,这里表现出来的执行能力越强,其结果可能就越糟糕。我国社会层出不穷的群体性事件反映出来的往往不是领导者冰山之上的能力问题,而更多反映的是冰山之下的意识问题、价值观的问题。但是,由于这些问题在海平面之下因而往往被忽视,因此,就想方设法去提升领导者海平面上的能力,而结果往往于事无补。

三、领导者能力的提升之道

领导人能力的提升需要在国家治理现代化的背景下来加以理解。国家治理现代化和领导者的能力是一个相辅相成的过程。国家治理现代化的进程为领导者施展其才华和能力提供了一个前所未有的宏大舞台,在此过程中产生的问题,同时也不断地对领导者的能力提出挑战。反之,领导者的领导能力既可能加快这一进程,也可能延误甚至阻碍这一过程。领导者能力强,就会加快这一进程,并在这一过程中不断提升自身的领导能力。领导者能力弱,比如缺乏解决问题的手段和方法、在重大问题上犯颠覆性的错误等,就会延缓和推迟甚至阻碍这一进程。从这个意义上说,提升领导者的能力是国家治理现代化的当务之急。

提升领导者的能力需要从激励、绩效评估和培训三个方面进行。之所以如此,是因为这三个方面表现出如下的逻辑关系。激励影响绩效,绩效评估反映个人的表现及能力,而这就为培训提供了基础,通过培训提升能力以提高表现,再对表现进行激励,这样就形成一个能力提升、表现提高的循环。

(一) 激励

一般来说,做成一件事需要两个条件,即能力和激情。根据冰山模型,激情,也即价值观、特质、动机等是属于冰山下的潜在的能力,而这方面的能力并不是仅仅通过培训可以获得的。因此,领导能力的提升需要建构一个使激情、需求和动机得以激发的激励机制。在麦克利兰看来,人通常有三种需要,即成就需要、权力需要和合群需要,需要的程度当然因人而异。"一些人具有获得成功的强烈动机,他们追求的是个人的成就而不是成功的报酬本身,他们有一种使事情做得比以前更好或更有效的欲望。这种内驱力就是成就需要。高成就需要者与其他人的区别之处在于他们想把事情做得更好……他们喜欢接受困难的挑战,能够承担成功或失败的个人责任,而不是将结果归于运气或其他人的行为。"[1]

激发这样的需求需要有好的激励机制。好的激励机制的原则是"能者居位"。职务晋升往往是公务人员最看重的,这不仅因为职位与物质利益联系在一起,还在于它往往是对一个人能力的肯定,因此还具有精神层面的意义。"能者居位"的原则即能者上、庸者下,可以在政府官员中产生一种竞争意识,居位凭的是本事而不是其他,这样可以让有能力者看到自身发展的前景,从而奋发向上,也可以在一定程度上有效地解决官员不作为和官员出走问题。

好的激励机制需要平衡精神激励和物质激励两个方面。如果官员不作为或有能力的官员出走,这表明组织的激励机制存在缺陷,调动不了积极性和留不住有能力的官员。在计划时代,我们偏向精神激励,甚至认为物质激励是一

---

[1] [美] 斯蒂芬·罗宾斯:《组织行为学》(第七版),孙建敏、李原等译,中国人民大学出版社1997年版,第173页。

种修正主义的东西。在改革时代,我们又偏向物质激励,把物质激励同绩效联系起来。这一方面固然刺激了绩效效率的提高;另一方面,也导致了公务员精于对物质利益的计算而缺少"天下为公"的情怀。此外,我们的一些激励机制在一定程度上也在助长平庸,尽管正式的激励制度或许无懈可击,但盛行的潜规则往往在一些领域起到更重要的作用,比如,官员提升中论资排辈、以人划线现象依然严重,人品好、有能力、会干事的人得不到重用,老实人吃亏等,此类现象并不鲜见。

在今天,物质的激励当然重要。激励也必须毫不犹豫地承认领导者的理性经济人的一面,他们有自身的利益追求。激励制度设计必须清醒地看到这一点,不能只要他们付出而不给回报,或给予低于其付出的不相等的回报。任何组织,包括政府,其存在并能有效地运作,在于组织与员工之间维系了一种切斯特·巴纳德所说的"刺激—回报"的平衡,组织提供刺激,员工做出回报,为完成组织的目标而努力。如果这一平衡被打破,组织将无法有效地运作。另一方面,也不能因此忽略精神激励的意义和作用。政府部门领导者作为公务人员与他人不一样的地方在于他们任职于公共部门,这一部门的本质就是为社会公众服务的,因而是很崇高的。好的激励要唤起政府公务人员的使命感,让他们感到自己在从事一项伟大的事业,从而激发一种职业的荣誉感并愿意为此献身。要让他们感到,从事公务员职业,就像登哈特讲的,是因为"被公共服务的价值观所促使。这些价值观——为他人服务、使世界更加美好和更加安全,以及促使民主发挥作用——体现了在一个社区的服务中作为一个公民的意义的精华"①。激励需要培育和鼓励这些高层次的动机和价值观,激发为公众做事的需要。

(二) 绩效评估

绩效评估是对表现的衡量。表现的好坏正如前面指出的,是由能力和激情构成的。表现差,既有可能是没有做事的激情,也有可能是有激情但没能力。如果是前者,那么表明组织的激励体制或许出现了问题;而如果是后者,则可能是组织的培训机制出现了问题(当然也可能是选拔机制有问题,一些选

---

① [美]珍妮特·登哈特、罗伯特·登哈特:《新公共服务:服务,而不是掌舵》,丁煌等译,中国人民大学出版社 2006 年版,第 163 页。

拔上来的官员本身就不合格），以至于领导者的能力无法满足组织的需要。这表明绩效评估在三者中的重要性，表明建构一套好的绩效评估制度的重要性。好的绩效评估制度应该有以下三个方面的特征。

第一，绩效标准的合理性。这一合理性表现在标准不能太高和太低。中国行政组织的一个通常做法是标准太高。太高的标准产生的副作用：一是抵消努力的积极性，因为再努力也达不到，从而放弃努力；二是由于无法达到标准，因而采取弄虚作假的做法，导致虚报谎报、瞒天过海等现象层出不穷；三是丧失对领导层也即标准制定者的信任，产生逆反心理。此外，标准不能一成不变，标准应该根据情况的变化而调整。以 GDP 增长率为例，经济正常发展和经济发展面临危机情况下的标准应该是不一样的，在后者情况下达不到前者设定的标准不是能力有问题，而是标准有问题。

第二，评估过程的客观性。也就是评价建立在事实基础之上，把实际的绩效与标准相比，排斥评价过程中的人情或个人好恶等主观因素。客观性可以反映绩效的真实的情况，无论对组织还是对个人而言，都是有益的。

第三，评估结果的准确性。好的绩效评估结果能够真实而准确地反映领导者的表现。评估结果的重要性在于，对领导者来说，他们的奖惩、人事调动、职务升降以及能力培训等都是建立在这一基础之上的。从领导能力的提升来看，准确的评价结果也为能力提升的培训提供了基础。

（三）培训

现代领导理论认为，领导作为一种技能并不是与生俱来的，它是可以在后天中学会的，这一学习是广义上的学习，当然其中也包括培训。培训在公务员的管理中已经被认为是一种提升能力的不可或缺的方式，但问题是培训的有效性。有关培训方面的著述尤其是技术性方面的著述汗牛充栋，这里不再赘述。有效的领导能力培训需要着重考虑以下三个方面。

首先，培训项目的与时俱进。正如前面指出的，能力是一个动态的概念，因为社会的发展、时空的变化不时地在向领导者提出新的能力要求。以往具备的能力不一定能解决今天的问题，能力需要与时俱进。在这里，英国公务员培训的做法可以为我们提供启示。英国政府在 2012 年出台的《文官制度改革计划》，把文官的能力建设作为一种需要优先采取的行动，其原因在于，正如英国文官部部长鲍勃·克斯雷克指出的，文官系统"正在面临着前所未有的挑战,这些挑战要求进行根本的改革"①。主要的挑战表现在政府如何更好地提供公共服务上,政府采购和外包以及数字化运作方式,使得政府从原有的公共服务的垄断提供者开始主要变为服务提供的监督者,这一政府运作生态的改变也使文官的身份也发生一个从纯粹的、以政治原则、公务执行作为安身立命基础的政府官僚向讲求经济和理性、追求实际效果和价值的半商人角色的变化。这种新的变化需要文官具备一种新的能力去加以适应,否则在新的历史条件下以较少的代价为民众提供物有所值的服务只能流于空谈。正是出于这种认识,改革计划第一次为整个文官系统建构了对21世纪提供更好的公共服务来说至关重要的四种能力:一是领导与管理变革的能力;二是商业技能与行为;三是有效地提供政府项目和计划的能力;四是重新设计服务和服务的数字化提供的能力。能力建设包括培训需围绕提升这四项能力进行。

其次,培训方法的针对性、多样性和实用性,需要围绕能力来设计。再以英国为例,其培训计划的做法具体如下。一是在市场上购买一些特别项目所需的人才。二是与牛津大学赛德商学院一起建立"重要项目领导研究班"培养世界级的项目领导人。研究班的对象是350个高级领导人,他们将对政府的一些最高级优先项目负责。研究班25%的课程集中在商业认识上,使毕业生具备与私人部门一起工作的能力。三是支持并扩大文官的"项目领导"网络,这一网络提供并分享项目领导和管理的最好经验。四是在重大项目管理局建立一个项目专家的储备库,这些专家可以跨部门流动,并被安置到一些优先的项目上。我们看到,英国的做法是根据政府面临的新的挑战而建立的应对挑战的能力模块,然后进行有针对性和实用性的培训。

最后,培训要培养一种学习兴趣和学习能力。领导者能力的提升可以借助培训,但从某种程度上说,知识的获取和能力的提升更重要的是有赖于领导者本人的学习能力和感悟能力。阿尔温·托夫勒在他的《权力变移》一书中指出,未来高质量的权力来自知识的运用,知识是用途最广的社会控制的根本来源,是未来权力变移的中心。在一个外部和内部环境不断发生变化的行政生态下,领导者的学习能力显得尤为重要,培训还要培养领导者的学习兴趣和学习能力。这一学习是广义上的学习,从理论中学,从实践中学,从他人中学,从

---

① 竺乾威:《文官公共服务能力建设:英国的经验及启示》,《南京社会科学》2013年第10期,第67—74页。

一切可以使自己得以提高的地方学,只有不断学习,才能去适应环境的变化并引领环境的变化,领导者才能进行领导。此外,领导者的感悟能力也是很重要的,这一感悟能力指的是凡事善于举一反三,在比较、辨析、归纳中去感悟得到的经验和教训,并从中得到提高。

第六编
西方国家的公共行政：制度与政策

北欧三国中央-地方政府关系比较*

摘要：地处北欧的瑞典、挪威、丹麦三国都是单一制的国家，在地方实行两级管理（市、县）。战后，中央与地方政府之间的关系发生了一系列变化，产生这些变化的背景在于提高政府效率这一管理思想。这些新的变化带来了某些新的机制。本文旨在对北欧三国的中央-地方政府关系作一比较和探讨。

一、战后北欧三国地方政府的发展特点

战后瑞典、挪威、丹麦三国地方政府发展变化的一个特点是地方政府作用加强，并拥有越来越多的自主权。瑞典宪法肯定了市和县政府的自主地位，这表明：地方政府不仅仅授权于中央政府，除了执行中央政府的一些决定外，它还有权自主地处理管辖内的事务。挪威在20世纪70年代末发生了一个从强调中央管理到强调地方管理的变化。丹麦1970年的改革则扩大了地方政府的自主权，以提高政府效率。战后地方政府作用增强的表现如下。

第一，地方政府活动领域的扩大，特别是社会福利事务的扩大。例如，以地方政府的公共支出来衡量，瑞典的市政府在1965—1980年的公共支出增长了10%，在1975—1980年增长得更多，达16%，而1965—1980年的实际经济增长率是6%。1970—1980年，市在国民生产总值中的花费从13%增至16%。① 挪威也出现了这一势头。1949—1960年，地方政府在国民生产总值中的花费是10%。到1985年，这一比例增至16%。此外，政府雇员同1949

---

* 本文原发表于《西欧研究》1989年第4期，第38—43、47页。
① 爱德华·裴济：《中央与地方政府关系》，伦敦贤人出版社，第13页。[1989年发表论文时，期刊要求作者将外文文献翻译为中文，为便于读者纵览学术规范的发展脉络，本篇文章的注释均遵从最初刊登的格式，以下发表于1990年和1991年的论文也保持注释原貌。——编辑注]

年相比,1962年增长了7％,到1983年,增长了15％。① 这一趋势在丹麦也很明显。据统计,1945年地方政府的花费占国民生产总值的5.6％,到1982年,增至33.5％,而中央政府的比例减少到27.6％。这一趋势也反映在政府雇员上。1984年,丹麦地方政府雇用人员占了整个国家劳动力的1/5,以及整个公共部门劳动力的60％。②

第二,从职能上讲,地方政府从原来是中央政府的执行机构转变为政策规划和执行机构。瑞典在1862年确立了地方行政体制。在很长一段时间里,市只被授权在其服务范围内提供服务,如征税等。而1977年的《地方政府法》则规定市和县委员会可就其关心的事务给予关注并作出决定,有关执行这些任务以及市和县在这些任务中的分工,有专门条款加以规定。在丹麦,中央政府为了扩大地方作用,不再具体插手地方政策的一些细节内容。中央政府的角色以前是监督者,现在则改为参谋者,尽管在重大问题上中央仍继续对地方加以监督。

第三,三国地方政府差不多都在地方上经历了集中的过程。使地方政府形成一定规模,特别是能够进行有效的管理,这对于人口疏散的三国来说不啻一大难题。为了解决这一难题,地方的集中是不可避免的。瑞典在战后进行了多次的地区集中。1952年,农村地区的行政区划从2 400个减少到1 037个。第二次集中在1964—1970年,地方政府管辖的最少人口要在8 000以上,这种结构上的改革使瑞典的地方政府包括23个县委员会和284个市③。挪威也经历了类似的集中过程。在1962年,市有730个,到1970年,市减少到451个,1984年又略增至454个,其目的是为了使地方政府有能力执行新的公共政策。为了做到这一点,就要求市县与最低人口相连的管理基础和经济基础。1960年,挪威50％的市的人口在3 000以下。到1970年,这一级市的数目减少了65％。不过,挪威仍有一些较小的市。到1980年,只有24％的市人口在10 000以上,5％的市的人口不到1 000④。

地方政府作用的演变在瑞典和丹麦发展得较为平静。瑞典在1952年和1969—1974年进行了地区集中。1953年和1954年的《地方政府法》规定地方

---

① 爱德华·裴济:《中央与地方政府关系》,伦敦贤人出版社,第34页。
② 同上书,第50页。
③ 约瑟福·鲍德:《瑞典政府与政治》,豪德·米弗林公司出版,第214页。
④ 爱德华·裴济:《中央与地方政府关系》,伦敦贤人出版社,第31页。

政府不能从事法律规定由其他组织进行的活动。随着地方政府作用的扩大，在1977年的法中取消了这一条。尽管有关劳动力市场和地区经济政策仍由中央政府负责，但地方政府日益支持地方企业的规划。丹麦在1970年进行了改革，导致的结果就是地方政府日益增强其自主性。在挪威，尽管地方政府作用的增强也表现为一种趋势，但在战后的发展过程中，对扩大地方政府作用经历了一个由不乐意接受到乐意接受的过程。战后到20世纪60年代中，地方政府不愿扩大其活动范围，原因首先是一些市把中央政府的政策看作是一种减少地方自治的企图，特别是当时的法律详细规定了地方政府应如何执行中央的政策，使地方政府难以有自己的活动余地。其次，有些市不愿增加征税工作负担，担心其他市的征税比自己低，从而失掉居民。再次，战后的经济状况也使地方政府不敢作财政承诺。从20世纪60年代中到70年代中，这一阶段开始接受地方政府的作用，其原因在于中央政府政策作了变动。首先，法律在规定地方政府的职能时，赋以完成任务的高度管理权限，从而改变了以前一味对地方政府下指示的做法。其次，为了使地方政府扩大新的服务项目，中央政府在提供财政拨款方面刺激地方政府从事新的活动。再次，法律体系常常具体指出地方政府中的管理机构和政治机构要执行的各种不同的功能，这些单位对本部门负责，因而倾向于扩大地方的活动。1978年后，挪威开始同意地方政府管理，起因是中央政府对地方在公共方面的花费补偿75%，这刺激了地方向中央要钱扩大其活动的愿望。

尽管三国地方政府增强其作用的进度过程不同，但目标是一致的。产生这一状况的原因在于中央政府期望提高管理效率。可以说，地方的集中以及地方政府自主权的扩大，都是着眼于提高效率的。三国尽管都不大，但很明显，如果什么事情都由中央决定，地方政府只是机械地加以执行，那么这样的管理肯定是管不好的。

扩大地方自主权、特别是地方集中过程产生了两个明显的效果。其一，专业化管理得到了加强，建立了一些由专业人士和行政者组成的正式组织，政府效率得到了提高。在瑞典，随着专业化的进展，地方政府、特别是市一级政府还丧失了它的一个最重要的特点，即政客管理地方政府。其二，从消极方面讲，地方的集中过程使人民的广泛参与消失了。

二、北欧三国地方政府活动的类型及功能

瑞典、挪威、丹麦三国对地方政府活动的权限范围在法律上都有明确的规定,这些规定构成了地方政府权力的来源。例如,在瑞典1953年通过的地方法(它在某种程度上被人称为地方政府的宪法)以及其他法都涉及地方的选举、税收等方面的权力;丹麦的宪法规定地方政府在国家的监督下独立处理其事务;挪威地方政府活动的法律基础是,除了一些赋以其他公共机构的事务外,自由地从事任何活动。

瑞典地方政府的活动分成规定的和非规定的两类。非规定的活动指地方政府本身的活动——当地选举产生的官员为响应当地要求作出决定并执行决定。这些决定有极大的灵活性和多样性。进行这些非规定活动的权力来自地方政府法的这一条规定:地方政府有权决定自己的事,如果这一行动符合当地人的利益,并不与国家或中央行政机构相冲突的话。但在涉及进行地方性活动的过程中,地方政府也受到最高行政法院案例法的某些限制。例如,地方政府不为谋利而从事企业经营活动(当然,供水、煤气、交通这些由地方政府提供的服务除外);虽然地方政府能获得固有财产的利润,如森林资源等,但它不能购买其他财产以营利;除了特别立法,地方政府不能给区域内的私人集团以任何帮助,如购买私人公司股票,对地方工业提供刺激(如提供土地或争取贷款)。

对地方政府进行的非规定活动形成最有力的牵制的是上诉机制,即每个地方公民都可在地方政府决定通过后的三星期内对它提出上诉。上诉必须符合以下任何一点要求:(1)此决定明显属不恰当的决定;(2)此决定超越了地方政府的权利范围,或直接与中央有关的立法发生冲突;(3)此决定对当地公民是不公正的。此上诉必要时可最终上诉最高行政法院。但有意思的是,地方的决定只能被判"无效",而不能改变或由其他决定来代替,全国性机构在任何时候都不能辩驳地方的决定。这实际上意味着,尽管一项决定可能是不合法的,但除非有人上诉,或在上诉之前,它是站得住脚的。这一程序的一个结果是,许多地方政府竞相进行一些在合法性上成问题、但有益于当地利益的活动。例如扩展公共事业、开设旅馆、支持当地文化活动、拥有体育设施等。诸如此类有利于当地的活动,一般不会受到当地人的上诉。

规定的活动指的是,地方政府代表的是中央决策的分权管理,在行使由中央交由的责任时,地方政府参与中央政府提供的服务。这些责任由全国性机构具体规定,这些规定的责任有的是强制性的,而有的只是授权。例如,根据规定的责任,地方政府从事的活动包括教育、监督选举、健康和卫生、社会福利、消防等。

不管是规定的活动还是非规定的活动,地方政府必须坚持国家行政法院规定的四项原则:(1)地方原则,地方政府活动必须与当地人的利益有明确的联系;(2)平等对待原则,必须以相同的方式对待每一个人;(3)非营利原则,对提供的服务的收费不能高出代价;(4)非投机原则,不能从事显然属私人部门的活动,包括开公司和经商。但由于对这些原则的解释并非很严格,因而如前所说,在某些方面地方有较大的活动余地。比如,一般都认为劳动力市场和地区经济政策是中央政府关心的事,但实际情况是市政府越来越多地参与支持当地企业,这显然违反了非投机原则,但是在失业期间,很少有人会对此提出上诉。

同瑞典的地方政府一样,挪威的地方政府也分市和县两级。市政府的功能主要包括提供教育、卫生、社会保险、文化、发展性项目(如道路、供水、污水处理等)、健康、消防、公共娱乐设施、住房等方面的服务,同时还管辖市政府所属的企业(主要是电厂)。在市政府行使的这些功能中,基本教育(即对7—16岁少年儿童实行的强制性教育)占了首位,约占市政府公共支出中的1/4。此外,比较重要的功能是社会服务,它占了整个支出的17%。[①] 另外较重要的功能是城市发展、住房、供水及污水处理服务。相比之下,在市政府一级,健康服务功能的重要性相对小一些,它只是涉及家庭护理。县政府的功能主要包括负责中等教育(即对16—19岁的青年提供教育)、健康服务、社会保险、教会与文化服务、发展与住房活动,以及管理县政府所属企业(如电厂和港口等)。在县政府的这些功能中,最主要的是健康服务。这一服务主要包括医院、精神医疗机构以及特殊的医疗服务。县政府在这方面的花费占了其总数的60%,县政府的教育功能只负责16—19岁青年的中等教育,这方面的费用占了总数的16%[②]。市和县政府都不负责警察保护,这是中央政府的功能。此外,一般也

---

① 《统计资料》,奥斯陆版,第35页。
② 同上书,第36页。

不制定就业和工业政策,虽然有的市县有时也为建立新的企业制订计划。

正如上文指出的,挪威地方政府活动的法律基础是,除了特别赋以其他公共机构的事务外,地方政府能自由地从事任何活动。规定地方活动的大多数法律确立了市和县的一般责任,但在这一般责任下,有些活动可以由地方自由处理,尽管地方的活动通常建立在中央授权的基础上。对地方加以严格规定,地方必须遵守的活动有两项。一是教育,法律对提供教育服务的标准做了严格的规定,如教学设备、师资培训、不同年级不同课程的相对重要性等。二是健康服务,大约有 50 部法和 150 多个规章制度对地方在这方面的活动严加限制。

丹麦地方政府行使的功能与瑞典和挪威大致相同,甚至功能重要性的分类也大致相同。地方政府最重要的功能是社会服务和医疗保健,在这方面的花费占了 1985 年整个开支的 56%。市同时提供多种社会服务,如照顾儿童老人等,地方政府也对各种社会保险项目负责,如养老金、病人补助以及对无经济来源的人提供帮助等。教育和文化是地方政府从事的第二大类活动。县为 16~19 岁的青年(旨在通过考试进入大学)提供中等教育(大学和职业学校教育是中央政府的职能),市政府主要负责初等教育和当地图书馆,以及其他的一些文娱活动。同挪威一样,医院等大宗医疗设施由县管理。在丹麦无私人医院,医院的费用占了整个健康卫生费用的 80%[1]。此外,劳工政策以前由中央政府专管(中央政府主要管国防、外交、铁路、电报、工业发展、警察等),随着失业率的提高,地方政府已经日益参与为长期失业者制订有关特殊职业的条款,以及提供减少青年失业者的计划。

与瑞典和挪威不同,住房问题是丹麦地方政府的一项主要活动,尽管大多数住房都是私人的,但一些非营利组织为低收入者建起了一些住房,这些住房占丹麦整个住房的 15%[2]。这些组织通过优惠的利息条件和有利的偿付时期接受中央政府和地方政府的补助。市政府通常派一两名代表到此类组织。同时,低房租住房的数额由地方区域程序加以规定。

丹麦两级制(市、县)的地方政府在执行其功能时,采用分工管理的办法,这一分工建立在"互补"原则之上。一个小的市(人口通常在 5 000 之下)所无

---

[1] 《丹麦政府 1985 年度财政预算》,哥本哈根版,第 5 页。
[2] 爱德华·裴济:《中央与地方政府关系》,伦敦贤人出版社,第 51 页。

法承担的多种服务通常由县来提供,如医院、中等教育、主要公路等,这使得一些小的市通常只应付一些居民的日常问题。

三、北欧三国央地政府间的控制与反控制

北欧三国中央政府与地方政府关系在战后的一个趋势是扩大地方政府的自主权,以提高政府管理效率。但是,随着地方权力的扩大,作为都是单一制体制的国家,中央政府面临着一个如何对地方政府加以控制的问题。而既有控制,也就存在着地方反控制的活动和倾向,更何况中央对各地的情况并非采取完全一致的政策。这就使得中央与地方的关系变得有些微妙了。既要控制,又要放手,在处理这一令人棘手的问题上,瑞典、挪威、丹麦三国中央政府的主要做法可归结为以下三点。

1. 财政预算

财政预算是中央政府控制地方的有力杠杆之一,因为任何地方政府的活动都离不开钱。在瑞典,财政控制也是中央影响地方决策的一个重要手段。瑞典的市的财政来源主要有:地方收入税(通常占 42%)、国家特别拨款(占 21%)、国家一般拨款(4%)、收费(18%)、其他来源(15%)。对地方收入税并无正式的限制,除非它是比率税。单在国家财政危机时期,中央就同地方谈判,对地方提高征税额加以限制。如地方置之不理,中央就以提高征税额加以限制。如地方再置之不理,中央就以提高国家一般拨款(旨在消除市和市之间税收方面的差距),或减少国家特别拨款(旨在促进地方教育和社会税制方面的服务)来迫使地方服从。挪威中央政府对地方的财政控制实行的是另一种方法。挪威的地方政府尽管有相应的自主权,但市的收入受到中央政府的控制。这样,中央政府就在很大程度上控制了地方活动的规模。为了争取更多的中央资助,一些地方采取的策略是过度花费,造成财政赤字,并最终导致财政危机,从而对中央施加压力,使中央增加对其财政拨款。据统计,1972 年至 1984 年,地方预计增长为 3.3%,但实际增长为 5.4%[1]。为此,中央政府采取新的税收制度。根据已确定的标准实行拨款的包干分配,以最终对地方加以控制。丹麦在 1970 年改革后,对中央政府拨款体制也作了改革(为了提高地

---

[1] 博鲁纳普:《地方经济的市场分析》,载[挪]《经济分析家》杂志,1985 年第 5 期。

方政府在预算过程中的责任心)。1973年引入了包干拨款,取代原来的项目拨款和有条件的偿付。1979年建立了全国第一个可靠的预算体制。当国会知道地方花费比率增长时,便马上作出政治反应。在同地方政府以及有关利益组织谈判协商后,建立地方政府的花费限度,其目的在于削减地方花费,从而达到控制地方活动的目的。

2. 法律规范

中央对地方的另一种主要控制形式是法律规范。瑞典地方政府的活动(包括非规定活动)必须符合有关的具体规定。这些规定或者以国会通过的法律形式出现,或者以国家机构的详细指导形式出现。由于政策领域不同,地方政府面临的中央规定的程度和类型也不同。一般人们把瑞典地方政府的活动分成:(1)较少规定的;(2)较多规定的;(3)活动是强制的但规定较少;(4)活动是强制的但规定较多。但是,不管从事哪类活动,地方政府必须遵照有关的法律和规定制度。此外,同秩序和安全有关的决定必须交县首脑批准,有的则必须交中央批准。丹麦在法律规范控制方面更有过之而无不及。1970年改革扩大了地方政府的自主权,但相矛盾的是,在中央颁布的有关政策和规章制度中,据统计有75%涉及具体的政策方面,40%非常具体[①]。这在某种程度上又束缚了地方的活动。此外,中央政府对地方的决策(包括预算和会计)加以监督,通常由4人组成的县政府小组对市进行监督,组长由中央指定,而县政府和首都则由内务部监督。一些决定如被发现不合法,这些决定便无效。如果地方政府故意无视有关法律规定,那么有关人员将受罚款处罚。与瑞典和丹麦相比,挪威中央政府通过法律规范来控制地方活动则带有授权的特点。例如,中央政府通常通过劳工部和地方政府对县一级有关财政事务的重要决定作出回复,而对市一级的控制,又是通过中央政府的代表——县政府一级的首脑来进行的。

3. 分权

中央政府在对地方进行控制的同时,又要注意发挥地方的主动性和积极性。简言之,就是要分权。这就迫使中央改进其对地方的管理方式。瑞典的一个做法是,中央制订一个大概的政府框架,具体问题是由地方决定,改变以往中央政策和规定过细、使地方难以周旋的状况。在瑞典,县政府一些规定的

---

① 爱德华·裴济:《中央与地方政府关系》,伦敦贤人出版社,第58页。

活动在过去通常根据由国会制定的详细规范来加以管理,并由卫生和社会事务委员会这一强有力的国家机构来执行。县的扩建计划中的重要内容,如投资、医生的分配等必须得到中央的批准。随着分权化,中央改变了这一管理思想。根据新的做法,中央指出一些主要的目标,而让地方拥有足够的余地去选择达到这些目标的手段。一些中央机构的职能发生了变化,变成了一般的规划委员会。丹麦的做法则相反。1976年前,地方政府通常是作为中央政府的执行机构在社会事务中发挥其作用的。它或是执行一些具体的规章,或是将一些决定交中央批准。1976年后,地方政府相应扩大了自主权,其职能从单纯的执行到政策规划和执行。但中央的政策给地方的余地并不大,这一点在上文已有所涉及。

中央影响、控制地方的过程,也是地方影响中央的过程。这里表现出来的是一种互动。地方为了自身的利益,会通过多种途径来影响中央的决策和规定。这些途径在瑞典、挪威、丹麦主要如下。

1. 政党机制

在瑞典,80%的国会议员都是前地方政客。他们了解地方状况和要求,地方往往通过他们向中央政府施加压力。在挪威,政党机制表现得更充分。首先,国会候选人由地方提名,党的中央机构对谁能当选几乎毫无影响。由于每个议员代表了某一地方,他们至少在一些方面会作为地方的代言人。其次,据1985年统计,有85%的国会议员是前地方政府成员,这也产生了同瑞典相似的状况。据丹麦的材料统计,地方官员在4年的任期中,大多数人不止一次地试图通过政党机制来影响中央政府,其中社会民主党的官员(83%)在这方面表现更为突出。这种影响活动旨在改变某些法律和管理规章。

2. 地方政府协会

在瑞典有市协会和县协会,所有市、县都是这两个组织的当然成员。这两个组织在国家一级上代表其成员。两个组织在很大程度上卷入中央的决策,特别是有关地方政府利益的决策。它们任命政府处理地方事务的委员会的顾问,也从事对地方多类活动的研究,在某种程度上发挥着地方政府舆论代表的作用。在挪威,所有的市和县都属挪威地方政府协会这一组织。它旨在影响中央决定,在多种处理地方事务的委员会中充当代表。但同瑞典的两个组织相比,它的作用相对较小。这表现在它并不经常、也不正式地同中央机构进行接触。它的影响取决于受邀请对中央政府的政策提议作出评论,因而其影响是有限的。丹麦和瑞典一样,有市和县两个协会。它们向中央提供当地的情况、建议以有助于中央政府活动;或通过自己的刊物以及作为信息中心影响公众舆论。它们也通过提供建议给地方政府官员来对地方提供帮助。市协会还设有中央服务咨询机构,在分析地方政策问题、规划技术和组织设计方面提供帮助。

3. 官员之间的互相接触

瑞典、挪威和丹麦都是小国。因此,地方和中央的一些主要政府官员彼此都认识。一个非正式、但直接影响中央的方式就是同中央政府的部长面谈。例如,在瑞典,当政府作了决定、而地方感到难以接受或认为会给地方带来麻烦时,与部长的会谈往往作为最后一招加以使用,以影响中央政府的决定。在丹麦,官员之间常进行沟通,但地方官员很少有机会影响部长。然而,地方政府协会的负责人、特别是主席都可以随时就地方问题同部长会谈。这种会谈是相当正式的(两者都属同一党的会谈除外),因而其影响也是显而易见的。

有限政府与分权管理：
美国公共管理模式探析*

摘要： 美国的公共管理是在一个非常独特的社会结构和社会文化环境中进行的。作为这一社会结构和文化的产物，有限政府和分权管理构成了美国公共管理的一个重要特征。本文从制度、过程和文化三个方面对此做了探索。本文在最后指出，在国家发生灾难和危急时刻，美国人希望政府有所作为和表现；但在平常时期，美国人通常又不愿意政府积极干预、权力过大。而危机在美国的国家历史发展中毕竟只是较为短暂的一刻，危机一旦过去，民众心目中的政府仍然应是一个受到制约的、相对消极的政府。

一、美国公共管理中的分权结构

有限政府和分权管理实质上是一个问题的两个方面。如果把有限政府当作一种理念的话，那么分权管理在某种程度上则是有限政府的一种表现形式。有限政府，顾名思义，政府的权力是有限的，政府的权力是受到制约的。而政府权力的分散，是有限政府得以实现的一个重要条件。

美国公共管理的本质特征是分权，美国国家体制就是在横向和纵向分权的基础上建立起来的。从历史上来说，这一分权的制度性结构一方面是18世纪欧洲思想家尤其是洛克的分权思想的产物，另一方面是对英国殖民地时期殖民政府的专断蛮横的一种反应。当然，它也是在美国人民的一种在殖民统治下形成的恐惧并憎恶政府权力的文化中建立起来的。《联邦党人文集》和美国宪法都反映了美国建国者将政府权力分散并对其进行制约的决心。《联邦

---

* 本文原发表于《上海师范大学学报》(哲学社会科学版)2013年第3期，第38—45页。人大复印《管理科学》2013年第9期全文转载。

党人文集》第51篇中指出:"防止把某些权力逐渐集中于同一个部门的最可靠办法,就是给予各部门的主管人抵制其他部门侵犯的必要法定手段和个人的主动……野心必须用野心来对抗。"①就公共管理而言,与其他西方国家一般意义上的分权(即立法、行政、司法三权分立)不同,美国的分权带有一些独特性,它表现了较高意义上的权力的分立、制约和平衡。

首先,在横向的分权中,与议会制国家不同,美国三权分立中的总统制与司法审查制度是非常独特的。在议会制国家(以英国为典型),政府是由在大选中赢得议会多数席位的政党组成的。这样,在行政与立法之间往往表现出合一的特点。由于政党纪律的严格,行政与立法之间一般不会发生严重的冲突,一些重大行政问题的决定通常能较顺利地得到立法机构的批准。

与此相比,美国制度结构中的总统制与司法审查制是议会国家所不具备的。这一制度结构对公共管理产生的影响有如下四点。第一,由于代表行政权的总统是民选的,这样首先就排斥了立法机构对行政首脑在去留问题上的制约(除非是在一些非常特殊的情况下,如弹劾,美国历史上曾有一位总统遭弹劾),从而保证了行政系统极大的独立性。第二,民选的结果往往造成当选总统与立法机构的多数属不同的党派,形成共和党的总统与民主党的国会,或民主党的总统与共和党的国会,而由此引发的行政与立法的冲突在美国历史上是一种家喻户晓的事。第三,美国宪法赋予了总统相当的权力(众所周知的人事任免权、行政权、军事权、外交权、立法权、否决权等),这些权力使得总统在行动中构成了对立法机构的相当的独立性。罗斯福曾经说过,总统为了维护国家利益,可以采取任何行动,只要是不为法律所明文禁止的。总统一个非常重要的权力是对国会通过的法律等具有否决权,这一点在议会制国家的行政管理结构中是不存在的。尽管国会能以2/3的多数再次最终否决总统的否决并通过决定,但美国的历史表明,总统的否决大多数都能得以通过。第四,对美国公共管理产生重大影响的另一种制度性安排是最高法院享有司法审查权。它可以审查政府行为或国会的法案等是否违宪,从而肯定或取消某一政府行为或某一法案。在其他一些西方国家,一般来说,改变政府组织结构或功能的正式途径是修改宪法。在美国,由于修宪相对不易(由国会两院以2/3以

---

① [美]汉密尔顿、杰伊、麦迪逊:《联邦党人文集》,程逢如、汉舒逊译,商务印书馆2004年版,第264页。

上的票数通过提出宪法修正案,然后交由各州议会批准,获 3/4 以上的州批准时,宪法修正案得以生效),因此,最高法院享有的对宪法的解释以及司法审查表现了这一制度性结构的灵活性。此外,就司法审查而言,美国的行政程序法规定,如果认为行政机关的裁决、命令、规章违宪违法或不当时,人们有权上诉法院请求修正或废除。例如,对州际商务委员会、联邦贸易委员会、联邦交通局等管制机构的裁定可直接上诉美国上诉法院。这样,司法审查得以从两个层面对政府的行政行为加以制约。在美国历史上,政府公共管理涉及的一些重大事件有不少是由司法干预而完成的。著名的例子有对黑人白人分校,以及黑人白人乘公共汽车等对黑人歧视的为非法的裁定。这个判例不仅干预了政府的行为,而且推动了社会的进步。

其次,在横向的分权中,美国的一个奇特之处在于行政系统内的分权。这在议会制国家根本找不到,就是在美国宪法中也找不到依据,在美国实行首长负责制的行政体制中似乎也不可思议。然而,美国政府行政运行的实践表明,大结构的三权分立也影响到了政府行政机构内部。这表现在不同行政部门的利益因社会上的利益集团以及代表某一利益集团的国会有关委员会的干预有时难以形成整体,比如农业部会补贴种植烟草的农民,而健康与福利部则鼓励民众不要吸烟。而不同行政部门之间为自己的地盘进行的利益争夺有时会使政府发出两种甚至更多的不同声音,比如,"国务院与国防部可能都致力于如何解决外交政策危机——是以外交手段还是使用武力解决问题,部门都会从自己的角度去看问题"[①]。而这种状况在英国式的议会内阁制的管理结构中是不会出现的,因为内阁是以集体的名义行事的。

再者,美国公共管理的分权还表现在它独特的纵向分权上,这就是著名的联邦体制,它形成了美国独特的两级管理体制(进入 20 世纪 60 年代后,也有学者认为出现了三级管理体制,即联邦、州和地方政府三级管理,原因是联邦与地方政府的联系日益密切)。这一制度结构的特征在于:第一,两级政府在各自权力的范围内行事,联邦政府只能行使宪法中所列举的权力。根据美国著名的宪法修正案第十条规定,"宪法未授予联邦,也未禁止授予州的权利,由各州或者是其人民保留。"这样,州在很大程度上得以防止联邦权力的侵犯。当然,在某些权力上,两级政府可以共享,如征税、举债等。第二,两级政府的

---

① [美]拉里·艾洛维兹:《美国政府与政治》,张明贵译,桂冠图书股份有限公司 1995 年版,第 32 页。

关系表现为既冲突、又合作，这是权力上下分割带来的一种必然现象，尽管合作是主要面。随着时事的变迁，联邦政府通过财务方面的权力而日益入侵州政府的权力领域，以至于有人把政府间的关系看成是三级而非两级政府间的关系。但不管怎样，联邦体制的本质特征并未改变。联邦政府的权力在纵向的伸展中受到了严重的制约。20世纪70年代和80年代出现过的"新联邦主义"就是遏制联邦政府权力扩张的一种努力。

当然，需要指出的是，这种制度结构上的分权在使行政权在较高程度上独立于立法权的同时，它的行使也受到了立法权的制约。这种制约主要表现在：第一，政府机构设置的法令由立法机构规定；第二，行政机关的活动经费由立法机构调拨；第三，立法机构对行政机关的活动有调查权，以考察其行为有否不当或违法，以防权力滥用；第四，行政机关必须执行立法机构的决定以及通过的法律；第五，对行政机关的财务有审计权，对行政人员有弹劾权。这样，在人、事、财这些主要资源方面，行政机构受到了制约。这种状况一方面导致在议会制国家少见的立法与行政在某些问题上的严重对立（如在预算问题上），另一方面也给行政机构的行动带来了阻碍，影响其效率的发挥。

在指出了美国公共管理的这一制度性结构安排后，我们要探讨的问题是这一分权结构如何影响了政府的行政过程。

二、分权结构下的美国公共管理过程

如果把政府过程看作一个由输入、转换和输出构成的连续体的话，那么，由于分权结构的作用，美国公共管理的过程总的来说表现了输入的多样性、转换的分散性和输出的不定性。

从输入方面来看，这一多样性首先在政府层面上表现为来自横向的（立法、司法）和纵向的（联邦、州、地方）资源极为丰富。这里既有支持，也有制约；既有合作，也有冲突。这一分权结构给行政运作带来了以下优点。第一，减少决策的风险。由于联邦和各州自成体系，因此作决定时可以避免在集权体制中会产生的"把所有鸡蛋放在一个篮子里"的风险。第二，在一些可能引发社会分裂的重大问题上提供了一种灵活的选择机制，比如在堕胎问题上制定一个全国性的政策可能是危险的，因为支持和反对的人旗鼓相当。而分权提供的一个现实选择就是在禁止堕胎的州的人想堕胎，可以到不禁止堕胎的州去堕胎,问题也随之解决。第三,由于分权,地方政府可以针对面临的大量的管理问题在自己管辖的领域里自由地采取有效的解决措施,而不会像在集权体制中采取"一刀切"的做法。比如,在美国许多州竞相下放文官管理的权力时,佐治亚州则取消了该州的文官制度。

另一方面,分权结构的问题在于,分权导致的互为矛盾和互为冲突的资源输入提高了行政系统进行转换的难度。由于在达成共识方面颇费时间和精力,它延缓了转换的速度,增加了转换的成本,甚至会造成政府工作的中断。一个例子是20世纪90年代中期共和党的国会和民主党总统克林顿在预算问题上的冲突,其结果导致联邦政府关门达10天之久。最近的一个例子就是"财政悬崖",由于国会和总统在削减政府开支和向富人增税问题上迟迟达不成共识,以至拖到"财政悬崖"限期的最后一天才勉强达成协议。分权结构隐含的行政与国会的冲突在这些事件中表现得淋漓尽致。政府的难以作为正体现了它的有限权力。

其次,这一多样性在社会层面上表现为来自政府外部的各种资源极为丰富。美国社会的多元结构使得各种利益集团极为活跃。各利益集团之间的冲突以及各集团对政府的施压,导致行政部门因自身利益驱动而出现彼此不一致和不协调,或在一些政策上无所作为。这些利益集团有政府内的,也有政府外的。比如,在美国,州和地方政府都有它们自己的利益集团,如"州政府会议""全国都市联盟"会设法向华盛顿的联邦政府施压,以获取补助金、保护性契约、联邦建设计划、都市更新或低价住宅补助等。社会利益集团的一个著名例子是"全国步枪协会"。美国屡屡发生枪击惨案,但严格枪支管制或禁枪却一直遥遥无期。尽管禁枪很难做到(因为美国宪法第二条修正案保证美国人有持枪的权利),但大多数美国人还是倾向于严格持枪规定。2008年盖洛普调查显示,"49%的人认为控枪规定应该更加严格,30%的人认为应该像以前一样,只有11%的人认为应该放松这方面的规定"[①]。然而,大多数人的意见一直在政府政策上得不到体现,因为"全国步枪协会"反对,尽管它人数不多,但组织精良,影响力强,而当政者又怕在选举中丧失选票,因而在这一问题上一直没有进展。此外,进入20世纪80年代后,随着新公共管理改革运动中政府职能外包的兴起,政府原有垄断提供的公共服务项目被越来越多的社会组织

---

① Neal Tannahill, *American Government: Policy and Politics*, Longman, 2009, p.150.

和私人企业所承包,使得大量的外部输入资源更是直接进入了政府的转换过程。

再者,这一输入的多样性还来自国际社会经常不定的变化。这一输入也可能导致不同行政部门因不同的自身利益,以及行政部门与立法机构的不同立场和观点而产生政策上的不一致和前后矛盾。比如,中国人可能还记忆犹新的一个例子是20世纪90年代克林顿政府时期台湾地区领导人的访美事件,美国行政当局曾以明确的语言表明不欢迎台湾地区领导人访美,并拒发签证。但这一政府决定最终因国会对政府决定持反对意见而得以改变。

分权的结构又导致了政府转换过程的分散性,其主要表现如下。第一,转换过程缺乏一个"全面指路"的中央机制。由于行政官员置身于许多互相抗衡和冲突的利益集团之间,因此,"对于应该做什么,应该服从谁,几乎不曾有过什么确定的、为大家所接受的标准"①。此外,分散的权力结构使得立法、司法和官僚得以分享权力,这为他们之间的冲突提供了基础。第二,分散的权力结构、输入资源的丰富性以及输入资源之间的矛盾和冲突导致在转换过程中产生了大量的行政自由裁量权,这意味着政府或政府的中下层官员能有较多的机会来作出影响执行的决定,或是抵制执行有关的决定。比如,美国国会在1973年通过的《康复法》有一条款规定,在任何接受联邦资助的项目中,禁止歧视残疾人。政府的交通部在一些残疾人的压力下,巧妙地把这一比较抽象空洞的目标最后转化为了要求每一个大城市的公交车都要安装帮助坐轮椅的残疾者上车的装置。第三,分散的权力结构同时也导致在转换过程中出现较多的"权力真空",并存在一些未被严格定义的权力,因而对它的执行就产生了问题。这是转换过程中行政与立法、联邦与州之间出现冲突的重要原因。同时,它也意味着在转换过程中各方会努力竞争某些权力,以增加其影响。在诺顿·朗看来,"各个行政管理机构——公共机构、各部、局以及派出机构都在不断地为政治生存而斗争。在这场无情的行政管理竞争中,官僚们为了维持他们组织的生存,都竞相向下属团体、立法机构、执行机构以及一般公众争夺有限的权力源泉"②。第四,分散的权力结构导致一个完整的转换过程被割裂成几个

---

① 诺顿·朗:《权力和行政管理》,[美]理查德·斯蒂尔曼:《公共行政学:观念和案例(上)》,李方、杜小敬等译,中国社会科学出版社1988年版,第210页。
② 同上书,第208页。

部分。完整的转换应表现为高层官员制定政策并对政策的执行负责。过程被割裂导致的一个结果是,每一部分的责任的确定视结构、功能和政治等诸方面的因素组合而定。这一状况使得行政者往往成了"政治游戏中的一员"①,而行政的相对独立性有时被抛弃了。

转换过程中的这种分散性集中表现在联邦政府决策过程中存在的一个铁三角和问题网络上。铁三角是由国会小组委员会、政府部门官僚和社会上的利益集团三方构成。利益的分合使得转换的分散性显得尤为明显。在铁三角的结构中,国会小组委员会通常联系并监督有关的政府行政部门,比如美国国会中的农业小组委员会就盯着农业部。小组中的议员受到社会利益集团的制约(因为能否当议员,利益集团的选择是极为重要的),而利益集团之间在一些问题上又往往会发生对立。官僚是专家和实际的运作者,政策的制定者和执行者。这样,转换活动的中心往往集中于一些与机构管理权限有关的领域,作为完整的政府过程就被割裂了。除了铁三角,休·赫克罗认为还存在着一个"问题网络"。在赫克罗看来,这一"问题网络"是一个分散性的集团,无数个博弈者都在这个短暂的网络之中出入,但是又没有任何人明显地控制着规划或政策。如果说,铁三角的根基是利益的话,问题网络更多包含的是知识和情感。问题在于,"这一网络的参与者都试图依靠自身的专业知识和经验来获得权力和影响,使本来易于解决的问题变得更为复杂"②。转换过程的分散性意味着,行政部门的首要工作并非尽快地处理多种输入,并尽快地将输入的资源转换为输出,而是"形成一个不同结构和政府层次的联盟"③。没有这一联盟,政策要么是老样子,要么就是大变。组成这一联盟的一个主要结果是使政策产生一些较少的渐变,而不是对问题动大手术。

转换过程中的这种分散性还表现在,随着政府项目的外包越来越多,以及政府在这些项目上的垄断地位被打破,政府的相关权力日益落入了这些承包者手中。这种状况甚至改变了政府的管理形态,也就是在原有单一的等级式管理之上又多了一种平行的网络式管理,正如菲利普·库珀所说,美国今天的"公共管理者是在垂直的权威模式和平行的协商模式相互交叉的情况下运作

---

① George Gordon, *Public Administration in America*, St. Martin Press, 1986, p.47.
② [美]理查德·斯蒂尔曼:《公共行政学:概念与案例》,竺乾威、扶松茂等译,中国人民大学出版社 2004年版,第668页。
③ Frederik Lane, *Current Issuses in Public Administration*, St. Martin's Press,1986, p.51.

的。垂直模式的权威、资源和影响力来自治理核心的宪政过程。平行关系建立在合同概念之上"①。

如此,政府过程的输出就产生了一种不确定性。最终的输出结果视各种力量的分合而定。影响各种力量分合的主要变量有:立法与行政合作的程度、利益集团的参与和影响程度、各行政部门之间的合作程度、自由主义和保守主义思潮影响的程度、总统以及高级官僚的个人素质、社会组织和企业的影响力等。在这里,任何一种变量的变化都可能对输出产生重大的影响。例如,美国著名的"使用原子弹"决策的产生,其中既有立法机构成员的心领神会,也有最高行政官的审时度势,又有高级官员的力陈利害,从而最终使一股强大的反对力量得到压抑②。这一组合的变量中若有一个变量稍微发生变化,那么使用原子弹的决定可能就是另一回事了。再如上文提到的台湾地区领导人访美这一事例,也可以从另一方面来说明因变量的变化而导致政策(即输出结果)的彻底修正。此外,由于越来越多的社会组织和企业在公共服务项目上参与了政府的输出(这两者的关系通常被称为"伙伴"关系),这就导致服务质量往往因提供者而异,而这些不确定的质量的高低同政府是脱不了干系的,这反过来又导致政府对此类的输出加强监管,而监管又往往会出现政府官员"被俘"现象。

三、美国社会中的政治价值对政府过程的影响

输入的多样性、转换的分散性以及输出的不确定性之间存在的逻辑关系表明,分权结构对政府功能的影响是巨大的。这里,我们进而要探讨的问题是,导致产生并支撑这一分权结构的文化因素是什么?这就会涉及价值问题。从社会所接受的价值观念的角度对这一结构作一番分析是必要的,因为只有当一种思想、理念成为多数人所接受的社会价值,成为一种社会文化时,由这种思想观念转化而成的制度性结构的运作才会有最可靠的保证。此外,价值角度的分析也有助于理解支撑美国公共管理基本框架的信念,理解它们对过程的影响。

---

① [美]菲利普·库珀:《合同制治理》,竺乾威、卢毅、陈卓霞译,复旦大学出版社 2007 年版,第 12 页。
② 亨利·L. 斯廷森:《使用原子弹的决定》,[美]理查德·斯蒂尔曼:《公共行政学:观念和案例(下)》,李方、杜小敬等译,中国社会科学出版社 1988 年版,第 34—35 页。

首先，美国社会的政治价值之一是对权力的一种天生恐惧。这种价值，尤其是保守主义的观点，把政府权力看作一种恶，一种必要的恶，"从内心深处怀疑政府人员的忠诚和动机"①。美国建国者之一的托马斯·杰弗逊的这段话集中表达了这样的一种观点，并为有限政府定下了基调："自由政府是建立在猜疑之上，而不是建立在信任之上的。因此，在权力问题上，不要再听相信人之类的话，而要他受法的约束而不致为害。"②美国宪法第二条第四款的这句话直言不讳地表明了甚至是最高行政官员都有可能干坏事："共和国总统、副总统，以及其他所有官员因叛国、贿赂，或其他重罪与轻罪而被弹劾、定罪者，均应免职。"权力导致腐败，权力滥用伤及无辜，当官必贪这一基于人性恶的哲学出发点，构成了制度建设的一个思想基础。公共选择理论以冷峻的语言对此作了最明晰的断言。这一理论认为，人是经济人，是理性的自利主义者。他们的行为动机都是自私的。另一方面，在行动上，他又是理性的，能最充分地利用一切来达到自身利益的最大化。政府官员也一样，他们都有自己的私欲，因而必然以追求自身利益的最大化作为行为的准则。问题在于，对政府官员来说，对私欲的追求不能以牺牲公益为前提。因此，政府并非救世主，对其权力必须加以制约，以使社会避免因其权力的滥用而遭受痛苦。

在这样一种对权力猜疑和防范的社会政治价值中，有两个概念占据了相当重要的地位，即主权在民和有限政府（当然，有限政府既可以是一种理念，也可以是一种制度结构设计）。

主权在民思想并非美国的产物，但却根植于整个美国社会。它反映的是一种管理最终由被管理者来担任的思想。这意味着两点：第一，政府权力并非来自神授，而是由人民赋予。第二，人民有权参与政治活动和国家行政活动。林肯在1861年第一任就职演说词中说："总统的一切权力都是人民所赋予的。"在相当程度上，这是美国社会的一种共识。总统由民选产生被写入了美国宪法。与欧洲一些国家相比，美国人的国家意识淡薄，因而政府权威相对弱化，这当然与美国社会在历史上没有经历过封建阶段，以及美国是个移民社会有关，但主权在民的意识不能不说是个重要因素。

主权在民思想在美国社会的一种表现形式是个人主义和多元主义。前者

---

① Robert Fried, *Performance in American Bureaucracy*, Little Brown & Company, 1976, p.179.
② [美]詹姆斯·伯恩斯等：《美国式民主》，谭君久等译，中国社会科学出版社1993年版，第35页。

意味着个人参与政治过程以及追求自身的目标,后者则强调集团组织作为一种保护集团利益的手段的适当性。美国社会中各种利益集团的活跃和对国家行政事务的干预,以及整个社会对这种干预的认可,反映了主权在民思想在社会中所具有的活力。政治学家理查德·贝济曾指出:"作为一种理性与实践,多元主义假设集团是好的。公民有权组织起来提出他们的利益,具有不同利益的集团会互相谈判和竞争,而这种谈判和竞争的结果有利于全体人民。"[①]贝济在这里并未提及集团之间的不均衡性,以及权势集团和大资本集团在整个活动过程中具有相对较重的分量。毫无疑问,在美国的体制下,主权在民这一价值有时难以避免被大资本歪曲。不过,不能以此来简单地否定美国政治和行政过程中代表各种利益的集团的存在,以及它们对政府政策的影响;不能以此来低估美国人民本身的思想能力和由此产生的行动能力(尤其是在民众的教育文化程度已经达到较高水平的情况下);不能低估一种社会共识所能产生的物质力量。前不久发生的"占领华尔街"运动一度风靡(甚至蔓延到其他一些西方国家),这一运动事实上表达了美国民众对华尔街金融资本极度贪婪的抗议,奥巴马第二任内实施的对富人征更多的税的政策或许在某种程度上是对此的一种回应。

强调"主权在民"的另一方面是对政府的戒心。美国宪法制定者的一个占主导的思想是,政府对个人的自由构成了一种基本威胁,从而产生一种有限政府的思想,而这一思想逐渐成了一个全社会所接受的共识。从结构上讲,有限政府是通过分权制衡和司法审查的机制得以实现的,这一点前文已有论述。而有限政府的功能则随着社会发展的变化也发生了变化。这主要表现在建国时期政府的守夜人角色向较积极的干预者角色的转化,表现在行政权力相对地膨胀和扩大,特别是罗斯福新政以后。有人甚至形容美国总统是帝王般的人物,美国成了行政国家。因此,随着政府行政权力的扩张,这里的一个问题是,有限政府是否因而变成了无限政府?

回答这一问题的前提是,这种行政权力的扩大是否已经突破了美国宪法确立的分权制衡的框架,如行政权凌驾于立法权或司法权之上?回答应该是否定的。行政权力的扩大首先是社会发展带来的。美国联邦政府从开国之初

[①] 参见 Dwight Waldo, *Public Administration in a Time of Turbulence*, Chandler Publishing Co., 1971, pp. 59-73。

的3个部发展到今天的15个部(最新的一个部就是在"911"后建立起来的国土安全部),表明政府管辖的事务随着国家领土的扩大和人口的增加以及美国在国际事务中的重要性的增强而得到了急剧的扩张。比如,美国宇航局这一机构在19世纪是不可想象的。因此,政府职能的扩大是现代社会的一种必然要求。当然,作为一种利益集团,政府本身具有一种天然的扩张意向。但是,必须同时也要看到美国社会中制约政府权力扩张的努力。尽管保守主义和自由主义思潮在政府作用问题上有不同的看法,美国社会占主导的社会价值观念依然是政府规模不能过大,人员不能太多,花费不能太多,对社会事务干预不能太多。从"财政悬崖"事例中可以再次看出国会对削减政府开支的强硬决心以及政府的妥协。

正是这样一种社会政治价值观念,支撑了美国社会在政府管理几个基本问题上进行选择时所持的立场。首先是民主和效率问题。美国的权力分散和制衡结构决定了政府行动相对缓慢。在一些重大问题上的不同意见、尤其是立法与行政之间的对立,常常导致一项政策的难产或变更,这种拖延使很多重大问题迟迟得不到解决(比如克林顿上台伊始就着手进行的医疗保障方面的改革在他八年后卸任时依然没有进展)。正如理查德·施罗德所说的,这种情况"有时不及将权力集中于一人或一个小集团的政府来得有效。但美国在整个历史过程中所得到的经验是,草率的政府行动往往考虑欠周,而且有害。如果所有重大问题都由公众充分辩论的代价是效率的相应丧失,那么这是合理的代价,也是美国人民愿意付出的代价"[①]。

当然,现在也有对民主越来越多的批评,其中的一个批评是以党派形式出现的民主往往绑架了国家利益,政党有时为了选票而将政党利益置于国家利益之上。

其次是单一与多元。保持政府行动的一致通常是社会管理提出的一个基本要求。但是,横向的分权不仅导致各种利益集团对决策过程的介入,而且还导致政府各部门之间为自身利益发生冲突;纵向的分权导致联邦和州政府拥有各自的领域;由于司法审查拥有裁决问题的最高权威,因而在美国也就出现了州政府起诉联邦政府、国会与联邦政府对着干、州政府在一些重大问题上彼此不一之类的在其他国家甚至难以想象的事。比如,2003年夏,马塞诸塞州最

---

① [美]理查德·施罗德:《美国政府简介》,美国大使馆文化处编译出版,1981年,第84页。

高法院判定同性恋可以在该州结婚,然而随后不久,也就是在2004年1月,美国有17个州投票反对同性恋结婚。而美国社会似乎乐意看到这种乱哄哄的场面。整齐划一、众口一词、上起下落、干净利索在他们看来才是不可思议的。像上面提到过的因预算危机而迫使联邦政府关门达10天之久,以及在"财政悬崖"事件中立法机构与行政机构在期限的最后一天才匆忙达成协议之类的事,或许也只有美国才有。有意思的是,社会对此的指责,要么针对国会,要么针对总统,但很少有人针对导致这一状况产生的制度性机制。正如詹姆斯·威尔逊等人指出的,尽管自20世纪60年代以来,民众对政府的信任度有所下降①,"但是,在我们对此现象深表不安之前,我们应该记住,人们说的是美国政府官员,而不是美国的政府体制"②。这从另一面表明这种美国式的分权管理具有非常深厚的文化土壤。

再者,积极还是消极。政府到底应该扮演一个积极的角色还是消极的角色?分权的政府是否必然是一个消极的政府?美国人在这一点上的看法是矛盾的。受美国历史上反政府文化的影响,"美国公众对政府的态度通常是负面的,把政府看作是大的、非人性的和无效的"③。这表明,美国人一般来说不喜欢有一个积极的政府,不喜欢有一个大政府。但是另一方面,"他们又喜欢从政府项目中得到福利,希望政府保护他们。一个例子是2010年的墨西哥湾石油钻井的大泄漏。它导致数人死亡以及每天19 000加仑的石油溢入大海,造成生态灾难。这时,要求政府少管的声音突然停止了,一些以往反对政府有作为的人要求政府做些什么来制止这场灾难"④。这一点在美国人有关美国政府开支的看法中也表现了出来。一方面,"他们要削减政府自身的开支,但同时在一些国内项目(教育、健康、环境、退休、失业、执法)上要求增加开支"⑤。但

---

① 对这一点学者有不同的看法。比如在苏珊·韦尔奇看来,美国民众对政府的信任度是起伏的,政府表现糟糕的时候,比如在卡特利亚飓风事件上,民众的信任度就低,反之就会高。总的来说,对政府的信任度要比对企业的信任度来得高。参见 Susan Welch, *Understanding American Government*, 14th edition, Wadsworth Publishing, 2012, p.16。
② James Wilson, John Dilulio, and Meena Bose, *American Government: Institutions and Policies*, 12th edition, Cengage Learning, 2011, p.89.
③ Alan Gitelson and Robert Dudley, *American Government*, Cengage Learning, 2009, p.335.
④ Susan Welch, *Understanding American Government*, 14th edition, Wadsworth Publishing, 2012, p.16.
⑤ Ibid., p.11.

问题在于不具一定规模的政府又如何能提供远大于这一规模的服务呢？这种看似矛盾的状况也反映在政府对这种社会文化和情绪的迎合上。比如，克林顿政府在新公共管理改革时期的一个著名口号和目标就是"花更少的钱，做更多的事"，以"通过削减不必要的开支来把人民放在首位，服务于他们的顾客，授权给雇员，帮助社区解决他们自身的问题以及提供优良的公共服务"①。一般来说，在国家发生灾难和危急时刻，美国人希望政府有所作为和表现，但在平常时期，美国人通常又不愿意政府积极干预、权力过大。而危机在美国的国家历史发展中毕竟只是较为短暂的一刻，危机一旦过去，民众心目中的政府仍然应是一个受到制约的、相对消极的政府。

Limited Government and Decentralized Management:
An Analysis of Public Management Pattern of the USA

Abstract: The public management of the USA is performed under a very specific social structure and cultural environment, characterized by the limited government and the decentralized management. The paper probes into the issue from the perspective of system, process and culture. Finally, the paper points out that American people hope that the government should "do something" during the period of crisis and emergence, while during the time of peace, the American people are reluctant to witness the interference of government with the public management. The period of crisis only stays short, and after the crisis, the US government is still seen as a restricted and passive one by the public.

---

① Alan Gitelson and Robert Dudley, *American Government*, Cengage Learning, 2009, p. 371.

论布什政府的科技政策*

摘要：科技政策在战后已经成为美国政府公共政策的一个组成部分。但是，把科技政策作为一项重要的竞选内容提出，并在政府公共政策中将科技政策置于显要位置的是布什及其领导下的政府。这反映了科技在20世纪80年代和90年代对国家发展所具有的一种举足轻重的作用，也反映了布什政府对这一作用的敏感而清醒的认识。在当今的社会发展和国际关系中，科技的含义已远远超越了自己本身，它已经同政治、经济、军事、外交、文化等产生了密不可分的联系，已经成为一个国家总体发展战略不可缺少的一部分。本文旨在从科技与发展战略的联系来探讨布什政府的科技政策。

一、美国科技政策的演变

任何政策的形成都有其一定的历史背景，科技政策也是如此。因此，探讨布什政府的科技政策，有必要首先了解一下美国科技政策的演变。

一个有趣的事实是，美国的一些开国英雄，如本杰明·富兰克林、托马斯·杰弗逊等在当时都是颇有名气的业余科学家。但这一事实以及他们对科技进步价值的信仰并没有在当时形成一种政府政策，其原因显然是同美国当时还是一个农业社会、联邦政府较受限制的作用和较低的地位联系在一起的。一个明显的事实是，联邦政府不能建立国立大学，这一既成事实甚至延续到今天。尽管联邦政府的地位与作用已与过去不能同日而语。

一般认为美国政府的科技政策形成于第二次世界大战时期，其原因很简单——科学家在整个战争过程中对战争的最终胜利作出了无可估量的贡献。最显著的莫过于曼哈顿工程(即原子弹)的成功及其对战争的影响。这一作用

---

* 本文原发表于《复旦学报》(社会科学版)1990年第4期，第20—26页。

使政治家认识到了科技的力量,科技与国家安全之间的联系,从而使政府在战后的政策上发生了以下几个大的变化。

一是,联邦政府正式设立了总统科学顾问委员会。在这之前,科学顾问委员会只属业余性质,并没有一种正式的地位。总统科学顾问委员会就科技的发展、政府的科技拨款以及与工业界、学术界的联系等向总统提供咨询意见。由于科学家在战争期间的卓越贡献,在战后相当长的一段时间里,他们在国家安全问题上具有举足轻重的发言权。因为战后冷战时期美国政府政策的核心是国家安全,因而科学家的地位就显得更加重要。

二是,基于对科技作用的认识,联邦政府增加了对科学研究和开发的拨款。据统计,在二战前,政府在这方面的拨款只占预算的1%不到,而到了20世纪60年代,研究和开发的费用占了预算的12%之多。同时,政府拨款的对象有了明显的扩大。在战前,政府拨款的对象通常限于政府本身的一些研究所,或农业方面的研究。在战后一段时间里,除了对有关国防科研开发的大量拨款维持不变之外,政府还支持大学和科研机构注重基础研究,同时也适当地支持一些应用工业技术。

三是,战后时期科技的发展同样促进和改变了政府部门本身的工作。战后出现的一系列新的技术和方法被运用到政府工作之中,其中最显著的莫过于系统分析工具的运用。与此同时,在行政部门,科学顾问密集地形成了一种网络组织,在政府的决策过程中扮演重要的角色。

哈维·塞帕斯维在论及美国政府战后对科技的认识以及这一认识对科技进步的推动时曾指出,美国政府在这方面的认识和行动,其重要性只有当年的圈地法案可以与之相比。圈地法案使英国成了第一个工业化的国家,而美国政府对科技的推动使美国跨过了工业社会阶段而进入了后工业社会,使美国成了第一个科学化的国家。① 不管塞帕斯维的论述是否言过其实,战后(至少在20世纪80年代以前)美国科技霸主地位的确立却是一个不争的事实。这显然是同政府对科技的扶持和推动联系在一起的。

联邦政府的政策在20世纪60年代中至70年代末又发生了一些变化,这些变化受到了国内外因素的强烈制约。

变化之一,美国政府开始注重对基础科学的投资,但对科技的整个投入却

---

① 佛雷德·格林斯坦主编:《政治学手册》第6卷,纽约:爱迪生·威斯力出版公司,1975年,第80页。

减少了。注重基础科学在很大程度上源于阿波罗登月的成功。当20世纪50年代苏联第一颗人造卫星上天后,美国立刻感受到国家安全面临的威胁,因而全力以赴,以同苏联在太空技术中一争高低,竞争的结果是20世纪60年代阿波罗登月。登月的成功使美国人获得了一种相对的安全感,也使他们更深刻地认识到,美国未来技术的发展有赖于对基础科学以及科学教育训练的投入。但是,美国政府在当时对整个科技的投入受到了国内问题的影响。约翰逊政府的大社会计划,以及当时的向贫困开战,使联邦政府将很多财力投向了诸如健康服务、福利、环境污染、教育等社会事业,从而削弱了对科技的投入。

变化之二,20世纪六七十年代美国纷起的国内问题,如校园风波、黑人抗暴、城市问题、贫困犯罪等,使联邦政府将很大的注意力放在这些与国家安全关系相对不大的问题上,这在某种程度上导致了科技顾问地位的衰弱。这些顾问被认为只能解决技术问题,而不能解决政治问题,在价值判断上并不是内行。此外,即便在同国家安全有关的部门中,经过几十年的时间,也出现了一批有专长的政府人员,这也导致了科技顾问地位的相对衰弱。在一些问题的决策中,他们甚至被排斥在外。

变化之三,美国政府长期以来科技政策的重点是军事研究,对此的投入也最大,这一政策开始受到非议。20世纪70年代中期和末期,日本已经开始悄悄地崛起。这一若干年后在国际关系格局以及美日关系中发生重大影响的迹象实际上在当时已经开始被一些人注意到了。当有人指出美国是军事研究的受惠者时,有人就反对,认为美国恰恰是军事研究的受害者,因为它忽略了畅销市场的民间技术,只有重新安排科技政策的先后次序,才能使美国从不利的贸易局面中摆脱出来。

总的来说,美国人,甚至是一些专家在20世纪70年代对美国科技的领先地位还是比较乐观的。例如,塞帕斯维指出:"比较多国的科学政策,就可以发现一个显著的事实,即没有一个工业化国家的研究开发费用可与美国相匹敌。就以个人平均研究投资、研究开发与国民生产总额的比率以及每千人科技人数等项进行比较,唯一的劲敌是苏联。西欧、加拿大、日本尽管有高度发达的工业,但从有关指数来看,仍然相当落后。"[①]但这种乐观不久就被一种严峻的现实所打破,真正动摇美国科技霸主地位的,不是苏联,而是西欧,特别是日本。

---

① 佛雷德·格林斯坦主编:《政治学手册》第6卷,纽约:爱迪生·威斯力出版公司,1975年,第99页。

二、美国科技领先地位在布什政府时代受到的冲击

当布什接手美国政府时,美国的科技领先地位受到了一系列冲击。

首先,高科技产品的优势地位受到了动摇。高科技的领先地位一直是美国引以为豪的,它在美国的政治、经济、军事和社会中都占有十分重要的地位。但当布什入主白宫之际,美国的高科技受到了日本的强烈挑战。美国国家科学基金会在1988年发表的一份调查报告中指出:"除化学加工和航天工程之外,日本几乎在所有高技术领域都与美国不相上下或超过美国。"① 日本科技厅的一份调查报告列举了一系列日本已处于领先地位的科研项目,例如大地震预报技术、控制癌细胞生长的措施、促进通信网络之间信息交流的自动协议转换装置、先进的软件验证技术、工业上应用转变温度超过 77K 的超导材料等数十个项目。

美国高科技的衰弱突出表现在高科技产品的出口上。长期以来,高科技产品的产值占了美国国民生产总值的 6%~12%,是美国平衡外贸的重要支柱,是除了农产品外唯一拥有贸易盈余的产品。但进入 20 世纪 80 年代以来,美国高科技贸易盈余急剧减少。1981 年,高科技贸易盈余曾达 266 亿美元,1985 年下降到 35 亿,1986 年竟第一次出现了 26 亿的赤字,1987 年才又有盈余,但价值只有 6 亿。② 在 20 世纪 80 年代初,美国半导体产品还占世界半导体市场的 60%,占世界半导体产量的 60%,不过几年,日本便迎头赶上。美国国防部的一个特别调查小组的报告认为,在半导体器件的设计和生产技术的 25 个领域,美国现在仅仅有 5 个领先日本。此外在光纤通讯、信息处理、电子、航空航天、高分子材料、机器人、计算机软件、生物技术等方面,美国都受到了来自日本和西欧的挑战。

其次,美国作为科技专利大国的地位也受到了严峻的挑战。随着国外研究能力的提高,美国专利申请的份额出现了下降。据统计,在美国专利中,美国国内发明者 1970 年占了 73%,到 1983 年,这一比例跌至 52%。据美国知识产权团体的估计,1987 年在美国取得专利数量的企业排位中,头 3 家公司都是日本企业,头 50 家公司中有 17 家是日本企业。在美国申请专利时需附被

---

① [美]《化学与工程新闻》,1988 年 12 月 12 日。
② [日]《工业技术》月刊,1989 年 7 月 8 日。

引用的先行技术件数也是日本占第一位。另据美国国家科学基金会调查,1976—1983年,汽车和电机技术引用较多,日本的技术为美国的1.3倍。①

再次,科技教育呈落后趋势。尽管在美国取得大学学士和博士学位的人数占世界第一,但学工程(特别是电子技术工程)的学生人数相对较少。据统计,在全部学士学位获得者人数中,工学所占比例在美国为7%、在联邦德国为37%、在苏联为35%、在日本为21%。在每10万人口中,工学士的人数在美国为29人,在日本则有62人。尤其是企业需要的电气工程学毕业生,美国每100万人口中每年为67人,苏联为260人,日本为163人。②

此外,一些有作为的优秀科技人才(据统计有70%)从事的是与产业技术无直接关系的军事技术工作。科技教师严重缺员也是个问题。据统计,技术学位教师缺1 800人,工程系统教师缺1 200人(占全体的10%),电学技术部分大约缺25%。③

最后,近年来一些激动人心的科学发现,除了有赖研究人员的素质外,还有赖先进的仪器和设备,例如,可观察原子图像的扫描隧道显微镜、超级计算机等。然而,美国的一些设备、仪器有待更新换代。以大学工程学系的设备为例,1982—1983年度全国工程学系的设备和仪器已使用6年以上的超过40%,使用10年以上的达20%,而设备机器的耐用年限一般为10年。

三、布什政府为应对挑战对科技政策的调整

面对美国科技领先地位受到的一系列严峻的挑战,布什政府在政策上进行了一系列调整,其主要内容如下。

(一) 加强科学顾问在政府政策制定过程中的作用

美国科技面临的严峻形势从某种程度上来说是同科学顾问作用的相对衰弱联系在一起的。有鉴于此,布什强调"通过加强美国总统科学顾问委员会来加强科学和工程技术在国家政策中的作用"④。科学顾问的作用传统上表现

---

① [日]《工业技术》月刊,1989年7月8日。
② 《科学新闻》,1989年7月7日。
③ 同上。
④ 1988年10月25日在俄亥俄州哥伦布发表的讲话,以下引布什讲话均出于此。

在:(1)分析重大政策的技术方面,并对决策者作出解释、提供建议,这种分析包括分析政治问题,指出哪些问题是政治性的,哪些可通过科技来解决;(2)为预算或影响公共福利和卫生的问题分析具体的科技项目;(3)对科技的一些专门领域进行研究,以建立连贯的国家科技项目和发现一些有助于公共利益的机会;(4)对影响科学、特别是那些使用科技资源的机构的组织变动提供建议;(5)就个人研究项目所需支持的报告提出建议。为了提高科学顾问的作用,布什强调"将提升总统科学顾问为总统助理,并使他成为经济政策委员会和国家安全过程中的一个积极成员"。

(二) 重视研究成果和新技术的迅速商品化

在强调继续给基础研究以强有力的支持的同时,重视研究成果和新技术的迅速商品化,以此来加强美国的有力的竞争地位。基础研究一直得到联邦政府的巨大支持。福特和卡特时期都增加了对基础研究的预算。里根政府期间(布什为里根政府的重要成员之一),基础研究费增加了48%。布什也坚持"继续强有力地支持联邦政府在基础研究领域里进行投资。例如国家科学基金委员会1989年的预算增加了10%"[①]。但与前几届政府不同的是,布什政府对基础研究投入的强调是同研究成果的迅速商品化联系在一起的。这一政策上的调整至少有以下几方面的含义。

首先是军转民的倾向。以往联邦政府的科研重点投资之一是军事研究,星球大战计划就是一个最显著的例子。军事研究所涉高精尖的科学技术不少与民间并无直接的关系,尽管有些重要的民间技术首先来自军事研究的成果,如集成电路、喷气式飞机、数控机器等美国最重要的技术都是依靠武器的研究开发和军需而发展起来的。但是,正如理查德·卡茨所说的,"基于国防计划的竞争力加强,归根到底不过是一个装饰品。近几年来,由于军事技术和民生技术的鸿沟扩大,连这个装饰品也几乎要丢掉了"[②]。一般讲,军事科技产品的商业价值不高(尽管也有出口,但许多高精尖的技术则属保密范围)。另外,有些军事产品向民间产品过渡也较费时。可以说,对军事研究加以重点投资从某种程度上削弱了美国在国际经济贸易中的竞争能力。

---

① [日]《工业技术》月刊,1989年7月8日。
② [日]《钻石月刊》,1989年5月27日。

其次，联邦政府传统上对开发与市场直接联系起来的产品的支持和扶助较少，认为这是私人企业界的事。联邦政府对此干预不多，投资也不多。而私人企业考虑到在某些新技术、新产品开发中的风险较大，因而也往往不愿投资。这也在某种程度上造成了美国在国际经济中竞争能力的衰退。因此，使研究成果和新技术迅速商品化的政策同时也意味着政府将重视私人部门在这方面的作用。

布什政府对私人部门的支持主要采用的方法是从税收制度上加以奖励，这部分是吸取20世纪70年代联邦政府对民间技术进行直接投入而遭至失败的教训。在里根政府期间，直接投入的政策已经转变为在税收上给予优惠，以此间接地来激发民间的开发投资热情。1981年对《经济重建税法》涉及的免除增加试验研究费税额的制度作了规定。具体而言，过去三年间研究开发支付的平均数的一部分可免除25％的税额，1986年又改为免除20％。布什在竞选总统时强调这种优惠的赋税政策将长期保持不变。在当选总统后，他在1989年2月向国会提出的修正案对实施这项制度作了保证。根据这项修正案，通过试验研究减免税永久化带来的变化是1990年减3.87亿美元，1991年减6.85亿美元，1992年减9.63亿美元，1993年减11.5亿美元。①

除了从税收上加以鼓励外，布什政府还坚持鼓励企业之间进行合作研究的政策。长期以来，美国企业间共同研究的规模受到了反托拉斯法的限制，这一限制在很大程度上排斥了企业间的合作。为了扭转美国在国际经济竞争中所处的不利境地，1984年联邦政府制定了《共同研究法》，该法在某种程度上冲破了反托拉斯法带来的限制。例如，产业界的国际财团只要在司法部和联邦贸易委员会登记，即使合办事业被认为是触犯反托拉斯法的，也能避开多达三倍的损失赔偿金。

再者，加速研究成果和新技术的商品化还意味着产官学联合的趋向。产官学(即产业界、政府界和学术界)一体化是日本在科技领域以及国际贸易中的一条成功经验。与日本相比，美国联邦政府在传统上不干涉私人企业，也不对企业、政府及研究部门作统一的计划。随着日益加重的国际压力，各自为政、缺乏协调的体制暴露了它的弊端。为了排除技术商品化的障碍、有效地利用人力和设备、扩大技术进步的视野，里根政府期间已经向产官学联合的方向

---

① [日]《工业技术》月刊，1989年7月8日。

迈出了一步。例如,1980年颁布了《技术革新法》,其目的是把联邦政府的研究所所拥有的技术转让给产业界和地方政府。1986年又进一步修改了此法,以促进联邦技术向产业界转化。联邦研究所可以和外部团体进行共同研究,民间企业可以通过共同研究合同取得专利。据统计,1988年,联邦研究所和民间企业缔结了大约100项共同研究项目。布什对产官学的联合表示了积极的态度。他在作为总统候选人发表的科技政策声明中表示:"将采取鼓励实验室与工商业界合作的方式来促进技术成果的商品化。"作为这一声明的结果,布什上台后,美国国家科学基金会1989年在一些大学内设立了5个产学共同研究的工程技术中心,这类中心将扩大到23个。另外,国家科学基金会在5年期间将提供1 200万—1 600万美元的资金援助。①

(三) 保护美国的知识产权

美国在独创性技术的积累方面占世界第一位,美国也是靠特许等专利获利的技术贸易大国。为了保护美国的这一优势地位,美国(特别是从里根政府以来)一直是把保护知识产权作为其基本政策来加以实施的。美国在1984年制定了政府的知识产权保护政策,1988年又通过立法加强了美国的生产方法专利,该法旨在制止其他国家向美国出口使用美国的生产方法生产的产品,并可要求赔偿损失。除了联邦政府专利法,还有著作权保护法和州政府的贸易保密法(这些保护法都有其限制,例如专利权的保护期为从专利登记之日起17年,著作权的保护期为著作者生存期间和死后50年)。保护知识产权旨在促进民间的研究开发和新技术的商业化投资。此外,保护知识产权也是美国的一项贸易和科技协作政策。例如,在1988年夏缔结的新日美科技合作协定中,美国从保护知识产权和安全考虑,重新要求日本改变单方面依赖美国的态度。缔结协定后,美国方面又要求日本建立集中处理著作权的机构。随着科技在国家发展中的作用日趋重要,知识产权的问题也就更加突出。一位日本作者很形象地把在知识产权上的矛盾和冲突称为"头脑摩擦"。据统计,从1975年到1989年,美国企业向国际贸易委员会控诉外国企业侵犯专利权、企营秘密权的案件达371件(其中92%是侵犯专利权)②。为了保护美国在这方

---

① [日]《工业技术》月刊,1989年7月8日。
② [日]《科学新闻》,1989年2月24日。

面的压倒性优势,布什政府坚持里根政府时期保护美国知识产权的一系列做法,并将它作为其科技政策的一个重要组成部分。

(四) 振兴科技教育,确保美国的科技发展后继有人

工程技术人才的匮乏,学校教育质量的下降以及中小学生普遍对数学、物理等自然科学课程不感兴趣已经成为一个严重的问题。例如,1981 年,美国教育部长的咨询机构向总统提交了一份关于教育改革的报告。报告列举了 20 世纪 60 年代以来美国初等、中等教育水平不断下降的例子。据 1973 年结束的学力国际比较结果,在 19 项学力测验中,美国学生都没有名列第一或第二位。和其他工业国家的学生相比,美国中小学生在 72 项测验中居最末位。[①] 此外,根据美国劳工统计局的预测,美国取得相当于学士学位的年龄(22 岁)的人口以 1983 年为顶峰,到 1995 年将急剧下降,比 1983 年减少 23%。而从 1995 年工程师所需人数来看,这一需求将从 1983 年的 133.1 万人增至 173.4 万~187.7 万人,这还仅仅是产业界的需求。所有这些,给美国今后的科技发展造成了相当的压力。[②]

里根政府期间,已经开始着手解决这一问题。主要措施有:对进入大学的优等生给予奖学金(10%),鼓励其专攻数学、工程学和自然科学;联邦政府和产业界为研究生院设特邀研究员制度,并在大学内设置不同学科的、研究特定问题的研究中心和技术中心。此外,为了吸引有才干的年轻人留在大学里,以提高理工学科教育和研究的质量,1984 年设立了年轻研究人员总统奖。1988 年有 900 人获奖(3/4 是工程物理研究人员)。

为振兴美国的科学教育,布什政府政策的出发点是从小学抓起。布什在其科技政策声明中"敦促各州和地方教育委员会重视从小学到研究生院的科学和数学教育。我们的任务之一,就是要为数学和科学教育水平的提高确定目标和时间表。"此外,另一措施是鼓励各州采用同等教师资格证书的办法,以便科技人员将其宝贵的知识传授给学生。从小学抓起的政策从某种程度上是借鉴其他发达国家做法的结果。例如在英国,自然科学课程是小学生的必修课。这一政策同时也反映了民间的这一共识——最好的教育体系比最有效的

---

① [日]《科学新闻》,1989 年 7 月 7 日。
② 同上。

工业生产系统和最强大的军事力量更重要。

四、布什政府调整科技政策的原因

布什政府将科技置于如此重要的地位,其根本原因在于科技在当代的作用发生了显著的变化。乔治·吉尔德的这段话充分反映了科技在当今时代的作用——"20世纪最重要的事件是物质不再居于支配地位。在各国的技术、经济和政治活动中,作为有形资源存在的财富的价值和意义不断下降,心灵智慧的力量处处都在战胜物质的蛮力。几个世纪来,人们主要通过获得对领地和财富、奴隶和军队的控制权而发财致富。今天,占支配地位的国家和公司不是土地和物质资源的主人,而是思想和技术的主人。"①布什本人对科技在整个国家发展中的作用也有非常明确的认识。他曾说:"美国的持续进步有赖于科学技术的创造发明。科学技术是美国经济永葆青春的源泉……实际看来,政府工作的任何一个方面都和科学技术有关。"对科技投资,就是对未来投资,这一认识构成了布什政府科技政策的基础。

同以往几届政府相比,布什政府的科技政策在重视长远考虑,即在加强基础研究、普及科学教育和提高教育质量的同时,加强了科技经济实用性的考虑,强调研究成果和新技术的迅速商品化就反映了这一点。这在很大程度上突破了传统的政策制定思路,当然这同美国所处的新的国际环境有关。长期以来,美国国家政策(包括科技政策)的重点在于维护美国的安全。因此,它在战后一直把苏联作为一个最主要和最危险的竞争对手。随着戈尔巴乔夫执政所带来的政策上的一系列变化,美国感到苏联对它的军事威胁已经减小。而与此同时,日本在经济上却对它构成了最大的威胁。《华尔街日报》1988年11月14日在以《最后的边疆》为题的一篇文章中指出,日本已经在进攻最后一个堡垒——美国在创新方面的领先地位,"用战争语言来描绘在不到50年以前曾经进行过一场真枪实弹的战争的美国和日本目前进行的战斗,未免有点不够文雅。虽然在地缘政治领域里建立了各种联盟关系,尽管在经济领域里创办了各种合资企业等,未来的经济战争很可能还是一场真枪实弹的战争"。

从某种程度上说,研究成果和新技术的迅速商品化是对这一前景作出的

---

① [美]《幸福》,1989年8月28日。

反应,也是对美国政府传统政策的一个重要修正。长期以来,美国政府和企业界往往是更多地把技术转让掉,而不是在国内转化为商品。这使美国受到了自己的科学和技术的威胁,并导致美国工业力量的削弱,导致某些工业部门不复存在。日本索尼公司总裁盛田昭夫曾一针见血地指出,美国的衰败在于制造业的衰弱。毫无疑问,布什的这一政策旨在扭转美国在国际经济竞争中所面临的不利境地。

布什政府科技政策的基本着眼点仍然是市场经济和自由竞争,这在如下两个方面表现得较为突出。其一,在美国政府的科技预算中,军事研究仍占有最重要的比例,但这一研究是以纯市场形式的方式进行的,具体表现在政府购买军事系统、军用产品、军用元件和军事性服务上。这一购买吸引了许多公司向联邦政府投标。政府购买一方面减少了产品开发的风险,另一方面为新产品创造了市场,也促进了一些公司的研究活动。其二,避免政府在整个科研活动中插手太多。有人指出造成美国科技面临严重挑战的一个重要原因在于缺乏一个好的计划,缺乏管理的科研体制和力量配备。这同日本正好相反,产官学的密切配合是日本成功的一个重要原因。布什直截了当地否认了这一批评。他曾说:"集中计划只能导致集中的停滞。照亮美国未来发展道路的是企业家而不是官僚们。"尽管从 20 世纪 80 年代起,美国已出现产官学联合的趋向,但这一联合的趋向是有限度的,政府在这方面的作用是有限的,这一点同美国传统的政治哲学相符。

西方国家社会保障制度比较*

摘要：本文介绍了西方国家社会保障制度建立的起点、背景以及类型，进而分析在20世纪六七十年代西方国家社会保障制度暴露出一些难以解决的问题（如，人口结构的老化，福利开支剧增，失业率居高不下）。本文在进一步解析西方国家为解决这些问题主要采取的"开源"与"节流"对策后，进一步探讨了在修正政策实施与选择的过程中政府仍会受到的一系列制约。

一、西方国家建立社会保障制度的起点及原因

社会保障制度首先是由德国的俾斯麦政府在19世纪80年代建立的。德国在1883年、1884年、1889年和1911年分别通过了《疾病保险法》《工伤保险法》《养老、残疾、死亡保险法》以及《帝国保险条例和职员保险法》。这些立法的目的在于维护稳定，并赢得工人阶级对政府的支持。继德国之后，一些西方国家相继在19世纪末和20世纪也建立了社会保障制度。

北欧三国是追随德国较快的国家。1884年，瑞典国王建立了一个调查委员会来研究德国的社会保障制度和提出立法。1888年，瑞典通过了工伤保险，1889年颁布了老人保险和疾病保险，后两者都以德国为楷模。1913年，瑞典又颁布了《老年年金法》。丹麦甚至早于德国就有了有关疾病保险的委员会，1885年重新建立了一个委员会。1892年通过了疾病保险，1897年通过了工伤保险。挪威在1890年先通过了疾病保险，然后在1892年和1894年分别通过了老年保险和工伤保险。

英国在20世纪初期劳合·乔治时期颁布了一系列社会福利立法。1906年，英国颁布了《教育法》，规定在学校里为贫困家庭的儿童提供膳食。1908年

---

* 本文原发表于《复旦学报》（社会科学版）1991年第4期，第31—36页。

颁布了《养老金法》，为年收入在 20 镑以下的人每月提供 5 先令养老金。1911 年颁布了《国民保险法》，该法包括两部分：一是医疗保险，规定所有工资收入者都应投保，保险金由个人、雇主和政府共同负担；二是对就业波动较大的行业的工人进行失业保险，保险金也由三方共同负担。

与欧洲这些国家相比，美国的社会保障制度开始得较晚（尽管社会保障一词的真正使用是从美国开始的）。1935 年罗斯福执政时，美国才通过了《社会保障法》。该法包括养老金，失业保险，老年保险，以及对盲人、孤儿和寡人的救济四方面内容。

日本是在二战以后才建立起社会保障制度的。20 世纪 60 年代前日本的社会保障程度很低。20 世纪 60 年代末进行的一系列改革开放开始提高社会保障程度，形成了由公家扶助（生活保障）、社会福利（残疾人、老年人、儿童福利）、社会保险（养老金、健康保险、工商保险等）、公共卫生及医疗几部分构成的社会保障体系，但与欧洲国家相比，其程度还不高。

在半世纪多一点的时间里，西方主要国家相继建立了社会保障制度。很明显，社会保障制度是统治者用来作为一种缓和社会矛盾的工具出现的。它的产生，总的来看，有以下几个方面的原因。

一是社会因素。社会保障制度一般都产生在社会矛盾激化的时期。19 世纪末是欧洲工业国家劳资矛盾尖锐的时期，贫富两极化扩大。同时，工人作为一种自为的力量开始登上历史舞台。在一些国家，工人成立了自己的政党。面对激烈的社会矛盾，解决的方法无非有二——镇压或安抚，或称大棒或胡萝卜。在德国，社会保障制度的产生实质上是在大棒无效情况下采用的一种策略。例如，在 1787 年开始的非常法时期（12 年），社会民主党 1 000 多种出版物遭到禁止，330 多个工人组织遭到解散，900 多人被放逐，1 500 多人被捕入狱①。但是，这一镇压措施并不是很见效。作为缓和社会矛盾，同时分裂社会民主党与工人阶级的关系、赢得工人对政府支持的一种手段，俾斯麦认为，社会保险是一种"消除革命的投资"，"一个期待着养老金的人是最守本分的，也是最容易被统治的"②。德国的一些保险、福利立法正是在这种情况下出台的。

英国也有类似的情况。1889 年，查尔斯·布思的一份《伦敦人民的生活与

---

① 《国际共产主义运动史》，辽宁人民出版社，1981 年，第 127 页。
② 《各国经济福利制度》，四川人民出版社，1986 年，第 155 页。

劳动》的报告指出,在伦敦地区大约有 30% 的人生活在贫困之中。20 世纪 90 年代的另一份报告《贫困问题》指出,在约克郡有 28% 的人在贫困中挣扎。①这些报告在社会上引起巨大反响,改革呼声日益高涨,社会保障制度也应运而生。美国社会保障制度的出台也是在社会矛盾最尖锐的时期,即大萧条时期,这点就更为人所知了。

二是政治因素。福利政策的出台是同工人阶级争得权利,特别是同社会民主党以及一些自由派政党(美国在这点上除外)的出现和活动联系在一起的。例如,瑞典的社会民主党成立于 1889 年,它提出了改善劳动条件的政策。在 20 世纪 30 年代该党掌权后的 40 多年时间里,社会保障政策不仅成了该党的纲领,而且也成了瑞典的国策。英国社会保障制度的出台也是同保守党下台、自由党上台(1906 年)联系在一起的。自由党正是靠很多工人阶级的选票才得以上台,因此必须对工人的变革要求作出回应。

三是理论因素。德国社会保障制度的建立除了社会政治等因素外,还同德国经济学中社会政策学派论争国家干预经济、推行社会政策的合理性和可靠性分不开。社会政策学派指出,对经济的研究不应当停留在物质的抽象中,而应当在不同的历史条件中研究经济的发展。必须改良现行经济体制,慎重地施行工厂立法,并由国家来主持这一改革,以免社会动乱。必须扩充国家权力,平衡租税,缩短工时,实施社会保险。社会政策学派的主要成员瓦格纳曾帮助俾斯麦政府建立了德国的社会保障制度。他指出:"社会政策就是用立法和行政的手段消除分配过程中的弊病的国家改革。社会政策要调和因财富分配不均而发生的社会各阶级之间的利害冲突,以改善劳动者的状况,求得全社会的圆满发展。这属于国家的职能……除了依靠国家的立法与行政的权力进行改良外,别无他途。"②

此外,凯恩斯的经济理论和威廉·贝弗里奇的报告对英国在 20 世纪 30 年代建立社会保障制度,以及英国在战后确立福利社会起了重要作用。凯恩斯主义强调通过扩大国家的经济职能来干预经济,以调节供求关系、刺激社会需求,从而实现全面就业。社会保障制度在美国的建立,正是政府扩大其经济和社会职能的一种重要表现。战后,凯恩斯主义在英国则成了工党推行福利

---

① 《英国的政治与政策》,美国坦普大学出版社,1982 年,第 202 页。
② 《西欧问题参考》,中国社科院西欧研究所,1987 年第 33 期。

主义的依据。此外,贝弗里奇在 20 世纪 40 年代的报告《社会保险和有关的服务》对于促进战后英国的福利国家形成也起了重要的作用。该报告认为,英国社会政策应以消除贫困、疾病、肮脏、物质和懒散五大祸害为目标,主张通过建立一个全社会性的国民保险制度,对每个公民提供下列社会保障:儿童补助、养老金、残疾津贴、失业救济、丧葬补助、丧失生活来源补助、妇女福利。①

20 世纪 30 年代西方经济理论中较盛行的"瑞典学派"也对社会保障的发展起了作用。这一学派主张通过"国家调节"来稳定经济、消除失业,并以多种津贴的形式把收入再分配给居民,特别是给低收入阶层,以实现缩小社会各类人收入水平的差距。

二、西方国家社会保障制度的类型

战后社会保障制度在西方国家得到了进一步的发展,并逐步形成了三种不同类型的社会保障制度。一是以全民为对象的社会保障制度,英国和斯堪的纳维亚国家属这一类典型。二是以工作者为对象的社会保障制度,德国(原联邦德国,以下同)是这一类典型。三是以穷人为对象的社会保障制度,这一类以美国为典型。

英国在 20 世纪 40 年代确立的社会保障制度,其特点是以全民为对象的,这一点首先来自《贝弗里奇报告》提出的几条原则。在 1942 年 12 月的报告中,贝氏提出的基本原则有:(1)这个社会保障制度以统一的标准发放津贴或救济,而不问领取者从前的收入多少;(2)参加保险者按统一标准交纳保险金,不分贫富;(3)统一社会福利的行政管理;(4)发放的救济或津贴应足以维持正常生活,而无需再要求其他资助,享受救济或津贴的时间以需要为准,不受其他限制;(5)社会保险范围应包括所有公民及其生活的必需方面②。

根据这些基本原则,从战后至今,英国建立了一套人们称为"从摇篮到坟墓"的社会福利制度,其基本内容包括养老金、失业救济、免费医疗、补充救济、家庭收入补助、婴儿出生补助、子女津贴、产妇津贴、寡妇津贴、残疾者津贴、低收入者的房租补助、低收入者的税收回扣、低收入者子女在校免费供应午餐、

---

① 《英国的政治与政策》,美国坦普大学出版社,1982 年,第 201 页。
② 同上。

老年人医疗、食品、交通优待以及公立学校的免费教育延至 16 岁等。

瑞典的社会保障也是以其全民对象而著称的。20 世纪 50 年代的国民健康保险和国民补充年金以及二战后(1946 年)通过的国民基本年金保险是瑞典社会保障制度的三大支柱。

第二种类型是以工作者为主要对象的社会保障制度。这一点在德国表现得较为明显。历史上最早的俾斯麦的社会保障立法就是针对工人而立的,尽管自那时起,一些保险法经过了不少修正,但是,以工作者为主要对象的社会保险的思路没有改变。今天,构成德国社会保障制度的主要有三大保险,即养老金保险、疾病保险和失业保险(此外还有事故保险、社会救济、儿童补助金等)。以养老金保险而言,年满 65 岁、交纳了 15 年以上保险费的男性受保者和年满 60 岁、交了 10 年以上保险费的女性受保者可领取养老金。受保者在丧失就业能力之前交纳了 15 年以上的保险费,才能领取丧失就业能力养老金。再以医疗保险而言,1883 年德国就确立了工人的疾病保险。在以后的发展中,这一保险有两个变化:一是保险条件优越化;二是对象的扩大,从工人扩大到了职员。

第三种类型是以穷人为对象的社会保障制度,以美国为典型。自 1935 年建立起社会保障制度后,美国的社会保障一般由三部分组成:遗属、残疾者和老年人健康保险,失业保险和社会救济。美国社会保障的含义是根据社会保障法制定的社会保险计划,对于因年老、长期残疾、死亡或失业而失掉工资收入者提供保障,同时对老年和残疾期间的医疗费用提供保障。老年、遗属、残疾和健康保险计划对受保险的退休者和残废者及其家属,以及受保险者的遗属按月提供现金保险待遇[①]。以医疗保障制度来说,与英国和瑞典相比,美国并没有一个以全民为对象的统一的医疗保障制度。它只是针对 65 岁以上的老人,而且也不是免费的。1935 年确立的社会保障的一个重要内容是社会救济。联邦政府管理的社会救济的对象是以贫穷老人为对象的老人救助、盲人救助以及以拥有需要抚养子女的家庭为对象的家庭救助。

日本的社会保障也可属这一类型。以养老金而言,日本的养老金分筹集制和非筹集制两种,其中非筹集制的养老金福利,其收入在一定水平下才能由国家负担,且数额不多。与美国相似,日本的社会保障程度与欧洲国家相比是

---

① 《国外社会保障制度概况》,工人出版社,1988 年,第 122 页。

低的。20世纪60年代,大多数西欧国家的社会保障费用占了国民生产总值的15%,而日本只占6%,到20世纪70年代,尽管社会福利费用在全国预算中增至20%,但比较法国和联邦德国,只是其一半,比瑞典少得更多[①]。20世纪80年代也明显低于西欧国家(可见下一部分的统计表)。

三、西方国家社会保障制度面临的困境

西方国家社会保障制度的发展可以从福利开支的增长上体现出来。以欧洲共同体中几个国家为例,从20世纪60年代到70年代的15年间,福利开支差不多增长了一倍(见表1)。

表1　社会福利开支在各国国内总产值中所占比例(%)

年度	联邦德国	法国	比利时	英国	丹麦
1962	14.6	13.2	13.5	16.3(1970年)	19.5(1970年)
1973	22.2	18.5	19.1	18.8	23.2
1978	27.5	24.9	26.0	20.1	25.6

资料来源:《各国社会保障制度概况》,工人出版社,1988年,第174页。

到20世纪80年代,就社会保障费用占预算支出的比例而言,福利国家仍保持了较高的势头,而像美国和日本这样社会保障程度较低的国家,其社会保障费用的支出也占了整个预算的1/5之多(见表2)。

表2　社会保障费用在1987年的预算支出中所占比例(%)

美国	日本	联邦德国	英国	瑞典(1985年)
20.4	24.0	35.2	41.6	31

资料来源:《政治家年鉴》,1988—1989年,伦敦版。

西方国家社会保障经费的来源一般由三个渠道:雇主、职工、国家和地方拨款。三部分来源所占比例因国而异,而国家地方拨款的钱无疑来自税收。这样,福利开支的增长同时也就意味着工作者上交税收的增多。由于保险的

[①]《日本的政治与政策》,美国坦普大学出版社,1982年,第149页。

兑现跨越的时间较长(例如,享受年老金一般要到65岁以后),由于人们随着钱的增多自主性也增强,特别是由于20世纪70年代因石油涨价而引起的经济危机,社会保障制度开始受到严峻的挑战。社会保障制度特别在一些福利国家暴露出了一些很难解决的问题。

问题之一,人口结构的老化。人口结构的老化大大增加了养老金和医疗卫生的开支。据统计,老年人的卫生保健开支一般要比劳动年龄的人多2倍到3倍。而人口老化趋势在发达国家则有增无减。据统计,20世纪初,西欧65岁以上的老人占总人口的5%。随着居住、营养、医疗卫生条件的改善,以及随着发达国家人口出生率的下降,人口结构发生了很大变化。20世纪70年代,65岁以上的人占总人口的13%,75岁以上的人则接近5%。据预测,到2025年,65岁以上老人的比例将达20%①。据日本厚生省人口研究所推测,到2000年,日本60岁以上老人将占总人口的20.6%,未满15岁的少年儿童在人口中的比重将低于65岁以上的人口比重,日本社会将变成一个"头重脚轻"的畸形社会②。

伴随老年人口增多的是就业人口的相对减少,据统计,1950年,65岁以下就业人员同65岁以上老年人的比例,比利时为3.6∶1,法国为3.9∶1,到1978年分别降低为2.8∶1和3.1∶1,1980年再次降低为2.7∶1和3∶1,③即差不多3个投保人负担一名社会保障养老金的享受者。随着人口老化和出生率下降,这一趋势在未来的岁月里将变得更严重。据日本厚生省人口研究所预测,到2000年,20~64岁的日本人将只占其总人口的55%④。

问题之二,福利开支急剧上升,这当中医疗保健和养老金的增长特别突出。以医疗保健而言,医疗技术的进步、专业化程度的提高、护理和保健标准的提高延长了人的寿命,这反过来又导致领取养老金的人数增多。以养老金而言,据统计,20世纪60年代至70年代,联邦德国的养老金和退休金增加了6.1倍,瑞典为12.4倍,法国为18.5倍,英国为8.9倍。里根执政期间,1983年美国的全年医疗费的耗资达3 560亿美元,加上巨额养老金,以至使一些人

---

① 《西欧研究》,1985年第3期,第16页。
② 《公元2000年的日本》,日本"讲谈社",转引自《日本论坛》,1985年第3期,第17页。
③ 《西欧研究》,1985年第3期,第16页。
④ 《公元2000年的日本》,日本"讲谈社",转引自《日本论坛》,1985年第3期,第17页。

认为这是联邦政府开支的一颗"定时炸弹"①。

问题之三,难以消除的失业率。经历了 20 世纪 70 年代末的萧条后,据统计,在 1983 年年底,西欧失业率高达 10.8%,其中联邦德国 9.5%,意大利 11.2%,英国 11.9%,比利时 14.9%②。此外失业时间也延长了。失业率的上升意味着社会保障开支的增长。另一方面,由于失业人员不交社会保险费,这也意味着社会保障收入减少。

随着这些问题的出现,在社会保障制度上形成了几种截然不同的意见。一种意见是要摧毁社会保障制度,其理由是:(1)社会保障代价太高,是造成高额公共开支和不平衡预算,反过来又导致高利率和低投资的主要因素;(2)减少了储蓄——可用于投资的资金;(3)由于高额税收和必须为社会保障交纳各种费用,人们收入中可供自由支配的钱所剩无几,因而不断要求增加货币工资,由此造成通货膨胀,又造成更严重的失业;(4)社会保障也是导致失业的一个原因,因为凡是要雇主为社会保障多出钱的地方,其产品由于劳动成本人为提高而在国际上无竞争力,此外由于在本国投资效益低,资金就流到了国外;(5)有损于对劳动的鼓励和刺激,一是因筹集社会保障,人们减少了劳动报酬,一是对一些不工作的人过于大方,造成了本来打算预防的依赖性和贫困。还有一种意见不那么极端,但也认为,强迫所有的或几乎所有的雇员和个体经营者都加入国家赞助、由国家举办的社会保障项目,不仅是浪费,而且在经济上是有害的。他们认为,大多数人都能自立并能自己决定愿意在多大程度上保护自己来抵御经济生活中的风险。

另一种与之相反的意见是,尽管开支庞大,但社会保障并没有全面解决贫困问题。例如,从来没参加工作的人享受不到以工作为基础的权利,对有家庭负担的低收入者的补助也是不充分的。因此,自己欺骗自己、相信贫困已被消灭的那些国家,越来越多地又重新发现了贫困。

第三种看法与其说提出看法,不如说是提出一个比较现实的问题,即许多国家不再可能既从经济增长中出资改善社会保障的状况,又让那些最终承担这项开支的人们的实际现金收入不断增加③。

---

① 《各国经济福利制度》,四川人民出版社,1986 年,第 152 页。
② 《西欧研究》,1985 年第 3 期,第 16 页。
③ 《21 世纪社会保障展望》,华夏出版社,1989 年,第 89 页。

这里提出的一个问题是,既要改善社会保障状况,又要增加人们的实际收入,当鱼和熊掌不能兼而得之时,应当采取什么样的对策?

四、西方国家应对社会保障制度窘境采取的政策及其制约

从20世纪70年代末80年代初开始,西方国家对此采取的政策包括两个方面:一是节流,一是开源。从节流来说,一个较为通行的做法是控制福利开支的上涨。1975年,英国工党政府在社会保障方面跨了一大步,即将社会保障的好处与变化的工资和价格水平联系起来,要求根据工资和价格两者中哪一个增长得快来自动增加社会保障的好处。而撒切尔夫人上台后,只根据物价来限制补助金指数,并于1983年取消了与工资挂钩的[在国家名分下]对失业、疾病方面的补助。

德国在控制收入补助方面动作较大,即使社会民主党执政时也是如此。1976年,政府实行不再使补助金自动随工资水平变化而增长的做法。此外,对医疗费用又作了新的控制,使得社会保障费用上涨得到缓解。

美国在里根政府上台后,在社会福利方面实行了紧缩政策。例如,食品券在1982年被削减了20亿美元,1983年再被削减20亿。此外在医疗补助、房屋津贴、就业训练、家庭儿童抚养等方面都进行了幅度较大的削减。

节流是一方面,另一对策是开源,其内容具体如下。

(1) 扩大就业,增加支出。主要做法有:①鼓励老年人提前退休,以此增加年轻人的就业机会。例如,法国政府在1982—1983年决定同私人企业达成"团结契约",规定凡是55岁以上的职工,如提前退休或部分退休,可获得失业保险和政府共同支付的补偿。德国在1984年也开始让工人提前退休,领取原工资的65%。这样,年满53～59岁工人的提前退休为80多万年轻人创造了就业机会。②鼓励企业多开就业门路,多招收工人,政府对此给予经济上的优惠,主要是让雇主在一定时期内减少交纳新工人的保险费用。例如,比利时政府规定,长期雇用25岁以下失业人员的企业,可以为他们免交2/3的保险费。法国、英国政府也同企业达成了类似的协议。

(2) 增加财政收入。主要做法有:①提高雇主和受保人交纳的社会保障费率。例如,1973—1980年,德国职工退休保险费为工资的18%,雇主和雇员

各交 9％,1981 年后调整为 18.5％,各交 9.25％。美国提高了个体经营者的老年及遗属保险和残疾保险的税收额,使其纳税额等于雇主和雇员纳税额的总和。②征收社会保障所得税,以此来缓和社会保障费用幅度上涨的趋势。例如,法国和比利时自 20 世纪 80 年代起开始向退休金领取者征收所得税。美国自 1984 年起,对每个领取老年及遗属保险金超过 2 万美元的单身及夫妇两人每年领取 2.5 万美元以上者,按其收入的 50％征收所得税。

无论是节流还是开源,社会保障的费用已经成为特别是福利国家的一个巨大负担。从趋势上看,经济紧缩和扩大福利这一对矛盾将有增无减。皮埃尔·拉罗克等十位专家在展望 21 世纪的社会保障时指出:"从现在到 2000 年和 2000 年以后,社会保障开支的增长将继续比国家财力物力的增长快。"①面对这样一种困境,西方国家在进入 21 世纪时看来还得在政策上作一些选择。

这里首先要确立一个前提,即已经建立起来的社会保障制度,无论是在福利国家的瑞典、英国,还是在福利程度较低的美国,已经不可能将其摧毁或全部推倒。基于对社会保障制度不能动摇的认识,西方国家的政府只能在维持社会保障制度的前提下对它进行修正。这些政策上的修正和选择,将受到下列问题的制约。

(1) 如果社会福利开支的增长继续快于国家财力物力的增长,那么总有一天会出现人们在 20 世纪七八十年代所说的"福利国家破产"的状况。事实上,严峻的财政现实使得不管哪个政府在台上都想对它有所动作,以维持政府对社会的责任。但一个有趣的现象是,稍动一下福利改革就会受到在野党的强烈反对,而那些对实行紧缩政策大加抨击的在野党一旦掌了权之后,也会采取类似的紧缩政策。这样,社会保障在某种程度上成了政党竞争的工具。执政的政府在社会保障政策的制定和修正上就必须十分小心,这就在某种程度上制约了政府的行动。

(2) 如果说社会保障制度难以动摇是对要摧毁这一制度的一种否定,那么对第二种意见,即认为尽管开支庞大,但社会保障并没有全面解决贫困问题,也即保障还不够的回答也将是否定的。福利国家令人难以承受的社会保障开支实际上已经使人对一整套"从摇篮到坟墓"全包下来的做法提出了质疑。不少国家政府领导人认识到社会保障制度过分了,而他们正在受这过分

---

① 《21 世纪社会保障展望》,华夏出版社,1989 年,第 9 页。

之苦。丹麦为了保持其社会保障水平,甚至不惜借外债来应付福利计划的开支。这种不量入为出的政策导致了丹麦全面的通货膨胀。据统计,1983年丹麦的福利开支占了政府预算的41%之多,职工收入的30%～40%要交税。这使得丹麦的劳工大臣说道:"问题在于每个人得到的太多了。我们必须在十年内放弃一些东西,我们每个人都必须这样做。"①瑞典的情况也是如此,它已担负不起这个"福利国家"今天提供的一切补贴了。这表明,在福利国家,要像以前一样大幅度地提高社会保障的待遇是很难再做到了。

(3) 平等与效率问题。福利国家在社会保障方面的一个基本出发点是平等,这是导致其保障对象为全民的一个原因。除此之外,它们甚至还提倡"收入均等"。例如,在挪威,医院的高级医生比最低的护理人员的工资只高一倍多,最低的打字员同政府最高官员之间的工资收入只差四倍②。这样在整体上造成了社会保障的大锅饭现象,并带来了许多副作用。它导致的一个直接结果是丧失劳动积极性。1980年12月1日的美国《时代》周刊曾对瑞典一家庭的收入状况作过一个分析,一个有两个孩子的四口之家,妻子不工作,丈夫一年全日工作挣19 000克朗,纳税后收入为13 261克朗。假如他工作半天,纳税后只少得1 009克朗。由于他孩子的福利待遇不变,因而房租补贴又能增加。由于这一政策,导致420万劳动力中有25%的人不从事全日性工作。此外,瑞典职工每年平均病休从1960年的19.2天增长到1979年的23天。这并非由于职工健康不佳,而是病休可领疾病津贴。据当时统计,工厂企业的缺勤率高达20%以上。

(4) 自主与普遍性问题。一些福利国家的发展都经历了一个从贫穷到富裕的过程。一些社会保障制度往往是在还不富裕的情况下建立的,使人们产生一种对国家的依赖感。随着生活的富裕和收入的增长,人们要求自主地花费自己收入的愿望也在增长,要求自由地选择某些保障机制的愿望也在增长,而福利国家在这方面都不能满足人们的愿望。首先是高税收。高税收是较好的社会保障的保证,但随着开支的增长,势必要提高所得税的税率。北欧国家的一些税收差不多已接近收入的1/2。税收的增加意味着自己自由支配额度

---

① 《各国经济福利制度》,四川人民出版社,1986年,第104页。
② 这种差距的缩小主要是靠税收来实现的,瑞典学派的一个主张就是征收高额累进税来促使国民收入和财富的"均等化"。

的减少,这导致偷税漏税,导致一批有能力的人移民国外。其次是一揽子包下的社会保障制度也使人失去选择的自由,并造成滥用社会福利。例如,人们并不都愿意去国民保健系统内条件较差的医院就医。意大利政府把 500 万美元的津贴分给体格健全的人,理由是意大利法律把"残疾"解释为谋生能力低下。

(5) 意识问题。社会保障很重要的一点是"每代人都为前代人支付退休金,而从下一代人那里领取退休金"。这种支付是通过国家的再分配进行的。随着人口结构的变化,特别是老龄人口增多和出生率的停滞或下降,迫使当今的年轻一代怀疑是否在数十年之后仍然能享受今天的社会福利。以法国为例,1968 年的情况是法国人平均工作 45 年,领 15 年的退休金。到 1988 年,任职 40 年,领退休金 20 年,由 3∶1 变成了 2∶1。法国计划总署算了一笔账,为了维持目前的退休年龄和退休金的数量,到 2025 年时,各单位为职工按月支付的保险金应增加 50%～80%。一个叫作热拉尔·巴杜的人这样提问:"干活的人,干 3 天活,其中一天是为对面的老爷爷干的,而他老人家终日无所事事,坐在长椅上赏花。这样的事,哪个年轻人接受得了?"[1]此外,意识的另一个陷阱是人人都希望从社会保障中得到好处,这表现在一紧缩就大加抨击,然而又不愿承担义务,一增加税也就群起而攻之。撒切尔在 1984 年曾警告:"任何把福利国家当作护身符的指望都是危险的。"[2]她的一个思路是改变国家在社会保障制度中的作用,将私人作用引进社会保障领域。"不要让国家来照顾个人,应当让个人来照顾自己,个人必须承担自己的责任。"[3]但她的这一想法立即被攻击为企图"使福利国家解体"。

(6) 也许最重要的是经济问题。西方国家的经济在战后经历了大发展和繁荣时期,但也经历了数次危机。经济发展时期往往也是社会保障大发展的时期,而危机时期恰恰又是社会保障变成负担,又不能加以削减的时期。社会保障机制的理论基础之一的凯恩斯经济理论认为,政府在公共事务方面的大量开支可以稳定经济。例如,如果在萧条时期扩大失业保障,而经济繁荣时期缩小失业保障,失业保障就具有一种自动稳定的因素。但是,收入保障中的其他项目,如养老金、医疗保障等就不具备这样一种特征。几乎没有一个政府会

---

[1] 《编译参考》,1990 年 49 期,第 39 页,第 38 页。
[2] 《各国经济福利制度》,四川人民出版社,1986 年,第 75 页。
[3] 同上。

为了稳定经济而对养老金和医疗保障进行伤筋动骨的削减。在经济严峻时期,增加政府在公共事业方面的开支在经济上和政治上也许都行得通,但在经济好转时期要削减这方面的开支在政治上是不可能的。因此一个最现实的问题是如何使社会保障政策与政治经济发展的要求一致起来,这将是一个最严峻的挑战。

供方战略和需方战略：
西方国家住房政策的选择*

摘要：本文分析和探讨了西方国家住房政策上的两种基本选择，指出这些国家住房政策的选择发生了一个从供方战略向需方战略的变化，并在此基础上简略地探讨了西方国家住房政策对我们的启示。

一、西方国家政府对住房问题的介入

居住是人类的基本需要之一，但长期以来，人类在居住方面遇到的挑战是严峻的。以西方而言，据史家考证，居住问题即便在昔日繁盛的罗马也已成了一大问题。其时，条条道路通罗马，人们以为那里有享受生活和发财的机会，因而趋之若鹜。谁知事与愿违，罗马的财富掌握在两千多个贵族手里，多数人贫穷不堪，因而只能挤在破烂的棚舍里，其条件之糟，远甚于乡下的茅屋。[①]

工业革命的兴起带来了更为严重的住房问题，工业的发展使得人口大量集中于城市。在英国，除了当时少数工厂建造了租金低廉的住房租给工厂的工人之外，大部分人只能挤在简陋破烂的茅棚里。与这种恶劣的居住条件相伴的是肮脏、疾病、贫困和犯罪。然而，工人的这种居住状况在很长一段时间里并未引起政府的重视。倒是一些空想社会主义者，如欧文(Robert Owen)和傅立叶(Francais Charles Fourier)，提出了一些人们所憧憬的居住条件。例如，欧文设想的劳动公社的主要建筑物呈正方形，分布于公社的中央，当中是会议厅、图书馆、学校等，周围是住宅、儿童集体宿舍、医院等，建筑群四周是花园。公社的各种房屋设计非常讲究，室内空气清新，温度可随时调节，环境优美。傅立叶则更以他的和谐社会的基层组织——法朗吉(Phalange)而闻名。

---

* 本文原发表于《公共行政评论》2010年第2期，第24—41、203页。
① 谢徵孚：《社会问题及社会政策》，正中书局1969年版，第428—436页。

在他的理想中，法朗吉占地一平方公里，全体成员共同居住在名为"法伦斯特"（Phalanstère）的公共大厦里。它比法国国王的凡尔赛宫还要高大、漂亮。它的中心是食堂、商场、图书馆、俱乐部、礼堂、花园等。一侧是工厂，一侧是旅馆、大厅和宿舍。很显然，欧文和傅立叶的理想在某种程度上反映了人们有一种追求较好住宅的愿望，尽管在那时不可能实现。

西方国家政府涉足住房政策领域始于20世纪初，尽管在这之前，一些自助和合作形式的住宅建造团体在英国已经出现，并主要承担了工人住房的建造。两次世界大战及其间隔期间的经济萧条，对于西方国家住房进一步涉足这一领域是一推动。正是在这一时期，这些国家的政府先后把住房政策提上了议事日程。例如，瑞典政府在20世纪30年代后，为解决社会不景气和配合增长人口政策，开始以低息贷款供给地方政府兴建住宅，并将这些住宅租给低收入和儿童较多的家庭。与此同时，对这些家庭实行房租补贴制度，并在20世纪30年代中期以后，对私人兴建住宅提供贷款。美国在新政期间于1934年根据全国第一个住房法建立了联邦住房局（Federal Housing Administration），其职能主要是承担抵押风险，以此鼓励银行以合理的利率向造房者提供为期20～40年的贷款，即住房局向那些申请抵押贷款的兴建住宅的个人或私人公司发放有关证明，这些人或公司即可凭此证明向银行申请抵押贷款，由政府替它保险。如果这些人或公司无法支付抵押款，那么银行只需向政府要就行了。其形成的格局是：消费者支付保险费，政府承担风险，抵押银行获利。英国和法国在战后都专门设置了住宅部，以解决当时的住房紧缺问题。英国的地方政府在住宅部的协同下负责建宅、管理修缮、选择住户、订定租率、收取房租等工作。法国在战后为了解决住房问题，政府对公私建造住宅的团体提供长期低息贷款，贷款资金由政府向银行借，然后以较低的利息提供给建造者，其间的利息差额由政府承担。

几个方面的原因促使了西方国家政府对住房的干预。美国政府在20世纪30年代对住房问题的介入在很大程度上是出于刺激经济的需要。抵押贷款保险的政策有助于刺激建筑业，扩大就业机会和减少失业人口，缓解萧条的压力，这在经济上和政治上都是有好处的。但是抵押贷款保险主要针对的是中产阶级，如果说它基本上解决了中产阶级的住房问题的话，那么政府的住房政策还要解决穷人的住房问题（这一问题构成了战后美国政府住房政策的主要内容）。英、德、法等国政府在战后对住房的大规模干预，一个重要原因在于战争对城市住宅造成的损害,以及人员大量流入城市。例如,当时的联邦德国,其房屋损毁约 230 万幢,同时又涌入了大量难民。法国损毁的住宅为 123 万幢①。此外,战后西方国家人口结构的变化也是原因之一,这表现在人口年龄的老化、年轻人结婚比率增高,以及战后大批军人退伍,经济繁荣时期导致大量人口的就业,所有这些对房屋市场造成了极大的压力,也为政府干预住房问题创造了契机。

尽管从战后开始,住房政策构成了西方国家政府公共政策的一个不可或缺的内容,但从政府介入的程度和方式来看,可以看出一个基本的分野,即一类国家偏重于政府的力量,如法国、瑞典、英国(主要是工党执政期间)等,其主要特征在于政府计划和控制房屋建造数量,政府需要对全体人口的住房承担责任。另一类国家则偏重于市场的力量,美国是一典型,其特征是支持私人的住房市场,只对私人建房不能服务的那部分人提供住房方面的帮助,只对少部分(主要是低收入者)不能在房屋市场上得到房屋的人提供计划。房地产市场完全按市场规律运作,政府干预很少。"在与房地产管理有关的职能中,政府一是管规划,通过规划规定每一块土地的用途、建筑类型、高度、密度,进行土地管制;二是管理房地产业从业人员,主要是通过房地产经纪人和销售人员的考核发牌和房产估价人员的发牌制度规范房产市场;三是依法征税;四是为公众利益行使警察权力。"②通过对西方国家住房政策的分析,我们发现一个有意思的现象,即这一基本分野并不妨碍两类国家在一些基本的策略和方法上逐渐趋于同一。

二、西方国家政府住房政策的两种基本选择

西方国家的住房政策无不出于两种基本选择,即供方战略和需方战略,或两种战略双管齐下,尽管在这一基本选择范围内一些具体的做法各有千秋。

所谓供方战略就是政府对住宅建造者提供补助。很显然,使用这一战略旨在刺激住宅建造。导致采用这一战略的原因有很多,总的来说不外乎两点,一是刺激经济,如美国在大萧条时期政府提供的抵押贷款保险就是一例。另

---

① 谢徵孚:《社会问题及社会政策》,正中书局 1969 年版,第 428—436 页。
② 赵海建:《发达国家致力于"居者有其屋"》,《广州日报》,2009 年 1 月 12 日。

一是解决房荒,缓解住房供不应求的状况。战后一段时期里,除了战争的破坏之外,不少国家都面临着因迅速的城市化而造成的房屋紧缺问题。例如,瑞典在 1931 年城市人口占全体人口的 38%,而到了 1961 年,这一比例就上升到了 73%[1]。

供方战略的主要手段有二:一是政府建造公房,二是政府对赢利或非赢利的私人建宅公司或个人提供补贴。政府建造公房主要是英国和美国政府采用的一种解决住房问题的方法。据统计,英国在战后 30 年时间里以每年 14.3 万住房单位的比率递进。在英国所有住房中,差不多有 1/4 是政府建造的公房。英国建造公房的对象不局限于低收入者,而是全体居民,这与英国以全民为对象的社会保障制度的设想是相一致的。与英国不同,美国政府建造公房的对象是低收入者。美国从 1937 年开始建造公房。1949 年的《住房法》(The Housing Act)预期在 6 年之内建造 81 万套房屋,尽管这一目标在 20 年后还未达到[2],且营造的房子质量粗糙。此外,与英国相比,美国政府建造的公房就其数量来说是微不足道的。自 20 世纪 30 年代以来,公房只占美国整个住宅的 3%[3]。

除了政府建造公房,供方战略的另一个选择是政府对赢利或非赢利的建宅者提供补助。美国 1961 年的《住房法》(The Housing Act)明文规定,政府向私人住宅建筑商(通常是赢利的)提供低于市场的利息,条件是这些私人建筑商同意为低收入者建造或翻新住宅。此外,还必须将房租控制在一定的水平内。例如,为了鼓励为较低收入者建房,政府为住房建造商支付其向抵押银行贷款需付利率的大部分,即按通常 8% 的市场利率算,建造商只需支付 1% 就行了,其余由政府支付。作为一个条件,建造商出租这些房子时,房租不能高于租房者收入的 25%。这一做法与 20 世纪 30 年代开始的抵押贷款保险有一个重要的不同,即抵押贷款政府只是承担一定的风险,并不出钱,而对建造商的支持要出钱。这表明政府的住房政策开始带有福利的色彩,即由政府出

---

[1] Arnold J. Heidenheimer, *Comparative Public Policy*, 2nd edition, NewYork: St. Martin's Press, 1989, p. 99.

[2] H. V. Savitch, *Urban Policy and the Exterior City: Federal, State, and Corporate Impacts upon Major Cities*, New York: Pergamon Press, 1979, p. 259.

[3] Arnold J. Heidenheimer, *Comparative Public Policy*, 2nd edition, NewYork: St. Martin's Press, 1989, p. 94.

面帮助解决低收入者的住房问题。但是,由于政府补贴的对象通常是赢利性的私人住宅建造商,此举收效不大。因为从赢利的角度来说,这些建造商更乐意为中等或中等以上的收入者造房。

与美国不同,斯堪的纳维亚(Scandinavian)国家政府主要依赖非赢利性的住宅建筑团体来解决住房问题。瑞典的全国住房合作社联盟是很出名的。该联盟由63个省、市级住房合作社协会组成,辖有3405个基层住房合作社。该联盟根据会员入会时间长短和储蓄额的多少,决定住户取得住房的次序。联盟自成立以来,共向社会提供了40万套住宅,累计住房投资达427亿克郎。目前,该联盟每年为会员提供5000套左右高质量的住房。[①] 以丹麦为例,丹麦半数以上的住宅都是由非赢利的住宅建筑会社营造的。这种会社基本上可以分为三种类型,即:(1)住宅合作社,会员(房客)均为股东,对该社的经营有直接的影响;(2)由职工联合会或合作建筑公司所设立的合股公司;(3)自营住宅协会,经营时通常与地方政府取得密切的联系。这些会社的特点在于小型、数量多,遍布全国各地,主要针对低收入者的建房需要。在瑞典,非赢利性的住宅建造公司在20世纪70年代末仍占了整体建筑力量的31.9%[②]。这些会社以及地方政府接受中央政府的低息长期(30~40年)贷款,这一贷款的比率可占整个造价的70%~85%。在法国,非赢利的住宅建筑公司也占了整体建筑力量的1/3强。为了鼓励建宅并避免向银行大量贷款,法国政府在20世纪40年代中就开始实行利息补贴制度,即住宅兴建者需自筹资金,但政府给予低于市场利率的差额补助(这一不同的最高额由议会每年决定通过),分25年还清。作为一个条件,新建住宅必须符合建筑与卫生标准,同时价格不能超过一定的限度。

西方国家住房政策的第二个选择是需方战略。所谓需方战略就是政府补贴房屋的消费者,即租房者或房主,而不是房屋建造者。需方战略的基本手段也有二:一是减税;二是住房补贴,有时称"现金补贴",通常补助租房者。第一种手段是一种鼓励买房的手段,第二种则是对低收入者的一种照顾。

为了鼓励人们买房,多数西方国家(特别是斯堪的纳维亚国家)采取的一

---

① 刘寅坤:《瑞典住房政策与福利住房的物业管理》,《中国物业管理》2008年第9期。
② Arnold J. Heidenheimer, *Comparative Public Policy*, 2nd edition, NewYork: St. Martin's Press, 1989, p.102.

个对策是对购房者在税赋方面实行优惠。通常购房者不必缴所得税,因为这些税已经支付于他们抵押的利息。当他们出售房屋时,也不用缴税,因为它们代表了政府已经用去的岁入。因此,事实上就成了对购房者的补助。此外,政府管制抵押利息,使其低于市场利息也属一种将国库的钱转移给购房者的方法。尽管间接,但购房者还是得到了实际的好处。以美国而言,根据美国管理和预算办公室(Office of Management and Budget)的估计,1999—2003年,仅住房抵押贷款利息的所得税扣减一项,美国财政部的损失就超过了2 970亿美元[1]。

另一对策是住房补贴,其对象几乎都是低收入者。在北欧一些国家,例如丹麦和瑞典,这种房屋补贴还同人口政策联系起来。因此,家庭成员中的儿童数目也是一个获得补助的因素。例如,在丹麦,一定收入线以下的家庭可以减少其租金。瑞典也一样,如果一个家庭有两个未满16岁的儿童,每个儿童就可得到一定数额的以现金支付的住房补贴。为了提高人口的出生率,法国政府在战前就规定凡两个以下孩子的家庭不得享受房租补贴。

美国自20世纪60年代约翰逊(Lyndon Baines Johnson)总统的"伟大社会"(Great Society)计划以来,在住房方面进行了一系列的立法,其中属需方战略的一种对策是针对低收入家庭(通常指有资格住公房的家庭)的房租补差。这些低收入者只需交占其收入1/4的房租,余下的差额则由政府填补。对所付房租有一个限制,即总的房租不能超过公正的市场价格。该政策显然是对为低收入者提供公房的一种改进,其好处之一在于避免了低收入者聚于一处而无法选择自己住处的状况。此外,家庭收入增多后也不用搬迁,因为只需减少补差就行了。不过,这一补差的方法还是间接的,也就是说,在政府和房屋承包商之间达成的。政府同意每年支付最大限度的差额,为期40年。有了这一担保,房屋建造商就开始造房,补差只是在这些家庭搬入新居后才开始。该立案当时在国会表决通过时,有人曾证实,如果该计划得以实现,那么城市发展住房部有望在7年内获得50万套住房。但5年过后,只完成4.6万套[2]。尼克松(Richard Milhous Nixon)当政后,修改了以前政府的做法,推出了房屋津贴制,即符合一定条件的家庭(通常是低收入者)每月可得到75美元现金,

---

[1] 转引自马光红等:《美国住房保障政策及实施策略研究》,《建筑经济》2006年第9期。
[2] H. V. Savitch, *Urban Policy and the Exterior City: Federal, State, and Corporate Impacts upon Major Cities*, New York: Pergamon Press, 1979, p.114.

作为房租和这些家庭支付能力(通常占家庭收入的25%)的差额津贴,现金直接交给租房者。至于他们把这些钱花在房租上,还是其他方面,可自行决定,只要其住房符合最低的标准就行了。比如,租住房租较低的房子,75美元的津贴可能有多,多余部分可自行使用;或者,租住房租较高的房子,75美元津贴可能不够,不够部分则自己填上。美国住房与城市发展部(Department of Housing and Urban Development)"一年预算为340亿~360亿美元,其中有一半用于民众的廉租房补贴"[1]。从1983年起,美国联邦政府实行"住房券"计划。1997年,约有130万户家庭获得了住房优惠券[2]。

三、西方国家政府住房政策选择的基本走向

随着政治、经济、文化等条件的变化,西方国家的政府自介入住房领域以来,一直在不断地调整其基本选择和对策。这些调整和变化主要表现在以下几个方面。

(一)政府住房政策的重点从房屋生产(注重供方战略)转向房屋分配(注重需方战略)

这是西方国家住房政策发生的一个比较普遍的变化。表1反映了一些国家的这一转向。

表1 一些欧洲国家的造房补贴与住房优惠的趋势(1984—1998年)

国家	年份	造房补贴(%)	住房优惠(%)	总计(%)
德国	1984	76.8	23.2	100
	1998	58.9	41.1	100
荷兰	1984	74.2	25.8	100
	1998	41.3	58.7	100

---

[1] 王冲:《美国住房部长介绍美住房保障政策》(2007年7月17日),新浪网,http://news.sina.com.cn/w/2007-07-17/064013461908.shtml。
[2] 倪红日:《发达市场经济国家的住房制度与政府政策——以美国和英国为例》(2008年3月11日),国务院发展研究中心信息网,http://d.drcnet.com.cn/eDRCNet.Common.Web/docview.aspx?version=Integrated&docid=1652903&leafid=3079&chnid=1034。

(续表)

国家	年份	造房补贴（%）	住房优惠（%）	总计（%）
英国	1984	54.8	45.2	100
	1998	26.4	73.6	100
法国	1984	50.5	49.5	100
	1998	16.3	83.7	100

资料来源：Jean-Claude Driant, "The Main Issues of Social Housing Policies in Europe and in France", Paper presented at the meeting of Sino-French Urban, Regional and Planning Symposium 1st, 2010。

以英国为例，英国战后有段时期（特别在工党执政期间）是大兴土木建造公房的时期。它的公房率曾一度占了整个住房率的1/4。但在20世纪60年代，即便是工党政府，也对大规模建造公房的做法作了重新修正。在1965年有关政府问题的白皮书中，政府指出："一旦国家已经克服贫民区和陈旧破烂住宅的重大社会问题，以适中的价格满足了大多数城市的政府要求，那么资助地方政府建造公房的计划就会削弱。当前提出的公共计划的扩展在于满足一些例外需要。"[①]1972年保守党政府的《住宅资助法》重申了这一点，其目标在于限制给穷人造房。1977年工党政府关于住房问题的绿皮书也再次强调了政府在这方面削弱投资，今后政府在这方面的活动局限于某些住房紧张地区，这些紧张地区对应了上面的"例外需要"。撒切尔（Margaret Hilda Thatcher）政府在这方面的收缩更是有过之而无不及。撒切尔在私营化方面（包括公房的私有）开创了一个新的时代，以致于后来的布莱尔（Tony Blair）工党政府也接受了一些在当时被老工党政府认为是"右"的做法。

同英国一样，美国也是一个政府建造公房的国家，尽管其规模比英国小得多，此外对象也只局限于低收入者。但即便如此，战后美国（特别在共和党执政期间）在建造公房方面一直是不热心的。美国在战前就开始建造以低租金出租的公房。1949年（其时是民主党执政）的《住房法》促进了公房的建造。当时联邦政府购买土地、计划造价、制定有关条款，支付基本建设费（如供水、供电、街道等）。在这些完成后，向私人建筑商进行投标。在通常情况下，这些卖

---

① Arnold J. Heidenheimer, *Comparative Public Policy*, 2nd edition, NewYork: St. Martin's Press, 1989, p.93.

给建筑者的土地比政府的支出少 30%，然后，联邦政府作为主要的补贴者出现，即同意支付地方政府愿意在发展地区所花的钱与它能从私人建筑商那里得到的钱的差数的 2/3。举例来说，地方政府建一块发展地要 100 万美元，它从私人建筑商那里得 30 万美元，那么联邦政府将支付 46.6 万多美元，即 70 万美元的 2/3。因此当时的一个乐观估计是 6 年内将建造 81 万套公房，但这一目标在年后都未完成，原因是后来的一些政府对建造公房并不热心，因而自 20 世纪 30 年代建造公房以来，公房只占美国整个房屋总量的 3%。

从供方战略转向需方战略的另一个表现是减少政府的贷款或减少政府的利率补贴。这种方法主要体现在欧洲大陆和斯堪的纳维亚国家。与英美不同，这些国家的政府鼓励造房的主要手段是对非赢利或一部分赢利的建筑团体实行补贴。但自 20 世纪 60 年代后，这些国家采取的手段显然是在转向需方战略。例如，荷兰自 20 世纪 60 年代末就开始逐步减少建筑贷款的利率补贴；此外，对受补贴的住宅提高租金；与此同时，政府对低收入家庭提供住房补贴。瑞典在 20 世纪 60 年代末也已开始把政府抵押贷款的利率提高到市场的同一水平，这意味着政府再也不以低息补助房屋建造。

供方战略向需方战略转变的一个重要原因在于房屋供不应求的状况（特别是战后）经过数年努力已经缓解。其次，在美国，公房质量差，私人住宅建筑商获利不大因而积极性不高，或为追求利润而偷工减料、粗制滥造，以至有人讥讽城市住房部成了"最大的贫民窟"①。这也是一个原因。当然，最重要的原因在于供求关系发生了变化。

（二）鼓励私人拥有住房

在西方国家，目前在私人拥有住房方面，北欧国家的比率是最高的，达到了 88.5%。英国是 70%，法国是 57%，美国在 2007 年达到了 70%②。美国自小布什（George Walker Bush）上台后，加快了私人拥有住房的速度。在小布什之前差不多 30 年的时间里，美国的自住房比率始终在 63%～65%徘徊。小

---

① H. V. Savitch, *Urban Policy and the Exterior City: Federal, State, and Corporate Impacts upon Major Cities*, New York: Pergamon Press, 1979, p.116.
② 王冲：《美国住房部长介绍美住房保障政策》(2007 年 7 月 17 日)，新浪网，http://news.sina.com.cn/w/2007-07-17/064013461908.shtml；赵海建：《发达国家致力于"居者有其屋"》，《广州日报》，2009 年 1 月 12 日。

布什上任后,奉行"居者有其屋"的思想,他所最钟爱的口号是建设一个"所有者社会",因此在短短几年里,美国的自住房比例提高了好几个百分点。美国的住房政策因此也发生了一个从多种措施并举转向以售为主的变化,主旨是减少美国的无房人口的比例。在鼓励私人拥有住房方面,政府发挥了重要作用,成立了房利美(Fanie Mae)、房地美(Fredie Mac)和吉利美(Ginie Mae)这一三大由政府支持的抵押贷款机构,鼓励金融机构对中低收入地区发放住房开发、重建和消费贷款,帮助低收入者购置住房,并为私人购买住房提供大量财政补贴。2000年以来美国利率的持续下降在相当程度上促进了房地产的繁荣。2003年6月,联邦基金利率降低到1%,达到46年来最低水平。低利率政策使美国房地产市场有了过度宽松的环境,使得美国的次级抵押贷款市场迅速发展,但因此也埋下了祸根。2006年,次级抵押贷款的还款率大幅上升。由于房价走低,当借贷人无力偿还、银行把房屋出售时却发现得到的资金不能弥补当时的贷款和利息,甚至无法弥补贷款本身,这一银行就会在贷款环节中出现亏损,于是次级债爆发①,并最终引发了一场波及全球的金融风暴。

(三)住房问题越来越多地转变为一个政治问题,而不单单是一个住房问题

在如何解决住房问题,特别是低收入者的住房问题,以及政府的作用等问题上不时爆发政治上的冲突。住房政策经常因不同政党的上台而有所不同。例如,美国的共和党通常偏向于缩小政府作用和采取紧缩的政策。1949年民主党通过著名的《住房法》时,共和党人士则强调应当由私人企业在住房问题上发挥主要作用,反对"大政府"对住房的全面干预。20世纪50年代初和中期共和党执政时,对此进行了抵制。而到了20世纪60年代民主党的约翰逊上台时,他又扩大了政府在住房领域的作用。他的"伟大社会"和"反贫困计划"的一个内容就是住房问题。到20世纪70年代尼克松掌权时,则称"伟大社会"是一大失败,在住房问题上又作了大幅度的修正。卡特(Jimmy Carter)期间提供给穷人的住房补贴的年度预算(1980年)为276亿美元,而到了里根(Ronald Wilson Reagan)时则下降到180亿美元②。在瑞典,随着2001年非

---

① 赵海建:《发达国家致力于"居者有其屋"》,《广州日报》,2009年1月12日。
② Ray Rist, *Policy Studies Review Annual*, Vol. 6, Beverly Hills: Sage Publications, 1982, p.550.

社会主义政府的上台,住房政策开始转向撒切尔式的鼓励租客购买其住房,尽管此举遭到了相关利益集团的激烈反对。

在英国也是如此。当年,撒切尔政府通过出售公房的方式改革原有的公房使用制度。1980年的《住房法》规定,凡租住公房的住户有权优先、优惠购买其所住的公房,即"优先购买权"政策。"购买权"条款规定,租住公房的住户,住满两年后即有权以优惠折扣价格购买所住的公房。优惠折扣起点为房价的30%。而工党的布朗(Gordon Brown)上台后,在2007年推出公屋冲击计划。布朗内阁表示,英国政府有责任建设更多的公屋来冲击市场,将那些买不起房子的中等收入的白领、技术工人以及低收入人群解救出来。

此外,在美国,纳税人对政府补贴穷人做法的不满,以及私人建筑商要求政府少插手住房市场的压力等都成了住房政策中不可忽视的政治因素。在瑞典,住房平等问题始终是一个争论不休的问题。瑞典住房实行的以减税来鼓励购房的政策通常被指责为有利于中产阶级,因为收入越高,其所交税的等级也越高,因而在购房时其减税份额也就越大。此外,通过刺激购房需要,税率补贴使房价上涨从而有利于已经购房者而不利于新的购房者。所有这些使不利者不满。为了平衡矛盾,政府采取的措施不是取消对购房的减税,因为这样做会失去一批中产阶级的选票,而是给其他租房者以同样的好处,其方式是以低息贷款给建房者建造用于出租的房屋,同时以较低的租金租给租房者。

(四)政府作用相对缩小,市场力量相对增强

"小政府"的观点在美国是流行的。就住房而言,有人甚至认为根本不存在政府的住房政策。这种说法虽然不免过分,但总的来说,由于美国传统的政治哲学的影响,以及私人建筑业院外活动势力的强大,尽管美国政府特别在战后介入了主要以低收入者为对象的住房政策,但整个机制还是建立在市场而不是计划之上的。例如,作为住宅建造投资者的政府和私人建筑商的比例,20世纪80年代分别0.1%和99.9%[①]。

与美国不同,欧洲一些国家的政府特别在战后初期几乎全力投入了住房领域,而其特点之一是计划较多,私人(特别是赢利的)部门并不活跃。一般来说,

---

① Arnold J. Heidenheimer, *Comparative Public Policy*, 2nd edition, NewYork: St. Martin's Press, 1989, p.100.

地方政府和非赢利的住宅会社占了较多的分量。但是这种状况在20世纪70年代末和80年代初发生了变化。随着保守主义的抬头,政府的过多干预受到了越来越多的指责。撒切尔的话代表了这一观点:"政府对经济生活干预越多,经济状况就越差……其结果加剧了生产者和消费者之间、房东和房客之间、公共服务和公众之间的紧张关系。"①变化的一个主要特征是私人投资建造住宅的比例(除法国外)在瑞典、荷兰、德国、英国都得到了增长。以瑞典为例,20世纪60年代末,国家和地方政府、非赢利住宅会社以及私人建筑商各为投资一方的比例分别为5.6%、56.1%和38.7%。而到了20世纪80年代初,这一比例则为1.9%、31.9%和66.2%②。表2反映了北欧国家在住房贷款的来源方面的这一变化。

表2 北欧国家住房贷款来源(2002年)

	抵押贷款机构(%)	银行(%)	国家(%)	其他(%)
丹麦	90	10	—	—
挪威	2	82	15	1
瑞典	89	11		

资料来源:Martti Lujanen, "Similarity and Dissimilarity of the Housing Policies in Nordic Countries", from https://borg.hi.is/enhr2005iceland/ppr/lujanen/pdf.

政府作用的缩小和私人力量的扩大自然反映了住房问题的相对缓解,但在一些福利国家开始出现了这样一种趋势:在较大程度上解决住房问题还得靠市场的力量。以福利国家著称的北欧国家而言,鲁纳凡(Ruonavara)指出,北欧国家的住房政策的发展可分四个时期:(1)引入时期,即政治干预被引入住宅市场;(2)建设时期,即通过建更多的住房来消除房荒;(3)管理时期,这一阶段转向对已建房屋的管理和维修;(4)私人化或紧缩时期,即住房的责任逐渐从公共部门转向市场③。紧缩意味着减少对住房市场的公共干预,住房的公共财政规模缩小,直接地针对社会性租房,从对房租的直接的财政支持转向利息补贴,放松对私人租房市场的管制。

---

① 彭妮、朱娜:《撒切尔夫人传》,长江文艺出版社1986年版,第259页。
② Arnold J. Heidenheimer, *Comparative Public Policy*, 2nd edition, NewYork: St. Martin's Press, 1989, p.102.
③ Hnanu Ruonavara, "Home Ownership and the Nordic Housing Policies in the 'Retrenchment Phase'", paper presented at the ENHR International Research Conference "Shrinking Cities, Sprawling Suburbs, Changing Countrysides", Dublin, 2008.

四、结语：对我国的启示

住房问题今天在中国已经成为一大社会问题，成为政府公共政策的一个极为受人关注的部分。政府在住房政策上的选择不仅影响着房地产市场的走向，而且在更大程度上影响着整个社会的安宁和稳定。这里简单地探讨一下西方国家政府政策的选择可以提供给我们的启示和借鉴，以作为本文的结束。

首先，西方国家的住房政策更多地是从社会政策的角度来解决国民的住房问题的，无论其政策的对象是全民，还是社会上的穷人。简言之，解决和改善人民的住房条件构成了西方国家政府住房政策的出发点。反观中国，政府（尤其是地方政府）住房政策的出发点更多的是从经济政策的角度考虑的，也就是首先把房地产看作拉动经济的一个重要产业，这一产业与 GDP 紧密相关，与政府的财政收入紧密相关，因而也与政府官员的绩效紧密相关。这部分解释了为什么政府（尤其是地方政府）会对房地产业倾注如此大的热情，解释了为什么在房地产业跌入低谷时，一些官员会提出"救房地产就是救经济"的论点。政府与房地产业某种利益上的牵连使民众产生这样一个预期——有政府的支持，房地产业不会破产，房价只会涨，不会跌，从而导致投机蜂起，买房不是为了居住，而是为了投资，而且这一投资几乎没有风险且回报率极高，以至于房价飞涨，高到了整个社会难以承受的地步，"房奴"已经成为一个社会流行的字眼。与西方国家个人收入与房价之比 1∶5、1∶6 的水平相比，中国则达到了 1∶20、1∶30 甚至更高的水平。其结果一方面造成想住房的人买不起房，另一方面造成房屋大量闲置。根据国家电网利用智能网络的统计，在全国 660 个城市查出一个数据，总共有 6 540 万套住宅电表读数连续 6 个月为零。按一家三口计，约能居住 2 亿人左右，而一线城市的空置率基本上在 40%[①]。如此高的空置率导致了社会资源的巨大浪费。

其次，与西方国家相比，中国政府住房政策对象的定位不清。在西方国家，政府政策的对象很明确，因而采取的政策手段具有很强的针对性。而在中国，政策定位的对象常常前后不一，且不切实际。比如，经济适用房的对象定位问题。国务院 1998 年 7 月 3 日发布的《国务院关于进一步深化城镇住房制

---

① 数据来源：中华网社区，http://club.china.com/data/thread/1011/2711/36/69/9_1.html。

度改革加快住房建设的通知》明确规定:"对不同收入家庭实行不同的住房供应政策。最低收入家庭租赁由政府或单位提供的廉租住房;中低收入家庭购买经济适用住房;其他收入高的家庭购买、租赁市场价商品住房。"这里,经济适用房的对象定位于中低收入家庭。2003年由建设部起草的《关于促进房地产市场持续健康发展的通知》进一步把"低收入者"和"最低收入者"在住房供应上做了非常明确的"不同政策区分",即"低收入者"不能享受廉租房,只能去买经济适用房(这一政策显然不实际,因为即便是经济适用房,低收入者也是买不起的)。按照这一定位,那么低收入者既不能享受廉租房,也没有能力购买经济适用房,因而被彻底边缘化了[①]。

再者,西方国家政府的住房政策经历了一个从供方战略向需方战略的变化,也就是从补贴建房者到补贴房屋的消费者的变化,其中的缘由值得我们思考。建造廉租房和经济适用房是我们的基本政策选择,属供方战略。但是,正如叶青指出的,"建廉租房政府承担的成本最高……建廉租房收不回成本。除了建设成本外,从建设到分配、再分配,政府都要付出庞大的管理成本。如果廉租房给不该享受的人来租的话,政府还要承担声誉成本"[②]。此外,最低收入者收入提高后也不会退房。香港就是一个例子。香港房产中有1/3左右是政府兴建的廉租房,一些人收入增加后不愿搬离,政府最后不得不把一些房子售给个人。建廉租房的另外一个问题是,像西方国家一样,房屋建造商对建造廉租房没有积极性,因为在地价节节攀升的情况下,在同一块土地上开发廉租房或商品房,其间的利润差距之大可想而知。这是导致我国廉租房制度建设进展迟缓的一个原因。"保障性住房建设不但没有逐年增加,还呈下滑之势。结果就是,多年来廉租住房保障制度覆盖范围较小。"[③]建经济适用房也是如此。经济适用房的低价本身包含了一定的政府补贴[④]。钟茂初认为,建设经济适用房属"一次性的优惠补贴,并不能动态地保证中低收入群体长期收益,政府没

---

① 这些人在港澳地区通常被称为"夹心层",既无法享受政府的优惠政策,又无力承担市场的压力。
② 参见王小波:《经济适用房政策被指有制度缺陷,专家建议废除》(2010年2月3日),搜狐焦点网,http://news.focus.cn/nj/2010-02-03/854654.html。
③ 阮煜琳:《中国住房保障"路线图"勾勒政策变化新曲线》(2017年11月28日),中国新闻网,http://www.chinanews.com/estate/zcfg/news/2007/11-28/1089233.shtml。
④ 政府补贴主要是补贴房屋建造者,然后政府要求建造商以较低的价格出售给相关的人员,属于典型的供方战略选择。

有任何手段可以根据购买者收入水平的变化进行适时调控,不得不年复一年地投入优惠土地和补贴"①。如果经济适用房是面向中产阶级的,那么政府将是不堪负担的,因为中产阶级的人数占了城镇人口的大多数。西方国家在住房政策上的变化或许可以给我们一个启发,也就是需方战略或许是一个更可行的办法。补贴房屋消费者比起补贴建房者在政治上会更受到欢迎,并可减少在住房问题上的腐败。政府建造廉租房和经济适用房尽管具有打压房价的作用,但是,鼓励建房通常是因为房荒。然而,在今天房屋空置率如此高的情况下,一味造房会导致社会资源的巨大浪费。

最后,与西方国家不同,中国未来几十年面临着一个城市化的过程,大量的人口迁移必然会使城市的住房问题以更尖锐的形式出现。政府政策的一个基本出发点应该是让市场去发挥它的作用,必须考虑对房地产市场的过度干预带来的消极后果。另一方面,对"居者有其屋"要有一个准确的理解。政府住房政策的重心是保障低收入人群有房住,并逐步改善民众的住房条件。政府没有责任去保障每个人都有自己的房产,事实上在现阶段也是做不到的。必须吸取西方一些国家盲目提高住房自有率、以致最终引发经济灾难的教训。逐步地提高住房的自有率并最终实现"居者有其屋"是一个漫长的过程。

Supply-side Strategies and Demand-side Strategies: Housing Policies Choice in Western Countries

Abstract: The paper explores the two basic choices on housing policies in western countries and illustrates the policies shift from the supply-side strategies to demand-side strategies. The paper also points out in a brief conclusion what we can learn from the change of housing policies in western countries.

---

① 参见王小波:《经济适用房政策被指有制度缺陷,专家建议废除》(2010年2月3日),搜狐焦点网, http://news.focus.cn/nj/2010-02-03/854654.html。

图书在版编目(CIP)数据

公共行政的改革、创新与现代化/竺乾威著. —上海：复旦大学出版社,2018.9
ISBN 978-7-309-13710-1

Ⅰ.①公… Ⅱ.①竺… Ⅲ.①行政学-研究 Ⅳ.①D035

中国版本图书馆 CIP 数据核字(2018)第 107330 号

公共行政的改革、创新与现代化
竺乾威　著
责任编辑/孙程姣

复旦大学出版社有限公司出版发行
上海市国权路 579 号　邮编：200433
网址：fupnet@fudanpress.com　http://www.fudanpress.com
门市零售：86-21-65642857　团体订购：86-21-65118853
外埠邮购：86-21-65109143　出版部电话：86-21-65642845
上海丽佳制版印刷有限公司

开本 787×960　1/16　印张 26　字数 404 千
2018 年 9 月第 1 版第 1 次印刷

ISBN 978-7-309-13710-1/D · 932
定价：98.00 元

如有印装质量问题,请向复旦大学出版社有限公司出版部调换。
版权所有　侵权必究